신흥무관학교와
망명자들

재만 한국인 주요 활동지(1921년 기준)

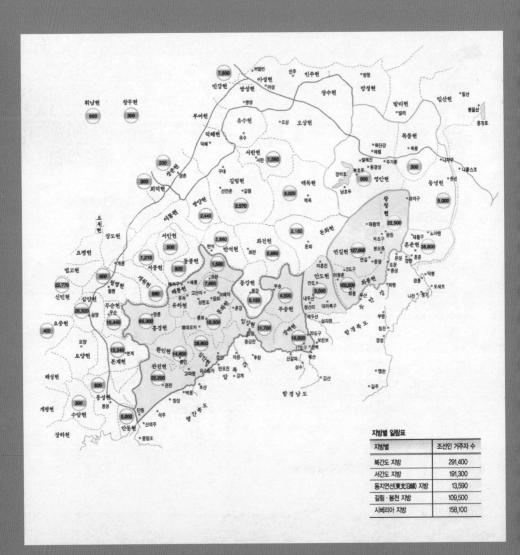

지방별 일람표	
지방별	조선인 거주자 수
북간도 지방	291,400
서간도 지방	191,300
동지연선(東支沿線) 지방	13,590
길림·봉천 지방	109,500
시베리아 지방	158,100

* 지도는 조선총독부 경무국 작성, 「국외 재주 조선인 분포도」(1921년 4월 현재) 및 신주백, 『만주지역 한인의
  민족운동사(1920~45)』, 아세아문화사, 1999 수록 「재만한인 민족운동자의 주요 활동지」 등에 의하여 작성되었음.
* 조선인 거주자 수에서 200명 미만은 제외함.
* 파란색 바탕은 서간도 지역, 녹색 바탕은 북간도 지역

서간도 독립운동 중심지

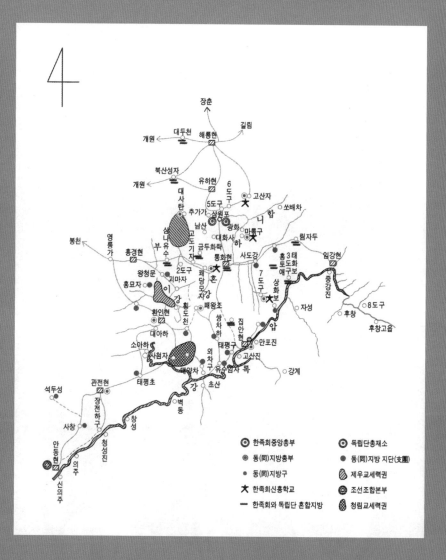

4

장춘

개원 ← 대두천 해룡현 길림

북산성자
개원 ← 유하현 6도구 고산자
대사탄 5도구 쏘배차
추가가 삼원포 나합
봉천 영릉가 남산 창화 마룡구
홍경현 대화사 하 림자두
왕청문 금두화락 사도강 홍3태 임강현
홍묘자 괴마자 통화현 토도화애구보 중강진
2도구 쾌당자강 7도구 상화
이강 황도천 패왕조 도구 상화보 자성 8도구
환인현 쌍차하 집안현 압 후창
대아하 외차구 압 후창고읍
소아하 사첨자 태평구 만포진
관전현 태안차 유수임자 록 고산진 강계
석두성 태평초 구
사창 장전하구 창성 벽동
청성진 강 초산
안동현 의주
신의주

*출처: 김정명편, 『조선독립운동』 2, 日本 東京: 原書房, 1967, 926쪽.

1910년대 독립운동 기지 건설운동과 신흥무관학교의 주역

이회영 형제

이회영은 이조판서를 지낸 이유승의 6형제 아들 중 넷째로, 삼한갑족 명문가가 독립운동에 뛰어들어 신흥무관학교를 건립하는 데 주도적 역할을 했다. 6형제 중 둘째인 이석영은 영의정을 지냈던 이유원의 양자로 들어가 거부가 되었다. 그는 신흥무관학교 건립비를 부담하는 등 독립운동에 전 재산을 내놓았는데, 말년에는 극심한 곤궁에 시달렸다. 다섯째 이시영은 신흥무관학교를 지켰고, 대한민국 임시정부에서 재무총장 등을 역임했으며, 해방 후 초대 부통령으로 선출되었다.

이회영(1867~1932)

이석영(1855~1934)

이시영(1869~1953)

이상룡(1858~1932)
경학사 사장, 임시정부 초대 국무령

김동삼(1878~1937)
백서농장 장주, 국민대표회의 의장, 정의부 참모장

이동녕(1869~1940)
추가가 신흥학교 교장, 임시정부 국무령·주석

이상설(1870~1917)
서전서숙 숙장, 헤이그 특사,
신한혁명당 본부장

양기탁(1871~1938)
신민회 조직, 통의부 창설, 정의부 조직

윤기섭(1887~1959)
신흥무관학교 교감, 임시의정원 의장

지청천(1888~1957)
서로군정서 사령관, 교성대장, 광복군 총사령

이세영(1870~1941)
신흥무관학교 교장

김창환(1872~1937)
신흥무관학교 교관, 서로군정서 의용대 총
지휘관, 대한독립군단 중대장

채찬(?~1924)
백서농장 농감, 서로군정서 의용대 중대장,
참의부 참의장

신흥무관학교

1911년 서간도 삼원포 추가가에 처음 설립되고 1912년 7월 합니하로 옮긴 신흥무관학교에서는 중등 교육과정을
가르치면서 군사훈련도 병행했다. 합니하 무관학교는 군사훈련을 하기 적당한 천험의 요새지였다. (맨 위와 가운데
사진은 신흥무관학교 교사校舍와 훈련장 3D 복원 그래픽, KBS 역사스페셜 〈잊혀진 무장독립전쟁 기지〉
2011. 8. 11 화면 캡처; 아래 오른쪽 사진은 합니하 신흥무관학교 유지, 독립기념관 제공)

신흥무관학교 출신의 김산, 그를 기록한 님 웨일스

김산(1905~1938)

님 웨일스의 『아리랑』은 1980년대부터 장기 베스트셀러로 사랑을 받았다. 님 웨일스가 1937년 연안에서 조선인 혁명가 김산(본명: 장지학 또는 장지락)을 만나 인터뷰한 것을 1941년 미국에서 출판했는데(일본어판은 1953년), 1984년 한국어 번역본이 나오면서 주목을 받은 것이다. 소년기에 신흥무관학교에서 고된 군사교육을 받고, 광동 코뮌, 펑파이彭湃의 소비에트에서도 살아남아 활화산 같은 혁명적 활동을 하는 것도 감동스럽지만, 새 시대를 갈망했던 1980~1990년대의 격동기 또한 젊은이들로 하여금 이 책에 매료되게 했다.

님 웨일스(1907~1997)

1941년 미국에서 발간된 *Song of Ariran*

봉오동전투와 청산리전쟁을 이끈 지휘관

홍범도(1868~1943)

김좌진(1889~1930)

홍범도와 김좌진은 1920년 10월 청산리전쟁에서 일본군에 승리했다. 김좌진의 북로군정서와 홍범도의 독립군 연합 부대는 백운평, 완루구, 어랑촌, 고동하 전투에서 일본군과 치열한 전투를 벌였다. 신흥무관학교 – 서로군정서는 이장녕이 북로군정서 참모장을 맡는 등 북로군정서 지휘관으로 청산리전쟁에 참여했으며, 지청천이 이끈 교성대는 홍범도 부대와 함께 일본군과 싸웠다.

길림성 화룡시 청산리에 세운 기념비
(독립기념관 제공)

독립운동과 만주 생활의 기록

『서간도 시종기』 육필 원고
이회영의 부인 이은숙이 1910년 국권 상실 직후 이회영 6형제의 서간도 이주와 신흥무관학교 설립 과정, 서간도 생활에서부터 해방 직후까지를 섬세하게 써내려갔다. (이회영기념관 제공)

1　　　　　　　　　　**2**　　　　　　　　　　**3**

1. **『서간도 시종기』**　이회영의 부인 이은숙의 회고록. 왼쪽은 1979년 정음사에서 펴낸 『민족운동가 아내의 수기:
   서간도 시종기』(초판은 1974년임), 오른쪽은 일조각에서 펴낸 2017년 개정판.
2. **『아직도 내 귀엔 서간도 바람소리가』**　이상룡의 손자며느리 허은의 구술 회고록. 왼쪽은 1995년 정우사
   에서 펴낸 초판본, 오른쪽은 민족문제연구소에서 펴낸 2010년 개정판.
3. **『만주생활 77년』**　김동삼의 맏며느리 이해동의 회고록. 1990년 명지출판사에서 펴냈으나 현재는 절판 상태.

절반의 독립운동자, 여성

이은숙(1889~1979)
1908년 상동교회에서 전덕기 목사의 주례로 이회영과 결혼했다.
1910년 가족과 함께 서간도 유하현 삼원포로 망명했다.(이회영기념관 제공)

허은(1907~1997)
1915년 경북 선산 임은의 허씨 일가가 만주로 망명할 때
어린 나이로 따라갔다. 이상룡의 손자 이병화와
결혼했다.(국무령이상룡기념사업회 제공)

이해동(1905~2003)
1911년 초 가족과 함께 유하현 삼원포로
망명한 뒤 열일곱 살에 김동삼의 장남
김정묵과 혼인했다.

임은의 김해 허씨와 이육사

왕산 허위(1855~1908)
평리원 서리 재판장 등을 역임하다가 1907년 연합의병 군사장으로 서울탈환작전을 폈으나 결국 실패하여 처형당
했다. 그의 가족과 일가는 서간도 등 만주로 망명했다. 허위 동상은 경북 구미의 왕산허위선생기념공원에 있다.

허길(1876~1942)

**이육사(오른쪽)와 그의 아우
이원일(왼쪽 위), 친구 조규인
(양복 차림)**

**이육사의 친필 원고
'바다의 마음'**

허은은 고모 허길에게서 한글을 배웠다. 허길의 차남 이육사(본명 이원록, 1904~1944)는 허은의 세 살 위 고종사촌이
다. 이육사는 대륙을 넘나든 망명자이자 민족의 해방·독립을 꿈꾼 혁명가 시인이었다. 그는 중국 남경에서 의열단
의 조선혁명군사정치간부학교를 졸업했고, 수없이 투옥되었다. 「청포도」, 「절정」, 「광야」, 「꽃」 등 그의 시에는 비장
함과 고독, 고국·고향에 대한 애틋한 정서가 담겨 있다. 이육사의 친필 원고 '바다의 마음'은 2018년 국가등록문화재
로 지정되었다.

임청각과 백하구려

임청각

이상룡의 생가로, 1519년 조선 중종 때 지어졌다. 원래 99칸의 웅장한 규모였다고 하나 일제강점기에 마당을 가로질러 철도를 놓는 바람에 50여 칸의 행랑채와 부속채가 철거되었다. 2025년 광복 80주년에 정비가 완료되면 본모습을 찾을 것이다. (출처: https://comple.co.kr/146)

백하구려

김대락이 1885년에 지은 고택으로, 경상북도 안동시 임하면에 소재한다. '백하'는 백두산 밑이라는 뜻으로, 김대락의 호이다. 그는 이 집을 안동 협동학교의 교사로 사용하도록 희사했다. (출처: 국가유산청)

『석주유고』와 『백하일기』

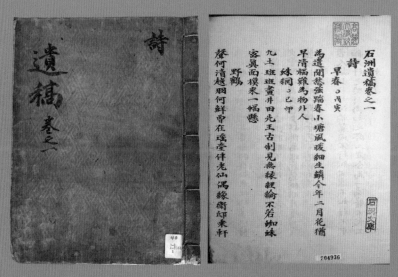

『석주유고』

석주 이상룡의 시문을 아들 이준형이 정리, 필사한 문집이다. 1973년 고려대학교 출판부에서 영인본으로 간행했다.
(고려대학교 도서관 소장)

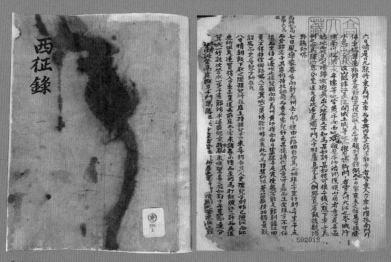

『서정록』

김대락이 1910년 12월(음력) 만주로 망명한 직후부터 세상을 떠나기 전까지 쓴 일기다. 1911년의 일기는 『서정록西征錄』,
1912년의 것은 『임자록壬子錄』 또는 『비망록』이라 했고, 1913년의 것은 『계축록癸丑錄』이라 했는데, 통칭하여 『백하일기』
라고 한다. (고려대학교 도서관 소장)

이회영의 편지와 묵란

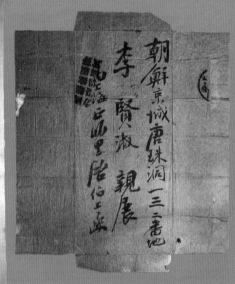

이회영이 이은숙에게 보낸 편지와 피봉

이회영기념관에서 소장하고 있는 이회영의 육필 편지는 총 13통(20장)으로, 1931년 1년 동안 부인에게 보낸 것이다.
편지 봉투 수신자에 딸들의 이름을 썼는데 실제로는 이은숙이다. 이 편지는 이회영이 썼으나 이회영 이름은 보이지
않으며, 독립투쟁에 관한 이야기도 나오지 않는다. 일제의 검열을 의식해서 썼기 때문이다.
(이회영기념관 제공, 편지에 관한 설명은 이회영기념관 감독 서해성의 해제에서 발췌)

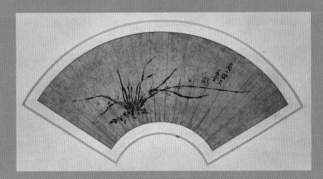

난이증교 부채

이회영이 부채에 그린 묵란이다. 난이증교蘭以證交는 난을 통해 동지적 사귐을 증명한다는 뜻이다. (이회영기념관 제공)

이시영의 귀국과 부통령 취임

1945년 11월 5일, 이시영·김구 등 임시정부 요인들이 오랜 망명 생활을 끝내고 충칭을 떠나 상해에 도착하여 찍은 사진이다. 6형제 중 이시영 혼자만 돌아왔기에 감회가 남달랐을 것이다(11월 23일 입국). 사진 오른쪽에 중절모를 쓰고 눈물을 훔치는 이가 이시영이다. 맨 왼쪽은 김규식, 화환을 건 중앙의 인물이 김구, 맨 앞쪽 중앙의 어린이는 이종찬(이규학의 3남), 맨 오른쪽 앞쪽에 모자 쓴 어린이는 이종원(이규학의 차남)이다. (이회영기념관 제공)

1948년 7월 20일 제헌국회에서 실시된 정·부통령 선거에서 부통령으로 선출된 이시영은 7월 24일 취임 연설을 했다.

그들이 꿈꾼 세상,
우리의 미래

신흥무관학교와 망명자들

서중석 지음

독립운동 기지 건설운동사 망명자와 이주민 사회 서간도 경학사 한족회 백서농장 무면도강

국외 독립운동 기지 건설운동의 추진 세력이 세우려는 국가는 주체 세력에 따라 편차가 있기는 하나 과거
의 국가로 되돌아가자는 것이 아니었다. 곧 단순한 광복이 아니었다. 이들은 군사력 양성에 심혈을 기울이
면서 아울러 새 국가를 건설할 수 있는 제반 실력을 쌓고 무엇보다 분발하고 각성하여 날로 의식이나 정신
을 새롭게 함으로써 일제가 중국이나 러시아·미국 등과 전쟁을 벌일 때, 또는 일제가 내란 등으로 위태로운
상황에 빠질 때 혈전으로 독립전쟁을 벌이고 독립운동을 전개해야 한다는 전략을 세운 것이었다. 국외 독
립운동 기지 건설운동의 추진 세력이 세우려는 국가는 주체 세력에 따라 편차가 있기는 하나 과거의 국가
로 되돌아가자는 것이 아니었다. 곧 단순한 광복이 아니었다. 이들은 군사력 양성에 심혈을 기울이면서 아
울러 새 국가를 건설할 수 있는 제반 실력을 쌓고 무엇보다 분발하고 각성하여 날로 의식이나 정신을 새롭
게 함으로써 일제가 중국이나 러시아·미국 등과 전쟁을 벌일 때, 또는 일제가 내란 등으로 위태로운 상황
에 빠질 때 혈전으로 독립전쟁을 벌이고 독립운동을 전개해야 한다는 전략을 세우고 있었다. 국외 독립운
동 기지 건설운동의 추진 세력이 세우려는 주체 세력에 따라 편차가 있기는 하나 과거의 국가로 되
돌아가자는 것이 아니었다. 곧 단순한 광복이 아니었다. 이들은 군사력 양성에 심혈을 기울이면서 아울러
새 국가를 건설할 수 있는 실력을 쌓고 무엇보다 분발하고 각성하여 날로 의식이나 정신을 새롭게 함
으로써 일제가 중국이나 러시아·미국 등과 전쟁을 벌일 때, 또는 일제가 내란 등으로 위태로운 상황에 빠질
때 혈전으로 독립운동을 벌이고 운동을 전개해야 한다는 전략을 세우고 있었다. 국외 독립운동 기지
건설운동의 추진 세력이 세우려는 국가는 주체 세력에 따라 편차가 있기는 하나 과거의 국가로 되돌아가
자는 것이 아니었다. 곧 단순한 광복이 아니었다. 이들은 군사력 양성에 심혈을 기울이면서 아울러 새 국가
를 건설할 수 있는 제반 실력을 쌓고 무엇보다 분발하고 각성하여 날로 의식이나 정신을 새롭게 함으로써
일제가 중국이나 러시아·미국 등과 전쟁을 벌일 때, 또는 일제가 내란 등으로 위태로운 상황에 빠질 때 혈
전으로 독립전쟁을 벌이고 독립운동을 전개해야 한다는 전략을 세우고 있었다.

역사비평사

2부 독립운동 이념, 망명자 사회, 여성

일러두기

- 중국 지명은 우리식 한자 발음대로 표기했지만 중국인명은 중국어 발음을 따르고 한자를 병기했다.
- 일본 지명과 일본인명은 외래어표기법에 따라 표기했다.

독립운동사 대중화를 꿈꾸며

꼬맹이 때부터 나는 역사와 지리를 좋아해서 지리부도를 펴놓고 여기 저기 들여다보곤 했다. 교수가 되고서는 방학만 되면 여행길에 나섰다. 동남아나 인도, 중동, 북아프리카에 갈 때는 그 나라 역사책을 몇 권씩 읽었고 현지에 가서는 주민들의 삶을 유심히 살펴봤다. 그 나라들은 거의 다 백인 제국주의 국가의 지배를 받았다. 그런데 한국처럼 강점당한 그 순간부터 독립운동이 쉴 새 없이 전개된 나라는 찾아보기 어려웠다. 베트남도 제1차세계대전 종전 이후부터 독립운동다운 독립운동이 일어났고 무장투쟁은 1930년대부터 펼쳐졌다. 알제리도 1954년 베트남이 디엔비엔푸 전쟁에서 프랑스에 승리한 것에 영향받으며 민족해방을 위한 무장투쟁을 전개했다. 한국만이 일제 강점 직전에는 의병 투쟁을, 강점 이후에는 줄기차게 민족해방투쟁을 펼쳤던 것이다. 백인 제국주의 국가와 유일한 비백인 제국주의 국가인 일본은 식민지 지배 방식에도 큰 차이가 있었다. 백인 제국주의에 주권을 빼앗긴 다른 어떤 식민지에서도 일제와 같은 민족의식 말살을 위한 황국신민화 정책은 없었다.

그뿐만 아니라 주로 국내에서 독립운동을 했던 다른 나라와 달리, 또 분단 시대에 냉전·반공에 갇혀 있었던 것과도 다르게, 일제 강점하에서 한국의 망명자들은 서간도·북간도·북만주에서, 중국 관내(산해관 안쪽)에서, 시베리아·일본·미주에서 독립운동을 펼쳤다. 이들 망명자들은 새 세상을 열려는 혁명가들이었다. 이들은 혁명에 대한 열정과 이상을 품고 유라시아 대륙을 누볐으나, 광야에 서서 천고千古의 외로움을 달래기도 했고, 불현듯 향수에 젖어들기도 했다. 이들에게 사신死神은 어느 지역에서나 그림자처럼 따라다녔다.

님 웨일스가 1937년 김산을 만나 인터뷰한 내용을 책으로 낸 『아리랑』(1941년 *The Song of Arirang*으로 미국에서 출판)이 1984년에 번역 출판되었다. 그러면서 이 책은 대학가의 사랑을 크게 받았다. 박정희 유신체제에서 특별히 강화된 '국사' 교육이 전두환·신군부로 이월되어 필수 교양과목이 되었는데, 학생들에게 이 책으로 리포트를 쓰도록 하는 경우가 많았다. 이 책은 한국인 혁명가들이 싸우다가 차라리 죽을지언정 원수 앞에 머리 숙이지는 않겠다는 기개가 잘 살아 있다. 「톨스토이에서 마르크스로」라는 장에서 김산이 "모든 한국인들이 단 두 가지만을 열망하고 있었다. ―독립과 민주주의. 실제로는 오직 한 가지만을 원했다. ―자유."라고 절규하는 대목도 학생들을 매료시켰을 것이다. 한국의 혁명가들은 시베리아, 만주, 중국, 일본에서 싸우지만 언제 그 나라에서 체포되고 죽임을 당할지 알 수 없다고 토로한 그 다음 해인 1938년에 중공 당 공안당국에 체포되어 '일제의 특무(간첩)'로 몰려 33세에 이 세상을 마감한 것도 학생들에게 충격을 주었을 것이다. 이 책은 냉전의식·극우반공 이데올로기를 깨는 데 더없이 효과적이었다. 박정희 유신체제, 전두환·신군부체제가 강요한 극단적인 분단국가주의, 곧 군국주의 파시즘 교육이 정반대로 민주주의와 자유를 위한 투쟁적인 의식 고양 교육으로 바뀌었다. 혁명가-망명자들의 독립운동이 새로운 사회를 갈망하던 학생들을 고무한 것이다. 김산은 어린 나이에 합니하 신흥무관학교에서 받은 군사훈련에 대해 긍지를 가지고 얘기했다.

필자가 2001년 초판본 서문에서 예상했던 대로 『신흥무관학교와 망명자들』은 대중화되지 못했다. 그러나 이 책이 나오고서 얼마 뒤부터 신흥무관학교, 이회영 일가와 이상룡 등 안동 인사들의 독립운동이 알려진 것은 다행스러운 일로, 필자가 미처 생각하지 못했던 성과였다.

신흥무관학교에 대해 학술지나 잡지, 신문 등에서도 보도를 했지만 대중적인 효과는 KBS 등 지상파 방송을 통해 이루어졌다. KBS에서는 신흥무관학교에 초점을 맞추거나 이회영 등 6형제의 독립운동에 초점을 맞춰 여러 차례 방영했다. 지방 MBC에서는 신흥무관학교를 중심으로 한 지역 인사들의 독립운동을 자세히 다루었다.✿ 신흥무관학교 관련 다큐멘터리에서는 이회영·이상룡 등의 활동도 중시했지만, 고된 군사교육, 엄격한 내무반 활동, 특히 썩은 좁쌀밥 한 숟가락에 콩장 두어 개를 입에 넣으면 끝나는 식사, 학생들의 고된 노동 등을 보여주면서, "썩어지는 우리 민족 이끌어내어" 새 나라 세우겠다는 포부의 실현을 위해 얼마나 힘들게 노력했는가를 실감 나게 그렸다. 또, 김산의 증언을 토대로 합니하 신흥무관학교의

✿ 신흥무관학교에 초점을 맞춘 다큐멘터리로는 KBS 역사스페셜 신흥무관학교 100주년 특집 2부작 〈1부: 잊혀진 무장독립전쟁 기지〉, 2011. 8. 11; 〈2부: 만주벌 이름 없는 독립전사들〉 2011. 8. 18이 있고, 이회영 6형제에 관한 다큐멘터리로는 KBS 역사스페셜 〈어느 육형제의 독립전쟁〉 2003. 3. 1; KBS 특집 다큐 〈독립 전쟁에 투자하다, 이석영〉 2022. 3. 5이 있다. 국군방송은 KFN 특집 다큐 스페셜 〈총 끝에 스치는 간도의 바람—신흥무관학교〉 2011. 10. 1를 방영했다. 이 외에 YTN 라디오 특집 다큐멘터리 〈서간도의 별들, 3500〉 2021. 12. 30, KBS 광복절 특집 다큐 〈아내의 이름〉 2022. 8. 15이 있다. 안동 MBC는 3부작 〈독립전쟁 51년 현장을 가다〉 2016. 9. 29; 10. 6; 10. 17를 방영했다.

모형을 3D 그래픽으로 제작해 보여주기도 했다. 이상재는 이회영 6형제의 독립운동은 백세청풍百世淸風이 되고 우리 동포의 절호 모범이 된다고 칭송을 아끼지 않았는데, TV 다큐에서는 6형제 중 이회영 못지않게 이석영을 부각했다. 영의정의 양자로 당대 최고의 거부로 손꼽히던 이석영이 전 재산을 모두 신흥무관학교 건립 등 독립운동에 내놓고 나중에는 두부 비지로 연명하다가 상해에서 굶어 죽은 것이 너무나 극적이었기 때문일 것이다.

2011년 신흥무관학교 100주년기념사업회가 창립되었을 때도 반향이 좋아서 바로 이듬해에 신흥무관학교기념사업회로 이름을 바꿔 활동했다. 독립운동 관련 학술 활동도 활발했고 독립운동 유적지 답사도 호응이 컸다. 필자는 전 국방부장관 등 예비역 장성들과 함께 신흥무관학교 관련 지역을 답사하기도 했다. 최근 몇 년 동안 기념사업회는 신흥무관학교 졸업자 관련자 인명사전 만들기에 힘을 쏟고 있다. 기념사업회에서는 육군사관학교의 뿌리찾기운동도 벌였다. 1946년 창설된 국방경비사관학교를 육사의 연원으로 삼는 것은 친일 군인 등의 문제가 있으므로, 시야를 넓혀 대한제국 육군무관학교 또는 의병–신흥무관학교–광복군과 연결되어야 한다는 주장이었다. 이러한 문제 제기는 설득력이 있었다. 신흥무관학교 교관들은 육군무관학교를 나왔거나 대한제국 장교 출신이었고, 광복군의 경우 총사령에서 지대장에 이르기까지 모두 신흥무관학교 관련자들이었다. 육사의 뿌리는 독립운동과 관련된 인물에서 찾아야 한다는 사회 각계와 육사 내부의 목소리가 높아지면서 육사 교내에 홍범도·김좌진·지청천·이범석과 신흥무관학교를 대표한 이회영 등 다섯 분의 흉상이 모셔졌다. 다섯 분 모두 신흥무관학교와 관련 있는 인물이었다. 한때 윤석열 정부가 홍범도 흉상을 옮기려고 시도했으나, 국민적 분노가 거세게 일어나면서 엉거주춤한 상태로 끝났다.

이 책은 목차를 보면 알 수 있듯이 망명자 이주민 사회와 함께 여성에 대해서 큰 비중을 두었다. 제2부의 제목이 '독립운동 이념, 망명자 사회, 여성'이고, 7장은 '절반의 독립운동자'인 여성과 독립운동과의 관계를 다루고 있다. 이회영 부인 이은숙, 이상룡 손자며느리 허은, 김동삼 며느리 이해동의 수기는 이 책에서 핵심 사료로 활용되었다. 이 책이 출간될 무렵부터 페미니즘운동이 고조되었는데, 얼마 후 그것의 한 흐름으로 여성의 독립운동이 적극적으로 평가되어야 한다는 여론이 높아졌다. 그에 따라 2018년에는 이은숙과 허은이 애족장을 받았고, 2019년에는 이상룡의 부인 김우락이 애족장을 받았다. 너무 늦었는데, 김동삼 부인 박순부가 함께 받지 못한 것이 아쉽다. 이 책이 이번에 새로 나오면서 여성의 독립운동이 더욱더 주목받았으면 하는 마음이다.

2001년 이 책이 처음 나왔을 때 '잘 읽었다', '감동받았다'. '눈물이 나더라'는 얘기를 들었다. 나도 내가 쓴 다른 책과는 반응이 다를 것이라고 짐작하고 있었다. 집필하면서 여러 차례 눈시울이 뜨거웠는데, 다른 글에서는 느끼지 못했던 감정을 느꼈던 것이다. 이 책에는 남성이든 여성이든, 연장자든 청년이든, 삼한갑족이나 유지, 소작농 가릴 것 없이 파란만장한 삶을 산 사람이 많다. 헌신적으로 살고자 했던 사람들이 적지 않게 나온다. 어떻게 그렇게 살 수 있었을까, 인간은 어떻게 살아야 하나를 자꾸 되묻게 했다. 그들이 비극적인 최후를 맞는 것도 가슴을 저미게 했다.

그렇지만 이 책을 읽은 사람은 소수였다. 그 원인은 이 책에 있었다. 어떻게 하면 대중적인 독립운동 책으로 읽힐 수 있을까 생각해보았지만, 사실과 진실을 밝히는 데 주안점을 두는 한 방법이 없었다. 그러다가 작년 봄 정순구 역사비평사 대표로부터 이 책을 다시 내고 싶다는 제안을 받았다. 나는 이 책에 관심이 많은 지인 몇 사람과 상의했으나 대중화할 수 있는 방안을 찾을 수 없었다. 내가 책에 달린 수많은 주석이라도 없앴으면 좋겠다고 하자 대부분이 반대했다. 이 책에 쓰인 내용이 정말 사실이라는 것을 보증해주는 주석이 세세하게 있기 때문에 더욱 큰 감명을 받았고, 주석은 이 책의 생명이라는 주장이었다.

나는 독자가 편하게 읽을 수 있게 하기 위해서는 주석을 없애야 한다고 생각했다. 초판본 책에는 959개 주가 있었는데, 논쟁적인 것을 제외하고 다 없앴다. 나는 연구자들의 연구 성과가 담긴 주도 뺐는데, 이에 대해 깊이 사과드린다. 양해해주기 바란다. 이 책이 처음 나올 때 젊은 층으로부터 "영어는 친근감이 가지만 한자나 한문만 나오면 겁부터 난다"는 얘기를 들었다. 세상이 달라진 것이다. 그래서 한자·한문도 없애고자 했다. 그러나 편집자는 중국인·일본인 인명이나 몇몇 지명 등은 필요하다고 얘기해서 일부를 살렸다. 비전문인이 읽기에 난삽하다고 생각한 내용도 대폭 줄였다. 그러한 내용을 줄인 대신, 다양한 사진을 구해 새롭게 펴냈다.

이 책이 나온 뒤 『신흥교우보』 제2호, 『신흥학우보』 제2권 제10호, 허영백(허식)의 『서간도 실록』 제1집 등이 발견되었다. 신흥무관학교 인물사전 편찬 책임자 이용창 박사는 이 자료들을 이용할 수 있도록 많은 편의를 봐주었다. 서해성 씨는 만날 때마다 이 책이 다시 나와야 한다고 강조했다. 서해성 씨와 이용창 박사는 나의 거듭된 문의에 하나하나 자료를 찾아 답변해주었다. 두 분에게 깊이 감사드린다.

역사비평사 조수정 씨는 귀중한 사진과 자료를 찾아내는 등 책 편집에 성의를 다했다. 역사비평사 정순구 대표에게도 감사드린다.

2025년 봄
서중석

구판 서문

책을 내면서

항일 독립운동사를 어떻게 가르치면 좋을까 하는 고민을 최근에 부쩍 많이 하게 된 것은 비단 필자 한 사람만이 아닐 것이다. 필자는 작년과 올해 한국 근대사 강의 시간에 학생들에게 이은숙의 『민족운동가 아내의 수기: 서간도 시종기』, 허은의 『아직도 내 귀엔 서간도 바람소리가』, 이해동의 『만주생활 77년』 등을 읽고 리포트를 써오라고 했다. 20~30년 전에 이회영 부인 이은숙의 수기를 읽고 독립운동자와 그 가족들이 이렇게 험난한 길을 걸었구나 하고 생각하면서 여러 번 눈물을 흘렸던 것이 기억나기 때문이기도 하고, 세 글 모두 유명한 독립운동자의 부인이거나 며느리의 글이기 때문에 까다로운 얘기를 하는 것보다 학생들에게 쉽게 독립운동을 가슴으로 느끼게 해줄 것이라고 믿었던 것이다. 그런데 적지 않은 학생들이 왜 그렇게 대단한 명문가가 전 재산과 목숨을 바치면서까지 독립운동을 했는지 도무지 이해가 되지 않는다 했고 그들의 고통이 가슴에 와 닿지도 않는다고 써냈다. 학생들로부터 1970~1980년대에 왜 많은 사람들이 자신을 희생해가면서까지 반독재 민주화운동을 했는지 모르겠다는 얘기를 들은 바가 있어 놀랍지는 않았지만, 답답하고 씁쓸한 마음을 금할 수 없었다.

얼마 전에 한 여론조사를 보면 조사 대상자의 77.8%가 '우리 사회가 살기 좋은 사회가 아니다'라는 항목에 응답을 했고, 기회가 있다면 이민 가겠다는 생각을 가진 사람이 50.8%, 그중 20대는 67.1%가 이민 가겠다고 응답했다(『동아일보』 2001. 4. 12). 자신이 속한 사회가 싫어 이민이나 갔으면 좋겠다는 사람들에게 독립운동자의 삶은 어떤 의미가 있을까. 영의정의 양자로서 당대에 대재산가였던 이석영이 온 재산을 처분하여 신흥무관학교를 짓는 등 독립운동에 다 써버리고 자신은 말년에 이역에서 두부 비지로 연명하다가 비참히 죽었다는 글을 읽고 과연 감동을 받을 수 있을까. 특히 IMF사태, 세계화, 인터넷 시대를 맞으면서 젊은이일수록 이해타산에 밝고, 쉽고 편한 것을 택하려고 한다는 말을 많이 한다. 한국인(1,107명), 일본인(845명), 미국인(679명)을 대상으로 한 여론조사에서는 놀랍게도 일본인의 79.43%, 한국인의 71.97%, 미국인의 3.78%가 사회에 피해가 되더라도 내 직장에 이익이 된다면 적극 협조한다고 답변했다(『동아일보』 2001. 6. 20). 그렇게 응답한 한국인들은 만주 시베리아 골짜기마다 독립군의 선혈이 뿌려진 것에 어떤 느낌을 가질까. 독립운동이나 민주화운동이 필요하다고 생각할까.

남북 교류가 빈번해지고 개방 폭이 확대될수록 독립운동사 또는 민족해방운동사는 중요한 위치를 차지할 수밖에 없다. 만나서 현안의 이야기를 한 다음에는 과거의 역사를 되돌아보는 코스를 밟기 쉬운데, 그때 정확히 민족해방운동사 곧 독립운동사를 짚어낸다는 것은 상대방에게 도덕적으로 우위에 설 수 있는 일이다. 그 점은 한일 관계나 일본 교과서 왜곡 문제를 대처하는 데서도 비슷하다. 독립운동사는 중국이나 러시아 관계에서도 의미가 있다. 그런데도 독립운동사는 방치되어 있다. 특히 만주의 독립운동사 연구는 더욱 제한되어 있다. 그뿐만 아니라 무단통치기였던 1910년대에 관한 연구는 남이나 북이나 연구 성과가 답보 상태다.

　이 책을 쓰게 된 것은 청산리전쟁 80주년이 계기가 되었다. 1999년 청산리전쟁 80주년을 1년 앞두고 연변대학 민족연구소 측에서 역사문제연구소와 청산리전쟁 80주년 기념 공동연구를 하자는 제안이 왔을 때 선선히 응한 것은, 주제도 중요하지만 중국에서 유일한 독립운동연구소라고 할 수 있는 민족연구소를 '지원'해야 한다는 의도도 있었다.

　학술진흥재단의 지원을 받은 공동연구에서 필자는 신흥무관학교 편을 맡았다. 어려서부터 듣고는 있었지만 연구는 많이 되지 않은 줄 알았다. 그러나 윤병석, 조동걸, 박영석, 신용하 교수 등 원로학자와 박환 교수 등 소장학자들이 직간접적으로 이 부분을 연구한 것을 알고 낙담했다. 그렇지만 다시 검토해보니 1910년대 서간도 망명자·이주민 자치단체로 신흥학교의 지주支柱였던 경학사 – 부민단 – 한족회·서로군정서 등의 설립 연대부터 신흥무관학교의 명칭과 운영 등에 이르기까지 부정확한 부분이 적지 않다는 것을 알게 되었다. 자료의 제한 때문이었다. 또 『신흥학우보』 제2권 제2호, 김대락의 『백하일기』, 여러 수기, 일제 관헌이 남긴 자료 등도 충분히 활용되지 않았다. 뜻밖에 새 자료가 나타난 것도 욕심을 내게 했다. 그래서 1910년대 독립운동 기지 건설운동에서 일시적으로 존재했던 다른 군사학교나 독립운동 단체와 달리 1910년대 내내 지속적으로 수많은 인재를 양성했고 3·1운동 이후 크게 확대되어 독립운동사에서 중요한 위치를 점하는 신흥무관학교와 경학사 – 부민단 – 한족회의 전체 상을 그려내어 1910년대에 독립운동이 어떻게 역동적으로 전개되었는가를 보여주고 싶었다. 그것은 1910년대에 망명자·이주민 사회가 어떻게 존재했는가를 밝혀내는 작업이기도 했다.

이 책은 전통적인 방식대로 독립운동 단체의 구성과 활동을 규명해내는 일 못지않게 독립운동자, 독립운동 단체의 정치사상·이념, 망명자·이주민의 사회사, 문화사, 여성사에도 큰 비중을 두었다. 다시 말하면 독립운동사이자 정치사상사, 사회사, 문화사, 여성사로서 연구하여 독립운동과 당대의 한국 사회를 이해하고자 했다. 이 연구에서는 특히 망명자, 이주민, 여성들의 정신·정서(심리, 감정) 상태 파악에 역점을 두었다. 그러다 보니 기존 연구에서 사용하지 않은 자료도 적극 활용했다.

먼저, 만주가 망명자·이주민들에게 어떠한 지역이었는지, 한국인에게 어떠한 의미를 지니는지를 밝히는 것이 중요했다. 고조선, 부여, 고구려, 발해 등이 광활한 만주 대륙에 세워진 강대한 '우리' 국가였다는 민족주의 사학자들의 주장은 나라를 빼앗겨 실의에 차 있는 한민족에게 자긍심을 심어주자는 의도에서 나온 것만이 아니었다. 당장 만주에 생활 기반을 마련하면서 독립운동을 전개하는 데 그 논리는 대단히 중요했다. 만주 하면 떠오르는 것이 지독한 추위와 마적떼의 습격이다. 그런데 중국인이 많지 않았던 북간도와 달리 서간도의 망명자·이주민들을 한층 더 괴롭힌 것은 중국인의 반발이었다. 망명자들이 벌인 변장운동은 그러한 중국인의 반발을 무마하기 위한 것이었는데, 여기서 역설적이게도 '한민족의 웅장한 고대사' 구도와 성격을 달리하는 역사의 '변장'도 나타났다.

이 책의 1부인 신흥무관학교 관련 연구에서는 경학사와 신흥학교의 설립 시기부터 1920년 신흥무관학교·서로군정서 관계자와 군대가 한편으로는 청산리전쟁에 참여하고 다른 한편으로는 의용대를 편성해 국내진공작전을 펴면서 일제의 경신대학살을 맞기까지의 전체 과정을 고찰했다. 필자는 1부에서 주민자치가 '형정刑政'에서 남녀 관계에 이르기까지 어떤 형태로 이루어졌으며, 신흥무관학교의 일과와 일반교육 교과과정, 군사교육 실태는 어떠했는가를 당시 상황을 재현하는 형태로 생생히 전달하고 싶었다. 3·1운동 이전의 '전기 신흥무관학교'와 3·1운동 이후의 '후기 신흥무관학교' 학생 수를 여러 자료를 동원하여 계량적으로 살펴본 것은, 그것이 1920년대와 그 이후 독립군의 활동을 이해하는 데 시사하는 바가 있다고 생각했기 때문이다. 또한 서간도 지역 주민들, 그중에서도 청년·학생층의 정서가 신흥무관학교와 자치단체에서 어떠한 역할을 했는가를 밝혀보고자 했다. 신흥무관학교 교가 등은 서간도 주민 다수가 즐겨 불렀다. 제2군영으로 백서농장이 건설된 것은 청년·학생들의 찌를 듯한 의기와 정신적 방황을 조절하기 위한 것이 주요 이유였다.

1910년대 독립운동의 주된 흐름이었던 독립운동 기지 건설운동은 독립전쟁을 전개할 수 있는 인재를 양성하여 중국·러시아·미국과 일본의 관계가 중대한 국면을 맞을 때 교전 당사자가 되어 당당히 독립을 달성하자는 방략이다. 이 노선은 1910년 이전의 척사의병 투쟁과도 다르지만 안창호 등의 실력양성론이나 상해임시정부의 외교론과도 거리가 있다. 이 책 2부에서는 이러한 노선의 차이를 밝히고, 신흥무관학교 상층 지도자들의 '전쟁준비론'이 시기에 따라 어떤 양상을 띠었는지도 주의 깊게 고찰했지만, 그러한 주장이 신흥무관학교 관계 청년·학생들의 급진 노선과 어떠한 갈등 관계를 갖는가에도 비중을 두었다. 한편 전쟁준비론이 이 시기에 풍미한 사회진화론과 어떠한 관계를 갖는가도 1910년대 독립운동자의 정치 이념을 밝혀내는 데 중요한 주제다. 그와 함께 자유, 평등, 민권, 혁명이 어떠한 의미로 사용되었으며, 민족의식, 그와 관련된 민족적 상징이 어떻게 만들어지는가를 살펴보는 것도 중요하다. 청년·학생들이 '썩어진 민족'을 살려내기 위해 부단히 각오와 분발을 촉구했지만, 이들의 방황과 절망을 빠뜨려서도 안 될 것이다.

신흥무관학교 관계자들의 사회·문화 의식과 관련해, 이들이 깍듯이 전통적 인간관계와 예절을 지켰다는 점을 어찌 평가해야 할 것인가가 논쟁거리다. 그 점은 망명 1세대를 따라왔던 청년 사회주의자들에게서도 나타난다. 혁신유림이나 지사가 전통문화 또는 국수國粹를 중시한 것에 대한 분석도 정치 이념을 규정하는 데나 민족문화의 성격을 이해하는 데 의미가 있다. 그것은 개화파와 함께 혁신유림의 한계를 밝혀내는 작업이기도 하며, 그들의 아들·손자 세대인 청년들과의 차이를 밝혀내는 일이기도 하다.

자료가 대단히 제한되어 있어 위험한 작업임을 알면서도 독립운동을 여성의 관점에서 보고자 한 것은, 그래야만 독립운동의 총체적 상이 떠올려질 수 있고, 또한 20세기 전반기의 한국 사회와 문화를 이해하는 데 그 부분이 중요하다고 판단되었기 때문이다. 3·1운동 이전 1910년대에 해당하지만, 자유·평등을 역설한 망명자·이주민 사회에서 여성이 남성에게 순종할 것을 강조했고, 풍교風敎가 아주 엄격하여 노인이 젊은 여자와 재혼하거나 과부가 다른 남자와 관계를 가져 아이를 갖는 것을 용납하지 않은 사례들이 보인다. 이러한 1910년대 망명자·이주민 사회의 남녀 관계는 한말, 국내, 일본 유학생 사회와 비교 분석할 필요가 있지만 망명자 자치 사회의 특수성과도 관련이 있다.

이회영·김동삼을 포함해 유명한 독립운동자의 아내와 가족들이 독립운동의 조력자 혹은 피해자였냐는 문제는 독립운동의 대의에 대한 공감, 자발성·비자발성과 관련해 논의해야 할 주제이다. 그것은 독립운동자 가족 수기에 절절히 묘사된 바대로 단란한 가정을 이루는 것이 소망이었지만, 1920년대 초에 새 며느리를 처음 상면하기 위해 집에 와 부인을 보고는 1931년 체포될 때까지, 그리고 그 이후 옥사할 때까지 한 번도 부인을 만나지 못한 김동삼의 경우는 극단적인 예라고 하더라도, 항상 남편 또는 자식의 죽음을 안고 사는 긴장의 연속이었다는 점을 여성의 시각에서 어떻게 볼 것인가와 직결된다. 그뿐만 아니라 여성은 남자들이 독립운동하러 나가 있었기 때문에 집안을 꾸려가는 책임을 떠맡았고, 가사와 육아에 고된 농사일로 한시도 쉴 새가 없었다.

독립운동자 부인들이 의연한 모습을 보이면서도 때로는 자신의 살아온 삶을 비탄과 비애, 또는 몽환夢幻으로 되돌아본 이면에는 한국에는 독립운동 후방 기지가 약했다는 점이 자리 잡고 있다. 대부분의 한국인은 독립운동을 방관했고 위기에 처한 독립운동자나 그 가족을 돕는 것을 주저했다. 그리하여 독립운동자나 가족들이 온갖 고통을 스스로 다 감당해야 했다. 더구나 프랑스 주민들이 나치 협력자에게 보여준 갖가지 '거부의 행위' '분노의 시선'과는 대조적으로, 한국의 친일파는 일제강점기에도 해방 후에도 선망의 대상이 되기도 하면서 잘 살았을 뿐만 아니라 '지도적인 역할'까지 했을 때, 독립운동자는 그렇다 치더라도 그 부인과 자식들이 세상을 어떻게 보았을까를 우리는 반성해야 한다. 앞으로 후방 기지 문제가 더 많이 논의되어야 한다는 것은 이 문제가 일제강점기에 국한되지 않고 해방 후 사회 모습에 중대한 영향을 주었기 때문이다. 그것은 이 사회를 떠나 이민 가고 싶다는 생각에 감춰진 진실을 푸는 열쇠이기도 하다.

자료로 『신흥학우보』 제2권 제2호, 『석주유고』, 『백하일기』, 중국 당안관 소장 자료, 일제 관헌이 남긴 자료와 함께 이은숙·허은·이해동·원병상·이규창 등의 수기나 증언, 이관직·이정규·이태형 등의 기록을 많이 이용했다. 또한 안국선·이해조 등의 신소설, 교가·군가 등의 각종 창가, 시, 가사체 노래, 신채호·박은식 등의 논설과 소설, 양기탁을 비롯한 여러 사람의 서한도 활용했다.

이 책은 윤병석·조동걸·박영석·신용하·박환 교수 등의 연구에 크게 도움을 받았다. 조동걸 선생은 이태형의 수기와 「제9항 백서농장사」 등 귀중한 자료와 서적을 빌려주셨고 여러 가지로 가르침을 주셨으며, 최근의 논문들은 귀중한 참고가 되었다. 조 선생께 특별히 감사의 말씀을 드린다. 이범증 선생은 『백하일기』 등 귀중한 자료를 주었다. 윤병석 선생은 양기탁 서한을 말씀해주셨다. 소장하고 있는 자료를 복사해 사용할 수 있게 해준 보훈처와 독립기념관, 장세윤 교수에게 감사를 드린다. 이 저서를 출판해준 김백일 역사비평사 사장, 편집을 맡아준 이상실 씨에게도 감사의 뜻을 표한다.

필자는 2000년 2월 15일부터 16일간 연변대학 민족연구소 및 역사문제연구소 연구원들과 함께 조동걸 선생을 모시고 서간도와 북간도 일대, 목단강(무단강)–하얼빈–흑하黑河(헤이허) 일대의 독립운동 유적지를 답사했다. 처음 심양瀋陽에 발을 내디딘 후 하얼빈을 떠날 때까지 온통 눈과 얼음의 세계였다. 유난히 추위가 심하고 눈이 많은 해라고 하는데도 워낙 따뜻하게 입고 잘 먹고 다녔기 때문인지 독립군 및 독립운동자의 숨결과 고통을 제대로 느낄 수 없었으나, 답사하는 동안은 그야말로 감격과 감동의 연속이었다. 답사 준비를 철저히 한 연변대 민족연구소 김춘선 교수와 여러 연구자들에게 다시금 감사드린다.

이 졸저가 우리의 삶을 되돌아보고 더불어 함께 사는 일에 따뜻한 시선을 보내는 데 조금이라도 도움을 주었으면 좋겠다.

2001. 10. 25.

서중석

1부
신흥무관학교

독립운동 기지 건설운동과 신흥무관학교

1910년 한반도가 일제에 강점되자 조국을 되찾으려는 운동이 여러 형태로 전개되었다. 그중 가장 강력한 호응을 받았던 것이 국외 독립운동 기지 건설운동이었다. 독립운동 기지 건설운동이란 독립운동의 기본 역량 또는 토대를 조성하고 배양하는 활동을 가리킨다. 이 운동의 주된 추진 세력은 즉각적인 무력 항쟁에 대해 그 의기는 장하지만 비현실적이고 무모하다고 판단했다. 또한 국내에서는 일제의 억압 일변도의 무단통치 때문에 비밀결사운동은 가능하겠지만 독립운동 기지 건설운동을 전개해 나가기는 어렵다고 판단했다.

독립운동 기지 건설운동은 무력을 양성하는 데 기본적인 목표를 두었다. 하지만 이 운동의 추진 세력은 민족해방 또는 광복사업이 단지 무력을 양성하는 것만으로 이루어진다고 보지 않았다. 이들은 무력 양성 못지않게 중요한 것은 경제력을 포함한 총체적인 실력 양성이고, 그와 함께 반드시 근대적인 교육과 의식의 혁신이 뒤따라야 한다고 판단했다. 이들이 보기에 대한제국이 멸망한 것은 군사력이 미약했기 때문만은 아니었다. 냉혹하기 짝이 없는 생존경쟁 시대에 국가를 발전시킬 수 있는 전반적인 '힘'이 미치지 못했기 때문이고, 새 국가 새 시대에 알맞은 정신의 변화가 없었던 것도 중요 요인이었다. 의병 투쟁은 이 점에서 한계가 있었다.

이들이 세우려는 국가는 주체 세력에 따라 편차가 있기는 하나 과거의 국가로 되돌아가자는 것이 아니었다. 곧 단순한 광복이 아니었다. 이들은 군사력 양성에 심혈을 기울이면서 아울러 새 국가를 건설할 수 있는 제반 실력을 쌓고 무엇보다 분발하고 각성하여 날로 의식이나 정신을 새롭게 함으로써 일제가 중국이나 러시아·미국 등과 전쟁을 벌일 때, 또는 일제가 내란 등으로 위태로운 상황에 빠질 때 혈전으로 독립전쟁을 벌이고 독립운동을 전개해야 한다는 전략을 세우고 있었다.

국외 독립운동 기지 건설운동은 즉각적인 무력 항쟁에 비판적이었지만, 안창호 등의 실력양성론 또는 실력 양성을 기반으로 한 준비론과도 대비된다. 후자는 군사력 양성을 그다지 중요하게 생각하지 않았고, 실력 양성은 주로 자본주의 경제력 양성을 의미했다. 그들은 독립을 먼 훗날의 일로 상정했기 때문에 전자와 달리 독립운동을 직접적인 목표로 두고 활동하지 않았다.[1]

국외 독립운동 기지 모색은 을사조약이 강제된 이후부터 나타났고, 일제의 병탄이 노골화된 1908~1910년 무렵 활기를 띠었으며, 일제 강점을 전후하여 곧바로 실행에 옮겨졌다. 국외 독립운동 기지 건설운동은 미주美洲에서도 박용만 등이 추진했지만, 기지 건설의 용이성 및 규모, 국내에 대한 영향력 등 직접적인 효과 면에서 러시아와 만주의 접경지대나 북간도의 오지, 서간도 지방이 중요시되었다.

1910년대에 국외 독립운동 기지는 러시아와 만주의 국경지대인 홍개호 부근에 있는 봉밀산, 만주 북간도 왕청현에 위치한 나자구 등지에도 시도

되거나 세워졌고, 러시아의 블라디보스토크에서 조직된 권업회, 북간도의 간민회도 주목할 만하다. 하지만 서간도의 신흥무관학교가 가장 널리 알려졌고 활기찬 활동을 쉼 없이 전개했다.

중국 당국이 파악하고 있었던 신흥무관학교의 공식 명칭은 신흥강습소였다. 외국 땅에서 공공연히 무관학교라는 공식 명칭을 가질 수도 없었거니와, 일제가 항상 주시하고 침략 기회를 엿보고 있었기 때문에 중국 당국의 입장을 고려해서도 신흥강습소를 공식 명칭으로 사용했을 것이다. 강습소는 중국 당국으로부터 정식 허가를 받지 않아도 그 설립과 운영이 가능하지 않았을까.

이 책에서 신흥무관학교는 신흥강습소·신흥학교·신흥중학교와 동일한 학교를 가리키는 것으로 사용했다. 신흥무관학교에는 분교·지교가 많았는데, 그것도 신흥학교로 총칭할 경우가 있다. 또한 신흥무관학교 활동에는 신흥학우단과 백서농장 요원들의 활동이 포함될 경우가 있다. 신흥무관학교는 경학사 – 부민단 – 한족회·서로군정서에서 그 설립과 운영에 관여하여 경학사 – 부민단 – 한족회·서로군정서의 부설 단체로 보아도 무방할 만큼 양자의 관계는 긴밀했다. 따라서 서간도에서의 독립운동 기지 건설운동을 총칭할 때는 경학사와 부민단, 한족회·서로군정서를 포함하는 의미로 신흥무관학교라는 용어를 쓸 수도 있다고 생각한다.

3·1운동 이후 서간도 일대의 독립운동과 신흥무관학교는 큰 변화를 보였다. 일각에서 3·1운동 이후의 경우 특별히 더 강조해서 신흥무관학교라고 부른 데는 그만 한 이유가 있었다. 3·1운동 이후 한층 더 무관교육 또는 군사교육에 치중해서 교육했던 것이다. 이 책에서 3·1운동 이전과 이후를 구별해야 할 필요가 있을 때는 3·1운동 이전을 '전기 신흥무관학교'로, 그 이후를 '후기 신흥무관학교'로 호칭했다.

신흥학우단은 〈단가〉에서 "자유의 낙원을 지을 자 우리가 아닌가", "2천만 생령生靈의 인도할 이 뉘뇨"라고 하여 신흥무관학교 졸업생들이 자유의 낙원을 창조하고 2천만 동포를 이끌어야 한다고 기염을 토했다. 신흥무관학교 졸업생의 대부분은 혁명운동과 교육사업에 헌신하여 남북 만주, 시베리아 등지에 그들의 족적이 닿지 않는 곳이 없었다. 1910년대에 신흥무관학교는 독립운동과 독립군 활동의 기반을 마련하는 데 혁혁한 기여를 했다.

　신흥무관학교가 독립운동에 끼친 영향은 1919년 2월경에 발표된 「대한독립선언서」에 서명한 민족대표 39명 가운데 김동삼·여준·이동녕·이상룡·이세영·이시영·이탁·허혁 등 8명이 신흥무관학교 관계자라는 것에서도 짐작할 수 있다. 또한 신흥무관학교 관계자와 졸업자들의 1920년 이후의 활동을 통해 그것의 일단을 엿볼 수 있다. 신흥무관학교, 경학사 – 부민단 – 한족회·서로군정서의 주요 활동자로 이상룡, 이회영, 이동녕, 이시영, 김동삼, 윤기섭, 여준, 김형식, 이세영(이천민), 지청천(이청천, 지대형) 등을 꼽을 수 있다. 이상룡은 대한임시정부의 수반이 1925년 대통령에서 국무령으로 바뀔 때 초대 국무령으로 선임되었다. 이회영은 한국 아나키즘 운동의 원로였다. 이동녕은 1919년 상해에서 임시정부의 모체로 임시의정원이 조직되었을 때 의장이었고, 대한민국임시정부 국무령과 주석을 역임했다. 이시영은 대한민국임시정부 법무총장·재무총장·국무위원직에 있었고, 해방 후 대한민국의 초대 부통령이 되었다. 김동삼은 1923년 국민대표회의 의장이었고, 통의부 중앙집행위원장, 정의부 참모장, 민족유일당촉진회 위원장이 되었다. 윤기섭은 민족혁명당 중앙집행위원이었고, 해방 후에는 과도입법의원 부의장, 2대 국회의원이었다. 김형식은 정의부 중앙행정위원이었고, 1948년 4월 평양남북연석회의에서 개회사를 낭독했다. 이세영은 통군부 군사부장, 통의부 참모부장 등을 역임했다. 지청천은 정의부

군사위원장, 광복군 총사령을 지냈고, 해방 후 대한민국 초대 무임소장관, 제헌국회와 2대 국회의원이었다. 신흥무관학교 관계자, 졸업자들은 대한군정서(북로군정서)의 참모장(이장녕)과 교관들로 상당수 초빙되어 청산리전쟁에서 혁혁한 무훈을 세웠다. 이 밖에도 신흥무관학교 관계자, 졸업자들은 조선혁명군·한국독립군·고려혁명군·광복군 등 만주, 노령, 중국 관내關內의 여러 무장독립운동 단체에서 활약했다. 광복군의 경우 총사령(지청천), 제1지대장(김원봉), 제2지대장(이범석), 제3지대장(김학규)이 모두 신흥무관학교 관계자다. 이범석은 해방 후 초대 국무총리, 초대 국방부장관을 역임했다. 신흥무관학교 졸업생들의 활약은 의열단 구성에서도 엿볼 수 있다. 1919년 의열단이 결성될 때 13명의 단원 중 단장 김원봉을 포함해 8명이 이 학교를 다녔다.

신흥무관학교를 이끈 지도층은 주로 1910년 이전에 항일 구국지사였거나 항일 혁신유림이었다. 이들은 척사위정 사상을 가진 의병이나 유림과도 구별되지만, 항일 의식이 없거나 미약했던 개화파와도 본질적으로 차이가 있다.

필자는 항일운동에 참여한 진보적 유림에 대해서 의미가 애매하고 범위도 좁은 '개신유학파'라는 용어보다는 조동걸이 사용한 '혁신유림'이라는 용어가 더 적당하다고 생각한다. 조동걸은, ① 전통적 척사유림의 경력이 있으면서 ② 사상이 일변하여 자주적 민족주의 사상의 정립을 모색하고, ③ 봉건주의·복벽주의復辟主義를 극복한 근대국가의 이념을 가지면서도 ④ 유가의 생활윤리를 고수한 유림을 혁신유림으로 규정했다. 그리고 이 같은 혁신유림으로는 박은식·장지연·유근·이기·이상설·신채호·이상룡·허위·신규식·김좌진·안희제·김동삼·박상진·이관구 등을 꼽았다.

필자는, 이상설은 일찍이 서울로 올라와서 벼슬길에 나섰기 때문에 전통적 유림으로 보기 어렵고 통감부 시기(1906~1910)에는 관료직을 떠나 구국 활동을 벌였기 때문에 이회영·이동녕 등과 함께 항일 구국지사나 항일 구국운동가로 보는 편이 좋을 것 같다고 생각한다. 신채호도 항일 구국지사로 보는 것이 좋을 듯하다. 청소년기나 청년기를 서울에서 보내고 관계·언론계·사회단체에서 활동한 인사들은 유림보다는 지사 또는 운동가로서의 면모가 강했다. 김동삼·김좌진 등을 유림으로 보는 것도 아무래도 어울리지 않는 것 같다. 조동걸이 안동 혁신유림의 대표 격인 이상룡과 유인식에 대해 양이적攘夷的 항일운동에서 탈피했다고 해도 제국주의와 민족주의에 대한 이론 전개가 상세하지 않기 때문에 과거와 근대가 복합적으로 내포되어 있다고 표현한 것은 혁신유림과 관련해 시사하는 바가 크다.

1장
무장투쟁의 땅을 찾아서

1. 민족운동 기지 건설의 효시—북간도 서전서숙

이상설과 이회영·이시영·여준 등은 죽마고우로서 1885~1886년경부터 친구가 되어 함께 합숙하며 공부하기도 했다. 나이는 여준이 1862년생으로 가장 많고, 이회영이 1867년생, 이시영이 1869년생, 이상설이 1870년생이다. 이들 중 신구 학문과 외국어에 능통하고 견식이 넓은 이상설이 대체로 리더 격이었다. 이상설과 이회영은 경주 이씨로 족친이기도 했다. 조동걸은 이상설이 1917년에 서거하지 않았다면 3·1운동 후 세워진 임시정부의 대통령 또는 수반이 되었을 것이라고 말했다. 그만큼 이상설은 학문과 정치력에서 뛰어난 능력을 지니고 있었다.

이상설·이회영 등은 1898년경부터 이상설 서재에 자주 모여서 구국의 길을 모색했다. 이상설·이회영·여준·이강연 등은 난국에 정치를 쇄신하여 독립과 자유를 완전하게 할 방책을 마련하기 위해 이상설 서재에서 정치·경제·법률·동서양 역사 등 신학문을 연구하고 '치국훈민治國訓民'의 새

정강을 준비했다. 나라를 바로잡고 민民을 계몽하는 것이 당면한 급무라고 판단했던 것이다. 한편 이회영은 큰일을 도모하려면 자금이 있어야 한다고 생각해 목재상을 경영하고 인삼밭을 사서 재배했으나 모두 실패했다. 목재상 실패는 사람을 잘못 만났기 때문이었고, 장유순과 의논하여 풍덕에 산인삼밭의 경우에는 1902년에 일본인에게 도난당했기 때문이었다. 풍덕 인삼밭 사건으로 도리어 이회영은 개성경찰서에 끌려가 신문을 받고 구금당했는데, 이 시기 일본인의 인삼밭 탈취는 드문 일이 아니었다. 1904년 이상설은 이준과 함께 일본인의 전국 황무지 개척권 요구를 반대하는 운동을 일으켜서 이를 좌절시켰다.

　일제가 을사조약 체결을 강요하자 이상설과 이회영 등은 역할을 분담하여 반대운동을 폈다. 의정부 참찬 이상설은 참정대신 한규설이 목숨을 걸고 그 조약에 반대하게 하고, 시종무관장 민영환으로 하여금 광무제가 어보를 허락하지 말도록 했다. 그는 대신회의 실무를 총람하는 참찬의 지위에 있었으나 일본군이 가로막아 그 회의에 참석하지 못했다. 이회영은 외부교섭국장인 아우 이시영으로 하여금 조약 체결 주무대신인 외부대신 박제순과 한규설이 반대하도록 했다.[1] 조약이 강제 체결되자 이상설은 다섯 차례에 걸쳐 광무제에게 조약을 인준하지 말 것을 요구했다. 그는 황제에게도 사직에 몸 바칠 각오로 싸울 것을 요구했다.

　이상설은 또한 원임대신原任大臣 조병세와 민영환을 소수疏首로 삼아 조약 파기 연명상소를 올렸다. 그리고 민영환, 조병세가 잇달아 자결하자 종로 네거리에 나가 민중 앞에 눈물을 흘리며 "나도 만 번 죽어 마땅하다. 나라가 망했는데도 백성이 깨닫지 못하니 통곡하지 않을 수 없다. 이제 민영환이 자결한 오늘이 우리 전 국민이 멸망하는 날이다"라고 비통한 연설을 하고는 땅에 뒹굴면서 머리를 땅바닥에 부딪치니 유혈이 낭자했고 인사불

서전서숙 1906년 이상설 등이 중심이 되어서 항일민족교육을 위해 길림 연길현 용정촌에 설립한 학교이다. 서전서숙의 초대 숙장은 이상설이고, 2대 숙장은 여준이 맡았다.(출처: 독립기념관)

성이 되었다.[2]

독립운동 기지 건설의 초기 형태는 을사조약 이후에 나타났다. 을사조약이 강제 체결되고 통감부가 설치된 것은 민족운동의 거점을 국외로 돌리게 했다. 이제 자주와 자유를 되찾을 민족운동은 원대한 계획을 세워서 실행해야 했다. 그 일은 국내에서는 불가능했다. 이상설·이회영·이동녕·여준·유완무·장유순 등은 만주에서 민족운동을 벌이기로 합의하고 만주 용정촌이 좋다고 결정했다. 동포가 많아 교육하기에 가장 좋고, 러시아 연해주와도 가까워 외교에 편리하며, 국내와 왕래하기도 수월하기 때문이었다. 이 일의 책임은 이상설이 맡기로 했다. 국외 민족운동 기지 건설운동의 효시 서전서숙瑞甸書塾은 이렇게 탄생했다.

1906년 10월경 용정에서 문을 연 서전서숙에는 이상설·이동녕·정순만 등이 참여했다. 윤병석은, 서전서숙에서는 신학문과 함께 철두철미 민족교육을 시켜 독립군 양성소와 다름없었다고 평가했다. 서전서숙은 이상설이 헤이그 사행使行으로 이동녕·정순만 등과 함께 블라디보스토크로 떠나고 나자 자금난에 더해 일제의 간도파출소(곧 간도영사관이 됨) 설치에 따른 감시도 심해져서 1907년 9~10월경 문을 닫았다.[3] 비록 짧은 기간이었지만 서전서숙은 적지 않은 인재를 키워냈다. 그리고 서전서숙의 영향을 받아 명동학교, 광성학교, 창동학교, 북일학교 등이 잇달아 세워짐으로써 북간도 일대에 민족운동의 일환으로 교육운동이 크게 일어나게 하는 데 중요한 역할을 했다.

네덜란드 헤이그에서 열린 만국평화회의(1907)에 이상설을 정사로 하여 이위종과 이준이 밀사로 파견된 데는 이회영·전덕기 등이 중요한 역할을 했다. 헤이그에 이상설 등이 어떠한 경로를 통해 파견되었는지는 오랫동안 미궁에 싸여 있었다. 이 부분을 비교적 잘 알 수 있는 몇 가지 기록에 따르면, 친서親署와 어새御璽만 찍힌 친서親書가 이상설에게 전달된 데는 이회영·전덕기, 그리고 전덕기의 처이종 되는 김 상궁이 통로였다.[4] 이 부분에 대해서는 이회영의 측근인 이관직의 설명이 자세하다. 이회영은 만국평화회의에 관한 소식을 듣고 일본 통감부와 매국노들의 감시를 피해 황제에게 그 회의에 사절을 특파할 것을 주청했다. 그리하여 황제는 신임장을 헐버트 박사에게 주었고, 헐버트는 그것을 이회영을 통해 이상설 등에게 전하게 했다는 것이다. 이회영이 1932년 11월 중국 대련에서 일제 관헌의 고문으로 서거했을 때, 한 신문은 이회영의 의문의 죽음에 관한 기사를 4단 크기로 쓰고 그 아래에 「우당 노인의 약력」을 실었다. 그 가운데 '헤이그 밀사 음모, 상동예배당 중심 클럽을 안태국·이동녕·전덕기와 조직'이라는

헤이그 특사 1907년 7월 5일 네덜란드 『만국평화회의보』(Courrier de la Conférence de la Paix, No. 18. Vendredi 5 Juillet 1907) 1면에 실린 헤이그 특사의 활동에 관한 내용이다. 가운데 사진에서 왼쪽부터 이준, 이상설, 이위종이다. 이위종은 신문 기자와의 인터뷰에서 "우리는 이 조약(을사조약)이 국제법상 유효한 것인지에 대한 판단을 요청하고자 한다"라고 말했다. (출처: 독립기념관)

내용이 들어 있다. 이를 통해서도 이회영이 헤이그 밀사를 보내는 데 깊이 관여했음이 확인된다. 그렇지만 이러한 사실은 일반인에게는 물론 학계에도 거의 알려져 있지 않았다. 이회영은 이상설이 헤이그로 떠나게 되자 여준을 파견하여 서전서숙을 운영하게 했다.

2. 독립운동 기지 건설의 구체화

1908~1910년경 국내에서는 이회영·전덕기·이동녕·양기탁 등이, 국외에서는 이상설 등이 독립운동 기지 건설 과제를 두고 고심했다. 양기탁·이동녕·전덕기·이회영은 신민회의 주요 간부인데, 이들이 모두 다 신민회라는 단체의 테두리 내에서 국외 독립운동 기지를 모색했다고 보기는 어렵다. 그러나 빠르면 1909년을 전후한 시기일 수도 있겠는데 일제 강점 이전에 항일강경투쟁을 견지했던 신민회 일부 간부들은 이 문제에 대해 깊이 있는 논의를 했다.

이회영은 1908년 여름에[5] 몰래 블라디보스토크에 가서 이상설을 만나 독립운동 방략을 숙의했다. 이 자리에서 이상설과 이회영은 ① 지사들을 규합해 국민교육을 장려할 것, ② 만주에서 광복군을 양성할 것, ③ 비밀결사를 조직할 것, ④ 운동자금을 준비할 것에 합의했다고 한다. 그런데 특히 이상설이 이회영에게 "중국·미국·러시아 등이 일본을 경계하기 때문에 전운이 일어날 것이므로 이에 호응하여 조국 광복을 기약하자"고 말했다는 대목이 주목된다. 중국·미국·러시아와 일본이 전쟁을 할 때 그간 양성했던 독립군 또는 독립 역량으로 호응하여 조국 광복을 기하자는 주장은 독립운동 기지 건설운동의 기본 전략이었다.

이회영은 우선 교육 장려를 위해서 여러 학회의 지우들과 논의했다. 그중에서도 이동녕·안창호·이승훈·박승봉 등과 협의하여 김사설을 평양 대성학교에, 이강연을 정주 오산학교에, 이관직을 안동 협동학교에, 여준을 상동청년학원에 파견했다. 대한제국군 참위였던 이관직은 상동청년학원에서 애국지사들이 모여 결사운동을 한다는 말을 듣고 그곳을 찾아가 이회영을 만난 뒤로 시시로 방문하여 이회영과 일을 의논했다. 그는 이회영의 부

상동교회 1902년 전도사 전덕기가 부임한 뒤 상동교회는 민족운동과 구국운동의 중심지로 성장했다. 이회영·전덕기·이동녕·양기탁 등 신민회 간부들은 이곳에 자주 모여 교육·민족 운동에 관한 논의를 가졌다. 1908년 이회영과 이은숙이 이 교회에서 서양식 혼례를 올렸다.

인 이은숙의 종조부이다. 김사설은 사정이 생긴 탓에 부임하지 못하였다. 안동 협동학교에는 이관직 외에도 상동청년학원계로 이회영의 영향을 받으며 교육운동에 종사하던 김기수가 교감으로 있어 상동청년학원계 인사들과 연결되어 있었다. 이회영이 원감院監이고, 전덕기·이동녕·여준·김진호 등이 교사였던 상동청년학원과 상동교회는 민족운동의 중요한 산실이었다. 특히 이회영과 전덕기는 가까운 사이였는데, 이 상동교회에서 이회영·전덕기·이동녕·양기탁 등 신민회 간부들이 자주 모여 구수회의를 가졌다.

이회영은 또한 장교인 김형선·이관직·윤태훈 등과 만주에서 독립군을 양성하는 문제에 대해 논의했다. 이관직에 따르면, 이회영이 만주로 옮길 계획을 세운 것은 신민회원들 일부도 비슷한 생각을 가졌던 1910년 봄이라고 한다. 이때 그는 박노호·윤태훈과 의병장인 이기영·성재구, 그를 따르는 장유순·이관직·이관식 등과 함께 동지를 모으는 일을 상의하고 만주이주 경비를 구했는데, 자금 모으는 일이 뜻대로 되지 않아서 단체로 가기가 어렵게 되었다. 그는 1910년 겨울 안으로 만주에 다녀온 뒤 일을 결정하겠다고 동지들에게 말했다.

이회영 등이 만주로 떠날 계획을 세우게 된 데는 친일파들의 발호도 작용했다는 지적은 당시의 상황을 이해하는 데 도움을 준다. 이관직은 다음과 같이 썼다.

> 당시에는 왜적이 특히 선생(이회영을 가리킴)을 엄중하게 감시하여 근역槿域 산하에 머리를 눕힐 곳이 없게 되었다. 또 생사를 함께하고 광복운동의 길에서 손을 잡고 활동하던 동지 가운데는 왜적한테 붙어 작록爵祿을 받은 자도 있었고, 왜적의 압박을 두려워하여 낙심하고 귀가한 자도 있었다. 어제의 친구가 오늘에는 무관한 사람이 되었으니 어찌 개탄할 바가 아니겠는가.
>
> ─이관직, 「우당 이회영 실기」, 『우당 이회영 약전』, 을유문화사, 1985, 140쪽.

이은숙은 이회영·이동녕 등이 1910년 8월 하순 독립운동 기지를 물색하기 위해 압록강을 건너는 장면을 기술한 데 이어 다음과 같이 당시 정황을 묘사했다.

> 이때 조선은 한일합방 당시다. 공기가 흉흉하여 친일파는 기세가 등등, 살기가 험악하고 배일자는 한심 처량하지마는 어찌하리오. 친일파의

기세가 등등하고 살기가 날카로워 공기가 험악한데 이 같은 모험 행동
을 하시니.

—이은숙, 『민족운동가 아내의 수기: 서간도 시종기』, 정음사, 1974, 16쪽.

| 이상설·이동휘 등의 독립운동 기지 건설 활동 |

독립운동 기지 건설은 거의 같은 시기이기는 하지만 국내보다 조금 일찍
미주와 연해주 등지에서 먼저 구체적으로 논의되었고, 실천에 들어갔다.
이상설이 미국에서 활동하고 있을 때 『공립신보』 1908년 11월 4일자에는
"우리 지사가 숙야夙夜 연구한 바" 새 한국을 건설할 곳으로 블라디보스토
크를 꼽았다고 전하면서 그 이유로 다음 네 가지를 들었다. ① 교통 편리,
② 수십만 동포를 연합하여 강대한 단체를 조직할 수 있음, ③ 언론·출판·
집회의 자유가 있어 2천만 동포를 약동케 할 수 있음, ④ 농업·상업을 확장
하여 재정을 정리할 수 있는 곳임. 이러한 보도는 미주에서 독립운동 기지
건설 방안이 구체화되고 있었음을 시사한다.

1909년 블라디보스토크로 돌아온 이상설은 민왕후 살해 사건과 을사조
약 등을 비판하며 적극적으로 항일 활동을 벌이다가 1908년 5월 한국에서
왜의 노예로 살 수 없다며 블라디보스토크로 온 이승희와 함께 독립운동
기지 건설 작업에 들어갔다. 이승희는 영남 유림의 거두인 한주寒洲 이진상
의 외아들이다. 영남 최후의 큰 학맥이라고 볼 수 있는 한주학파는 이승희
외에도 곽종석·장석영·김창숙 등 항일 독립운동자가 많았다는 점에서 각
별히 주목할 만하다.

이상설 등은 독립운동 기지를 물색하다가 1차로 러시아와 중국 국경지
대에 있는 홍개호 부근의 밀산부 봉밀산을 지목했다. 미주에서 보내온 자
금 등으로 이승희는 1909년 겨울 봉밀산 일대의 넓은 황무지를 사들여 100

여 가호의 한인을 이주시키면서 한국을 부흥시킨다는 의미
의 한흥동을 건설했고, 한민학교를 세우고 민약民約을 실
시했다. 이승희는 이상설과 뜻을 같이하며 한흥동
에서 4년간 활동하다가 1913년에 그곳을 떠났다.

이상설은 1910년 이승희와 비슷하게 척사위
정적 성향이 강한 복벽론자인 의병장 유인석과
함께 활동을 했다. 1896년 의병 투쟁을 벌이다가
서북 지방을 거쳐 만주 통화현 5도구五道溝(후에
유하현으로 편입. 삼원포, 고산자에 인접해 있음)에
와서 잠깐 정착했던 유인석은 5도구를 가리켜
"그곳에는 인의지계仁義之計가 있으므로 나라의
흥복지계興復之計"가 가능하다고 말했다고 한
다. 후에 서간도 독립운동 기지가 될 지역에서 그
러한 얘기를 했다는 것도 의미가 있지만, 그것이 독
립운동 기지 건설의 맹아적 논리라는 점에서도 관심
을 끈다.

이상설(1870~1917)

1910년 6월 이상설·이범윤 등은 유인석을 도총재로 한 13도 의군을 편
성했다. 그리고 유인석과 이상설의 이름으로 광무제에게 상소문을 올려
블라디보스토크로 파천하여 중흥하자고 권유했다. 1910년 8월 22일 한일
합병조약이 조인되었고 29일 발표될 것이라는 소식에 8월 23일 시베리아
한인들은 신한촌에서 한인대회를 열었다. 그리하여 성명회를 조직하고,
"우리 동포는 무장할 날이 금일이고, 피를 흘릴 날 또한 금일"이라는 요지
의 선언서를 발표했다.

1911년 블라디보스토크에서는 시베리아 한인 사회의 중요 인물들을 망

라하여 권업회를 조직했는데(의사부 의장 이상설, 부의장 이종호), 명칭 그대로 실업을 권장한다는 것이 취지였다. 그러나 그것은 광복군 양성을 근본 목표로 하고 있는 것이라고 윤병석은 파악했다. 권업회는 3년 동안 활동하다가 제1차 세계대전 발발에 즈음하여 일본의 요청으로 러시아 당국에 의해 해산되었다.

1914년 이상설·이동휘·이동녕·정재관 등은 연해주에서 윤병석이 최초의 임시정부로 평가한 바 있는 대한광복군정부(정통령 이상설, 후임 이동휘)를 조직했으나 세계대전이 발발하면서 활동이 금지되었다. 1915년에는 상해에서 이상설·박은식·신규식·조성환 등이 신한혁명당(본부장 이상설)을 조직했다.

또 한편 이상설은 독립군을 양성할 군영지를 시베리아 동북 야블로노비산 북쪽 끝 레나강 상류로 잡고, 러시아 극동총독 콘지다스지와 교섭하여 부지를 무상으로 조차하기로 했다. 군대의 영사瀯舍와 교관도 러시아 측이 제공하기로 했다. 그러나 이상설이 눈여겨보았던 시베리아 제1군영지는 군자금 모집이 뜻대로 되지 않아 실패로 돌아갔다.

독립운동 기지 건설은 동북 만주에 위치한 왕청현 수분대전자 나자구에서도 있었다. 험한 협곡이 겹겹이 둘러싸여 있는 나자구는 비밀사관학교를 세우기에 적합했다. 학교와 기숙사 건축은 주민들이 담당하고 학교 유지 경비는 이종호가 부담하기로 했으며, 장기영 등은 교관 및 기타 문제를 맡기로 하고, 신민단장 김규면과 철혈광복단원 전일은 사관생도를 모집하기로 했다. 그리하여 교장에 이동휘가 취임했고, 교관은 김립·김규면·장기영·오영선·김영학·김광온·김성남·한흥·김하정 등이 맡았다. 학생은 80~100명 이상으로 알려졌다. 교과서는 운남사관학교에서 보내준 한문으로 쓰여진 병서를 사용했다. 중국군이 준 장총도 있었다.

그러나 이 학교는 간도 주재 일본영사가 항의하자 중국 행정 당국이 해산을 강요함으로써 1915년 말경 폐쇄되고 말았다. 윤병석은 연해주 대한광복군정부의 당면 중요 사업으로 이 무관학교가 건립된 것으로 파악했다. 이 학교의 존속 기간에 대해서는 여러 설이 있는데, 윤병석은 1년을 넘지 못했을 것으로 보았다. 이 학교는 군사교육을 시켰는데도 불구하고 겉으로는 대전학교大甸學校라고 불린 것에 주목할 필요가 있다. 어디까지나 중국 땅이기 때문에 무관학교 또는 사관학교라는 이름을 공식적으로 사용할 수 없었기 때문이다.

이상설의 동지인 박용만은 미국 하와이에서 1914년 300명에 달하는 국민군단을 편성했고, 네브래스카주에서 소년병학교를 운영했다. 멕시코에는 숭무학교가 있었다.

1913년 북간도에는 지방 당국의 산하에 들어가 있는 합법적인 자치단체로 간민회가 만들어져서 길림도독의 공식 인가를 받았다. 간민회는 간도 지역 한인들의 법적 권리와 생활 향상을 위한 민족 자치 구현을 목표로 했다. 그리하여 호적 조사, 토지 매매 참여, 체육운동대회 등 다채로운 활동을 벌였다. 그러나 일본 간도영사의 요청으로 중국 당국이 한국인의 각종 자치기관의 집행을 정지하고 간민회 및 농민계를 해산하라고 포고하여 간민회는 1914년 3월에 해산했다. 1913년 4월에 발족했으니 1년도 채 못 되어 탄압에 쓰러진 것이다.

| 이회영 6형제 압록강을 건너다 |

서간도 독립운동 기지 건설은 1910년 8월 일제가 한반도를 강점하면서 구체화되었다. 신민회 간부인 이동녕 등도 적극적이었지만 신민회원으로 이상설과 긴밀한 관계를 가지고 있던 이회영이 중심이 되었다. 그것은 서간도 독립운동 기지 건설의 초석이 된 남만주 시찰대의 인적 구성을 보아도 알 수 있다.

1910년 8월 하순[6] 이회영은 이동녕 및 자신과 행동을 같이했던 장유순, 자신이 데리고 있던 소년 이관식과 함께 상인으로 가장하여 지물을 어깨에 메고 초산진으로 갔다. 그곳에서 압록강을 건너 안동(지금의 단동)에서 500리쯤 떨어진 횡도천(자료에 따라 '항도천'으로도 나옴)에 임시로 자리를 잡고 남만주 일대를 시찰한 뒤 무사히 고국으로 돌아왔다. 일부 기록과 연구에서는 이관식이 아니라 이관직이 동행했다고 씌어 있지만, 이관직의 글 등을 볼 때 그것은 명백히 잘못된 것이다. 이관식은 본래 이회영 집안 누대의 노비 자식이었는데 인물이 뛰어나서 이회영이 신임했다. 성명도 이회영이 붙여주었다. 이회영 일행은 이동녕의 친척으로 이장녕의 부친인 이병삼이 횡도천에 먼저 가서 앞으로 올 동지를 맞이할 수 있게 했다.

이회영 일행이 돌아오고 얼마 후 이회영은 건영·석영·철영·시영·호영 등 형제와 모임을 가졌다.[7] 이회영은 교목세신喬木世臣으로서 대의를 위해 죽을지언정 왜적 밑에서 노예가 되어 생명을 구차히 도모할 수는 없지 않느냐고 묻고, 6형제가 가족과 함께 서간도로 가서 독립운동 기지를 건설할 것을 권유했다. 명문거족인 6형제 모두가 서간도로 간다는 것은 국내외 동포들에게 미칠 영향이 적지 않았다. 이회영 일가는 세칭 삼한갑족三韓甲族(대대로 가문이 뛰어난, 으뜸가는 집안)이라 할 만했다. 서민들의 사랑을 받았던 영의정(선조 대) 백사白沙 이항복은 이회영의 10대조이고, 청렴강직했던 영의정(영조 대) 이종성은 5대조이며, 이회영의 둘째 형 이석영이 양자로 들어간 영의정(고종 대) 이유원은 친척이었다. 부친 이유승 또한 의정부 좌찬성, 이조판서를 역임했다. 이시영은 한일합병 직전까지 평남관찰사·한성재판소장 등의 직위에 있었다. 나라가 멸망할 때 이른바 교목세신 또는 권

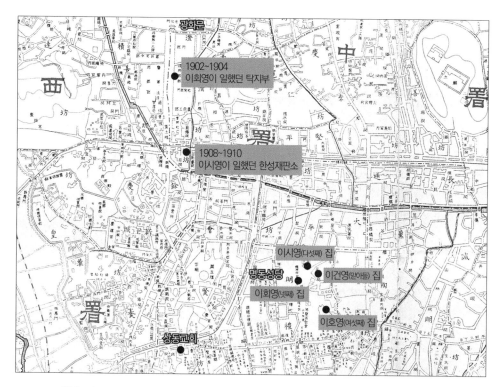

한성부 내 이회영 형제들의 거주지와 활동 지역 이회영·시영 형제가 살던 집은 지금의 서울 명동
성당 맞은편 YWCA 회관 자리다. 이건영·석영·철영·회영·시영·호영 6형제는 전 재산을
처분한 뒤 독립운동을 위해 서간도로 향했다. 상동교회는 전덕기 목사가 담임하면서 독립
운동의 비밀본부 역할을 했다.(출처: 『난잎으로 칼을 얻다』, 이회영기념관, 16쪽 지도 활용, 바탕 지
도는 1907년판 〈최신경성전도〉, 대한민국역사박물관)

우당 이회영 흉상과 집터 표지석
서울시 중구 명동11길 20(명동 1가),
YWCA 회관 인근에 이회영 흉상과
이회영·이시영의 집터 표지석이
세워져 있다.

문세가들은 다수가 일제로부터 작위를 받고 친일파가 되었다. 명문거족이나 권문세가로 조국의 독립을 위해 해외로 망명한 집안은 오로지 이회영 6형제뿐이었다. 이상재는 "6형제의 절의는 참으로 백세청풍百世淸風이 될 것이니, 우리 동포의 가장 좋은 모범이 되리라"고 찬탄해 마지 않았다.

이회영 형제들의 망명은 권문세가 중 유일했다는 점에서도 역사적 의의가 있지만 다른 측면에서도 중대한 현실적 힘을 부여했다. 대단한 재력을 갖고 있던 이유원의 양자인 둘째 형 석영이 재산을 팔고 같이 갈 경우 독립운동 기지 건설이 원활할 수 있었던 것이다. 더구나 신민회에서 갹출하기로 했던 자금이 105인 사건 등으로 거둬지지 않았기 때문에 이석영의 재산은 서간도 독립운동 기지 건설에 절대적인 비중을 지니게 되었다. 석영 등 5형제는 이회영의 제안을 흔쾌히 받아들였다.

이석영이 1만여 석 재산과 토지를 모두 방매한 것을 포함하여 다른 형제들도 재산을 처리한 뒤 이회영 6형제 대소가와 권속 50~60명은 12월에 6~7대로 분산 편성하여 남대문·용산·장단 등에서 따로따로 차를 타게 했다. 대소가 일행은 12월 30일 압록강을 건넜다.[8] 신의주와 안동에는 연락 및 유숙할 곳이 마련되어 있었다. 이들 일행은 1월 초순 안동을 떠나 칠팔일 만에 횡도천에 도착하여 얼마를 머문 후 다시 출발, 2월 초순에 목적지인 유하현 추가가에 도착했다. 서간도 독립운동 기지 건설운동 주력의 한 부대가 만주에 온 것이다.

조선총독부 관보를 보면 흥미로운 기사가 나온다. 한말에 벼슬이 높았던 이시영이 1910년 10월에 윤치오 등과 함께 중추원 부찬의에 임명되었으나 1911년 3월 3일자 관보에는 면관免官, 즉 직책에서 물러나게 한 것으로 나와 있는 것이다.

압록강을 건너 서간도로 향할 때, 만약 서울에 계속 남아 있었다면 부유

하고 편안히 지냈을 이회영 형제 대소가의 심정을 이은숙은 다음과 같이
술회했다.

> 부모지국을 버린 망명객들이 무슨 흥분 있으리요. 그러나 상하 없이 애
> 국심이 맹렬하고 왜놈의 학대에서 벗어난 것만 상쾌하고, 장차 앞길을
> 희망하고 환희만만으로 지나가니……
>
> —이은숙, 『민족운동가 아내의 수기』, 18쪽.

| '청도 회의'에 대한 잘못된 이해 |

서간도 독립운동 기지 건설은, 이동녕이 핵심 간부이고 이회영도 관여하
고 있는 신민회 주요 간부들에 의해 적극 추진되었고 각지의 지사·유림들
도 이에 호응했다. 서간도 독립운동 기지 건설이 널리 호응받을 수 있었던
이유는 그것이 신민회에 의해 추진된 것과 관계가 깊다. 그런데 일부 연구
자들이 독립운동 기지 건설운동을 신민회 전체의 노선 또는 방략인 듯이
서술하는 것은 부정확한 점이 있다. 또 중국 청도靑島에서 가진 모임을 독
립운동 기지 건설운동으로 이해하는 것도 사실과는 명백히 거리가 있다.

신민회 내부에는 금을 긋듯 명료히 갈라져 있는 것은 아니었지만 교육과
산업, 인격 도야를 중시하는 점진파 또는 실력양성파(필자는 이들을 자본주의
근대화론자로 명명한 바 있다)와 일제에 대한 강경 항일투쟁 노선에 서서 무관
학교 건설 등을 모색했던 급진파 또는 항일투쟁파로 나눠 볼 수 있다. 안창
호는 전자를 대표했다. 안창호의 관점에서 볼 때 신민회는 부르주아 근대
화운동을 본격적으로 벌이기 위한 단체였다. 그러한 안창호의 의도는 청년
학우회·대성학교·자기회사·태극서관 등에서 구체적으로 나타났다. 곧 '정
치성'을 배제한 청년학우회를 통해 '독립'의 실력을 쌓으려 했고, 대성학교

를 통해서는 교육을, 자기회사를 통해서는 실력 증진과 실업 장려를, 태극서관을 통해서는 교육사업 보급 및 신민회 사업 연락을 꾀했다. 안창호가 1910년 4월경 망명한 것은, 예심심문기에 따르면 친일파 등의 위협으로 국내에서 활동하기가 어렵다고 판단했기 때문이었다. 그리고 이광수의 서술에 따르면 해외에서 수양·단결·교육·산업으로 민력을 배양하는 것이 조국을 회복하는 유일한 길이라고 생각했기 때문이었다.

청도 모임에서 무관학교 건립이 결의되었는가는 자료에 따라 큰 차이가 있기 때문에 속단할 수는 없다. 그러나 안창호가 무관학교 건립에 찬동하지 않았다는 것은 주요한과 이광수의 저서를 통해서도 명백하고, 그 점은 조선총독부의 「안창호 신문조서」에서도 확인된다.

(청도에서) 유동열과 김희영 2인은 그 돈(이종호의 출자금)으로 잡지 및 신문 경영을 하자고 말하고, 피고인(안창호 본인)과 이갑은 (전에 안창호 등이 가졌던) 계획대로 농촌 개척을 하자고 말해 양자가 의견이 충돌하여 어떤 것도 실행할 수가 없었던 것입니다. (판사가 그 뒤에 블라디보스토크에 가서 어떠하였느냐고 묻자) 블라디보스토크에서도 피고인과 이갑 2인은 전과 같이 농촌 개척의 초지를 굽히지 않고 역설하였고, 김희영과 유동열 2인은 만주에서 조선 군인을 양성하자고 말했기 때문에 이 역시 의견의 일치를 볼 수가 없어……

— 「안창호 신문조서」, 『조선사상운동조사자료』 2, 1933, 106~107쪽.

| 신민회 간부 비밀회의에서의 결의 |

지금까지 살펴보았듯이 독립운동 기지를 건설하기 위한 최초의 활동은 을사조약 강제 체결 이후 이상설·이회영·이동녕 등을 중심으로 전개되었다.

그리고 독립운동 기지 건설 또는 항일 무장력의 양성은 1908년경부터 이상설·이회영·박용만 등이 추진했다. 신민회도 비슷한 시기에 이 문제에 관심을 가져서 최명식 등이 서간도 일대를 답사한 바 있었다. 그러나 구체적으로 양기탁 등 신민회의 적극 항일투쟁 세력이 위와 같은 과제를 추진한 것은 1910년 8월을 전후한 시기였다. 그것은 양기탁이 '한일합병'이 되자 무관학교를 세울 마음을 굳히고 그와 관련해 간도를 답사했다는 기록에서 알 수 있으며, 또한 신민회의 일부 간부들이 한일합병조약 발표 이후 무관학교 건설 등과 관련해 몇 차례 모임을 가진 것과 서간도 등을 답사했다는 점에서 확인할 수 있다. 그런데 신민회의 독립운동 기지 건설 추진과 관련해 중요하게 검토할 것은 양기탁 집에서 양기탁·이동녕·이승훈·안태국·김구·주진수·김도희 등 핵심 간부들이 모여 논의한 신민회 비밀회의가 한일합병조약 발표 이전에 열렸는가 하는 점이다.

양기탁 집에서 열린 비밀회의가 1909년 봄에 이루어졌다는 기술은 꽤 많다. 채근식의 저서(『무장독립운동비사』, 1948)에는 1909년 봄 양기탁 집에서 양기탁·이동녕·주진수·안태국·이정훈(이승훈의 오기)·김도희·김구 등이 신민회 간부 비밀회의를 열고 독립운동 기지 건과 군관학교 설치 건을 결의하고, 조선과 인접한 동삼성에 제2의 독립운동 기지를 건설하기 위해 모금액을 할당했다고 쓰여 있다. 그 뒤에 나온 『한국독립운동사』(애국동지원호회 편, 1956)에도 1909년 봄에 양기탁 집에서 신민회 간부 비밀회의가 있었다고 쓰여 있고, 김승학 편저(『한국독립사』, 1965)에도 같은 내용이 실려 있다. 내용으로 보아 김승학의 편저는 『한국독립운동사』의 기술을 그대로 옮긴 것이고, 『한국독립운동사』는 채근식의 저서에 근거를 둔 것으로 보인다. 이 부분을 기술한 다른 글이나 논문은 위의 세 저서에 근거를 두었을 것이다.

그런데 채근식의 저서는 여러 군데서 연도가 1년씩 빠르게 기술되어 있는 것이 주목된다. 이회영 등이 서간도 답사를 떠난 것은 1909년 여름으로 되어 있고, 이회영 형제 대소가가 서울을 떠난 것도 1909년 겨울로 되어 있으며, 후술할 경학사의 조직은 1910년 4월이라고 기술하여 모두 1년씩 차이가 난다. 또 양기탁 집의 비밀회의 후 이회영·이동녕·주진수·장유순 등을 파견하여 기지를 매수케 했다고 썼는데, 주진수는 이회영·이동녕과 함께 가지 않고 9월 중순에 따로 갔으며,[9] 이회영 등은 기지를 매수하러 간 것이 아니고 그럴 수도 없는 상황이어서 그 뒤 '기지 매수'를 위해 양기탁 집에서 회의가 열렸던 것이다.

양기탁 집에서 신민회 비밀 간부회의가 열린 것은 한일합병조약 발표 이후였다. 안악 사건과 신민회 사건 판결문에도 그렇게 쓰여 있을 뿐만 아니라 김구도 『백범일지』에 총독부가 설치된 후 양기탁 집에서 회의가 열린 것으로 기술했다. 또한 1950년에 나온 박영랑 편저 『독립혈사』 2권에는 양기탁이 한일합병이 선언되자 즉시 전국 각지의 애국지사를 소집하여 무관학교 창설 밀의를 한 것으로 쓰여 있다. 전체적으로 자료를 분석해 볼 때 이회영과 이동녕은 미리 상당한 정보를 가지고 서간도 일대를 답사했으며, 그곳에 이미 망명해 있는 사람들로부터 여러 가지 이야기를 듣고 삼원포 일대에 독립운동 기지를 건설할 것에 합의했을 것이다. 그리하여 이회영은 형제들을 설득하기 위해 6형제 회의를 열었고, 이동녕은 양기탁 등과 상의해 신민회 간부회의를 열었다고 보아야 할 것이다.

이때는 무엇보다도 기지를 매수할 자금을 확보하는 일이 시급하고 중요했다. 그리하여 1910년 12월 중순에 양기탁 집에서 회의를 열어 다음 사항을 결의했다. 왜가 서울에 총독부를 두었으니 우리도 서울에 도독부를 두고 각 도에 총감이라는 대표를 두어서 국맥을 이어 나라를 다스리게 한다.

또 많은 한국인을 서간도로 이주케 하고, 유능한 청년을 그곳으로 보내 교육을 베풀고 문명에 나아가게 하며, 무관학교를 창설하여 광복전쟁에 쓸 인재를 양성하기로 한다. 그리고 김구를 황해도 대표로, 안태국을 평안남도 대표로, 이승훈을 평안북도 대표로, 주진수를 강원도 대표로, 양기탁을 경기도 대표로 삼는 등 각도 대표를 정하고, 그들로 하여금 각기 맡은 지역으로 돌아가 독립운동 기지를 건설하기 위해 황해·평남·평북은 각 15만 원, 강원 10만 원, 경기 20만 원을 모집해오기로 합의했다.

3. 안동 등 경북 지방 인사들의 참여

척사위정의 의병장이 많고 보수적인 유림이 강한 영향력을 가진 안동에서 혁신유림·지사가 다수 출현했다는 것은 놀라운 일이었다. 안동에서 적극적으로 근대문명을 받아들이려는 노력은 1907년 봄에 유인식·김후병·하중환 명의로 설립이 신청되어 문을 연 협동학교에서부터 시작된다.

1895년 말 의병으로 활동했던 유인식은 1903년 상경하여 신채호와 교유하고 신서적을 읽은 인물답게 협동학교 운영에 앞장섰고, 1908년에는 자기 집 노비를 해방했다. 그는 「태식록太息錄」에서 "금일 민족에 대한 책임은 오로지 유림에 있다"고 역설할 정도로 혁신적이었다. 협동학교 교감으로(교장 김병식) 안동 지방에서 진보적 활동에 투신한 김긍식金肯植(만주 망명 후 김동삼으로 개명)도 전통 유림의 훈도를 받았지만 을사조약 강제 체결 이후 계몽운동에 참여했다. 한편 이상룡과 그의 처남인 김대락은 대한협회 안동 지회 설립을 추진하는 1908년 10월 이후 협동학교 운영에 참여했다.

협동학교는 설립 취지문에서 "우리 안동 인사는 홀로 어둠 속에서 헤매

협동학교 교직원(1910)

협동학교는 1907년 유인식·김후병·하중환의 발의로 경북 안동에 세워진 교육기관이다. 교장 김병식을 비롯해 김동삼·이관직·김기수 등이 교사로 활약했다. 사진에서 둘째 줄 왼쪽 끝이 유인식이고, 둘째 줄 가운데가 이관직이며, 윗 줄의 왼쪽 끝에 양복 입은 사람이 김동삼이다.(출처: 독립기념관)

고 있지 말라"고 강조했는데, 협동학교에 대한 안동 유림의 반발은 거셌다. 유인식의 부친은 그를 앞에 서 있지도 못하게 했고, 그의 스승인 을미의병장 김도화는 극력 반대했으며, 역시 을미의병장으로 퇴계 문중인 이만도는 1910년 자결하여 순국할 때까지 반대했다. 이상룡도 처음에는 향중鄕中 원로와 함께 신교육에 반대했으며, 김대락도 반대했다. 역시 유림이었던 김대락의 아우는 한층 더 척사적인 면이 강했다. 그의 아우 김소락은 아들이 단발 입교할까 염려하여 단지斷指 혈서로 금계禁戒할 정도였다.[10] 그러한 집안의 김대락이 전 가족을 다른 곳으로 옮겨 살게 하면서 기와집 36칸을 무상으로 학교에 제공했다.[11] 이상룡과 김대락이 적극 지원함으로써 협동학교는 안동에서 기반을 넓힐 수 있었다.

한말 일제 침략기에 안동 지방에서는 뛰어난 인물이 다수 배출되었다. 그중 이상룡과 김동삼 등은 서간도 독립운동 기지 건설운동에서 중요한 지도자였거니와 만주 지방 독립운동계의 거성이었다. 이상룡의 남다른 면모는 이미 청장년기에 드러났다. 그가 천문지리·기형璣衡·역기曆紀·율려律呂·산수算數 등을 열심히 공부했다는 기록을 보면 일찍부터 주자학에 만족하지 않았음을 짐작할 수 있다. 만주로 가던 1911년 음력 1월 14일 그가 『양명실기』를 보면서 왕양명의 독립 모험 정신을 높이 평가한 것도 그의 호연한 기상을 엿볼 수 있는 대목이다.

을미의병 거사 당시 안동에서 의병대장으로 추대된 권세연은 이상룡의 외숙부였다. 이상룡은 이때 비밀히 의병 투쟁을 도왔다. 그는 을사조약에 큰 충격을 받아 좌시하고만 있을 수 없다고 생각하여 의병 투쟁과 연계를 맺었다. 그가 이 시기에 얼마나 그 문제에 몰두했는가는 전통 명가의 종손인데도 1905년 말 '원단 과세元旦過歲'(새해맞이)를 의병장 차성충이 있는 거창에서 보내고 1906년 정초에 돌아온 일로도 알 수 있다. 이상룡은 1908년 초 차성충에게 1만 민緡이라는 거금을 전달했다.

이상룡이 가야산에서 거병하려던 일은 차성충이 1908년 3월 준비한 무기를 빼앗기고 모병한 군인이 해산당함으로써 실패로 돌아갔다. 그는 또 신돌석·김상태 등과 상응해 싸우려고 했으나, 이 역시 이루지 못했다. 6월에 김상태 의병 진영의 총수인 이강년이 청풍 금수산 전투에서 패해 체포되었고, 신돌석은 11월에 암살당했다.

이 무렵 이상룡의 심정은 어떠했을까. 번뇌에 찬 이상룡은 깊숙한 암혈에서 생각에 생각을 거듭하며 천하의 운세를 살피다가 자신이 기도한 바가 성사되지 못한 것은 시국에 어두웠기 때문이라고 깨달았다. 그는 이때부터 열심히 동서 열강의 서적을 구해 읽고 세계 대세를 깊이 파악했으며, 일본의 병력도 소수 오합지졸로는 당해낼 수 없다는 것을 알았다. 그는 중심衆心을 모아 단체를 만들어서 인재를 키우는 일이 난국에 처해 있는 현실을 타개하는 데 근본 사업이라고 판단했다. 바로 이 무렵에 대한협회에서 그에게 안동 지회 설립을 권한 것이다.

이상룡 행장에 쓰여 있는 바, 의병으로는 국권 회복이 안 된다는 '사고의 전환'은 독립운동 기지 건설운동에서 중대한 의미가 있다. 독립운동 기지 건설론자들은 대개 현실의 힘을 중시하면서 장기적 전망에 서 있었기 때문에 이상룡과 비슷한 사고를 했지만, 이상룡은 특히 더했다. 을미년(1895) 이래 안동 일대의 의병 활동과 의병장의 의식에 대해 잘 알고 있었고, 을사년(1905) 이후에는 수년간 의병 투쟁에 깊이 개입했던지라 그의 사고는 누구보다도 실천적 체험과 연결되어 있었다. 이와 같은 체험은 압록강을 건넌 후에도 그의 사고와 행동 양식에 강렬히 영향을 미치고 있었다. 그렇기 때문에 3·1운동 이전은 말할 나위도 없고 그 이후에도 피 끓는 청년들이 즉각적인 무장투쟁을 주장하고 나섰을 때, 아직 때가 오지 않았다면서 그것을 경계하고 무장투쟁의 준비가 중요하다고 역설했던 것이다.

그는 대한협회 안동 지회 활동 때부터 유교적 덕목인 민덕民德을 중시하면서, 중심衆心을 합하기 위해서는 단체가 중요하고 세계를 제대로 알고 힘을 키우기 위해서는 청년 인재를 교육시켜야 하는데, 그러한 단체의 활동이나 교육을 군사훈련과 병행해야 한다고 생각했다. 그 점은 신흥무관학교－신흥학우단, 경학사 등의 활동에서 관철되고 있었고, 3·1운동 이후의 후기 신흥무관학교, 한족회·서로군정서 등의 진로에도 영향을 미쳤다.

이상룡이 1908년을 전후한 '사고의 전환' 시기에 읽은 '동서 열강의 서적'은 대개 약육강식을 합리화하는 사회진화론적 내용이었다. 따라서 그러한 논리를 인정하는 한 제국주의 강국과 약소민족 간 '힘'의 격차를 단체적 활동이나 교육, 군사훈련으로 어떻게 해결할 수 있는가는 계속해서 사회진화론 수용자들의 풀기 어려운 숙제로 남게 되었다.

1909년 초 이상룡은 일제에 의해 구금되었다. 의병과 연락했다는 혐의였지만, 대한협회 안동 지회 설립을 방해하려는 일제의 의도가 있었을 것이다. 3월에 석방된 후 이상룡은 김동삼·유인식·김형식 등과 함께 대한협회 안동 지회를 창립했다(지회장 이상룡). 안동 지회는 산업 진흥을 강조하고 시국강연회 등을 통해 근대적 법률관, 민권 의식 등을 심어주는 데 힘을 쏟았다. 또한 제국주의가 성할 때는 군국주의가 아니고서는 자립할 수 없다면서 지회 측이 설립한 학교에서 군대식 체조를 실시했고, 향리에서도 단련제團練制를 실시하여 유사시에 동원할 수 있도록 노력했다. 대한협회 본부는 설립할 때부터 친일적 요소가 있었지만, 안동 지회는 처음부터 배일적이었다.

안동의 혁신유림·지사들은 협동학교와 대한협회 지회를 통해 민족운동을 전개했다. 김동삼은 1909년 10월 영남 지역 인사들이 중심이 되어 조직한 비밀결사인 대동청년단에 가담해 활동하기도 했다.

| 뜻을 이루지 못하면 살아 돌아오지 않겠다 |

이상룡 등 안동 일대의 혁신유림·지사들은 1910년 음력 11월 황만영·주진수를 통해 양기탁·이동녕 등의 만주 독립운동 기지 건설 계획을 들었다. 그들은 기꺼이 이 계획에 참여할 것을 결의했다. 이상룡(1858~1932, 당시 52세), 김대락(1845~1914, 당시 65세), 황호(1850~1928, 당시 60세) 등 세 문중의 원로가 선두에 섰다. 맨 먼저 김대락이 만삭의 손녀, 손부를 포함해 종질, 당질, 종손자 모두를 데리고 음력 12월 24일 고향을 출발하여 압록 강을 건넜다. 김대락은 망명 도중에 증손자와 외증손자를 보게 되자 일제 가 강점한 땅에서 아이를 낳지 않아 통쾌한 마음을 감추지 못했다. 그리하 여 증손자의 아명을 중국과 관련 있는 쾌당快唐, 외증손자의 아명을 고구려 주몽과 관련 있는 기몽麒夢으로 지었다. 망국의 땅에서는 증손자도 낳게 할 수 없다는 정신으로 누대 조상의 땅을 등지고 미지의 만주로 향한 50~60 대 된 지방 명문 유림들의 기개를 읽을 수 있다. 이상룡은 고향을 떠나가던 중인 1911년 음력 정월 9일 김도희와 주진수가 구속되었다는 소식을 들었 다. 13일 아침 그는 서울에서 양기탁이 내방하여 만나고 27일에 압록강을 건넜다.

안동 일대의 혁신유림·지사들이 대거 서간도로 향한 것은 협동학교 설 립자인 유인식, 그리고 이회영·상동청년학원과 밀접한 관계가 있는 협동 학교 교사 김기수·이관직을 통해, 또 주진수·황만영 등을 통해 신민회원 등의 동태와 계획을 알고 있었다는 점 외에도 몇 가지 이유가 있다.

이상룡·김대락·황호 문중은 상호 간에 혼사로 얽혀 있었을 뿐만 아니라 외가와 처가가 안동 문화권을 대표할 만했고, 그중에는 항일정신이 철저한 사람이 많았다. 이상룡 집안은 선조先祖 대부터 기개 있는 사람이 적지 않 았다. 김대락의 외숙은 예천 을미의병장 박주대이며 매부는 이상룡·강면· 이중업(향산 이만도의 아들)이다. 황호를 비롯해 서간도로 망명한 황만영·도 영·의영 등 황씨 대소가는 김대락과 사돈뻘이다.

또한 경술국치를 당해 서울에서 친일파가 극성을 부리던 상황과는 대조 적으로 안동 일대에서 영향력이 컸던 이만도·이중언·이현섭 등 여러 명이 단식 등으로 저항하며 자결하거나 순국하여 안동 일대가 아연 긴장했던 것

「가족단명첩」
1918년 11월 20일 이상룡이 직접 작성한 『가족단명첩』은 고성 이씨 가족단 결성을 기록으로 남긴 것으로, 2018년에 공개되었다. 그는 가족이 국가와 사회의 기본이기 때문에 가족이 제대로 되어야 사회와 국가도 제대로 될 수 있다고 생각했다. 이상룡은 가족단을 구성하고 얼마 뒤 명단에 이름을 올린 일가 중 상당수를 이끌고 만주로 망명했다.(출처: 경북기록문화연구원, 『기록창고』 2호, 2018)

도 그들의 발걸음을 재촉했다.[12] 1910년 7월 18일 안동·예천·영주 지역의 의병 15명 등 18명이 협동학교에 난입해서는 학교 측이 학생들의 머리를 자르고 신교육을 시킨다며 교감 김기수(32세), 교사 안상덕(24세), 서기 이종화 등을 살해하여 큰 충격을 준 사건도 그들의 망명을 서두르게 했을 것이다.[13]

안동 인사들의 서간도 망명은 아무래도 이상룡·김동삼 등이 주도했을 터인데, 이상룡이 결단을 내린 데는 그의 개성도 작용했다. 이상룡은 체구는 작았지만 호연지기의 기상이 넘쳤다. 그는 왕양명의 독립 모험 정신을 높이 샀을 뿐만 아니라, 명장으로 활약이 컸던 왕양명처럼 적극적인 삶을 산 사람이었다. 동학농민군이 크게 들고일어나고 청일전쟁이 일어났을 때 그는 변진영이 창안한 연노連弩 등의 사용법을 공인工人 등에게서 배우고 연구하여 마침내 직접 만들어서 발사했다. 병법을 공부하고 병법서로 『무감武鑑』을 저술했다. 대한협회 지부를 맡았을 때도 군사훈련을 강조했으며, 일제의 강점 직후 병환 중에도 만주의 호걸들과 연합할 것을 구상하기도 했다. 그는 처음 서간도로 들어갈 때 아들 준형을 험지에 먼저 보내 탐색하도록 했는데 아무 성과 없이 돌아오자 콜럼버스(哥倫布)와 같은 모험심이 없다며 질책했다.

2장

꿈과 눈물의 터전 '서간도'

1. 독립운동의 기반 ─ 서간도 이주민

국외에서 독립운동 기지를 건설하려면 우선 그 지역의 정부가 그것에 호의적이거나 그 지역에 대한 통치력이 심히 약화되어 있어 그것을 방임하지 않을 수밖에 없는 상태에 있어야 된다. 또한 일본 군대나 경찰의 위협이 적어야 한다. 일본의 위협이 적다는 말은 곧 일본이 압력을 넣기가 용이하지 않은 지역이라는 것을 의미하기도 한다.

만주는 신해혁명(1911) 이후 혼란이 계속되어 중국 정부의 통치력이 약화되어 있었다. 그렇지만 한국인이 많이 사는 용정에 가깝게 위치한 연길은 연변 지방 통치의 중심지였고, 용정 등에는 일찍부터 일본영사관이나 영사관 분소가 설치되어 있었다. 그와 달리 서간도 지방은 비교적 심양에서 멀리 떨어진 편이었고, 신흥무관학교 소재지인 합리하는 통화나 유하에서도 꽤 멀리 있었다. 또한 통화에 영사 분관과 순사파출소를 설치하고 정탐꾼을 둔 것은 1916년에 이르러서였다. 그런데 이 시기에는 영사 분관 경

서간도 독립운동 중심지

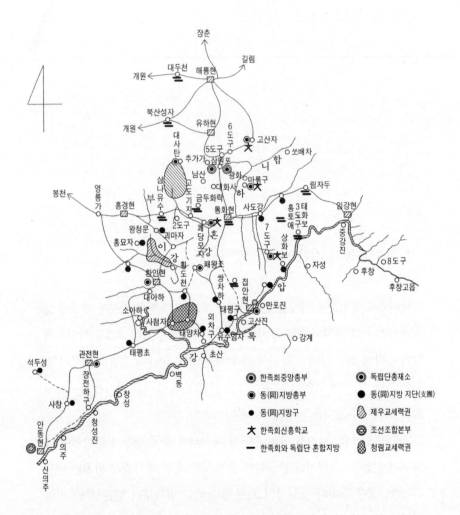

(출처: 김정명 편, 『조선독립운동』2, 日本 東京: 原書房, 1967, 926쪽)

간도 주재 일본총영사관 1909년 일제가 간도 용정에 대륙 침략 정책의 일환으로 세운 일본총영사관은 그 관할 범위가 연길, 화룡, 훈춘, 왕청과 당시 봉천성에 속했던 안도 등 5개 현을 아울렀다. 일제는 이곳에 지하 고문실까지 갖추고 무고한 한국인과 항일투사들을 체포하여 고문하고 살해했다. 현재의 건물은 두 차례 화재로 소실된 뒤 1926년에 다시 준공한 것이다.

찰서라고 해봤자 경부 1인, 순사 2인 정도여서 일제 관헌은 중국 관헌의 도움을 받아야 움직일 수 있는 형편이라고 엄살을 떨었다. 또 1914년에 조선총독부 파견원이 조사한 바에 따르면 서간도 지방은 북간도에 비해 통신 시설이 미비했다. 통화현의 경우 현 아문과 경찰서 간에 전화가 가설된 정도였고 일반 공중용 전화는 찾아볼 수 없었다.

여기서 이 책에 자주 나오는 서간도의 위치를 간략히 언급해둘 필요가 있겠다. 서간도는 백두산 서쪽에 있는 압록강 대안 일대를 가리키기도 하지만 압록강 최대의 지류로 통화현·환인현 등을 지나는 혼강(고구려 건국 설화에 나오는 비류수)과 압록강 대안 일대를 가리키기도 한다.

간도 이주   1910년대 초 함경북도 무산 주민들이 간도로 이주하는 모습.(출처: 국립중앙박물관)

독립운동 기지를 건설하려면 한반도에 인접해 있는 곳이 유리하고 한국인이 어느 정도 이상 살고 있어야 한다. 이 점에서 일단 만주와 연해주는 기본적인 조건을 갖추었다. 19세기 후반부터 이주해 살기 시작한 만주 거주 한국인은 1910년에 20만 2,070명으로 집계되었는데,[1] 이들 대부분은 북간도 지방에 살고 있었다. 그러나 경술국치를 당하면서 서간도 쪽의 이주가 급격히 증가했다. 이훈구가 낸 통계에 따르면 1910년에서 1912년까지 간도(북간도)에는 24,273명이 이주했는데, 압록강 대안(서간도)에는 19,145명이 이주하여 서간도 이주자가 북간도의 그것과 별 차이가 없음을 볼 수 있다.

1910년대에 남만주의 각 현에는 한국인이 얼마나 살고 있었을까. 1914년 하반기에 조선총독부에서 조사한 보고서에는 환인 13,480명, 안동 4,861명, 홍경 1,502명, 관전 36,338명, 집안 28,533명, 유하 5,356명, 무송 4,520명, 장백 12,770명, 통화 10,275명, 해룡 1,507명, 임강 11,679명, 안도

4,018명이 살고 있는 것으로 쓰여 있다.

당시 상황에 비춰볼 때 이 통계를 그대로 신뢰하기는 어려울 것 같다. 다만 대략의 추이는 확인할 수 있다. 1910년대 행정구역의 변화 등을 감안해야겠으나 신흥무관학교와 가장 관련 깊은 유하현·통화현의 경우 유하현에는 그다지 많이 살지 않은 반면 통화현에는 꽤 많이 살고 있으며, 유하현·통화현에 가까운 관전현·환인현·집안현·임강현에도 1910년대에 한국인이 많이 살고 있었음을 짐작할 수 있다.

남만주에 사는 한국인의 이주 동기에 대해 이상룡은 중국 당국에 제출한 문서에서 네 부류로 나누어 설명했다. 하나는 일본의 가혹한 통치하에서 살 수 없어 목숨을 부지하기 위해 피신한 사람들이다. 둘째 부류는 빈곤하기 때문에 미개척지가 많은 남만주에 와서 농사를 지으려는 사람들이다. 이상룡은 이 두 부류가 전체의 5분의 3이 된다고 주장했다. 세 번째는 일제의 조국 강점에 분노하여 원수와는 같은 하늘 아래 살 수 없다며 이주한 사람들이다. 네 번째는 전일에 사대의 의를 지키다가 중국에 의지하여 살려는 사람들이다. 셋째와 넷째 부류를 첫째 및 둘째 부류와 구별하고 있는 점이 주목된다. 셋째, 넷째 부류의 사람들이 5분의 2나 될까 의문이지만 첫째와 둘째 부류도 배일 성향을 지니고 있었다.

2. 민족주의자들은 왜 만주를 중시했나

항일 독립운동자들이 독립운동 기지를 만주로 정한 이유는, 이 지역이 한반도에 인접해 있고 개간할 땅이 많으며 배일적인 이주자들이 많고 중국과 한국이 가까운 사이라는 점, 권력의 공백이 있다는 점 등이었다. 그와 함께 특히 만주 지역에서 부여·고구려·발해가 건국되었다는 점이 강조되었다.

민족주의자들이 만주를 부여·고구려의 고토로 중시하면서 우리 역사를 단군조선·부여·고구려·발해 중심으로 파악하는 경향은 신채호의 『독사신론讀史新論』이 말해주듯 이미 한말에 나타나고 있었다. 그리고 그러한 경향은 망국 후 만주로 망명한 독립지사들에게서 일반적으로 볼 수 있다.

신흥무관학교 관계자들도 비슷한 생각을 가지고 있었다. 「경학사 취지서」에는 부여의 옛 땅은 이역異域이 아니며, 고구려의 유족은 발해에 모였으니 모두 우리의 동포라고 쓰여 있다. 김대락은 향리를 떠나 1911년 음력 2월 25일 유하현으로 가면서 지나가는 땅이 단군·기자·위만의 역대 요지였고, 부여와 백제가 흥망성쇠한 곳이었으며, 조선 이 태조가 나라를 세운 근기根基로, 고구려 고주몽이 창업한 고토라고 기록했다. 그는 「분통가」에서도 비슷한 표현을 했다. 이상룡이 1913년에 지은 『대동역사』는 지금은 남아 있지 않지만 신흥무관학교의 교재로 사용되었다고 하는데, 그는 만주가 바로 단군 성조의 옛 강역으로서 단군 혈통이 북부여로부터 동부여·고구려로 3천 년간 연면히 이어졌다고 서술했다. 그리고 발해를 높이 평가하면서 발해가 고구려의 왕통을 이은 적자라고 지적하며, 숙신과 왜국까지도 단군에 복속한 나라라고 주장했다.[2]

민족주의 사학자들이나 독립운동자들이 만주가 부여·고구려의 고토이고 부여·고구려·발해 등이 모두 단군의 핏줄을 이어받았다고 주장한 것은 민족의 위대한 역사에 자부심을 갖게 함으로써 민족정신을 고취하기 위해서였다. 이상룡은 역사는 국민의 정신을 키워야 한다고 역설했다. 일제에 대항하는 데 물질이나 군사력으로는 미흡하기 때문에 정신으로 일제에 이기는 길이 중시되지 않을 수 없고, 정신으로 이기는 데는 우리의 위대한 고

대사가 큰 힘이 될 수 있다고 믿었던 것이다.

만주가 부여·고구려·발해의 옛 땅이고 모두 단군의 혈통을 이어받았다는 주장은 단지 민족정신을 고취하기 위해서만이 아니었다. 거기에는 절실한 현실적 이유가 있었다. 만주는 이상룡이 적절히 표현했듯이 한국인이 살아 나가야 할 땅(我輩 安身保命之地)이었고, 1911년 그가 압록강을 넘으면서 마음속에 그린, 광복사업을 해야 할 우리(我國)의 기지(腹心)였다.

박은식·이상룡 등이 만주는 한국인들이 다수 이주해와서 살아야 하고 독립운동의 기지로 활용되어야 한다면서 펼친 역사관은 신채호가 한말에 쓴 『독사신론』에서 만주가 단군을 이어 부여·고구려·발해 등이 흥기한 곳이며 단군족인 부여족이 한국사를 이끈 만주와 한반도의 주족主族으로서 다른 종족을 제압하며 위대한 역사를 이룩했다고 주장한 역사관과는 차이가 있다. 박은식·이상룡은 전근대 시기에 여진 등 만주에 있었던 여러 종족이 중원을 제압하기도 했던 위대한 종족으로서 한국인과 본래 같은 종족이라는 주장을 펼쳤다. 이상룡은 만주에 살고 있는 사람들은 우리와 비록 문화가 같지 않고 언어도 다르지만(衣章不同 土音相殊) 선조는 동일 종족으로, 압록강 하나를 사이에 두고 살면서 서로 막힘이 없었으니 어찌 다른 지역이라고 할 수 있는가, 그래서 만주로 옮겨 살 것을 결의했다고 피력했다. 여진·거란 등 만주에 살았던 여러 종족이 본래 한민족과 같은 종족이라는 주장은 김교헌이나 박은식도 강조했다. 금 제국 또는 청 제국을 세운 여진족(만주족)이 한민족과 동일 종족이라고 주장한 것은 마땅히 만주가 한국인들이 이주해 살아도 괜찮은 지역이고, 또한 독립운동 기지로 활용될 수 있다는 점을 종족적 측면에서 합리화하려는 것이었다.

나아가 박은식은, 만주는 중국과 다른 역사를 가지고 있으며 한국과 불가분의 관계라고 주장했다. 한영우는 박은식이 금의 완안씨完顔氏는 고려

의 후예이므로 여진족도 단군의 후예라 할 수 있고 따라서 만한滿韓 양족
은 동족으로서 세계의 명족名族이 되었다고 주장한 것을 중시했다. 박은식
은 한국사의 무대를 만한, 곧 만주와 한반도의 통합체(滿韓原是一國)로 설명
한 것이다. 1910년대에 이동휘와 함께 만주에서 교육운동을 펼친 계봉우
는 만주와 한반도의 주민들은 모두 혈통이 같은 숙신족으로, 조만간 숙신
족의 발전을 위해 아예 하나로 합쳐야 한다고 주장하고, 그것은 뿌리로 돌
아가는 셈이라고 평가했다.

3. 자연조건의 양면성

삼원보三源堡 또는 삼합포三合浦로도 불렸던 서간도 삼원포 일대는 남
산·홍석진·마록구 등 세 지역에서 흘러온 물이 합쳐지는 곳이라 그와 같
은 이름이 붙여졌다. 서간도 독립운동 기지 건설운동의 요람으로 한국인으
로서는 잊을 수 없는 곳이다. 그러나 1980년대까지만 해도 이 지역의 조선
족은 삼원포가 그렇게 중요한 곳임을 모르고 살았다. 독립운동 연구를 하
는 한국인이나 북간도 지역의 조선족이 나타나면서 비로소 알게 된 것이
다. 일제 시기 유명했던 한경희 목사가 세운 동명학교 자리에는 유하 제1
조선족 중학교가 서 있는데(2000년 2월 현재 학생 120명, 교원 17명), 이 조선
족 중학교의 서기인 리몽룡(1948년생)은 최근에 와서야 삼원포와 이 학교가
유서 깊은 곳이었다는 사실을 알게 되었다고 말한다. 독립군과 공산당의
활동을 대립된 것으로 알고 있어서였다. 그래서 독립군을 여러 형태로 지
원했던 고로古老들은 일본놈 꼴 보기 싫어서 이곳에 왔다는 말 외에는 어
떠한 이야기도 하지 않고 수십 년을 살아왔다는 것이다. 그 점은 밀산이나

다른 유명한 독립운동 지역도 비슷했다. 정도의 차이는 있지만 용정과 연길 등 북간도 지역의 조선족도 대개는 1990년을 전후하여 한국인이 찾아오면서 이 지역의 독립운동에 대해 알게 되었다. 연변대학의 전문 연구자들도 1980년대 후반 이후에야 독립운동에 관심을 가질 수 있게 되었다.

삼원포 일대가 독립운동 기지 건설의 요람이 된 것은 고구려의 중심지에 위치하고 있다는 점도 감안되었겠지만, 그보다는 지리적 조건이 크게 작용했을 것이다. 삼원포는 통화에서 47km쯤 떨어져 있고 유하현청까지도 비슷한 거리다. 교통이 아주 나쁘다고 말할 수는 없고 유하현청 쪽으로는 들도 많지만, 비교적 큰 도시인 통화에서 오는 길은 산지가 많고 평야가 적어 예전에는 오지라는 인상을 주었을 것이다. 특히 남쪽으로 압록강까지 산이 많아 그쪽으로는 교통이 발달하지 못한 것이 더욱 그러한 인상을 주었을 것이다. 바로 이러한 점 때문에 비교적 중국 당국의 주시도 적게 받을 수 있었고, 일본 관헌이 조사하기도 통제하기도 어려운 곳이었다. 게다가 1910년대 초에는 대부분 황무지였겠지만 삼원포에서 5도구, 6도구, 고산자 일대에 걸쳐 비교적 넓은 들이 펼쳐져 있는 환경도 이 지역이 장기적 전망을 갖고 병농兵農 체제를 꾸려나가는 데 유리한 지역으로 꼽힐 수 있었다.

이회영 6형제가 만주에 와서 맨 처음 자리를 잡았으며 경학사와 신흥학교의 초기 활동이 전개되었던 추가가는 삼원포에서 3~4km밖에 떨어져 있지 않다. 삼원포에서 추가가까지는 꽤 넓은 들이 펼쳐져 있다. 하지만 지금 한족촌인 추가촌, 조선족촌인 명성촌(우리가 답사하기 얼마 전까지만 해도 30호쯤 되었지만 2000년 2월 현재 10여 호만 남아 있다), 그리고 한족촌인 홍성촌으로 나뉘어 있는 추가가는 뒤에 소고산(620m)과 꽤 멀리서도 눈에 띄는 대고산(638.2m)이 있고, 또 그 뒤에 산들이 연속되어 있어서 유사시 피신하기에 좋은 지형이다. 곧 넓은 들이 앞에 펼쳐져 있고 뒤로는 산들을 잇달아

대고산 독립운동 기지 건설의 요람이 된 삼원포 일대에는 크고 작은 산들이 잇달아 있다. 사진에서 옥수수밭 뒤로 보이는 산이 대고산이다. 추가가 뒤편의 대고산에서 이상룡, 여준, 이시영, 김대락 등이 노천회의를 열어 경학사 조직을 결의했다.(독립기념관 제공)

끼고 있으며 당시 사람이 별로 살지 않아 집도 많지 않던 곳에 이회영 6형제 대가족이 몰려온 것이다. 지금도 이곳 사람들은 소고산과 대고산 사이 골짜기에 있는 무덤들을 고려무덤이라 부르고, 그 근처에서 발견된 커다란 3~4개의 구유를 이씨네들이 썼던 것으로 이야기한다.

삼원포에서 15km쯤 떨어진 곳에 위치한 5도구는 1895년에 김형진과 김창수(김구의 본명)가 두 번 답사해 김구가 그의 스승 고능선에게 보고했던 곳이다. 고능선은 자신과 학맥이 같은 유인석의 호서의진湖西義陣이 만주로 건너갈 때 이를 알려주었고, 유인석은 중국의 강요로 의병을 해산한 뒤 '부흥 기지'로 구상하면서 그곳에 머물렀다. 이회영·이동녕 일행이 1910년 8월에 서간도로 갔을 때 그들은 그곳에 와 있는 한국인 망명자나 이주민들로부터 여러 정보를 들었을 터이며, 그것을 기반으로 답사하고서 삼원포 일대를 독립운동 기지로 정했던 것이다.[3]

그러나 삼원포 일대는 지리적으로 유리한 점만 있지는 않았다. 그곳에는 인간으로서 도저히 견뎌내기 어려운 혹독한 자연조건이 기다리고 있었다. 이회영 형제든 김대락·황호·이상룡 등 세 노인을 앞세우고 온 안동 일대 사람들이든, 한겨울에 그들이 서간도로 왔을 때 가장 참기 어려운 것은 4월까지 차가운 바람소리가 윙윙거리는 지독한 추위였다. 초가을부터 내린 눈이 녹지 않고 계속 쌓여 얼음눈이 되었는데, 그 얼음 위로 마차가 달리면 바퀴가 얼음에 부닥치는 소리가 몹시 귀를 저리게 했다. 조선에 진달래가 활짝 핀 것을 보고 떠나왔지만, 바로 그때도 서간도는 추워서 감히 집 바깥에 나갈 엄두가 나지 않았다. 이주민들은 만주 추위에 대해 "고놈의 날씨 왜놈보다 더 독하다"고 말했지만, 서간도의 추위는 북간도는 물론이고 북만주에도 지지 않았다. 후에 이상룡의 손자며느리가 되는 허은은 이렇게 얘기했다.

> 서간도의 겨울 추위는 엄청나다. 추운 날은 아예 공기의 느낌 자체가 다르다. 공기도 쨍하게 얼어붙은 것 같을 때도 있다. 어떤 때는 해도 안 보이고 온 천지에 눈서리가 꽉 끼어 아무것도 보이지 않는다. 하늘과 땅 사이에 바람만 살아서 소리가 요란하다.
> —허은 구술, 변창애 기록, 『아직도 내 귀엔 서간도 바람소리가』, 정우사, 1995, 57쪽.

무서운 것은 혹독한 추위와 사나운 바람뿐이 아니었다. 메마른 황무지에서 춥고 배고프니 비명횡사가 많았고 홍역·천연두·장질부사가 돌았다. 거처할 집이 귀해 통나무로 틀방집을 짓고 토막 통나무를 쪼개어 집을 덮고 겨울 샘물이 마르면 눈을 녹여 마셨는데, 해동이 되니 수토水土가 맞지 않아 노인과 어린아이의 생명을 위협하는 풍토병이 번진 것이다. 도랑물이나 강물을 마시고 심지어 나무뿌리 밑 고인 물을 먹다 보니 수많은 사람이 수토병 등 질병에 걸렸다.

질병에 걸려도 별다른 대책이 없었다. 황량한 만주에 약이 있을 리 만무했다. 그저 민간요법에 의지할 수밖에 없었다. 그 점은 이회영 형제 대소가도 마찬가지였다. 이은숙의 다섯 살도 안 된 어린 아들 규창이 백일해를 앓자 '당나귀하고 환자가 입을 맞추면 백일해가 치유된다'고 해서 이은숙은 다섯째 숙모(이시영 부인)의 남동생에게 부탁하여 어린 아들을 당나귀와 입 맞추게 했다. 이것도 민간요법이었다. 이규창은 그때의 무섭고 진절머리 나던 생각을 하면 지금도 소름이 끼친다고 기록했다.

많은 사람이 수토병 또는 만주열이라 불리는 풍토병으로 죽은 것은 굶주림과 추위도 크게 작용했다. 처음 몇 해 동안 이주자들은 흉년으로 인해 기아에 시달렸다. 서리가 일찍 내리곤 해서 흉작으로 극심한 양식난이 발생했고, 굶주림으로 어른 아이 할 것 없이 모두 쇠약해졌다. 처음에 화전하러 산쪽으로 들어간 사람들은 생명의 위협을 받게 되니 점차 평지로 내려왔다. 1912년에는 병으로 사망자가 속출했다. 1913년에는 흉년과 풍토병에 쫓겨 서간도 이주민들이 고향에 돌아가는 경우도 생겼다. 허위의 형 허혁의 처조카도 수토병으로 죽었고, 권팔도의 하나밖에 없는 아이도 사망했다. 해빙이 시작될 무렵 이해동(나중에 김동삼의 맏며느리가 됨)의 숙부(20세)가 죽고, 그 뒤 1년도 채 못 되어 10여 세밖에 안 된 두 고모도 죽었을 때 이해동의 조부모 심정은 어떠했을까.

서간도 이주민들을 무섭고 놀라게 한 것은 또 있었다. 마적떼 습격이 그것이었다. 신흥무관학교가 삼원포 추가가에서 합니하로 옮긴 후에는 마적떼가 더욱 기승을 부렸다. 험준한 산악지대여서 치안이 확립되어 있지 못했기 때문이었다. 허은 일가도, 이해동 일가도 마적의 습격을 받았다. 물질적으로나 정신적으로 신흥무관학교의 지주였던 이석영과 이회영의 부인 이은숙도 하마터면 마적의 습격으로 목숨을 잃을 뻔했다. 이회영이 블라디보스토크를 거쳐 국내에 들어갔던 해인 1913년 음력 10월 20일 새벽 4시쯤 마적떼 수십 명이 덮쳐 이은숙은 총에 맞아 어깨에 관통상을 입었다. 이은숙은 세 살 난 딸 규숙과 갓 6개월이 된 규창을 꼭 껴안아서 두 아이의 목숨을 지켰으나 세 사람 모두 피투성이가 되었다. 이석영은 자신의 집에 기숙하던 학생 두 명과 함께 마적떼에 끌려갔다. 이회영 형제들과 위안스카이(袁世凱), 심양의 동삼성 총독과의 관계 때문에 그렇게 이야기되었을 터이지만, '만주 왕'으로도 불렸던 이석영이 잡혀갔다는 소식에 중국 당국은 군대를 풀었고 마침내 그는 무사히 풀려났다.[4] 김규식의 처남이며 세브란스의학교 출신의 김필순이 마침 통화에서 적십자병원을 열고 의사로 일했는데, 이은숙은 그곳에서 40일간 치료를 받았다.

4. 입적과 토지 매매 문제

자연의 악조건, 주택문제, 기아나 풍토병, 마적떼보다 서간도 이주민들에게 더 두려운 것은 중국인(漢人)과 빚는 마찰과 갈등이었다. 1910년 일제가 한반도를 강점하자 중국은 일본이 만주를 침략할 것이 두려웠고, 또한 만주에 와 있는 한국인이 일본의 침략에 구실이 될 것을 두려워했다.

1910년 12월에 상해의 한 신문은 다음과 같이 예견했다. 중국 당국은 미귀화 한국인을 일본인으로 인정할 수도 없고 한국인으로 인정하는 것도 어

간도 이주민을 검문하는 한만 국경수비대 일제는 1907년 국경수비대를 설치하여 압록강과 두만강을 따라 다수의 초소를 배치하고 간도로 이주하는 한국인들을 통제하고 관리했다.

럽게 되어 있는데, 일본은 반드시 연길을 빼앗으려고 할 것인 바 장래 반드시 처리하기 힘든 중대한 사달이 발생할 것이다. 중국『민립보民立報』는 1911년에만도 연길 지방 등에 한인들이 다수 이주해와서 그 수가 중국인보다 더 많아져 객이 주인이 되었고 변경 지방의 화禍가 날로 커진다고 우려했다. 서울에서 발행되는『매일신보』는 1913년 8월에 근래 한국인의 만주 이주 격증과 중국인의 대일 감정으로 재만 한국인에 대한 배척이 관민 사이에 높아가고 있다고 보도했다.

이회영 등 망명자들 또한 이러한 박해에 직면하지 않을 수 없었다. 안동(지금의 단동)을 거쳐 횡도천에 머물다가 1911년 봄 이회영 6형제 대소가가 삼원포 추가가로 들어오고, 각지에서 이주민들이 모여들어 추가가에 갑자기 한인촌이 들어서자 중국인들의 의혹이 커졌다. 중국인들은 가옥, 토지의 매매는 물론 임대차도 거부하고 물화의 거래까지 끊겠다고 나왔다. 이회영 대소가 권속에게는 현지 주민들이 인간 같지 않고 무섭게만 보이는데, 그들은 한국인이 일본과 합쳐 중국을 치러왔다고 자기들끼리 모여서 수군거렸다. 추가가 어른인 순경 노야老爺(지서장을 가리켜 부르는 말)가 유하현에 다음과 같이 고발했다.

> 이왕에는 조선인이 왔어도 남부여대로 산전박토나 일궈 감자나 심어
> 연명하며 근근이 부지했다. 그런데 이번에 오는 조선인은 살림차가 수
> 십 대씩 짐차로 군기軍器를 얼마씩 실어오니 필경 일본과 합하여 우리
> 중국을 치러 온 게 분명하니 빨리 꺼우리(고려인)를 몰아내주시오.
>
> ─ 이은숙, 『민족운동가 아내의 수기』, 20~21쪽.

그리하여 1911년 음력 3월 초순, 중국 군인과 순경 수백 명이 이회영 형제 대소가의 세간을 조사했다. 필담으로 '형제지국'인 중국에 온 사정을 말하니 물러갔고 그 뒤 동네 사람들도 동정은 했지만, 중국인들은 한국인에게 시급히 필요한 가옥과 전답을 팔지 않았다. 같은 시기에 통화현·유하현에서는 한국인을 축출한다는 고시문도 붙었다. 중국의 실정법 때문에 토지를 사려면 중국인으로 귀화, 곧 입적하지 않으면 안 되었는데 그것도 쉽지 않았다. 망명인들로서는 가만히 있을 수 없었다.

| 이회영, 위안스카이를 만나다 |

1990년대 말 국가보훈처(현 국가보훈부)가 중국 당안관(기록보관소)으로부터 입수한 자료를 보면 이회영 등이 망명인들의 입적과 토지 등의 매매를

위해 얼마나 많은 노력을 기울였나를 다시금 확인할 수 있다. 입적과 토지 매매 문제는 학교를 세우는 등 독립운동 기지를 건설하는 데 대단히 중대한 사안이었다. 중국은 당시 국적법이 따로 있지 않아 민적에만 들어가면 귀화하는 것으로 인정되었다.

1911년 음력 7월 초, 이회영은 동삼성 총독을 만나기 위해 심양에 갔다. 망명인들이 입적 등의 청원을 낸 일이 제대로 되지 않았기 때문이다. 이회영은 1911년 5월 유하현으로부터 보증서 2통을 받았다. 또 7월에는 유하현 감독 장룽원張榮芸이 이회영 등을 만난 자리에서 교민의 입적에 대해 이미 상부의 명령을 받아 등록부에 등재했고 상부에도 보고했다고 말했다. 이상룡의 아우 이계동(이봉희)도 7월에 통화현에서 일단 '입적'했다. 그러나 차별대우와 불공정한 처사가 계속되어 이회영은 이석영에게 여비를 빌려 이계동과 함께 심양에 간 것이다. 이회영 등은 동삼성 총독 자오얼풍趙爾豊을 만나려고 했으나 면접도 할 수 없었다.[5] (이관직은 「우당 이회영 실기」에서 동삼성 총독을 자오얼펑이라고 기술했는데, 당시 동삼성 총독은 자오얼펑이 아니라 자오얼쉰趙爾巽이었을 것이다.)

이회영은 그해 11월 혹은 12월쯤에 북경에서 총리대신 위안스카이를 만났다. 리훙장李鴻章에 이어 청 말 실력자였던 위안스카이는 은퇴를 강요당했으나 1911년 10월 무창에서 군의 봉기가 일어나자 선통제의 섭정은 그를 호광총독으로 임명하여 반란을 진압하게 했다. 그러나 위안스카이가 냉랭한 반응을 보이자, 할 수 없이 11월 7일 소위 책임정부 총리대신이라는 막강한 자리에 임명했다. 1912년 1월 1일 쑨원孫文 대총통이 중화민국의 성립을 정식으로 선포한 뒤 위안스카이는 2월 14일 임시대총통으로 선출되어 북경에서 3월 10일 취임했다.

청년 시절 위안스카이는 한국과 특별한 인연이 있었다. 1882년 임오군

변이 일어나자 북양대신 리홍장은 자기 휘하 정예 군대 3,000명을 우창칭
吳長慶의 인솔하에 조선에 파견했다. 이때 위안스카이 일가와 막역한 사이
였던 우창칭은 23세의 위안스카이를 군수참모 격으로 조선에 데리고 갔
다.[6] 위안스카이는 1884년 갑신정변 이후 실력자로서 1894년 청일전쟁이
일어날 무렵까지 권세가 대단했다.

　리홍장과 위안스카이는 이회영 집안과 가까운 사이였다. 이석영의 양부
이유원은 미국과 외교관계를 수립하는 문제 등 조선에 중대한 일이 생겼을
때 리홍장과 서신으로 논의했으며, 위안스카이는 이회영의 부친 이유승과
친교가 깊었고 이회영 형제들과도 세교가 있었다. 이회영 집안이 위안스카
이와 교유하고 훗날 그의 도움을 받았다고 해서 이회영 형제들이 그를 높
이 평가한 것은 아니었다. 이시영은 1934년에 쓴 글에서 갑신정변 이후 노
골화된 위안스카이의 침략 야욕을 비판했다.

　이회영의 협조 부탁에 위안스카이는 비서 격인 후밍천胡明臣을 딸려 보
내 동삼성 총독을 만나게 주선했다. 위안스카이의 편지를 받아 본 동삼성
총독은 이회영에게 호의적인 반응을 보였다. 총독은 '교민들이 입적한 뒤
에는 우리 백성이 된 것인즉 본 대신은 절대 차별하거나 멸시하지 않겠다'
는 회답서(批)를 내렸다. 또한 통화현·유하현에서 한국인을 축출하고 입적
을 불허하며 산업과 관련된 것을 구매하지 못하게 한 일을 두고 이회영 등
이 동삼성 당국에 공소한 것에 대해, 총독 아래 기관인 민정사와 교섭사에
서는 통화·유하현에서 한국인을 축출한 사실 여부 등을 당해 현에 조사하
여 보고하도록 지시했다. 그리고 이회영 등이 올린 진정서와 총독의 회신
(批) 등을 아울러 현에 내려보냈다.

　이렇게 되자 유하현에서는 이미 한국인의 성씨와 호수 등을 조사하여 등
록부를 작성하도록 했으며, 유하현 관할구역에서 한국인들에게 집조執照

우당 이회영(1867~1932) (출처: 이회영기념관)

이회영이 중국에서 활동했을 때 입었던 의복
이회영의 유품인 중국식 두루마기와 모자,
신발. 만주로 이주한 한국인들은 중국인
들의 의구심을 피하기 위해 의자, 모자, 신
발 등을 중국식으로 바꾸는 변장운동을 전
개했다. (출처: 독립기념관)

(외국인에게 내주던 통행허가증명서)를 발급하여 생업에 편안히 종사할 수 있게 하는 등 보호조치를 했지 축출하거나 학대한 일이 없다고 보고했다. 그리고 추가가 지역인 제2구의 구관區官 쩌우홍쉰鄒鴻勛은 관할구역 주민들이 한국인에게 가옥이나 토지를 빌려줄 경우 한국인과 똑같이 엄격하게 공평한 교육을 하도록 하여 가격을 올리거나 협박하는 일이 없도록 단속했다고 보고했다.

총독은 또한 부하 자오스슝趙世雄을 이회영 일행에 동행시켜 회인·유하·통화의 현장縣長을 만나서 위안스카이의 지시에 따르게 하고 다음과 같은 취지의 동삼성 총독 훈시문을 세 현의 곳곳에 붙이게 했다.

> 회인·통화·유하 세 현의 각지에서 한국인들이 농업·공업·상업·교육 기타의 사업과 시설을 하는 데 대하여 본토 주민인 만주인들은 협력 원조하라. 그리고 만주인과 한국인은 서로 절대 화친할 것이며, 만일 만주인이 한국인의 제반 사업을 침해하거나 분쟁을 일으키며 또 한국인에 대하여 조소나 모욕을 하는 자가 있으면 단연코 엄벌에 처할 것이다.
>
> —이관직, 「우당 이회영 실기」, 154~155쪽.

| 입적과 토지 매매의 어려움 |

위안스카이와의 관계 때문이지만 흠차대신 상서 동삼성 총독 겸 동삼성 장군 봉천순무사라는 어마어마한 직책을 가진 사람이 이회영에게 호의를 보였다고 하더라도 입적 문제와 토지 매매 문제에는 상당한 어려움이 도사리고 있었다. 앞서 보았듯이 이회영·이계동 등은 당국이 1911년 7월경에 입적을 받아준 것으로 청원서에서 주장했고, 중국 봉천성의 서리 봉천 민정사 사사와 서리 봉천 교섭사 사사가 총독에게 1911년 12월 28일 보고한 글에도 그들의 조건이 국적 조례에 부합되므로 이미 입적을 승인했다고 밝혔다. 그뿐만 아니라 1912년 3월 통화현 주민 이회영·이계동 등이 총독에게 올린 청원서에도 지난해 겨울에 교민이 입적되었다고 쓰여 있다.

그러나 1912년에 동삼성 도독 자오趙 등이 이회영 등의 청원서에 대해 내린 비답에서는 유하현 등 당해 현에서 이회영 등이 입적한 적이 없고, 1911년 9월에 이회영 등이 올린 집조執照는 통화현·유하현 등에서 발급한 잠행증명서(暫行照據)라고 답변했음을 밝혔다. 그 점은 이회영 등의 청원서에 대해 봉천 교섭과 참사 푸창傅彊 등이 1912년 7월에 내린 결정에서도 보인다. 이 결정에서 푸창 등은 각국 인민들이 중국에서 입적하려고 하면 국적 조례에 따라 10년이 지나야 하는데, 이회영 등은 아직 10년이 되지 않았기 때문에 임시증명서(暫行執照)가 발급된 것이고, 그러므로 반드시 1년이라는 관찰 기간을 거쳐 부에서 발급하는 집조를 받아야만 입적이 정식 인정되므로 당신들은 집에 돌아가 1년을 기다려야 한다고 지적했다. 앞에서 이회영 등이 받았다고 주장한 입적 집조는 임시증명서였다.

이회영 등은 1912년 또는 그 이듬해쯤 정식으로 입적된 것으로 보인다. 조선총독부 관리들이 1914년 만주 일대를 조사한 기록에는 이시영 이하 배일 한인들이 모두 입적했다고 쓰여 있다. 비록 한국인의 상당수가 입적했다고 하더라도 이주한 지 10년이 안 되는 서간도 주민의 다수는 입적이 되지 않았을 것이다.

한국인 이주자들에게 입적은 사활이 걸린 문제이기 때문에 귀화하겠다는 한국인은 많을 수밖에 없었다. 1913년 1월에서 5월까지 중국 안동현 동로관찰서東路觀察署 소관 관할구 11지현아知縣衙에 귀화를 출원한 이주민이 4만여 명이나 된다고 보도될 정도로 귀화하겠다는 이주민이 늘어났다. 북간도 간민회에서도 공민 자격 획득을 위해 1913년 귀화 입적을 적극 추진

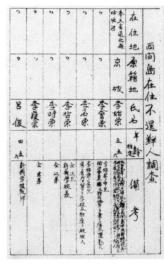

서간도 불령선인 조사 일제가 만주에서 활동하는 한인들을 1915년에 조사, 기록한 문서이다. 이회영 6형제가 이시영·이회영·이석영·이철영 순으로 기록되어 있고, 여준·윤기섭·김창환·이동녕·김동삼·김대락·주진수 등의 이름도 보인다.(출처: 『不逞團關係雜件—朝鮮人의 部—在滿洲의 部 4』, 국사편찬위원회)

했다.[7] 그러나 이에 대한 중국 당국의 태도는 차가웠다. 1914년 2월 15일 자 『매일신보』는 봉천행정공소奉天行政公所에서 내린 훈령을 보도했다. 내용인즉 그때까지는 한국인의 구축 방법을 강구하지 않았으나 단속법을 만들고 호구조사를 실시해 제한하고자 한다면서, 이주 10년에 이른 자는 국적 조령에 의거해 입적을 허가하고, 10년 미달자는 허가증을 발부하되 1년간 관찰한 뒤 재허가하며, 새로 온 한국인은 일체 입경을 금지한다는 것이었다. 또 1913년 봉천성 의회에서는 한국인의 토지 소유를 제한하는 '토지 전매조차轉賣租借 금지법'을 가결했다.[8] 1913년 9월 중국 동로관찰사東路觀察使는 안동현에 이주한 한국인 500여 호를 내쫓을 것을 지시했다.

 1913년 봉천성 의회에서는 한국인의 토지 소유를 제한하는 '토지 전매

조차 금지법'을 가결했지만, 실상 그 이전 시기인 1911년과 1912년에도 토지 매매 문제는 쉽게 풀리지 않았다.

후밍천·자오스슝이 이회영 등과 함께 합니하 강가를 돌아보고 새로운 터전으로 그곳을 권유하여 정하게 되었다는 기록은 신빙성이 높다. 신흥무관학교의 합니하 이전이 시기상으로도 일치하지만, 중국 측 관리들로서는 중국인이 적게 사는 지역에 한국인이 이주하여 두 민족 간에 말썽이 일어나지 않기를 바랐을 터이고, 독립운동 기지를 건설하려는 입장에서는 그것은 그야말로 바라마지 않던 좋은 제의였다. 무관학교를 짓고 그 부근에서 망명인들이 거주하려면 꽤 넓은 땅이 필요했다. 그것은 특별한 배경이 없으면 아주 어려운 일이었다. 이 부분은 합니하 신흥무관학교 건설에서 살펴보기로 하자.

5. 변장운동

망명자들에게 적대적인 중국인들의 호감을 사고 큰일을 도모하기 위해 중국인과의 마찰과 갈등을 줄이려는 신흥무관학교 관계자들의 노력은 눈물겹도록 진지하고 적극적이었다. 이준형(이상룡의 아들)의 「선부군유사先府君遺事」에 따르면, 쑨원을 지지하는 혁명군이 무한에서 봉기하여 성세를 크게 떨칠 때 (신흥무관학교 관계자들은) 정예를 선발하여 1소대를 편성, 김영선이 이끌고 유하현에 가서 호응하게 함으로써 혁명정부로부터 훈장을 받았으며, 이러한 일들로 한중 관계가 좋아졌다고 기술되어 있다. 이러한 활동이 사실이라면, 그것은 중국 혁명정부를 지지함과 동시에 중국 정부에 호감을 사기 위한 뜻도 작용했을 것이다. 이와 비슷한 기술은 애국동지원호회가 엮어 펴낸『한국독립운동사』에도 나온다. 이 책에는 신해혁명이 일어나 유하현이 독립을 선포했을 때 합작했던 바, 중국에서는 이씨(문맥상 이회영 등을 가리키는 것으로 보임) 일파를 조선 독립운동계의 중심인물로 인식하고 극력 협조했다고 쓰여 있다(256쪽). 이 기록들은 어느 정도 사실에 근거했겠지만, 신해혁명 시기 동삼성에, 그것도 유하현에 혁명파가 있었는지는 그 신빙성에 논란의 여지가 있다. 위안스카이가 총리대신이 되었을 때 중국의 일부 성省과 달리 동삼성 총독 자오얼쉰趙爾巽은 독립 선포를 거부하면서 지방정부와 협력하여 활동하는 보안회를 만들었다. 이상룡·이회영 등의 망명인들이 협력한 것은 보안회와 비슷한 것이 아니었을까.

삼원포 일대의 망명자들은 당장에 부닥친 문제를 가지고 중국 당국과 교섭하는 한편, 만주에 들어온 직후부터 중국인의 의구심과 배척을 해소할 목적으로 변장운동을 전개했다. "나의 동포 잃었으니 이웃 동포 내 동포요, 나의 형제 잃었으니 이웃 형제 내 형제라"는 구호 아래 작은 것을 죽이고 큰 것을 살리려는 생각에서 일치단결하여 이상룡이 "머리를 자르고 복식을 바꾸어 모두 중국식으로 따랐다"고 표현한 대로 의복·모자·신발 등을 그들과 똑같이 '변장'했다. 압록강 대안 부근의 한국인들은 조선의 복장 그대로지만 배일 한국인들은 중국 의복을 입고 단발을 했다는, 일견 모순되는 듯한 조선총독부 파견원의 기록은 당시 상황을 잘 말해준다. 변장운동에서는 하루빨리 중국 말을 익히고 생활 풍습을 배우는 것이 절실했다. 이상룡·허혁·김동삼·유인식 등이 1911~1912년에 어학강습소 또는 중국어학교를 세운 것은 그 때문이었다.

| 역사의 '변장' |

역사의 '변장'도 나타났다. 이상룡은 자신이 「서사록」에서 비판적으로 보았던 기자동래설이나 한·당漢唐이 설치한 군부郡府도 중국과 동국(한국)이 같은 민족이라고 말하면서 평가해주고, 명나라 은혜를 잊지 않기 위해 만동묘와 대보단도 세웠음을 중국인에게 상기시켰다. 한만韓滿 동일 민족이라는 주장이 한한韓漢 동일 민족으로까지 '진전'한 것이었다. 또 중국은 원조遠祖의 나라이며 조선은 근조近祖의 나라라고도 표현했다.

그뿐만이 아니었다. 이상룡은 유하현 지사에게 입적을 요청하는 글에서 중화와 조선이 강역은 비록 다르나 기성箕聖(기자)이 동쪽으로 온 이후 관계가 자별했다고 지적했다. 그리고 2천만 인이 황제黃帝로부터 같이 나왔으니 중국이 어찌 우리의 종국宗國이 아닐 것이며, 4천여 년 왕정王正(책력)을 각별히 지켰으니 또한 어찌 중국이 우리의 모국이 아닐 것이며, 주례周禮를 익히고 유교를 숭신했으며 제도와 문장文章은 중국을 모방했으니 중국이 우리의 스승 나라가 아니겠냐고 반문했다. 그러고는 우리의 조국은 비록 망했으나 모국이 상존하니 와신상담할 곳이 이곳이라고 주장했다. 와신상담하기 위해 역사를 변장한 것이었다.

한국인이 황제의 자손이라는 주장은 이회영과 이계동이 동삼성 총독에게 한국인의 토지 매매를 허용해달라는 청원서에도 나온다. 이 청원서에서 두 사람은 "우리는 염황의 자손(鄙等炎黃種族也)"이라고 주장했다. 중국의 전설에서 불을 담당하고 중국인에게 농사법과 의료, 교육을 가르쳤다는 신농씨를 가리키는 염제炎帝와 함께 중국인의 조상으로 떠받들여지는 황제의 자손이라니! 이회영과 이계동은 동삼성 총독에게 올린 또 다른 청원서에서 "저희들은 나라를 떠나 이주해온 후에 다시는 압록강을 건너지 않겠다고 맹세한 무리들입니다. 대체로 저 원수놈들과는 같은 하늘을 이고 살 수 없는 존재입니다. 같은 동족이라면 기필코 우리를 배격하지 않을 것이라고(同族必不斥我也) 생각했습니다."라고도 썼다.

| 변장운동의 목적 |

이상룡이 이주 한국인을 대표한 글에서 중국이 한국의 '종국' 또는 '모국'이 아니냐고 '주장'한 것은 당장 필요한 급무가 있기 때문이었다. 곧 민적의 획득, 황전의 개간, 자치의 허용, 무기武技를 익혀 장래의 목적을 달성하는 것, 오로지 그것을 위해서였다.

님 웨일스가 저술한 『아리랑』의 주인공 김산은 "역사를 움직이는 것은 부상자의 신음 소리와 싸움하는 소리뿐이다. 투쟁하는 것이 바로 사는 것이다"라고 말하면서 다음과 같이 토로했다.

> 시베리아에서, 만주에서, 중국에서, 일본에서, 혁명자에게 있어서 나라를 넷이나 가진 인간이라는 것은 나라를 하나도 갖지 못한 인간보다도 훨씬 비참하다. 각국에서 받는 것이라고는 오직 천국행 차표 한 장뿐이다. 우리 한국인들은 일본인, 중국인, 상해의 영국인과 프랑스인 경찰들에 의해서 '합법적'으로 체포된다. 아무 데서도 우리는 보호를 받지 못한다. ─님 웨일스 지음, 조우화 옮김, 『아리랑』, 동녘, 1984, 35쪽.

그것은 서간도 독립운동자들에게도 똑같이 해당되었다. 이들에게는 매일매일의 생활이 신음 소리요, 싸움 소리였다. 그리고 언제 중국인, 중국 관헌, 일본 관헌에게 당하거나 체포될지 알 수 없었다. 이들은 일본은 말할 나위도 없고 결코 중국도 조국이 될 수 없었지만, 중국에 살면서 일본의 간섭까지 항상 염두에 두어야 했다.

중국인이나 중국 당국은 한편으로 한국인의 독립운동에 동정도 하고, 한중 연합 항일투쟁의 필요성을 느끼기도 해서 한국인 독립운동 세력을 봐주고 싶은 생각이 없는 것은 아니었다. 그런데 일본은 한국인을 자신들의 신민臣民이라고 주장하면서, 한국인 관할을 구실로 중국에 간섭하고자 했다. 또한 한국인과 중국인 간의 분쟁을 조장하여 그것을 이용하고자 했으며, 한국인의 독립운동을 이유로 친일 한국인 단체를 앞장세워 압박을 가하고 침략을 '합리화'하려고 했다. 게다가 한국인들 가운데는 부랑자·협잡꾼이 적지 않았고 이런저런 이유로 친일 활동을 하거나 친일 단체에 가담하여 중국 침략의 앞잡이 노릇을 하는 이들도 있었다. 북간도 지방처럼 중국인보다 한국인이 훨씬 많은 것도 중국인들에게 두려움을 불러일으켰다.

이러한 중국인들의 두려움을 잘 알고 있었기 때문에 신흥무관학교 관계자들은 속으로는 울화가 치밀어 오르는데도 열성적으로 변장운동을 펼쳤고, 그것은 이주민들의 불안감을 덜어주는 데 큰 역할을 했다. 앞에서 이상룡이 역사를 변개하면서까지 일종의 변장운동 논리로 유하현 지사에게 민적 등을 부여해달라고 요구한 것을 살펴보았다. 그가 같은 시기에(1913) 유하현의 한국인을 대신하여 중화민국 국회에 보낸 제의서는 중국인과 당국의 두려움을 십분 염두에 두면서 서간도 독립운동 세력의 견해를 종합적으로 밝힌 글이었다.

이상룡은 이 제의서에서 한국인을 배척하고 받아들이지 않으면 그 해로움이 다섯 가지라고 역설했다. 첫째, 떠돌이 백성으로 살 수가 없으니 무리를 이뤄 소요를 일으킬 것이다. 둘째, 학정에 견디지 못해 왔으므로 되돌아가지 않고 중국의 다른 곳으로 갈 터인데, 북쪽 변경에서 사건이 많을 때 적국(러시아 등)으로 넘겨주는 것이 될 수 있다. 셋째, 내쫓으려 할 때 들고 일어나서 사달이 생기면 그것을 빌미로 일본이 쳐들어올 것이다. 넷째, 한인 중 간세奸細한 자들은 돌아가지 않고 일본의 정탐 노릇을 하게 될 것이다. 다섯째, 모든 제국주의 국가가 동화 노력을 하는데, 중국만이 내쫓는다면 큰 나라답지 못하다는 얘기를 들을 것이다. 그리고 한국인을 포용하면 유리한 점으로 다섯 가지를 열거했다. 첫째, 현재 만주에 사는 중국인은 내지內地에서 가난하게 살던 사람들이라 경제가 발달하지 못하고 있는데 한국인은 경제를 발달시킬 수 있는 점, 둘째, 땅은 넓은데 인구가 적은 곳에서 수전을 발달시킬 수 있는 점, 셋째, 만주인은 미개한데 한국인은 세상 경험이 많고 자치 경험이 있어 영향을 줄 수 있는 점, 넷째, 몽골을 정벌하고 러시아를 막는 데 활용할 수 있는 점, 다섯째, 일본 침략에 사력을 다해 싸울 수 있는 점[9] 등이 그것이다.

이에 더해 이상룡은 한국인을 중국 땅에서 생활하게 하고 동화시킬 수 있는 방침으로 여덟 가지를 제시했다. ① (이주민의 고유한) 의관을 금해서 중국인과 다른 모습을 알아보지 못하게 하라. ② 민적에 넣어 국가의 경계와 민족의 경계를 없게 하라. ③ 재산을 보호하여 대국의 은혜를 느끼게 하라. ④ 개간을 허용하여 토지이용률을 높이게 하라. ⑤ 학교를 관리하여 교육 정신을 장려하라. ⑥ 자치를 허용하여 이주민의 협잡을 막을 수 있게 하라. ⑦ 재주와 능력 있는 자를 선택하여 참정권을 함께 누리게 하라. ⑧ 충용忠勇을 장려하여 훗날에 방비할 수 있게 하라. 이상룡이 제시한 여덟 가지 정책 중 대부분은 서간도 이주민들이 이미 실행하고 있던 것이었다. 그럼에도 굳이 이 같은 정책을 제의한 이유는 중국 당국이 공식적으로 인정해달라는 뜻이 컸다.

6. 서간도 이주민의 생활 기반과 조건

국내에서 글만 읽던 선비들이야 원래 사업과는 담을 쌓고 살았지만, 망명객이건 이주자건 한국인은 농사를 제외하고는 이익을 많이 낼 수 있는 일이 없었다. 지금도 조선족은 중국에서 기업을 경영하기가 구조적으로 어려운 상황이기 때문에 대부분 농업과 서비스업에 종사하고 있는데, 그때는 상업이건 정미업이건 곡물 매매업이건 인삼밭이건 주조장이건 다른 사업은 하기가 어려웠다. 이런 까닭에 토지가 절대적으로 중요했으나 여전히 큰 벽이 가로놓여 있었다.

제1차 세계대전이 발발하여 백인 제국주의 국가들이 중국에서 힘을 쓰지 못하게 되자 일제의 중국 침략이 가속화되었다. 1915년 일제는 자국의 권익 확대를 위해 위안스카이에게 21개조를 강요했고, '남만주와 동부 내몽골에 관한 조약', 일명 만몽조약을 체결하여 남만주의 '일본 신민'에 대한 영사재판권과 이 지역의 토지상조권土地商租權을 획득했다. 그리하여 일본은 중국과의 토지상조권 분쟁에서 한국인의 이중국적과 토지소유권을 빌미로 토지를 침탈했다. 이 시기 중국 측은 만주 지역 한국인의 이중국적 문제와 토지 소유 문제로 발생되는 일본과의 직접적인 충돌을 회피하면서 한국인에 대한 관리를 대폭 강화했다. 전지典地 제도를 비롯하여 토지소유권·소작권 등에 대한 각종 규정을 제정하여 엄격히 단속하고 한국인을 끌어들이기 위해 귀화 입적을 권장했는데, 넓은 땅의 수전 경작을 위해 북만주 쪽이 더 적극적이었다. 그렇지만 한국인의 귀화 입적에 대해 일본 정부가 즉각 압력을 가해왔다.

서간도 이주민은 토지를 소작하기가 힘들었다. 비옥한 평지 땅은 중국인이 차지했을 뿐만 아니라 소작을 주지도 않아서 초기에는 대개 빌리기 쉬운 깊은 산이나 산간 계곡, 습지에 들어가 울창한 나무들을 베어내고 불을 질러 태운 뒤 화전을 일궈 감자·보리·옥수수 등을 심었다. 특히 메밀이 잘 되었는데, 풀밭에 '미친놈 널 뛰듯' 메밀을 뿌려도 생명력이 강해서 잘 자랐다. 산전 개간은 비용이 적게 들고 소출이 많은 덕에 빈민들이 산림에 많

간도 이주민의 가을 타작 간도로 이주한 한국인들은 황량한 들판에 물을 대는 관개공사를 하여 논으로 만들고 농사를 지었다.

이 들어갔으나 풍토병 등 괴질을 발생시켜 사망자가 속출하자 점차 평지로 내려와서 빌리기 쉬운 황지에 농사를 지었다. 그러나 새 이주민은 교통이 불편한 곳을 찾아가 개간할 수밖에 없었다. 중국인 지주는 소작인에게 살 집과 1년 농사지을 동안 먹을 식량, 약간의 돈, 채소밭 등을 주었고, 소작인은 추수 후 이것을 갚았다. 험한 땅을 개간하면 3년 또는 5년 동안 소작료를 내지 않았다. 땅이 덜 험한 곳의 소출 배분은 지주와 소작인이 1:9나 2:8 또는 3:7로 나누었고, 완전히 개간이 끝난 좋은 땅은 수확을 반분했다.[10]

주지하다시피 만주의 쌀농사는 한국인 이주민들이 보급한 것이다. 중국인은 수전을 경영할 줄 몰라서 넓은 습지를 갖고 있어도 배수 시설을 하지 못한 채 방치하고 있었다. 사용하지 않는 황지를 개간한 이주민들은 관개

공사를 하여 밭을 수전으로 바꾸었다.

서간도에서 들판 황지를 개간하여 논으로 만드는 작업은 몹시 힘든 일이었다. 어떤 지역에는 버드나무와 울로초나 올로덩이라 불리는 맷방석처럼 크고 둥근 풀들이 잔뜩 우거져 있었다. 울로덩이의 뿌리는 단단히 엉켜 있어 그것을 캐내기란 여간 어려운 일이 아니었다. 펄도 많아서 들판에 녹물처럼 뻘건 물이 자질자질한 곳에 무성히 자라는 버드나무와 울로덩이를 쳐내고 둔덕을 만들어 무논을 일구었다.

삼원포 일대에서 벼농사가 1911년에 시작되었다는 기록이 있는데, 1912년경부터 점차 늘어난 것으로 보인다. 이상룡·김형식 등은 수전을 개간하고 농업을 진흥하기 위해 유하현 대사탄에 광업사廣業社를 조직했고, 삼통하 강안의 저습지를 빌려 수전을 개간했다. 수전 개간에 역점을 두어 화전민들을 내려오게 했으며, 서간도 지방에 맞는 볍씨를 구하기 위해 북한 지역뿐만 아니라 일본의 홋카이도와 아오모리의 종자도 들여왔다. 만주에는 서리가 9월 중순부터 내리기 때문에 올벼를 심었다. 수전 개발에 필요한 농기구를 만드는 철공장(대장간)도 곳곳에 세웠다.

1913년 5월 13일자 『매일신보』는 만주에 수도경작지가 약 3,749정보로 107,400여 석을 생산했는데, 그중 중국인이 1,216정보, 한국인이 2,350정보, 일본인이 182정보를 경작했다고 보도하여 주로 한국인이 벼농사를 보급시켰음을 확인할 수 있다. 이 신문은 또한 한국인은 대다수가 소작인이며 봉천성 내에서도 유하현과 인접해 있는 홍경부·통화현·회인현·안동현 등에 벼농사 땅이 많다고 보도했다.

신흥무관학교 관계자들이 수전 개발을 적극 추진하기는 했지만 이주민의 대다수는 산전을 일궈 콩·조·옥수수 등을 심었다. 한 기록에 따르면 1919년에 압록강 대안의 경우 대두가 전 경작지의 약 5할, 조(粟)가 약 4할

●南滿在留의 鮮農
南滿洲의 水稻耕作은 近年에 急速進步
고에 至호얏스나 從來支那人과 移住朝鮮人의
手에 依호야 經營호는 者인딕 特히 最近
朝鮮內地의 地價가 甚히 騰貴홈과 其他
各種의 原因에 依호야 朝鮮人이 滿洲에
入호는 者ㅣ 漸次多홈을 加호고 此와 今時
에 近來滿洲在留日本內地人
의 滿鐵附屬地內에셔 水稻
耕作을 開始호 者ㅣ 增加호
고 又支那農民으로 日本內地人及朝鮮
人의 水稻耕作의 實況을 目擊호고 其有
利호 事를 認호야 現今 滿洲의 米稻에
現今 南滿洲의 水稻耕作地의 總面積
約三千七百四十九町餘와 稻産額은 約十
萬七千四百餘石에 達호 리라 此中 朝
鮮人耕作 反別은 二千二百
五十餘町 支那人은 千二百六町
餘 日本人은 百八十二町餘오 朝鮮人의
同地人의 在호 狀態 其大多數 支那人
의 小作人이 된 者ㅣ
地主와 契約호고 此의 小作人이 된 者인
딕 場所 奉天省內 興京府, 通化縣, 懷
仁縣, 安東縣 等의 滿鐵沿便호 地方을
選定호야 各處에 散在호 더라

만주에 한국인이 보급한 벼농사 『매일신보』 1913년 5월 13일자 2면 5단에 실린 「남만 재류의 선농(조선인 농민)」 기사이다. (출처: 대한민국 신문 아카이브)

또는 3할을 차지했고, 나머지는 옥수수 등이 경작되었다. 이 당시는 아직도 옥수수나 조, 감자, 콩, 팥 등이 주된 식량이었다.

이회영의 아들 이규창의 회고록은 굶주린 한 아이의 쌀밥에 대한 평생 잊지 못할 서글픈 애사를 전해준다. 한말에 관찰사 등을 지낸 이시영의 손자 남매가 수수밥을 먹다가 배탈이 나서 결국 병들어 사망한 일이 있었다. 서너 살, 아니 네댓 살이나 됐을까, 나이 어린 규창은 옥수수밥만 먹는 것에 질려 있었다. 그런데 그보다 한 살 위인 사촌 규서가 아버지 이석영과 함께 쌀밥이 차려진 상을 받아 식사하는 모습을 보고 삽을 가져와서 땅을 팠다. 쌀밥을 먹는 사촌 형 규서를 묻기 위해서였다. 이를 전해 들은 이석영은 대경실색하여 어린 규창을 매질하고 잘못을 빌라고 윽박질렀다. 규창은 울면서 용서를 빌었다. 남편이 적지敵地인 국내에 가 있어, 오매불망 돌아오기만을 기다리고 있었는데 이런 일이 일어났으니 이은숙의 마음은 어떠했을까. 그 후 수십 년이 지난 뒤에도 이규창 모친은 그 시절 그 일을 말하곤 했다. 그 시절 이은숙 집에는 아이 셋, 사위, 일꾼 내외, 학생 여섯 등

13명이 강냉이로 연명했는데, 그것마저도 항상 부족했다. 이은숙은 이렇게 썼다.

> 양식이 떨어지면 둘째 댁(이석영)에서 자루 강냉이 두 부대를 보낸다. 강냉이를 따서 3주가 되면 그걸 연자에 갈면 겨 나가고 쌀이 두 말도 못 되니 며칠이나 먹으리오. 할 수 없이 다섯째 댁(이시영)으로 합솔하니, 지각없는 어린것을 데리고 지낼 걸 지내리요. 그렇지마는 성재장省齋丈(이시영) 부인 되는 동서는 천품이 유순하여서 모든 걸 피차 참고 시일을 보냈다.　　　　　—이은숙, 『민족운동가 아내의 수기』, 31쪽.

이시영의 아들이며 신흥무관학교 교사였던 이규봉은 신병으로 여러 달 앓았는데, 그의 아이들도 조석으로 수수밥만 먹게 되니 중병에 걸려서 남매가 다 사망하여 후손이 끊어졌다. 후에 이규봉은 정신 계통의 병을 앓아 도저히 치료하기 힘들어지자 신흥무관학교 교사를 그만두고 본국으로 돌아갔다. 덧붙여 말하면, 아들 병에 놀란 이시영 부인 박씨는 큰손녀가 죽은 뒤 갑자기 병을 얻어 1916년 음력 3월에 세상을 떠났다.

| 서간도의 계급적 특징 |

고구려의 본거지였던 서간도는 북간도나 만주의 다른 지역에 비해 산이 많고 땅은 메말랐다. 1936년의 자료에 나와 있는 것이기는 하지만 호당 평균 면적이 동만은 29.9무畝(10무＝0.6정보), 남만의 북부 지방은 49.5무인데, 서간도와 대개 겹치는 동변도 지방은 17.9무밖에 안 되었다. 동변도 지방은 조밀한 인구밀도에 비해 경영 규모도 아주 영세했고 새롭게 개척할 땅도 적었으며 소작농이 유난히 많았다. 통화현은 특히 극단적인 빈곤 상태

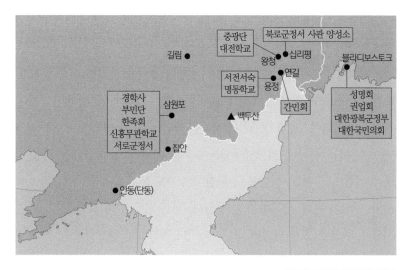

간도와 연해주의 독립운동 기지

에 있었다. 하지만 무토지 소작농을 중심으로 가혹한 소작 관계가 이루어
지고 토질이 척박한 환경은 계급의 분화를 약하게 했고 균등한 생활 조건
을 형성하여 한국인 이주민들의 동질성을 확보하는 데 도움이 되었다.[11]
1910년대에 신흥무관학교, 경학사 – 부민단 – 한족회·서로군정서가 뿌리
깊이 활동하고 1920년대에 참의부·정의부가 이곳을 중요 기반으로 삼은
것은 이러한 조건이 큰 역할을 했다.

| 신흥무관학교가 강고했던 까닭 |

신흥무관학교는 연해주의 권업회, 북간도의 간민회나 홍개호 부근 봉밀
산의 한흥동, 북간도 왕청현 나자구의 대전학교 등과 비교가 되지 않을 정
도로 짜임새 있게 장기간 운영되어 수많은 인재를 배출했다. 그리고 경학
사 – 부민단 – 한족회의 조직도 탄탄하여 일찍이 조선총독부 파견원의 기
록에도 '이시영을 중심으로 한 공고한 단체'로 평가받았다.[12] 이렇게 신흥

무관학교가 강고하게 오래 지속된 데는 서간도 이주민들의 계급적 특성과 함께 망명자들의 성격도 중요하게 작용했다.

먼저 독립운동 기지 건설운동에서 주체의 조건을 따져볼 필요가 있다. 다른 지역과 달리 서간도로 온 이들은 혼자 또는 몇몇만 온 것이 아니었다. 서울에서 이회영 6형제 대소가는 출가한 딸과 사위 등 권속까지 모두 합해 50~60명이고, 이동녕·이장녕(이들은 사촌 간이었다)도 일가가 왔다. 안동 지방에서 김대락·황호·이상룡·김동삼 대소가도 노인네부터 어린아이까지, 사위, 만삭의 손녀·손부까지 함께 왔다. 선산 임은의 허씨 집안도 마찬가지였다. 이들은 또한 당대의 명문가이거나 지방에서 영향력 있는 유력 인사였다. 이러했기에 이들은, 유방에게 패하자 무슨 얼굴로 고향 땅에 돌아갈 수 있겠느냐고 말하고 자결한 항우의 비장한 고사를 종종 거론했다. 이들로서는 큰일을 이루기 전에 마음을 바꿔 국내로 다시 돌아간다는 것은 상상할 수도 없는 일이었다. 이들은 배수진을 치고 온 것이었다. 이회영 등이 중도에 서간도를 떠나 비밀 활동을 한 것은 구태여 계속 그곳에 있는 것보다 옮겨 활동하는 편이 큰일을 하는 데 유리했기 때문이며, 다른 형제와 동지들은 여전히 그곳에 머물고 있었기 때문이었다. 이들은 또한 자신들의 대소가만 데리고 온 것이 아니었다. 김동삼·김형식 등은 수십 명의 청장년을 데리고 왔다는 점도 간과해서는 안 된다.[13]

이상룡이 이상희라는 자신의 본명을 바꾼 것은 변장운동의 일환으로 볼 수도 있겠지만, 그것을 포함해 1910년대 초에 김대락이 호를 백두산 밑이라는 뜻의 '백하白下'로, 김긍식이 만주 동삼성東三省이라는 의미의 '동삼'으로, 그 아우 찬식이 '동만東滿'으로 이름을 바꾼 이유도 만주를 무대로 자신의 뜻을 펴겠다는 의지의 발로였다. 이들은 자신의 시신을 고국으로 옮기지 말고 만주에 묻어달라는 이상룡의 유언에서와 같이 모두 다 만주에서 일을 이루지 못하면 돌아가지 않겠다는 비장한 결의에 차 있었다. 다음의 노래는 3·1운동 이후에 만들어졌지만 만주로 건너간 혁신유림이나 항일지사의 마음을 가사에 그대로 담은 〈도강가渡江歌〉로, 어린아이들까지도 생생하게 기억하고 있었다.

사천이백오십이년 삼월 일일은

이 내 몸이 압록강을 건넌 날이니

연년이 이날은 돌아오건만

나의 목적 달하기 전 못 돌아오리

—허은, 『아직도 내 귀엔 서간도 바람소리가』, 79쪽.

목적을 달성하기 전에는 돌아가지 않겠다는 각오로 그들은 신흥무관학교, 신흥학우단, 백서농장 등의 일을 해나갔다. 그런데 그 점과 함께 이들이 집단으로 왔기 때문에 만주나 노령의 타 지역으로 옮기기가 쉽지 않았다는 점도 고려할 필요가 있다.

위에서 언급한 대로 서간도의 사회적·경제적 조건도 중요하게 작용했다. 소작농으로 가난하기 때문에도 배일 성향이 강했고, 빈한한 소작 영세농으로 계급이 분화되지 않았으며, 이들 농민의 대부분이 평안도 사람으로 사회적·경제적으로 균질적인 면이 컸던 것도 자치활동이나 신흥무관학교의 사업을 지속적으로 발전시키는데 기본 바탕이 되었다.

간민회는 연길에, 권업회는 블라디보스토크에 위치했는데, 신흥무관학교는 심양에서 먼 곳에 있었고, 통화에서도 상당히 떨어져 있었다. 또, 신흥강습소라는 명칭이 시사하듯 신흥무관학교 관계자들은 보안에 많은 신경을 써서 중국 당국이나 일제 관헌이 이 학교에 관심을 갖지 않도록 했다.

이 시기 이시영 등에 관한 일제 관헌의 기록이 몇 건 있으나, 대개 실상을 파악하지 못하고 있는 것은 신흥무관학교 관계자들이 얼마나 신중하게 활동했는가를 잘 말해준다. 지금까지 나와 있는 자료로 볼 때 일제는 실제로 3·1운동 이전에는 신흥무관학교를 그다지 주목하지 않았고 신흥무관학교에 대해 잘 알지도 못했다.

타 지역에 비해 재력이나 기반이 탄탄했다는 점도 유념해야 할 것이다. 신흥무관학교를 세우는 데는 거액이 들었는데 이석영이 그 자금을 감당해낼 수 있었다는 점도 간과해서는 안 된다. 이석영의 재력은 초기에 신흥무관학교를 떠받치는 기본 동력이었고, 둔전제와 같은 방식의 채용, 이주민 자치조직도 중요한 기반이 되었다.

마지막으로 빼놓을 수 없는 것이 단결이다. 서울에서 온 이회영 형제 등 여러 망명인들과 안동, 선산 등에서 온 망명인들은 서간도에 오기 전에는 대부분 같이 활동을 해보기는커녕 일면식도 없었고 서로 이름조차 거의 모르고 지냈다. 또 서울의 명문거족과 지방의 명문가들은 자존심이 강하기 때문에 배타적이기 쉬웠다. 그러나 이들은 함께 온 대소가의 인원수가 많았는데도 불구하고 서간도로 망명해온 대의大義 아래 잘 단결되어 있었다. 그 점을 1915년 감옥에서 나와, 이듬해 일흔이 넘은 노모와 부인, 그리고 늦게서야 둔 외아들을 데리고 서간도에 온 양기탁이 안창호에게 이렇게 썼다.

> 이곳 형편은 일하기 어렵기도 하고 쉽기도 하고, 또 북간도나 아령俄領
> (러시아령)처럼 당쟁도 없삽고 단합도 잘될 모양이요. 인물도 구비하여
> 사관 출신도 많고 의병패도 많고 비밀종교도 많아서 잘될 희망은 많사
> 오나 금전이 제일 걱정되는 문제올시다.
> ―「양기탁이 안창호에게 보낸 서한」(만주 유하현 제3구 고산자가, 1916. 음 10. 17).

3장

백만 배의 뜻, 백만 배의 힘

1. 경학사와 부민단

1) 경학사

김학규는 경학사를 동삼성 한국인 혁명결사의 개시로서 동북 한국혁명 운동의 첫 외침이자 효시라고 평가했다. 독립운동 기지 건설운동을 펴기 위해 1911년 서간도에 온 독립운동자들이 첫 사업으로 한 일은 경학사의 조직과 신흥강습소의 설립이었다. 일을 이루는 데 단체의 조직이 중요하다고 보고 단체를 조직하여 경제적인 실력을 쌓고 독립정신을 고취하며 근대교육을 시키고 힘(무력)을 양성한다는 것은 이들이 을사조약의 강제 체결로 국권을 상실한 이래 국내·국외에서 끊임없이 추구했던 바였다.

경학사는 그 취지서에서 칼로 자결하거나 곡기를 끊고 죽는 것으로는 문제 해결이 되지 않는다고 주장하고, 힘을 축적해 종국의 결과에 대비해야 한다고 역설했다. 만사가 어찌할 수 없는 상태에 이르더라도 백절불굴의

「경학사 취지서」 국권 회복을 위해 순국과 같은 방법보다는 무장투쟁을 통해 독립을 쟁취해야 함을 강조하고, 한민족의 단결을 통해 독립을 이루기를 바라는 내용이 담겨 있다. (출처: 독립기념관)

뜻을 키우는 것을 큰 방향으로 제시했다. 그리고 만주 땅은 이역이 아니니 이곳에서 뭇 사람의 열성으로 희망을 양식으로 삼아 먹지 않는 밥에 스스로 배부르고, 곤란을 주춧돌로 삼아 여기 집 없는 집을 지어 경학사를 조직했다고 설명했다. 또한 경학사는 인명을 보전하고 민지民智를 개발하고 공업과 상업을 발전시키며 체육과 덕육을 겸비하게 함을 목적으로 한다고 밝혔다. 경학사 설립자들은 "우리 무리를 보전하는 것이 우리 백성을 보전하는 것이며, 우리 경학사를 사랑하는 것이 우리나라를 사랑하는 것이니 경학사에 모이자"고 호소했다.

서간도 이주 초기여서 그러하겠지만 경학사에 관해서는 불분명한 것이 여러 가지 있다. 첫째 설립 시기다. 근래에 쓰여진 글이나 논문 등은 대개 1911년 4월에 창립된 것으로 기술했다. 그런데 이 글들은 전거를 밝히고 있지 않다. 1911년 4월이라고 써놓은 자료는 찾기 어려운데, 채근식의 『무장독립운동비사』에 1910년 4월에 설립한 것이라고 쓴 것(48쪽)이 가장 오래된 기록으로 보인다. 필자는 1장에서 채근식이 1년씩 혼동한 서술이 여러 군데 있다고 지적한 바 있다.

경학사 설립과 관련해 당사자가 기록한 글로는 김대락의 일기와 이상룡의 「만주기사」, 이준형의 「선부군유사」 등이 있다. 먼저 김대락의 일기를 검토해보자.

김대락의 일기 1911년 음력 6월 21일자에는 이상룡·조만기가 영춘원에서 오고 이상룡의 매부로 의병 활동에 함께 참여했던 박경종·권영구가 통화현에서 왔으며, 그 뒤 이동녕·이회영·이시영·장유순·이언종 등이 왔다고 적혀 있다. 그리고 다음 날 일기에는 이상룡과 자신의 아들 김형식 등이 '추가가 의사회議事會'를 만들었다고 기록되어 있다. 모인 사람들의 면면을 볼 때 중요한 회의가 열렸을 것으로 짐작되는데, 이상룡 계통이 여럿 있는 반면에('추가가 의사회'도 서울에서 온 중요 인물들이 아니고 이상룡 쪽에서 작성했다) 이석영·이철영이나 이관직·김창환·이장녕·윤기섭 등은 보이지 않는다. 뒤에서 다시 보겠지만 경학사는 서울 쪽 사람들이 주도하여 조직되었다. '추가가 의사회'는 분명히 경학사와 관련 있다. 그러나 이 기록에는 경학사라는 말이 없고, 경학사를 김대락의 집에서 조직했다는 것도 납득하기 어렵다.

그런데 자신도 참가했을 것이 분명한 이준형이 적의 정탐꾼이 알아채지 못하도록 주로 이회영 형제들이 거주하고 있는 추가가 뒷편의 대고산에서 노천회의를 열어 경학사를 조직했고, 부친 이상룡이 그 자리에서 경학사 취지를 설명했다고 하는 기록은 여러모로 주목할 만하다. 큰일을 하기 위해 중의를 모았다는 의미를 갖기 위해서도 대고산에서 노천회의가 열렸을 것이다. 이준형의 글을 참고했기 때문이겠지만 이상룡 행장에도 일본 정탐의 경계가 심하고 위기를 헤아리기 어려워서 대고산에 들어가 노천회의를 열고 취지를 설명했다고 쓰여 있다. 또한 김형식의 사위 이태형도 이상룡·

여준·이시영·이동녕·김창환과 김대락·김형식 부자 등이 대고산 노천회의에서 경학사를 조직했다고 기술했다. 김대락의 기록은 경학사와 관련된 부수적인 회의가 아니었을까.

이상룡의 「만주기사」에는 신해년(1911) 여름에 경학사를 만들었다고만 기록되어 있다(42쪽). 김학규는 '10년 생취生聚, 10년 교육'의 슬로건 아래 농업을 발전시키고 학교를 일으킨다는 종지에 따라 신흥학교라는 군관학교를 개설했다고 기록했다.

경학사가 먼저 조직되고 그 산하 학교라 볼 수 있는 신흥강습소가 설립되었다고 보는 것이 합리적일 터인데, 신흥강습소는 후술하겠지만 음력 5월 14일에 개학한 것이 분명하다. 여러 연구자들이 경학사 설립 시기로 주장한 1911년 4월을 음력이라고 보면 양력으로는 5월이다(음력 4월 3일이 양력 5월 1일임). 경학사는 1911년 늦봄에서 음력 5월 14일 이전의 여름에 추가가 대고산 노천회의에서 설립되었다고 보아야 할 것이다.

여러 연구자들이 「경학사 취지서」를 이상룡이 작성했다고 단정하고 그것을 분석하거나 이용했는데, 그것도 확연치는 않다. 『석주유고』에는 이상룡의 글이든 행장이든 취지서를 이상룡이 썼다고 명시한 내용이 나오지 않는다. 다만 김대락의 일기 1911년 윤6월 18일자에 '만초(이상룡)가 취지서를 지었다(萬初所製趣旨書)'라는 말이 나오는데, 이것이 경학사의 취지서일 가능성이 있다. 그러나 그와 상이한 자료도 있다. 이종일의 『묵암비망록』 1918년 5월 20일자에는 이동녕이 「경학사 취지서」는 자신과 이회영이 초안을 쓰고, 그것을 이상룡에게 보필補筆하게 한 뒤 다시 동지들이 의논 첨삭하여 확정했다고 말한 것으로 쓰여 있다. 경학사 조직을 주도한 이들은 명성이나 면면으로 보아 서울에서 온 사람들이었을 것이다. 그렇지만 이상룡은 한학이 깊고 역사에도 조예가 있었으므로 취지서를 작성하는 데 상당

석주 이상룡(1858~1932)

히 중요한 역할을 했을 것이다.

| 간부진 |

경학사 발기인도 논란이 될 수 있다. 이회영기념관에 있는 「경학사 취지
문(취지서)」 아래에는 발기인으로 이건영·이석영·이철영·이회영·이시영·
이호영·이상룡·이동녕·장유순·유인식·이관직·김창환·윤기섭·이규룡·
주진수·장도순·이장녕·이규봉·여준[1]·이상설 등의 이름이 적혀 있다.

서간도에 온 적이 없는 이상설이 들어간 것이 이상하다고 생각할 수도
있지만, 독립운동 기지 건설운동과 뗄 수 없는 인물이고 이회영·이동녕
과 절친한 동지였기 때문에 들어갈 수도 있을 것이다. 주진수는 이 시기에

105인 사건으로 옥고를 치렀다.

이상설·여준·주진수 등은 독립운동 기지 건설운동에서 잊을 수 없는 인물들이지만 경학사를 설립할 때는 서간도에 없었다. 따라서 위의 경학사 발기인 명단은 나중에 만들어 넣었을 가능성을 배제할 수 없다. 또한 명단에는 이회영 6형제와 이규룡(이회영 아들로, 이건영의 양자로 입양)·이규봉(이시영 아들)까지 들어가서 일가 사람이 8명이나 되고, 주로 서울 쪽 인물들이 많은데, 이는 이 시기 상황의 반영으로 볼 수도 있지만 그것도 좀 이상하다는 생각이 든다.

경학사 사장에 대해서는 양론이 있다. 이상룡 행장(335쪽), 이관직의 글(155~156쪽), 이정규의 글(34쪽), 채근식의 저서(48쪽)에는 이상룡이 선출된 것으로 기록되어 있는데, 애국동지원호회 편 『한국독립운동사』(254~255쪽), 김승학 편저 『한국독립사』(330쪽), 원병상의 「신흥무관학교」(12쪽)에는 이회영의 셋째 형 이철영으로 나와 있다. 이상룡과 이철영이 번갈아가면서 맡았다고 볼 수도 있지만, 이상룡 행장과 관련자인 이관직 글에 따르는 것이 합리적이라고 생각된다. 원병상 등이 추가가 신흥학교 교장인 이철영과 혼동했을 가능성도 있다. 경학사의 간부는 내무부장 이회영, 농무부장 장유순, 재무부장 이동녕, 교무부장 유인식이었다. 이회영은 한말이든 망명한 이후든 '감투'를 거의 쓰지 않고 대개 뒤에서 일을 많이 하고 가급적 자신을 드러내려 하지 않는 성격임에도 내무부장이 된 것은 경학사 조직에서 그만큼 중요한 위치에 있었고 그 이후에도 그러한 역할을 해야 했기 때문일 것이다.

경학사를 민단적 성격을 띤 자치기관으로 이해한 기술도 있지만, 부민단이나 한족회처럼 처음부터 일정한 지역에 거주하는 이주민 모두를 대상으로 하여 조직한 주민자치기관은 아니었다. 명칭에서도 서간도 이주민들을 위해 농업 등 실업과 교육을 장려하고 군사훈련을 시키기 위해 뜻을 같이 하는 동지들이 만든 결사라는 성격이 강하고, 각 부서도 그러한 성격을 띠고 있었다. 그러나 얼마 후부터 이주민들의 단결을 도모하고 통제할 필요도 있어서 민호를 배정하고 구획을 정해 자치제를 실시했는데, 이 일에 경학사가 관여했을 것이다.

경학사는 1911년에 이어 1912년에도 연이은 대흉년을 만나서 재정이 곤란해져서 1912년 가을 이후 또는 그 이듬해부터 일을 하지 못했다. 해체되었다기보다는 자연히 소멸된 것이었다.

1911년과 1912년의 연이은 흉년은 경제난을 초래하여 자금을 구하는 일이 급해졌다. 1912년 가을 신흥강습소 속성 특과인 군사학 과정을 수료한 학생들의 졸업식을 거행하고 얼마 후 이회영·이동녕·이관직·장도순 등이 모인 자리에서 영농 자본과 육영사업 자금을 갹출해 경학사 조직의 의도를 살릴 대책을 의논했다. 이회영이 국내에 들어가 자금을 모집하도록 하는 방안이 좋겠다고 제안하여 이관직과 장도순을 국내에 파견했다.

안동 쪽에서도 이 문제를 해결하기 위해 노력했다. 이상룡의 아들 이준형이 몰래 입국하여 종중 위토답을 팔려고 했으나 종중의 반대로 팔지 못하고, 문중에서 마련한 500원을 들고 왔다.[2] 후에 자기 집을 광복단의 연락처로 쓰게 한, 이상룡의 일가인 이종영이 거주하는 안동 동후면에서도 자금을 조달해주기 위해 서간도와 빈번히 연락했다.

1913년 3월 초봄 무렵 신흥무관학교 관계자들에게 변화가 왔다. 수원에 사는 동지 맹보순으로부터 이회영·이동녕·이시영·장유순·김형선 등을 암살하거나 체포하려고 형사대를 조직하여 만주로 출발한다고 하니 속히 피신하라는 비밀 연락이 온 것이다. 이러한 연락은 이상설에게서도 왔다. 이동녕 등은 블라디보스토크로 가서 이상설과 함께 있는 것이 좋겠다면서 그곳으로 갔고, 이시영은 봉천으로 갔다. 이회영은 기왕 위험할 바에야 국내에 들어가 자금을 조달할 방책을 마련하겠다며 국내로 갔다.

이들이 가족을 남기고 떠난 것은 위험에 대한 대비책이기도 했고, 재정난에 어떻게든 대응책을 마련할 필요가 있어서였다. 하지만 무엇보다도 합니하의 신흥무관학교 건물이 완성된 상황에서 그곳에 모두 남아 있을 필요가 없으며(국내외 각지에서 끊임없이 인재가 그곳으로 들어오고 있었다는 점도 감안할 필요가 있다), 대국적으로 독립운동 기지 건설운동을 재조정할 필요가 있다고 판단했기 때문이었다. 중요 인물 세 사람이 지역을 달리하여 이회영이 국내로, 이동녕이 노령으로, 이시영이 봉천으로 떠난 것은 그것을 말해준다.

청장년에게 군사훈련을 시켰던 길남사吉南社, 저축을 장려하고 농민들에게 자금을 융통해준 신성호新成號는 경학사 활동이 무력해졌거나 소멸한 1913년경에 만들어졌을 것으로 추정되는데, 경학사와는 별도로 광업사처럼 이상룡 등이 만든 조직이었을 것이다. 신성호는 역시 이상룡이 중심이 되어 조직한 것으로 보이는 자신계自新稧 내에 있었다.

2) 부민단

만주 땅 부여 옛 강토에 부여 유민이 부흥결사를 세운다는 뜻과 함께 이 주민들을 지켜 부양한다는 뜻도 담긴 부민단이 언제 만들어졌는지에 대해서는 경학사보다도 이설이 더 많다. 『독립신문』 1919년 11월 1일자 기사에는 1912~1913년에 조직된 것으로 쓰여 있다. 해방 이후 나온 채근식의 저서(50쪽), 애국동지원호회에서 편찬한 『한국독립운동사』(254~255쪽), 후자를 거의 그대로 차용한 김승학 편저 『한국독립사』(330쪽), 원병상의 수기(13쪽)

등에는 모두 1912년 가을로 되어 있어 연구자들의 글이나 논문도 대체로 이것을 받아들였다. 그 밖에 1913년에 김동삼·여준·이탁 등이 조직했다는 설도 있고, 이강훈의 『무장독립운동사』에는 왕삼덕 등이 삼원포를 중심으로 경학사 정신을 이어받아 공리회를 조직했으며 1914년 7월 부민단이 조직될 때 공리회도 합류했다고 쓰여 있다(75~76쪽).

공리회에 대해서는 조동걸이 다시 주목했는데, 공리회는 경학사에서 부민단으로 넘어가는 데 과도적인 역할을 맡은 중요한 단체였다. 『백하일기』에 수록되어 있는 「공리회 취지서」는 1913년 음력 6월 7일에 김대락이 작성 완료했으므로 이때쯤 공리회가 조직되었을 것이다. 그것은 그 무렵에 경학사가 유명무실했거나 해체되었음을 말해준다.

부민단은 1915년 말 또는 1916년 초에 조직되었음이 틀림없다. 이를 증명할 자료로는 세 가지를 제시할 수 있다. 첫째는 이상룡의 「만주기사」다. 이상룡은 「만주기사」에서 경학사가 정회停會 후 각 구역별로 단결해 분치하다가 병진년(1916)에 부민단을 설치하여 통합 자치를 했다고 기술했다. 「만주기사」는 15년 전에 압록강을 건넜다는 말로 시작되거니와, 1925년 아니면 1926년에 쓴 글이므로, 1916년이면 약 10년 전 일이다. 아주 먼 일이 아니다. 그의 글은 논리적으로도 설득력이 있다. 한편, 김학규는 교포가 크게 증가함에 따라 사회문제가 점차 복잡해지자 자치기관을 만들 필요가 긴급해져서 부민단을 조직했다고 기록했는데, 이는 공리회가 조직된 이유와도 비슷한 점이 있다. 이태형은 당시 자연발생적으로 일어나던 소단체를 통합하여 부민단을 조직했다고 기술했는데(2쪽), 이는 이상룡의 기술과 같은 논리 위에 서 있다.

둘째, 부민단이 1915년 이후에 조직되었다는 것은 허은의 구술에서도 확인된다. 먼저 만주로 가서 통화현 대황구에 자리 잡은 뒤 다시 국내에 들어

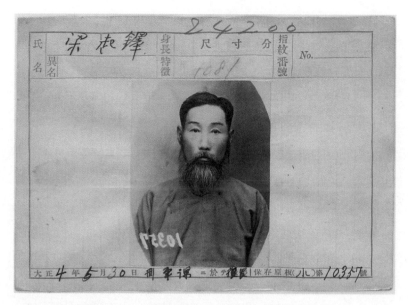

양기탁(1871~1938) 일제 주요 감시대상 인물카드에 보이는 양기탁의 모습으로, '105인 사건'으로 복역하던 중인 1915년(44세)에 촬영된 모습이다. (출처: 국사편찬위원회)

온 성산性山 할아버지(허겸, 일명 허혁이다. 허위의 형)를 따라 1915년 음력 3월에 일가족이 서간도로 온 허은은 자신을 포함하여 허혁과 허위 부인 등 일가가 모두 있는 곳에서 부민단 조직을 명칭과 함께 논의한 것으로 기록하고 있다(26, 82쪽).

셋째, 부민단 조직에 관한 가장 명확한 기록은 양기탁이 안창호에게 보낸 서한에 나온다. 1915년 2월에 출옥한 양기탁은 1916년 음력 10월 17일 만주 유하현 제3구 고산자가에서 안창호에게 쓴 서한에 자치 통일을 목적으로 한 부민단이 지난해 겨울에 성립했다고 명기했다. 1915년 겨울은 음력이냐 양력이냐에 따라 1916년 초가 될 수도 있다. 종합하면 초기에 민호를 배정하고 구역을 정해 자치제를 실시하다가 이주자들이 계속 늘어나자

1915년 겨울, 늦어도 1916년 초에 그 자치기관들을 통합하여 정식으로 이주민 통합 자치단체인 부민단을 만든 것이 분명하다.[3]

부민단의 중앙조직은 초기에는 단장제였는데 뒤에 총장제로 바뀌었다. 채근식의 기록을 제외하고 초대 단장으로는 허혁으로 되어 있다. 허혁은 아우 허위와 함께 임진강 일대의 의병 전투에 참가했다가 허위가 체포된 뒤 재기 자금을 마련하기 위해 고향 임은마을 부근 칠곡의 대부호 장승원(미군정에서 수도경찰청장이었고 이승만 정부에서 국무총리를 역임한 장택상의 아버지)을 찾아갔다. 지난날 그가 허위에게 의병 자금을 주기로 약속했는데, 허혁이 그에게 전일의 약속을 이행해줄 것을 요구하기 위해서였다. 그러나 오히려 장승원이 그것을 거부하고 신고함으로써 신변에 위험이 닥친 허혁은 허위의 가족과 함께 만주로 피신했다. 이렇듯 일가가 모두 만주로 떠났기 때문에, 1908년 일본 헌병에게 붙잡혀 교수형을 당한 허위의 시신을 그의 수제자 격인 박상진이 찾아 수습하여 장례를 치르고 자식이나 다름없이 초려草廬에서 상례喪禮를 지켰다.

허위와 장승원, 그리고 박상진의 대한광복회 간에는 얽히고설킨 은원 관계가 있어 경북 지방에서는 오랫동안 인구에 회자되었다. 허위와 장승원의 집안은 이전부터 세교가 있었다. '전일의 약속'이란 장승원이 경상도 관찰사가 될 때 중앙 관직에 있던 허위의 도움이 컸다고 해서 큰돈을 주자 허위가 그 돈을 물리면서 훗날 의병 자금으로 대줄 것을 그와 약속했던 일을 가리킨다. 대한광복회원인 채기중과 강순필은 1917년 장승원을 사살했다.

| 부민단의 조직과 소속 인구 |

부민단은 중앙기관을 합니하에 두었다. 초기에 중앙은 단장 밑에 서무·법무·검무檢務·학무·재무 등을, 지방조직 중 큰 마을에는 천가장을, 약

100호쯤 되는 마을에는 구단區團을 설치하여 구장 혹은 백가장을, 10호에는 패장牌長 혹은 십가장을 두었다. 단총리團總理는 단을 총리하여 민사의 일을 관장하고, 검찰장은 형사 사무를, 갑장과 패장은 각 주요 마을에서 단의 비밀통신을 맡고 단비를 징수하는 일을 맡았다.

부민단에 소속되어 있는 각 지역의 호수와 인구는, 중앙기구를 총장제로 기재하고 호수와 인구를 상세하게 기록한 점으로 보아 부민단 후기의 상황을 조사한 것으로 생각되는 일제의 한 자료에 나와 있다. 이 자료에 따르면, 제1구 부민단 18개 마을 250호 1,372인, 제2구 부민단 16개 마을 514호 2,731인, 제3구 부민단 7개 마을 172호 760인, 제4구 부민단 8개 마을 38호 160인, 해룡현 성수하자 자신계自新契 6개 마을 255호 990인으로, 부민단과 자신계 소속 호수와 인원이 총 1,229호 6,013인으로 나타나 있다. 이 자료에 기록된 호수와 인구는 각각의 마을별로 자세히 되어 있다. 이 기록에는 단총리라는 명칭 외에 고문·검찰장·도검찰都檢察·갑장·패장·검찰원·십장 등의 명칭도 보인다. 제1구 구민단의 경우 고문 이탁李鐸, 단총리 남상복, 제2구 부민단은 고문 왕삼덕, 단총리 방기전, 제3구 부민단은 단총리 곽무로 쓰여 있다.

부민단은 6천 명 이상의 한국인을 관할하면서 보호하고 부조했다. 행정 사무뿐만 아니라 상호 간에 발생하는 사고까지 사법 처리를 하는 상당히 명실상부한 자치기관이었다. 그뿐만 아니라 중국인 관련 사건도 관장하여 중국의 관민으로부터 한국인의 권리를 지켰다. 그러나 부민단이 조직된 직후부터 일제가 통화 영사 분관을 설립하는 등 일제 기관들이 생겨나고, 그에 따라 경계와 주시가 더욱 심해지며 각지에 친일 조직이 만들어진 것은 적잖게 장애를 주었다.

부민단에서는 신흥학우단에서 내는 『신흥학우보』를 통해 이주민들의 교

간도 벌판에 운집한 백의 차림의 사람들 1909년 흰옷을 입은 한국인 이주민들이 북간도 용정 벌판의 마소 시장에 모여 있는 모습이다. 고향을 떠나 멀리 서간도 지역으로 이주한 사람들은 부민단의 도움을 받아 생활 근거를 마련했다.

양과 지식을 높이고 항일 독립정신을 고취하는 활동을 했다. 일제 관헌이 '부민단이 실제로는 독립의 목적을 수행하기 위해 부심했다'고 기술한 것은 부민단의 성격을 제대로 파악한 것이다.

부민단의 중요 사업 중 하나는 고국에서 오는 동포를 맞이하여 안착하게 해주는 일이었다. 자치단체가 생겨난 통화·회인·안동 등의 중요 길목에 여旅를 설치하여 동지들로 하여금 이주민이 올 때 영접하도록 했다. 한 기록에 따르면 고국에서 이민 오는 무리가 봉천·개원·삼성자에 도착했다는 연락만 오면 단박에 동네 회의를 열고 정착할 수 있게 하는 준비를 했다고 한다. 이를테면 중국인에게 농경지와 토지 개간 조건 등을 교섭했고, 자치구에서 당번들이 나와 집을 배당해주었으며, 배당받은 집에서는 가옥과 토지가 완전히 결정되어 정착할 때까지 먹여주고 보살펴준 덕에 농사지을 힘이 있는 사람은 1년이 지나면 생활 근거가 잡혔다고 한다. 그래서 자연히 고향에 있는 빈한한 친척들을 자꾸 불러오게 되었다는 것이다. 서간도 어디나 봇짐 뒤에 바가지와 짚신짝을 매단 유이민들이 들어와 여기저기 한인 마을들이 생겨났다. 들판 곳곳에는 흰옷 입은 사람들이 있어서 멀리서 바라보기만 해도 서로가 마음이 푸근하고 든든했다.

이주민 사회이기 때문에 특히 더 그러했겠지만 부민단은 남녀 관계를 엄격하게 통제했다. 을사오적 척살 사건으로 투옥된 바 있으며 400여 명의 의병을 이끌고 연천 등지에서 싸웠던 항일투사로서 부민단 초대 단장이 된 허혁은 부인이 사망해서 젊은 부인과 딸을 낳고 금슬 좋게 살았는데, 칠순 노인이 20대 젊은 여자를 데리고 사는 것이 보기 좋지 않다면서 억지로 떼어내 부인을 다른 곳으로 보냈다. 그는 거기서 더 이상 살 수 없어 단봇짐에 짚신 몇 켤레, 바가지 하나 대롱대롱 달고 허위의 아들 학과 준이 사는 흑룡강성 영안현 철령허로 떠났다. 초대 단장을 그만둔 것은 이 일 때문이 아니었을까.

과부가 남의 사내와 통정하여 아이를 낳고 살아도 가만두지 않았다. 풍기가 문란한 사람, 부모에게 불효한 사람은 남녀를 불문하고 붙잡아다 동네에 가두어놓고 혼을 냈다. 『신흥학우보』에서 남녀의 차이를 준별하면서 부인은 남편에게 순종하고 공경할 것을 강조한 것은 전근대적 봉건적 의식이 많이 남아 있었던 점도 고려해야 하지만, 이주민 사회에서 독립운동 기지를 건설하기 위해서는 정법政法, 그중에서도 풍교風敎가 엄격해야 한다고 판단한 점도 작용했다.

신흥강습소 터 1911년 음력 5월 길림성 유하현 삼원포 추가가 대고산 자락에 신흥강습소를 설립했다. 처음에는 토착민들의 옥수수 창고를 빌려서 교육을 시작했다. 사진은 2011년에 촬영된 신흥강습소 터로, 기와 파편을 분쇄하는 공장이 들어서 있다.(독립기념관 제공)

2. 전기 신흥무관학교

1) 설립, 이전, 명칭

이석영·회영 형제가 삼원포로 들어올 때 "무관학교를 세워 군사를 양성하는 일이 시급하다"고 역설했다는데 독립운동자들이 서간도에 온 까닭은 독립운동 기지를 건설하기 위함이었다. 그리고 그것에 직결되는 것이 무관학교의 설립이었다. 이상룡이 '비휴貔貅'(맹수, 용맹한 군대)라고 칭한 무관을 양성하기 위해 이회영은 김형선·이장녕·이관직 등의 장교들과 함께 서간도로 왔고, 그들은 신흥강습소에서 초기에 교관으로 군사훈련을 맡았다.

이들에게는 학교를 세우는 일이 무엇보다 시급했다.

　최초의 교육은 추가가에서 토착민들이 왜인의 앞잡이라고 의심하며 협조해주지 않은 탓에 동네 주민들이 옥수수를 저장했던 허술한 빈 창고에서 시작했다.[4] 학교 건립 시기에 대해서는 음력 5월(양력 6월)로, 김대락의 『백하일기』에 비교적 소상히 나온다. 김대락의 『서정록』 1911년 4월 23일자에 이동녕·장유순이 김대락에게 학교 건립에 대해 이야기한 것을 보면 그 이전에 이회영·이동녕 등이 먼저 논의를 했을 것이다. 5월 7일자에는 학교 일에 대한 기록이, 5월 14일(양력 6월 10일)자에는 이날 하오에 개학했다는 기사가 나온다. 학교 이름은 신흥강습소라고 붙였다. 신흥이란 신민회의 '신' 자와 다시 일어나는 구국투쟁이라는 의미의 '흥' 자를 합한 말인데, 나라를 새로 일으키겠다는 의미도 함축되었을 것이다. 학교보다 등급이 낮은 강습소라고 이름 붙인 이유는 토착민들의 의혹을 피하기 위해 평범하게 붙인 것이라고 한다. 중국 당국과 항상 경계를 소홀히 하지 않았던 일제 관헌의 의혹도 피하기 위해서였을 것이다.

신흥강습소 학생 수는 40여 명이었다. 1911년 음력 12월 18일에 학교 연말시험과 진급 포상회가 열렸다. 본과 학생 중 반장과 우등자 5명이, 소학과 학생 중 반장과 우등자 4명이 포상을 받았다. 상으로는 공책, 연필, 모필毛筆, 양지洋紙, 철필, 묵, 인도고印度膏, 『출애굽기(出伊及記)』와 같은 책들을 주었다.

▌언제 최초의 졸업생이 배출되었을까 ▌

합니하 신흥무관학교 낙성식에 7명의 졸업자가 상을 받았다는 기록(『백하일기—임자록』 1912. 6. 7)을 보면, 첫 번째 졸업생은 합니하 학교 낙성식 이전에 배출되었음이 분명하다. 그렇지만 시기와 인원은 명백하지 않다. 원병상이 『신동아』에 기고한 글에는 1911년에 제1회 특기생으로 김련·변영태·이규봉·성주식 등 40여 명이 배출되었다고 썼는데(237쪽), 그가 그 뒤 다시 첨삭해 쓴 『독립운동사자료집』 10권에 수록된 글에는 1911년 12월이라고 달을 명기했다(13쪽). 그런데 이관직의 글에는 1912년 가을에 속성 특과인 군사학 과정을 변영태·성주식·강한연 등 여러 명이 졸업했다고 쓰여 있고(156쪽), 이은숙의 저서에 들어 있는 「우당 이회영 약전」에는 변영태·성주식·강한연 등 11명이 1912년 가을 특별과 수료생으로 졸업하니 이것이 만주에서 한인을 군사교육 시킨 효시라고 쓰여 있다(160쪽).

1911년 겨울에 원병상은 17세 소년으로 삼원포 추가가에 왔다. 적어도 변영태·성주식에 관한 한 이관직이 군사교육 교관으로 그들을 교육시켰고, 이관직의 기술대로라면 변영태 등을 졸업시킨 뒤 곧 고국으로 떠난 것이므로 그의 기술이 맞을 것이라고 생각된다. 따라서 원병상의 글에서 변영태·성주식 등을 제외한 40명 안팎의 인원이 1911년 말경 제1기생으로 속성 졸업한 것으로 보인다.

| 천험의 요새 |

1912년 7월 합니하에 새로운 교사가 신축되어 낙성식을 가졌다. 이로써 신흥강습소는 일정하게 군사훈련을 시키고 중등 교육과정을 가르칠 수 있는 상당한 시설을 갖춘 학교로 변신했다. 신흥무관학교 또는 신흥중학교가 탄생한 것이다. 이같이 합니하에 신흥무관학교를 건립하는 데 토지 구매와 관련하여 이회영 등은 다시 동삼성 총독을 찾아가지 않으면 안 되었다.

합니하는 앞에서 지적한 바대로 중국인과의 갈등을 막아야 한다는 점에서 중국 당국도 환영할 만한 곳이었고 한국인 측도 만족할 만한 곳이었다. 한국인들이 보기에 합니하 일대는 중국인이 별로 살지 않는 곳이라는 점에서도 좋다고 생각했겠지만, 신흥무관학교 자리가 요새지로서 군사훈련을 시키기에 더없이 좋다는 점이 훨씬 중요하게 작용했을 것이다.

야트막한 산 밑 언덕이어서 군사훈련을 하기에 좋은 신흥무관학교 자리는 합니하가 그 주위를 거의 360도 삥 돌아 흐르고 10정보가 훨씬 넘는 넓은 언덕배기 들판의 남쪽 한편에 깊숙이 위치해 있었다. 따라서 3~4km 떨어진 광화진光華鎭(현재 지명, 중화민국 시기에는 '신안보新安堡'로 불렸음) 쪽에서는 물론이고 합니하가 흐르는 곳에 나 있는 길가에서도 잘 보이지 않았다. 또한 신흥무관학교가 위치한 언덕과 합니하 사이는 상당 부분이 낭떠러지처럼 가팔라 삥 둘러 흐르는 합니하가 마치 해자 같았다.

그러한 요새지에 이회영·이동녕 등이 신흥무관학교를 건립하고자 했는데 통화현에서는 토지 매매를 허가하지 않았다. 다시 심양에 간 이회영과 이계동은 동삼성 총독에게 1912년 3월 청원서를 올렸다. 이 청원서에서 이회영 등은, 집이 없고 농사지을 토지가 없는 자가 50~60호에 달하기에 여러 사람이 자금을 어느 정도 모아 공동 명의로 통화현 합밀하哈密河(합니하를 가리킴) 지방의 산장山莊을 구입하여 공동으로 삶의 길을 모색하기 위해

현에 청원해 관계官契(관에서 증명하는 문서)를 받고자 했음을 밝혔다. 하지만 현에서는 지금 시국이 변화무쌍하여 입적한 백성이라도 토지 매매를 인정할 수 없고 관에서 증명서를 발행한 일도 없다고 답변함으로써 이 지역 사람들이 가옥을 전혀 팔려고 하지 않으니, 농사철이 가까운데 어떻게 하라는 말이냐고 호소했다. 토지를 갖지 못한 자가 50~60호라는 말은 이 시기 합니하 신흥무관학교 인근으로 옮겨올 사람들의 숫자를 가리킬 것이다. 이회영 등은 대수大帥(총독을 가리킴)님의 명령서도 효과가 없는 것이냐고 묻고, 중국인과 조상이 같은 한국인은 오로지 농사지을 토지를 원할 뿐이라고 강조했다.

그러나 수십 일이 지나도 회답이 없자, 4월 1일 이회영과 이계동은 토지 사는 것을 허락해달라고 요구하는 청원서를 다시 동삼성 도독에게 올렸다. 그 이전에 이미 이석영은 그 일대의 토지를 사들여서 춘분 후에는 학교 건축에 착수하겠다고 다짐한 바 있었다. 아우의 역량을 믿고 있었던 것이다.

위안스카이가 대총통이 되는 등 그야말로 승승장구하고 있을 때여서 그랬겠지만 청원서에 대한 반응은 빨랐다. 얼마 후 이회영 등은 가산을 구입할 수 있다는 비답을 받았다. 그 감격이란 이루 말할 수 없었다.

| 대망의 새 교사 준공 |

학교는 1912년 음력 3월 2일부터 공사를 시작하여 6월 7일(양력 7월 20일) 100여 명이 모여서 낙성식을 했다. 그 광경을 중국인 수십 명이 지켜보았다.

1920년 초에 이 학교에 입학한 『아리랑』의 주인공 김산은 열여덟 개의 교실이 외부에서 알 수 없도록 산허리를 따라 줄지어 있었다고 회고했다. 학교에는 큰 병사兵舍가 세워졌다. 각 학년별로 널찍한 강당과 교무실이 마런되었으며, 아울러 내무반에는 사무실·숙직실·편집실·나팔반·식당·취사장·비품실 등이 갖추어졌고, 낭하에는 생도들의 성명이 부착된 총가銃架가 설치되었다. 신흥무관학교는 새롭게 탄생했다. 중국 당국이 신흥강습소는 1912년 7월에 성립되었다고 기록한 것은 이러한 변화를 말한 것이었다.

'무관학교'다운 학교가 탄생하게 되기까지 이회영이 적극적으로 앞장서서 노력한 것은 대단히 높이 평가되어야 할 것이다. 이동녕·이시영·이상룡·김대락 등도 정신적 물질적으로 노력을 아끼지 않았다. 특히 이회영과 뜻을 같이하여 재산을 내놓은 이석영이 절대적인 공로자라고 할 수 있다. 그가 가산을 몽땅 신흥무관학교에 바치다시피했기 때문에 합니하에 번듯한 교실과 강당, 숙사가 들어설 수 있었다. 그뿐만이 아니었다. 원병상은 흉년으로 학교가 가장 어려웠을 때 주로 이석영에게 의존했다면서 이렇게 회고했다.

> 돈 없는 학생들에게 다년간 침식 제공을 아끼지 않고 학교 유지에도 정
> 신적 물질적으로 그 뜻이 지극히 크고 높았다.
> ─ 원병상, 「신흥무관학교」, 『독립운동사자료집』 10, 1976, 13~14쪽.

이석영이 내놓은 돈은 어느 정도 될까. 한 기록에는 2만 석 토지를 매각한 자금이라 쓰여 있고, 또 다른 기록에는 이석영의 재산이 대부분이었겠지만 6형제 재산을 다 팔아 40만 원 가까운 거재를 가지고 미지의 서간도로 와서 수년 사이에 30수만 원의 자금이 고갈했다고 쓰여 있다. 이규창도 이석영의 재산과 전 가족의 재산을 다 합하면 대략 40만 원인데 그래도 부족한 나머지 국내 각도에서 모금해 와 무관생도를 양성했다고 기술한 것을 보면, 이석영의 재산은 40만 원에서 약간 모자라는 거액이었던 것 같다. 이

영석 이석영(1855~1934)

경기도 남양주시 금곡동에 이석영을 기리기 위해 조성한 이석영광장 내 'REMEMBER 1910' 역사전시관에 설치된 이석영 흉상이다.

정규의 기록에 따르면 당시 백미 1석이 3원 남짓했다니 이석영이 얼마나 큰돈을 내놓았는지 알 수 있다.

당대의 명문 거부가 거의 전 재산을 순식간에 독립운동에 쏟아부었다는 것은 상상하기조차 쉬운 일이 아니다. 그는 합니하에서 가산을 다 쏟아부은 뒤, 특히 1920년대에는 말할 수 없는 빈곤에 시달렸다. 일제가 만주를 점령하자 천진·북경·상해 등으로 떠돌아다니다가 중태에 빠져서 그의 막냇동생 호영이 고국에 모시고 갔는데, 일제 아래서는 살 수 없다고, 동생을 속여 다시 상해로 들어가서 초췌한 노년을 보냈다. 결국 기아선상에서 두부 비지로 연명하다가 아우 회영이 일제의 고문으로 서거하고 얼마 후 세상을 떠났다.[5] 이 같은 삶을 살았기에 그의 기개와 생애가 주는 감동은 한층 크다. 옛 국토를 되찾겠다는 다물단의 단장으로 활동했던 맏아들 규준은 이석영이 서거하기 훨씬 이전에 북경 북쪽 석가장石家莊에 갔다가 요절했다.

| 신흥무관학교인가, 신흥중학교인가 |

신흥무관학교와 관련해 논란이 되는 것이 학교 명칭 문제다. 추가가에 있었던 초기 학교를 신흥강습소라고 하는 데는 이견이 없다. 그런데 합니하에 새로 교사를 지은 뒤 추가가 학교는 소학교 교육과정을 가르치고 합니하 학

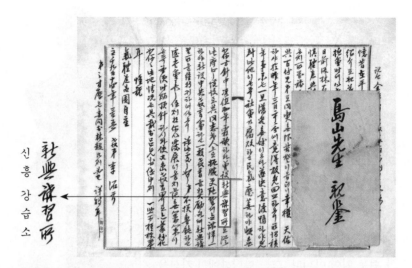

이탁이 안창호에게 보낸 편지(1914. 3. 5) 여러 동지들과 모의한 끝에, 중앙교육회를 신설하여 일반교육을 장려하며 신흥강습소를 다시 열었다는 내용이 담겨 있다. 이 편지에서 이탁이 '신흥강습소'로 표기한 것을 볼 수 있다.(출처: 독립기념관)

교는 중학교 과정을 가르치면서 따로 군사과를 두어 무관을 양성했다. 이러한 이유로 합니하의 학교 명칭을 뭐라고 했는지에 대해 이설들이 있는 것이다.

채근식의 『무장독립운동비사』에서는 신흥학교로 부른 반면, 여러 연구자들은 신흥중학교로 개칭했다고 쓰고 있다. 또 일부 연구자는 대동중학교 大東中學校, 양성중학교養成中學校로도 불렀다는 견해를 내놓았다.

합니하의 학교가 신흥중학교라는 주장에는 중등과정이라는 관념이 작용하고 있다. 일제강점기 국내에서도 그러했지만 중등과정과 중학교라는 공식 명칭은 엄연히 다르다. 이 부분을 정확히 이해할 필요가 있다. 이상룡은 유하현 지사에게 보낸 글에서 신흥학교는 중등학당이고 그 밖에 수십의 소학교가 있다고 썼다. 그런데 이준형은 「선부군유사」에서 추가가에 소학당

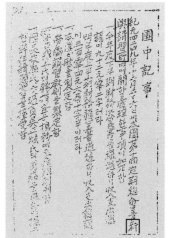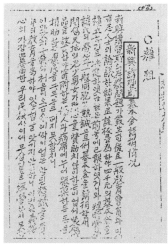

「신흥학우보」 제2권 제2호 왼쪽은 제10회 정기총회를 신흥강습소에서 개최한다는 기사이고, 오른쪽은 「신흥강습소 기본금 청연 정황」 기사이다. 공식 명칭을 '신흥강습소'로 명명했음을 알 수 있다.(출처: 「한국독립운동사연구」 제5집, 독립기념관 한국독립운동사연구소, 1991)

을 설립했으며 합니하 깊숙한 구석에 중학교를 설립하고 군사과를 부설했다고 기술했다(425쪽). 그것을 이어받아 이상룡 행장에서도 합니하에 신흥중학교를 설치하고 군사과를 부설했다고 기술했다(335쪽). 이 경우 신흥중학교는 중등과정을 가르치는 신흥학교라는 의미가 강함을 알 수 있다.

　신흥학교는 추가가에 있을 때나 합니하에 있을 때나 대외적 또는 공식적으로는 신흥강습소였다. 서간도에서 중요 간부로 활동한 이탁이 1914년 3월 5일 안창호에게 보낸 서한에서 계속 '신흥강습소'로 표기한 것에 대해서는 이론이 제기될 수도 있다. 그런데 1914~1915년에 걸쳐 일제 경찰과 중국 당국이 조사한 것을 기록한 한 자료에는 모두 '신흥강습소'라고만 명명할 뿐 다른 명칭은 나오지 않는다. 더 중요한 것은 「신흥학우보」 제2권 제2호(기원 4250년, 곧 서기 1917년 1월 13일 발행)에 신흥학우단 제10회 정기총회가 신흥강습소에서 열렸다고 명시했다(70쪽). 그뿐만 아니라 이 단보에는 「신흥강습소 기본금 청연請捐 정황」이라는 제목의 기사가 실려 있어 더욱 확실하게 신흥학교의 공식 명칭이 명백히 신흥강습소임을 밝히고 있다.

합니하로 학교를 옮긴 후에도 중국 당국과 중국인, 일본 관헌의 눈총을 피하려고 여전히 신흥강습소를 대외 명칭으로 사용했던 것이다. 그것은 무관 양성을 숨기기 위해서도 절실히 필요했다. 또 이 시기에 통화현에서는 사립학교 설립을 금지했으며 다른 지역의 사립학교에서는 봉천성에서 정한 교과서를 사용했다는 기록도 주목할 필요가 있다. 통화현에서는 공식적으로는 정식 사립학교를 설립할 수 없었고, 봉천성 내의 경우 당국에 등록된 사립학교에서는 신흥학교로는 받아들이기 어려웠던, 성 당국이 지정한 교과서를 써야 했다.

신흥학교의 공식 명칭이 신흥강습소라고 해서 학생들이나 주민들이 그렇게 불렀다는 것을 의미하지는 않는다. 주민들과 일부 학생들은 추가가에 있는 소학교나 다른 학교들과도 구별하기 위해 신흥중학교로 호칭한 경우도 꽤 있었을 것이다. 중등과정 교육은 1910년대 초 국내에서도 아주 드물었다는 사실에 유의할 필요가 있다. 한국인이 다니는 중등과정인 고등보통학교(조선총독부는 일본인이 다니는 중학교보다 낮춰 이렇게 부르게 했다) 학생이 1922년에 겨우 7,691명이었다. 그러니 1910년대 초는 중등과정의 학교가 얼마나 소수였는지를 충분히 짐작할 수 있다. 그런데 서간도에서는 부민단 주민이 6천여 명밖에 안 되었는데도 중등학교가 생겨난 것이다. 아무래도 여러모로 부족한 면이 적지 않았겠지만 신흥학교에 대해 자부심을 가질 만하지 않은가. 더욱이 통화에서조차 중학교는 아직 설립되지 않았고 1916년경에야 설치될 예정이었으며, 합니하 신흥학교와는 규모가 비할 바 없이 작은 통화농업학교(교사 1명, 생도 27명), 통화공업학교(교사 1명, 생도 30명)밖에 없었던 것이다!

독립운동자나 학생들과 주민 일부, 특히 군사과에 다닌 학생들은 이 학교를 신흥무관학교라고 불렀다. 이회영은 합니하 학교를 지으면서 학교 이름을 신흥무관학교라고 했고, 그의 부인 이은숙도 자연스럽게 무관학교(또는 군관학교)로 썼다. 이관직은 이 학교를 '신흥군관학교'로 표기했다(175쪽). 원병상은 그의 수기에서 1913년 5월(1912년 7월의 오기)에 교사 낙성식을 하고 강습소에서 신흥무관학교로 승격했다고 기록했으며, 자신은 1913년 2월(앞의 날짜와 안 맞는다) 합니하 무관학교 본과 3기생으로 입학했다고 기술했다(15쪽). 원병상의 기록도 자연스럽다는 느낌을 준다.

이 학교가 무관학교 또는 군관학교였다는 유력한 증거는 양기탁이 안창호에게 보낸 서한에서도 확인된다. 1916~1917년에 양기탁 또한 신흥강습소라고 표기하면서도 다른 말은 안 쓰고 병학교兵學校라고만 부른 것은 이 학교를 무관학교로 인식했기 때문이다. 이 학교가 신흥무관학교임은 교가에서도 확인된다. 교가에는 "칼춤 추고 말을 달려 몸을 단련코 / 새론 지식 높은 인격 정신을 길러"라는 구절이 있다. 군사훈련이 앞에 나오고 일반교육은 뒤에 나와 있는 것이다.

이회영·이관직같이 무관 양성을 제일의 목표로 하여 서간도에 온 사람은—그중에는 이장녕·이관직·김창환 등과 같은 대한제국 무관학교를 나온 뛰어난 장교 출신들이 있었다—그 부분이 가장 중요했다. 김학규도 경학사에서 세운 군관학교는 국내의 우수한 청년과 중국 동북지방 한국인 이주민의 뛰어난 자제들을 모집하여 군사 인재를 교육시켰는데, 이것이 바로 동북 한국인 무장운동의 기초사업이었다고 적절히 잘 설명했다(19쪽). 그래서 합니하에 세운 학교에 군사과를 설치했고, 중등과정에 다니는 학생들도 군사교육에 큰 비중을 두었던 것이다. 곧 군사과는 중등과정에 대비되는 것이 아니었다. 중학과정을 다 마치기 어렵거나 오로지 군사교육만 필요한 사람들을 위해 단기 교육을 하는 군사과를 설치했던 것이고, 중등과정을 밟는 학생들도 군사과에 들어온 학생들 못지않게 군사교육을 받도록되어 있었다는 것은 중등과정을 전부 이수한 원병상의 수기를 통해서도 알수 있다. 합니하의 학교는 신흥강습소와 함께 신흥무관학교로 불렸고, 신흥중학교로도 알려졌으며, 사실상 이 세 가지가 모두 신흥학교의 공식 명칭이나 다름없었다.

2) 운영과 교과과정

신흥무관학교의 교육과정 편제는 명료하지 않다. 추가가에서 문을 연 처음부터 본과 또는 원반原班과 군사학을 전수하는 특별과(특별반) 또는 특과가 있었다. 본과가 처음부터 중등과정을 가르쳤는지는 불확실하지만 『백하일기』 1911년 음력 11월 18일자에 본과 반장 우등자, 소학과 반장 우등자라는 기록이 나오는 것으로 미루어 소학교 교육과정이 딸린 중등학교 과정이었다고 볼 수 있을 것이다. 특별과는 속성과로도 불렸던 만큼 단기간에 군사교육을 연수시켰다.

합니하로 본교를 옮긴 뒤 중등과정을 가르치고 군사과를 부설했다는 사실은 앞에서 서술했다. 군사과는 속성이었음이 틀림없다. 채찬(백광운)과 같이 대한제국 말기에 의병 활동을 했거나 나이가 들어서 서둘러 신식 무관교육만 받고 싶었던 사람들은 군사과로 들어갔을 것이다. 원병상은 신흥무관학교에 4년제 본과에다 6개월·3개월의 속성반이 병설되어 있었는데자신은 4년 만에 졸업했다고 기술했다.

그러나 1914년에 문상직이 합니하 신흥학교 군사과에 들어가 병학 교육을 받고 1년 만에 졸업한 뒤 신흥학우단원이 되었다는 기록이 있고, 같은 시기 중국 측 기록에는 3년 필업이라고 쓰여 있으며, 『독립신문』의 신흥학교 관계 기사에 3년급, 2년급, 1년급은 나오나 4년급이 나오지 않는 것을 보면, 군사과는 1년이 기한이고 중등과정은 안동 협동학교의 경우처럼 3년이 기한이었을 것으로 추정된다. 하지만 원병상의 기록대로 4년제일 수도 있음을 배제하지 못한다. 원병상이 6개월·3개월의 속성반이 있었다고 기술한 것은, 후술하겠지만 3·1운동 이후 국내 각지에서 신흥무관학교로 지원자가 몰려왔을 무렵에 만들어진 것을 언급했다고 보아야 한다.

학생들은 수업료 등 학비를 내지 않았다. 학교 유지비뿐만 아니라 학교 식당의 식사는 학생들이 공동으로 마련한 것을 포함하여 유지자들이 부담했을 것이다. 집이 멀거나 다른 지방에서 온 학생들은 여러 애국자들이 비록 옥수수밥이긴 해도 끼니를 챙겨주고 숙박할 곳도 돌봐주었다. 이석영·회영·시영 형제의 집에서 많은 학생을 돌보았다. 이시영 부인 박씨는 남편과 무관학교 학생들을 뒷바라지하다가 병에 걸려 서거했다. 교직원의 복장은 사계절 백색 무명으로, 상의에는 단추 다섯 개가 달렸고 하의는 통으로 되었다. 생도들은 농사를 짓고 실업에 힘쓰면서 수업에 임한다는 취지로 농천황색濃淺黃色으로 염색한 '다치푸'라는 천을 필로 끊어 교직원 복장과 형태가 같은 상·하 제복을 입었고 학생모를 썼다.

교사 신축은 이석영 등의 재력에 힘입어 이루어졌지만 계속해서 드는 운영비를 감당하기는 쉽지 않았다. 거기에다 초기에는 흉년이 겹쳐 한층 어려웠다.[6] 이 때문에 학생들이 노동을 하여 적지 않은 비용을 부담했다. 학생들은 새 교사를 신축할 때도 직접 삽과 괭이를 들고 가 기복이 심한 고원을 평지로 만들며 흙과 돌을 등에 지고 나르는 등 학교가 궁지에 빠졌을 때 노력 동원에 앞장섰다. 학교 당국이 자력갱생하고자 토착인의 산을 빌려

밭을 일구었던 바, 학생들은 일과가 끝나면 편대를 지어서 조별로 산비탈에 달라붙어 노동을 했다. 또 여름내 노동으로 얻은 돈을 학교 유지비에 보탰다. 겨울이면 혹한에 허리까지 차오르는 적설을 헤치며 땔감을 구해 져 날랐다. 일종의 둔전병 제도였다. 이들은 최대한 주민들에게 부담을 끼치지 않으려고 노력하면서 조국을 위해서는 항일투쟁, 모교를 위해서는 경제투쟁이라는 학學·병兵·농農 투쟁을 전개했다. 학생들의 노동에 대해 1914년 조선총독부에서 파견된 자들은 다음과 같은 기록을 남겼다.

> 9월 21일 일행이 방문하였을 때에는 학교 앞 밭에서 학생들이 소를 끌고 무거운 짐을 실어 나르며 조를 베고 옥수수를 따는 등 수확에 열중하였는데, 그중에는 처와 함께 일하는 사람도 있었다. 또한 강안의 돌을 깨 구들을 수리하는 자, 합니하를 건너는 배의 뱃사공 노릇을 하는 자, 모두 제모·제복 차림이었다. 이와 같이 산간벽지에서 원기와 근면으로써 부지런히 그 업에 충실한 상태는 통상 한국인 사회에서는 쉽게 볼 수 없는 일이다. 그 사이에 가득 차 있는 일종의 기개는 실로 모든 자로 하여금 감개 깊음을 느끼게 한다.
>
> —조선총독부, 「국경지방 시찰 복명서」 1.

각지에서 주민들도 윤번으로 나와 교사 건축과 보수, 식당 일, 채소 일을 맡아 했다.

흉년으로 학교 운영이 어렵게 되자 교육회 또는 신흥학교 유지회[7]도 학교를 유지하는 데 중요한 역할을 했다. 교육회 의연금 모집 회원도 돌아가면서 맡았다. 『신흥학우보』 제2권 제2호(1917. 1. 13)에는 신흥강습소의 존폐 문제가 발생한 뒤 일반 교육회원과 유지 인사가 논의한 결과 4천 원 기본금을 적립하기로 결정했다는 기사와 함께 장식품을 판매하여 기부한 부인, 병석에 누워 복약에 쓰던 돈을 출연한 농민, 신을 삼아 파는 농부의 기부, 비녀를 팔아 기부한 부인 등에 관한 이야기가 실려 있다(49, 66~67쪽).

| 교직원 |

신흥무관학교와 관련된 직책으로는 발기인·교주·교장·교감·학감·교관·교사 등이 나오는데, 자료마다 차이가 있다. 발기인으로는 이회영·이동녕·이관직·이상룡·윤기섭 등의 이름이 나온다. 이은숙의 저서(24~25쪽)와 박창화의 저서(159쪽)에는 이석영이 교주로 나오는데, 합니하 신흥무관학교를 세운 분이라는 의미로 그렇게 부른 것이 아닐까. 교장으로는 이철영(이관직, 155~156쪽; 이정규, 34쪽), 이동녕(원병상, 12쪽), 이상룡(이은숙, 24~25쪽; 박창화, 159쪽), 여준(「봉천동변도윤 겸 안동교섭원 공서칙奉天東邊道尹兼安東交涉員公署飭 제53호」; 이은숙, 24~25쪽; 원병상, 19쪽), 이광(원병상, 12쪽), 이세영(다른 이름 이천민, 채근식, 48쪽) 등이, 교감으로는 김달[8](김석영, 171쪽; 원병상, 12쪽), 윤기섭(「봉천동변도윤 겸 안동교섭원 공서칙 제53호」; 원병상, 19쪽) 등이, 학감으로는 윤기섭(원병상, 12쪽; 김석영, 171쪽), 이광조(원병상, 19쪽), 이규봉(원병상, 19쪽) 등의 이름이 나온다.

각 자료의 문맥으로 볼 때 이철영과 이동녕은 추가가 신흥학교 교장으로 추정되며, 합니하 신흥학교에서는 이상룡이 교장으로 추대되었다가 그 뒤 여준·이광·이세영 등이 하지 않았나 싶다. 「봉천동변도윤 겸 안동교섭원 공서칙 제53호」에 여준이 의무교장으로 나오는 것은 그 시기까지 이상룡이 명목상 교장이었음을 시사한다. 양기탁이 1916년 음력 10월 17일에 안창호에게 보낸 서한에서 이탁과 여준 두 형님이 학교 일을 관장했다고 쓴 것을 보면, 여준이 헌신적으로 일하고 있었음을 알 수 있다. 여운형의 7촌인 여준은 자그마한 체격이지만 다부진 인물로 겨울에도 털모자를 쓰고 다니지 않았고 학생들에게 내리는 벌도 매서웠다.

교관 중에는 교두敎頭·대장隊長·생도대장生徒隊長 등의 칭호가 보인다. 교관으로는 이관직·이장녕·김창환·양성환·성준용·김흥·이극 등의 이름이 보인다. 이세영·이관직·이장녕·김창환·양성환 등은 대한제국 장교 또는 무관학교 출신이다. 이광조와 함께 서웅·성준용·김흥·이극 등은 신흥무관학교 출신이었다. 교사로는 장도순·윤기섭·이규봉·이갑수·김순칠·이규룡·서웅·여규형·관화국關華國 등이 있었다. 관화국은 중국인으로 중국어 교사였다. 이 밖에 장헌순·이경혁·양규열·이세영 등이 신흥무관학교의 교무를 담당했다.

| 교과과정 |

신흥학교의 중등과정 교육은 교과목을 통해 일단을 엿볼 수 있다. 이 교과목을 알려주는 자료로는 세 가지가 있는데(아래에 신흥학교 1, 2, 3으로 구분), 비교하기 좋도록 북간도 용정의 서전서숙과 안동 협동학교의 교과목을 함께 제시한다. 협동학교는 3년제 중등과정을 가르쳤는데 여기에 제시한 것은 1912년 제2학년 교육과정의 교과목이다.

서전서숙   국어, 국문학, 역사, 지리, 국제공법, 풍습, 경제대의, 수신, 산술, 한문, 정치학

—이현희, 『이동녕』, 동아일보사, 1992., 36~37쪽.

협동학교   국어, 역사, 지지地誌, 외국지지, 수신, 대수代數, 한문, 작문, 미술, 물리, 화학, 생물, 동물, 식물, 박물, 창가, 체조

—조동걸, 『한국민족주의의 성립과 독립운동사연구』, 지식산업사, 1989, 245쪽.

『유년필독』

1907년 5월 현채가 저술한 초등학교(소학교)용 교과서로, 책의 범례에는 학생들이 애국심과 국가사상을 갖도록 하기 위해 역사, 지지地誌, 세계 사정을 교육하는 것을 목적으로 한다고 밝혔다. 내용은 수신·윤리, 애국심, 역사·인물, 지리·풍속, 정치, 산업, 국제의 7개 분야에 걸쳐 있다. 이 책은 신흥학교 교과서로도 사용되었다.(출처: 대한민국역사박물관 근현대사 아카이브)

신흥학교 1 국문, 역사, 지리, 수학, 수신, 외국어, 창가, 박물학, 물리학, 화학, 도화, 체조

— 「봉천동변도윤 겸 안동교섭원 공서칙 제53호」

신흥학교 2 역사, 지리, 산술, 수신, 독서, 한문, 이화理化, 체조, 창가, 중국어　　　　　　　— 조선총독부, 「국경지방 시찰 복명서」 1.

신흥학교 3 국어문전, 중등교과산술, 신정新訂산술, 최신고등학이과서理科書, 교육학, 대한신지지大韓新地誌, 고등소학독본, 초등윤리과, 신선박물학新選博物學, 중등산술, 신선이화학新選理化學, 유년필독幼年必讀, 보통경제학, 윤리학교과서, 대한국사, 사범교육학, 신편화학新編化學, 중등용기법中等用器法, 중등생리학

— 조선주차헌병대사령부, 「재외 조선인 경영 각 학교 서당 일람표」.

신흥학교 교과목으로는 중국 관헌에서 조사한 '신흥학교 1'이 가장 정확

할 것이다. 신흥학교와 서전서숙, 협동학교의 교과목을 비교해보면 약간의 편차는 있으나 세 학교 모두 국문(국어)·수학·외국어·수신·역사·지리·과학·미술·체육·음악 등이 골고루 들어가 있음을 알 수 있다. 세 학교는 모두 중등교육 과정을 주어진 여건하에서 충실히 가르치고 있었다. 외국어에는 여준 등이 가르친 영어, 관화국 등이 가르친 중국어 및 한문이 들어 있을 것이다. '변장운동'과 관련 있겠지만 신흥무관학교에서는 특히 중국어에 비중을 두었다는 기록도 있다. '신흥학교 1'과 '신흥학교 2'의 교과목도 조사한 해가 비슷해서 그런지 대동소이하다.

'신흥학교 3'은 정체를 잘 알 수 없는 기록인데 교과서 이름을 적어놓았다는 특징이 있다. 당시 어떤 교과서를 사용했는지 이해하는 데 도움은 주지만, 초등학교 교과서가 뒤섞여 있으며 비슷한 것들이 중복되어 있어 의아스럽다. 『국어문전』은 유길준의 저서일 것이다. 역사서로는 현채의 『유년필독』과 저자를 알 수 없는 『대한국사』가 있는데, 1913년에 이상룡이 저술하여 신흥무관학교 교재로 사용한 『대동역사』가 없는 것이 눈길을 끈다.

┃창가로 투지를 키워┃

황량하고 외로운 이역에서 어려움을 이겨 나가며 호쾌한 분위기를 살리는 데 적절했기 때문인지 학생들은 무용武勇을 자랑하는 창가를 즐겨 불렀다. 다음은 신흥무관학교 교가다.

1. 서북으로 흑룡 대원大原 남南의 영절浙浙의
   여러 만만萬萬 헌원軒轅 자손 업어 기르고
   동해東海섬 중 어린것을 품에다 품어
   젖 먹여준 이가 뉘뇨.

[후렴] 우리우리 배달나라의

우리우리 조상들이라

그네 가슴 끓는 피가 우리 가슴에

촬촬촬 물결치며 돈다

2. 장백산 밑 만리낙원은

반만년 래 피로 지켜온 옛집이어늘

남의 자식 놀이터로 내어 맡기고

종 설움 받는 이 뉘뇨

[후렴] 우리우리 배달나라의

우리우리 자손들이라

가슴 치고 눈물 뿌려 통곡하여라

지옥의 쇳문이 운다.

3. 칼춤 추고 말을 달려 몸을 단련코

새론 지식 높은 인격 정신을 길러

썩어지는 우리 민족 이끌어내어

새 나라 세울 이 뉘뇨

[후렴] 우리우리 배달나라의

우리우리 청년들이라

두 팔 들고 고함쳐서 노래하여라

자유의 깃발이 떴다

원병상의 글에는 교가 1절 첫 구절에 '흑룡 대원'으로 쓰여 있지만, 허은의 글에는 '흑룡 태원'으로 나온다. 후자의 경우 흑룡강 등 동북지방과 산서성의 태원 등 서북 지대를 가리킨다고 볼 수도 있는데, 원병상의 글이든 허은의 글이든 '남의 영절'과 함께 모두 중국을 가리킨다. 헌원씨는 중국 고대 전설상의 시조 황제黃帝의 이름이므로, 곧 1절은 중국(만주 포함)인들을 업어 기르고 일본의 어린것들을 품에 품어 젖을 먹여준 이가 우리 민족임을 지적하며 한국인이 예전에 동아시아에서 패자霸者였음을 과시했다. 2절에서는 그와 같이 대단한 우리 민족이 삼천리 강토를 빼앗기고 노예가되어 가슴 치고 눈물 뿌리고 통곡하게 된 처지를 노래했다. 3절에서는 군사·육체 훈련과 새로운 지식, 높은 인격과 정신으로 썩어지는 우리 민족을 이끌어내어서 새 나라 세울 사람이 배달나라의 우리 청년들이라는 사명감을 강렬히 부각했다. 3절에서 "썩어지는 우리 민족 이끌어내어"라는 구절이 특히 가슴을 울린다. 염상섭의 「만세전」에서 볼 수 있는 것처럼 1910년 일제의 강점 이후 몹시 억압적인 무단통치가 자행됨에 따라 진취적인 정신·의식이 뒷걸음치고, 좌절감이나 퇴폐적인 면이 심해지는 현상을 '썩어지는 우리 민족'이라는 말로 표현한 것이 아닐까. 그렇기 때문에 학도들의 각오와 사명감은 더욱 커질 수밖에 없었을 것이다. 3절에서 군사훈련을 일반교육보다 앞에 내세운 것도 주목을 끈다. 전체적으로 볼 때 웅혼한 민족사에 빗대어 각오와 각성, 사명감을 촉구하고 조국을 되찾아서 새 나라를 세우자는 노래였다.

8월 29일 국치일에는 학생이건 어린아이건 노인네건 부녀자건 모두 신흥무관학교 운동장에 모였다. 동네에서 찰떡과 김치를 다 함께 마련해서 나누어 먹고 간단한 의례도 치르고 연극도 했다. 연극은 경술년 국치일을 결코 잊어서는 안 된다는 내용인데, 우는 사람도 많았다. 국치일 노래도 목이 터져라 불렀다.

경술년 추팔월 이십구일은
조국의 운명이 다한 날이니
가슴을 치고 통곡하여라
자유의 새 운雲이 온다

학생들은 신흥무관학교에서 배운 노래를 집에 돌아가 누이나 가족에게
가르쳤다. 다음 노래는 허은의 큰오빠가 이 학교에 들어가서 제일 먼저 배
워 온 노래였다.

슬프도다 우리 민족아!
오늘날 이 지경이 웬일인가?
4천여 년 역사국으로
자자손손 복락하더니
오늘날 이 지경이 웬말인가?
철사주사鐵絲珠絲로 결박한 줄을
우리 손으로 끊어버리고
독립만세 우뢰 소리에
바다이 끓고 산이 동하겠네

3) 군사교육

독립운동 기지로서 신흥무관학교 건립에 막대한 재력을 쏟아부어 세운
가장 중요한 목적은 군사교육이었다. 이상룡은 「만주기사」에서 신흥강습
소를 설치하여 청년들에게 군사학술교련을 시켰다고 회고했다(42쪽). 신흥

신흥무관학교의 교관들   왼쪽부터 순서대로 **김창환**(1872~1937), **이관직**(1883~1972), **이세영**(1870~1941), **이장녕**(1881~1932)이다. 이들은 대한제국 장교 또는 무관학교 출신으로서 신흥무관학교에서 학생들에게 군사훈련을 시키며 무관을 양성했다.(출처: 독립기념관)

무관학교의 핵심 방향이 군사교련에 있었음을 피력한 것인데, 일제도 그 부분을 주의 깊게 살폈다. 만주에서 무관을 교육시키는 문제를 염두에 두고 한말에 이회영은 김형선·이관직·윤태훈 등 뜻을 같이하는 군인들을 중심으로 군대 양성 문제에 대해 숙의를 거듭했고, 김형선·이장녕·이관직 등과 함께 서간도에 왔다. 애국청년들도 무관교육을 받기 위해 국내외에서 신흥무관학교에 왔다.

신흥무관학교는 중등교육을 교수하는 본과와 무관 훈련을 시키는 군사과로 나뉘어 있었지만, 여러 회고담 등으로 미뤄볼 때 3년 기한의 본과에서도 군사훈련에 비중을 두었다. 10세 이상 25세 이하의 반드시 건장한 자라야 합격, 입교시켰다는 기록이나 열여덟아홉 살에서 스물네댓 살 청년 기예氣銳의 무리만을 모았다는 일제의 기록도 그것을 시사한다.

신흥무관학교는 군사교육 훈련에서 기성 사관학교에 비해 손색이 없었다는 기록대로 훌륭한 무관을 양성하려고 노력했다. 기본 교육과정은 이세영·이관직·이장녕·김창환 등 교관이 대한제국 장교였거나 무관학교 출신이었기 때문에 대한제국 무관학교의 그것에 준했다.

대한제국 육군무관학교의 학과는 전술학·군제학·병기학·축성학·지형학·위생학·마학馬學·외국어학 등으로 구성되어 있었다.[9] 그리고 신흥무관학교의 학과는 주로 보기포공치步騎砲工輜의 각 조전操典과 내무령內務令·측도학測圖學·축성학·육군형법·육군징벌령·위수복무령·구급의료·편제학編制學·훈련교범·총검술·유술柔術·격검擊劍 전술 전략 등에 중점을 두었다.

신흥무관학교의 학과에 마학이 빠진 것은 비용 때문이었다. 또한 최신 일본병서 등을 몰래 구입하여 시대에 뒤떨어지지 않으려고 노력했다. 술과術科로는 넓은 연병장에서 교관 김창환의 명랑 쾌활한 구령 아래 주로 각개훈련과 기초훈련을 했다. 야외에서는 이 고지 저 고지에서 가상의 적을 상대로 공격전, 방어전, 도강·상륙작전 등을 실전에 방불케 되풀이했다. 체육도 주요 교과였다. 엄동설한 야간에 파저강(혼강) 70리 강행군을 비롯하여 빙상 운동, 춘추 대운동, 격검, 유술, 축구, 철봉 등으로 강인불굴의 체력 단련에 힘썼다.

어쩔 수 없었겠지만 신흥무관학교에서 크게 부족한 것이 군사시설과 무장을 제대로 갖추지 못하고 훈련받는 일이었다. 신흥무관학교는 장총이나 권총, 기관총, 대포 및 탄약 등 병기가 거의 없었다는 점에서 아주 큰 결함이 있었다. 도수刀手 훈련이나 술과에 치중한 것도 그러한 이유가 작용했을 것이다. 훈련용 총은 처음에는 당국의 묵인 아래 나무를 깎아 만든 목총을 사용했는데 나중에는 쇠로 만든 방아쇠를 부착했다. 또 둔전병 제도로 운영되었던 상황이 시사하듯, 궁핍했기 때문에 개간 등 농사일을 많이 해야 했던 것도 훈련에 제약이 되었다.

시설과 무장의 결핍을 메울 수 있는 방법은 엄정한 군기 확립과 임전태

세, 철저한 정신교육이었다. 생도들은 야밤에 비상검사 실시 때는 칠흑이라도 순식간에 각반을 차고 열을 지어 단추 하나하나까지 낱낱이 검사를 받았다. 캄캄한 밤에도 총가銃架에서 자기 이름이 붙은 총을 재빨리 찾아 휴대해야 했고, 칠야에 연병장 둔덕에서 작전 출동 준비를 알리는 비상 나팔 소리에 빠른 동작으로 번개같이 일어났다. 일직으로는 주번사령·주번반장·주번실장·당번보초 등이 있었고, 일정한 시간마다 울리는 나팔 소리에 맞춰 상·하번이 교대할 때는 붉은빛 바탕에 검은빛으로 주번표라고 새긴 완장과 주번일지 등을 인계하고 5개 항으로 이루어진 수칙을 하번이 낭송한 다음 상번이 복창했다. 처벌 규칙은 네 가지로 정해서 군의 풍기를 위반하면 용서 없이 엄격하게 처벌했다.

| 생도들의 하루 일과 |

원병상의 수기는 신흥무관학교 생도의 하루 일과를 생생히 전달해준다. 새벽 6시 기상나팔 소리가 울리면 3분 이내에 복장을 단정히 하고 각반 차고 검사장에 뛰어가 인원 검사를 받은 다음 보건체조를 했다. 눈바람이 살을 도리는 듯한 서간도 혹한에 아침마다 교감 윤기섭이 초모자를 쓰고 홑옷 입고 나와서 점검한 뒤 체조를 시켰다. 활기찬 목소리, 늠름한 기상에 뜨거운 정성이 담겨 있었다.

체조 후 청소와 세면을 마치면 각 내무반별로 나팔 소리에 맞춰 식탁에 둘러앉았다. 주식은 부유한 중국인들이 오래 저장해두어서 상한, 가축용이나 다름없는, 윤기라고는 조금도 없는 좁쌀이었다. 부식은 콩기름에 절인 콩장 한 가지뿐으로, 썩은 좁쌀밥 한 숟가락에 콩장 두어 개를 입에 집어넣으면 그만이었다. 학생들이 얼마나 기름기 없는 음식을 먹었는지는 합니하 신흥무관학교 낙성식의 일화를 통해서도 짐작할 수 있다. 낙성식 때 이석영이 기증한 큼직한 돼지를 잡았는데, 그 고기를 먹은 것이 배탈 나 여러 날 설사를 하는 학생들이 많았던 것이다. 이러한 부실한 식사, 그리고 긴긴 추위에 보수도 없는 교직원은 홑겹의 옷에 풀잎 모자를 쓰고 교육을 시켰고, 학생들은 주린 배를 움켜쥐고 훈련에 열중했다.

식사가 끝나면 〈애국가〉 제창과 함께 조례가 시작되었다. 1절만 소개한다.

화려 강산 동반도東半島는

우리 본국이요

품질 좋은 단군 자손

우리 국민일세

[후렴] 무궁화 삼천리

화려 강산

우리나라 우리들이

길이 보전하세

음력 10월 3일 개천절에도 기념행사를 크게 열었다. 동네에서 시루떡 두세 말을 하고 찰떡도 하고 설탕도 사오고 해서 신흥무관학교 운동장이 꽉 차게 모여 먹고 놀았다. 이런 행사 때는 으레 위의 〈애국가〉를 불렀다.

특히 신흥무관학교 생도들은 〈독립군 용진가勇進歌〉를 힘차게 부를 때마다 피가 끓어올랐다.

　1. 요동 만주 넓은 들을 쳐서 파하고

　　여진국을 토멸하고 개국하옵신

　　동명왕과 이지란의 용병법대로

우리들도 그와 같이 원수 쳐보세

[후렴] 나가세 전쟁장으로

나가자 전쟁장으로

검수劍水 도산刀山 무릅쓰고 나아갈 때에

독립군아 용감력을 더욱 분발해

삼천만 번 죽더라도 나아갑시다.

독립군 나팔(출처: 독립기념관)

2. 청천강에 수병隋兵 백만 쳐서 파하고

　한산도에 왜적들을 격멸하옵신

　을지공과 이순신의 용진법대로

　우리들도 그와 같이 원수 쳐보세.

3. 만국회萬國會에 배를 갈라 피를 뿌리고

　육혈포로 만인萬人 중에 원수 쏴 죽인

　이준 공과 안 의사의 용진법대로

　우리들도 그와 같이 원수 쳐보세

4. 혈전 8년 동맹국을 쳐서 파하고

　영국 기반 끊어버린 미국 독립군

　나파륜拿破崙(나폴레옹)과 화성돈華盛頓(워싱턴)의 용진법대로

　우리들도 그와 같이 원수 쳐보세

　허은은 이육사의 고종사촌답게 노래를 잘 기억했다. 이러한 군가도 떠올렸다.

이곳은 우리나라 아니언만 / 무엇을 바라고 예 왔는가

자손의 거름 될 이네 독립군 / 설 땅이 없지만 희망이 있네

국명國名을 잃어버린 우리 민족 / 사해에 티끌같이 떠다니네

이렇다 웃지 말라 유국有國 국민들 / 자유의 활동할 날 있으리니

압록강 건너를 살펴보니 / 금수강산이 빛을 잃었고

신성한 단군 자손 우리 민족은 / 왜놈의 철망에 걸려 있구나

높이 솟은 백두산아 내 말 들어라 / 저 건너 부소산을 두려워 말라

조국을 잃고서 가는 영혼은 / 천당도 도리어 지옥 되리라

〈애국가〉가 끝나면 교장 여준이 양쪽 눈에 망국한의 뜨거운 눈물을 흘리며 훈화를 했다. 생도들에 대한 정신교육은 신흥무관학교 교가 등의 창가에 잘 살려 있는 것처럼 구국과 자유를 쟁취하기 위해 다음 여섯 가지 정신을 강조했다.

① 불의에 반항 정신

② 임무에 희생 정신

③ 체련體練에 필승 정신

④ 간난艱難에 인내 정신

⑤ 사물에 염결廉潔 정신

⑥ 건설에 창의 정신

생도들이 신나무·황경피·갈매나무 열매 등을 가열하여 남색 염료를 채취해 만든, 지상의 물체나 초목에 잘 어울리는 황갈색 제복을 입고 이 산 저 산 기슭에서 나팔 소리에 따라 "돌격 앞으로"라는 구령에 맞춰 훈련받는 모습은 주민들, 특히 아이들에게는 가슴을 뜨겁게 흥분시키는 최고의 구경거리였다.

> 황갈색 교복을 입고 쇠방아쇠가 달린 목총을 메고 대대·중대 훈련, 횡대橫隊로는 먹줄로 당긴 것 같은, 종대縱隊로는 정연한 동작, 구한국 시대 쓰던 나팔 곡조 그대로 북을 울리며 행진, 교관(구한국 시대 교관이던 김창환)의 구령 소리 산천이 드르릉, 정말 가관이었다.
>
> —이태형, 「김형식 약전」(원고본), 2000, 4쪽.

4) 관련 학교 설립

신흥무관학교·부민단 관계자들은 각처에 소학교와 중학교를 설립했다. 신흥학우단에서는 이주민이 50호 이상 살고 있는 지역에 소학교를 설치했다는 글이 있는가 하면, 어떤 기록에는 20호 또는 몇십 호만 거주해도 소학교를 세워서 의무교육이나 다름없이 이주민들 자녀가 취학했다고 쓰여 있다. 또 교사가 없을 경우에는 신흥학우단에서 교사를 파견했는데 체육 교사가 많았던 것 같다.[10] 신흥무관학교 졸업생들은 2년간 모교를 위해 복무해야 했다. 각 지방 소학교에서는 이들을 앞다퉈 초빙해갔다. 이들은 학교 운영에 참여하고 지역 주민의 계몽을 맡아, 주간에는 아동교육, 야간에는 지방 청년의 군사훈련에 힘썼다. 소학교는 일정한 거리를 두고 있었지만 중학교는 적었다. 노동강습소와 노동학교도 곳곳에 설립했다.

신흥무관학교와 관계된 소학교와 중학교는 얼마나 될까. 이상룡은 「만주기사」에서 소학 기관이 수십 처가 있어 교육 열기가 높았다고 회고했다(42쪽). 그가 1919년에 쓴 「유하현 지사에게 보내는 글(呈柳河縣知事文)」에는 소학교를 수십 군데에 설치했다고 했다(174~175쪽). 1918년 7월에 나온 『신흥학우보』 제2권 제10호에는 8년 전 신흥학교가 창립된 뒤 한 해 두 해 지나오며 지방 학교가 하나둘씩 창립하여 지금은 30여 개소에 이르렀다는 기사가 실려 있다(41쪽).

일제의 한 기록에는 1916년 12월 현재 도문강圖們江(두만강) 대안對岸 지방에 163개 교 4,094명, 압록강 대안 지방에 76교 2,177명, 노령露領 및 미령米領(미주) 지방에 41교 2,102명의 학생이 있다고 쓰여 있다. 그런데 압록강 대안 지방의 경우 대개가 부민단이 왕성히 활동하는 지역에 학교가 많이 있어 이상룡 등의 증언을 뒷받침해준다. 곧 안동현 1교 90명, 홍경현 2교 66명, 임강현 1교 15명, 무송현 7교 144명, 안도현 2교 50명, 집안현 15교 382명인데, 통화현은 19교에 628명, 유하현은 11교에 660명으로 나와 있다. 비교적 소원한 지역인 장백현이 18교에 382명인 것을 제외하면 통화현과 유하현에 학생이 많이 있었음을 확인할 수 있다.

한편 같은 자료에 쾌대무자의 신흥소학교(1913. 5. 설립, 개신교)[11] 등 5개의 신흥소학교가 통화현에 있는 것으로 쓰여 있고, 유하현에는 추가가중학교(교사 5, 학생 60), 대사탄소학교(교장 이탁, 교사 김기호, 학생 30명), 신흥소학교(교장 이자빈, 학생 67명), 대탄평大坦坪 신흥강습소(1914. 9. 설립, 교장 이계동, 교사 정백윤, 갑반 35명, 을반 190명), 기독신흥학교(교사 오주환, 학생 17명) 등의 학교가 있는 것으로 나타나 있다. 이 자료에는 또한 화룡현·왕청현·훈춘현·연길현 등 북간도에 있는 학교 이름에도 '신흥'이 붙은 경우가 여러 개 있어, 전부 다 그런지는 확실하지 않지만 이 지역에도 신흥학교 관계자들이 세운 학교가 있는 것으로 추정된다.

합니하 부근에도 수삼 처에 신흥소학교가 있었다. 허위의 아들 학은 김동삼을 도와 동화학교를 설립했고 유하현 전수하자에도 이세기 등과 함께 동흥학교를 세웠다고 한다. 고산자소학교 교장은 해방 후 대한민국 고위 장군으로 있다가 납북된 송호성이었다. 김동삼의 아우 김동만은 삼원포 삼광중학교 교장이었다. 부민단과 한족회의 중요 간부인 방기전 장로는 1913년경 은양학교를 설립했다. 삼원포 대화사에는 1915년에 삼성여학교(교장 한경희 목사)가 세워졌다. 이태형이 다닌 합니하 신흥학교 부근의 동진소학교, 협창학교도 부민단 등과 관련 있을 것이다. 『신흥학우보』 제2권 제2호에 신을 삼아 파는 사람이 교육회비로 3원을 기증했다고 쓰여 있는 중명학교도(66쪽) 신흥무관학교 관계자들이 세운 학교일 것이다. 신흥무관학교 관계자들이 세운 학교들에서는 합니하 신흥무관학교, 추가가 신흥소학교 등에서 사용한 교과서를 대체로 준용했을 것이다.

5) 전기 신흥무관학교 학생 수

1919년 3·1운동 후 대량으로 무관생도를 배출하기 이전, 신흥무관학교 졸업생은 모두 몇 명이나 될까. 이 경우 3년 기한의 본과와 1년 기한의 군사과로 나눠 설명해야 할 것이다. 그런데 앞에서 언급했듯이 1912년 가을에 속성 특과로 변영태·성주식 등 11명을 배출했다는 기록을 제외하면 양자를 구별해서 졸업자를 기록한 자료는 보이지 않는다. 한 해에 몇 명이 졸업했는지도 확실치 않다.

김대락의 일기에 1911년 11월 22일 김달·이장녕 등이 40여 명의 학생을 데리고 왔다는 기사가 있는 것을 보면, 이 당시 추가가 신흥강습소의 학생이 최소한 40여 명은 되었음을 알 수 있다. 조선총독부 파견대가 1914년 조사한 바에 따르면 신흥학교 학생 수는 약 40명이었다. 이 수치는 실제보다 축소하여 파견대에 말했을 가능성이 있다. 김형식의 사위 이태형은 매년 신흥무관학교 속성과와 본과의 필업자가 100~200명씩이라고 기술했다. 1910년대 중반 이후를 가리킨 것일 수 있지만 사실에 가깝지 않을까 생각된다.

1919년 3·1운동 이후 신흥무관학교가 새로운 출발을 하기 전까지 신흥무관학교를 졸업한 학생 수를 알아볼 수 있는 자료들을 검토해보자. 필자를 알 수 없는 「제9항 백서농장사白西農庄史」에 따르면 1915년 이 농장에 들어온 사람은 385명이다. 이 숫자는 거의 정확하다고 보아야 할 것이다. 385명에는 신흥무관학교 졸업자뿐만 아니라 신흥학교 분·지교 졸업자와 노동강습회 이수자도 포함되어 있다. 그렇지만 단단히 각오하고 독립군에서 중견 역할을 하기 위해 병농兵農학교에 들어온 것이기 때문에 신흥무관학교 출신이 대부분이라고 보아야 할 것이다. 그렇다면 신흥무관학교 졸업자는 300명 이상일 것이고, 모든 신흥무관학교 출신이 백서농장에 들어가지는 않았을 터이므로 이 시기까지 실제 신흥무관학교 졸업생은 그보다 더 많았을 것이다.

애국동지원호회가 엮어 펴낸 『한국독립운동사』와 김승학 편저의 『한국독립사』에는 1919년까지 학생 800여 명을 배출했다고 쓰여 있다(각각 254~255, 330~331쪽). 이 숫자에는 후기 신흥무관학교 학생 수는 포함되지 않았다. 왜냐하면 두 저서 모두 신흥무관학교에서 1920년 8월까지 발행한 졸업증서가 2천 수백 호를 헤아린다고 기술했기 때문이다(각각 256, 333쪽). 이상룡의 「만주기사」에는 신흥숙新興塾이 설치되어 비휴貔貅를 양성한 것이 500명이 넘었다고 쓰여 있는데(42쪽), 이 숫자도 후기 신흥무관학교 학생들은 제외되지 않았을까. 이태형의 기술과 「제9항 백서농장사」의 기록 등을 비교 검토해볼 때, 3·1운동 이전까지 신흥무관학교에서 배출한 졸업자는 500명이 넘었을 터이고, 아마도 800명 내외가 아니었을까 추산된다.

3. 신흥학우단과 백서농장

1) 신흥학우단

신흥무관학교는 단지 본과와 속성과 또는 군사과를 통해 인재나 무관을 배출한 것만이 아니었다. 1910년대와 그 이후에 신흥무관학교의 명성이 지속적으로 유지된 것은 신흥학우단이 조직되어 신흥무관학교의 군 요원 양성 등 독립운동 인재 양성의 참뜻(혁명운동에 참가하고 조국의 독립을 위해 무력투쟁을 벌이는 것)을 계승하고 발전시켰기 때문이다. 부민단이나 한족회 등의 활동도 신흥학우단이라는 기동력 있는 조직에 크게 의존하고 있었다. 신흥학우단은 신흥무관학교 및 분·지교, 부민단·한족회에 적이나 적구敵狗가 침입하는 것을 막는 자위 조직으로도 기능했다. 김학규가 「중국 동북지방에서의 한국혁명운동 30년」에서 서술한 것을(20쪽) 이어받아 채근식이 『무장독립운동비사』에서 다음과 같이 내린 평가는 거의 그대로 애국동지원호회 편의 『한국독립운동사』, 김승학 편저의 『한국독립사』에 이어지고 있다(각각 256, 333쪽).

신흥학우단은 신흥학교 졸업생 및 재학생으로 조직된 강력한 혁명결사
로서 동교 졸업생이 정단원이 되고 재학생이 준단원이 되었다. 이 장교

로써 조직된 결사는 동삼성 한국혁명운동 초창기의 핵심 조직으로서 일반 민중은 이 단團에 신앙적인 기대를 가지고 있었다. 그들은 국내외 혁명 공작에는 빠짐없이 참석하였던 것이다.

—채근식, 『무장독립운동비사』, 53~54쪽.

신흥학우단의 전신인 신흥교우단은 1913년 3월에 교장 여준, 교감 윤기섭 등과 신흥학교 제1회 졸업생 김석·강일수·이근호 등이 발기하여 1913년 5월에 결성되었다. 교직원 졸업생은 정단원이었고 재학생은 준단원이었다. 그 뒤 1915년 4월에 신흥학우단으로 개칭했다.

신흥학우단은 설립 목적을 "혁명 대열에 참여하여 대의를 생명으로 삼아 조국 광복을 위해 모교의 정신을 그대로 살려 최후 일각까지 투쟁한다"로 정했다. 일제는 신흥학우단이 조국의 독립을 위해 최후 무력행동을 하는 것을 궁극의 주된 목표로 파악했다.

강령으로는 다음 세 가지를 정했다.

一. '다물多勿'의 원동력인 모교의 정신을 후인에게 전수한다.
一. 겨레의 활력소인 모교의 전통을 올바르게 자손만대에 살린다.
一. 선열 단우의 최후 유촉을 정중히 받들어 힘써 실행한다.

신흥학우단에서 추진한 다음과 같은 여섯 가지 중요 사업은 1910년대 서간도 독립운동 기지 건설운동이 어떻게 추진되었는가를 압축적으로 말해준다.

1. 혁명운동에 참가한다.

2. 각종 학술의 연구: 특별히 군사학에 치중하여 자기 실력을 충실하게 한다.

3. 각종 간행물 간행: 혁명 이론을 선전하며 애국 사상을 고취하여 민중을 자극시킨다.

4. 소학교 등 학교 경영

5. 노동강습소 및 노동학교 경영: 농민의 농한기를 이용하여 6월 중순에서 7월 말까지, 동년 11월에서 익년 정월까지 군사훈련 및 계몽교육을 실시한다.

6. 민중 조직: 민중에게 자위체를 조직하게 하여 주구走狗의 침입을 방지케 한다.

청년들이 어려운 여건 속에서도 신념과 용기를 가지고 계속해서 활동하도록 해야 했기 때문에 신흥학우단에서는 분기하고 고무할 수 있는 '정신적 자료'를 여러 가지 만들었다. 목적과 강령, 여섯 가지 중요 사업 외에도 「선열의 시범」, 「단시團是」, 〈단가團歌〉 등을 낭독하고 애창했다. 다음과 같이 비장한 각오가 깃든 「선열의 시범」 다섯 가지는 그대로 조국과 겨레에 대한 자신들의 맹세였다.

1. 나는 국토를 찾고자 이 몸을 바쳤노라.
2. 나는 겨레를 살리려 생명을 바쳤노라.
3. 나는 조국을 광복하고자 세사世事를 잊었노라.
4. 나는 뒤의 일을 겨레에게 맡기노라.
5. 너는 나를 따라 국가와 겨레를 지키라.

신흥학우단의 「단시」는 4·4조의 가사체 형식이다.

(1) 시베리아 요동 천리 / 거침없이 두루 다닐 때
   야수 마적 다 만나고 / 울창한 큰 삼림 설한풍에
   갖은 고초 다 겪어도 / 일편단심 나라 회복 / 우리 단의 정신일세

(2) 백만 적을 무찌르던 / 을지 소문乙支蘇文 수범垂範대로
   포탄 탄우 화해火海 속에 / 동정東征 서벌西伐 육탄 삼아
   구국 대성大成하신 고우故友 / 백절불굴 절개로세 / 이것이 곧 우리 단시

한편 1916년 12월 26일 제10회 정기총회에서 제정할 것을 결의하여 1917년 1월 13일에 발행한 『신흥학우보』 제2권 제2호에 실려 있는 〈신흥학우단가〉는 〈수절가〉 곡조를 차용했다. 이처럼 가사체를 본뜨거나 서민들이 즐겨 부른 노래의 곡조를 차용한 까닭은 「단시」나 〈단가〉를 학우단원뿐 아니라 남녀노소 모든 주민이 쉽게 낭송하고 따라 부르게 하기 위해서 만들었음을 시사한다. 〈신흥학우단가〉는 다음과 같다.

1. 조상의 세우신 넷나라 어티메뇨
   충용한 무리아 그 은혜 끗까지 이즈랴
   4천 춘광春光 빗나오든 배달 내 나라
   자유의 낙원을 지을 자 우리가 안인가

2. 종설음 받으며 ○(판독 불가능) 목숨 이여가는
   2천만 생령의 인생길 인도할 이 뉘뇨

군은 마음 참된 정성 힘을 다하야

썩어진 민족의 새 영광 나타내이여라

3. 우리의 마음을 연단코 큰 힘 길너

나라 억만년 새 기초 공고케 세우세

대천大千 세계 덥고 남는 기운 다하라

보천하普天下 우승의 면류관 길히 빗나도다

신흥학우단 단원은 약 200명이었다는 기록도 있으나, 1915년 봄 백서농장에 들어간 385명의 대다수가 신흥학우단원이었을 것으로 추측되므로 200명은 훨씬 넘었을 것이다.[12] 신흥학우단의 1년 예산은 1916년 12월 제10회 정기총회에서 1916년 하반기 수입·지출 총액이 92원元여로, 그리고 1917년 상반기 수입·지출 총액이 304원여로 나와 있는 것으로 대충 짐작할 수 있다. 1910년대 말에는 이주민이 크게 늘고 독립운동에 대한 성원이 확대되었기 때문에 예산도 크게 증가했을 것이다.

|『신흥학우보』의 역할 |

신흥학우단이 신흥무관학교 및 분·지교, 부민단─한족회에서 견인차이자 중추신경 역할을 하게 된 데는 독립정신 고취의 주된 미디어였던 『신흥학우보』의 역할이 컸다. 이 잡지는 단보로서만 머물지 않고 서간도 지역 한국인을 위한 교육·계몽 잡지로 기능했다.

이 잡지가 신흥교우단이 발족한 다음 달인 1913년 6월 13일에 창간되었을 때는 『신흥교우보』였는데 신흥교우단이 신흥학우단으로 바뀐 1915년 4월 이후 잡지명도 『신흥학우보』로 바뀌었다. 『신흥학우보』 구독자는 놀라

『신흥교우보』와 『신흥학우보』 왼쪽은 1913년 9월 15일에 발행된 『신흥교우보』 제2호의 표지로 신흥교우단의 기관지다. 신흥교우단은 1915년 4월에 신흥학우단으로 개칭했으며 기관지 이름도 『신흥학우보』로 바꾸었다. 오른쪽은 1917년 1월 13일에 발행된 『신흥학우보』 제2권 제2호의 표지다.(출처: 독립기념관)

울 정도로 확대되었다. 1918년 7월에 발행한 『신흥학우보』 제2권 제10호에는 겨우 20차밖에 발행하지 않았는데도 창간 최초에는 애독자가 수십인에 지나지 않았으나 지금은 그 몇십 배에 이르렀으며, 초기에는 간도 일대에서만 읽혔으나 지금은 멀리 각처에 거주하는 동포들을 찾아가고 있다는 기사가 실렸다(4쪽).

　『신흥교우보』의 발행처는 창간호에 합니하로 써 있으며, 『국민보』 1914년 10월 22일자에도 합니하로 명시되어 있다. 그런데 언제부터인지 발행 장소가 바뀌어 제2권 제2호에도, 제2권 제10호에도 중국 봉천성 유하현 삼원포로 명기되어 있다. 아마도 초기에는 신흥무관학교와 부민단 본부가 있는 합니하에서 발행했지만, 편집이나 배부 면에서 일반 주민과 접촉하기가 훨씬 좋은 곳에 두는 것이 중요하다고 판단하여 삼원포에서 발행한 것으로 보인다.

『신흥교우보』는 신흥교우단 창립 임시총회가 열렸을 때에는(1913. 5. 10) 매년 2회를 발간하기로 했으나, 보름 뒤에 열린 제2회 임시총회에서 1년에 4회를 발간하기로 결정했다. 계간지가 된 것이다. 『신흥학우보』는 월간으로 발행했다는 기록까지 나온다. 그렇지만 제2권 제2호에 매년 2, 4, 6, 8, 10, 12월의 10일 이내에 투서해줄 것을 요망한 기사가 실려 있는 것으로 보아(4쪽), 1917년을 전후해서는 격월간으로 발행했음을 알 수 있다. 월간의 경우에는 3·1운동 이후 격증한 수요에 발맞춰 발행한 것이 아닐까.

『신흥학우보』는 내용도 다채롭고 정성을 다해 만들었다는 것이 한눈에 들어오는데 분량도 작지 않았다. 지금까지 발견된 『신흥교우보』 제2호는 95쪽, 『신흥학우보』 제2권 제2호는 74쪽, 제2권 제10호는 83쪽이나 되는 꽤 두툼한 분량이다.

『신흥학우보』는 학도들과 단원, 이주민들의 민족의식과 독립정신을 고취하고 혁명 이념을 선전하며, 학술 관계의 글로 근대적 지식을 보급했다. 그뿐만 아니라 농사 문제나 부인 문제, 주민 문제 등 이주민 사회의 당면 사항에 관한 기사를 풍부하게 다루었다. 군사·시사·문예·농사에 관한 기사가 실린 창간호가 나오자 가는 곳마다 환영을 받았다.

『신흥학우보』는 취재 활동을 하는 기자도 두고 있었다. 기자들은 주민 생활뿐만 아니라 학교 운동회도 취재했는데, 이주민들에게는 특히 운동회에 관한 기사가 인기를 끌었다. 이역만리 낯선 땅에서 이주민들은 놀거리나 즐길 일이 많지 않았다. 그런데 학교 운동회는 마을 주민들, 마을과 마을 간의 주민들, 현이나 먼 거리에 사는 주민들이 모두 한자리에 모일 수 있는 절호의 기회였다. 『신흥학우보』 제2권 제10호에는 한 기자가 쓴 「각 지방 운동 구경」이 무려 10쪽에 걸쳐 실려 있다. 신흥학교가 8년 전에 창립한 이후 지방 학교(소학교)가 30여 개소에 이르렀는데, 그러면서 학교마다 운동회가 곧잘 열렸다. 또 간도 일대의 연합운동회처럼 규모가 큰 운동회도 있었다. 간도 일대의 연합운동회는 세 차례 치러졌는데, 1918년에는 열리지 않았고 그 대신 유서(유하현의 서쪽 지방) 연합운동회, 흥동(흥경현 동쪽 지방) 연합대회가 열려서 기자가 취재에 나섰다.

유서 지방 운동회는 6월 12일 대화사에서 열렸다. 만국기가 펄럭이는 가운데 남녀노소 너나없이 희색이 가득했다. 학도대가 인산인해의 구경꾼들 앞에 위엄을 세우며 지나갔고, 군중은 나팔 소리에 어깨춤이 절로 났다. 7개 학교에서 200여 명 학생이 참가했는데 여학생들 경주도 인기가 좋았다. 다음 날 단오까지 경기가 이어졌다. 씨름, 돌싸움(石戰), 줄다리기로 무용을 키웠다.

흥동 지방 운동회는 6월 19일 왕청문 두도구에서 열렸다. 나팔 소리에 각 학교 학도대가 일제히 입장했다. 신흥학교·삼성학교·숭신학교 등과 중국 고등·국민학교가 참여하여 남녀 9개교 420여 명이 운동회에 참여했다. 외래 빈객도 많았다. 신흥학교는 군의 야외연습을 보여주고 중국인 학생들은 무술을 보여주었는데 모두들 갈채를 아끼지 않았다. 역시 여학생들 경기가 인기를 끌었다. 오후에 불미스러운 소란도 있었지만 중국인들의 깊은 동정을 사기도 했다. 기자는 6월 9일 임강현 홍토애에서 열린 중명학교와 신명학교의 연합운동회에는 참석하지 못했다.

2) 백서농장

신흥무관학교 졸업자들은 신흥학우단으로 만족할 수 없었다. 제1군영이라고 할 만한 합니하 신흥무관학교에 이어서 신흥학우단이 주동이 되어 심

백서농장 1914년 가을부터 신흥학우단이 중심이 되어 독립전쟁을 준비하기 위해 터를 닦아 1915년부터 입영을 받기 시작한 군영이다. 백두산 서편에 있기 때문에 '백서'라고 이름을 붙였으며 중국 당국의 이목을 피하기 위해 '농장'이라 했다. 장주庄主는 김동삼이 맡았다.(출처: 독립기념관)

산 밀림 고원에 제2군영을 만들고 정예 군대를 양성하기 위한 특별훈련대를 편성했다. 이 특별 군영이 백서농장 또는 유장酉庄이다.[13]

백서농장은 건설하는 데도 고초를 겪었지만 입영한 이후 만 4년 동안 도저히 필설로 다 표현할 수 없는 간난신고를 겪었다는 점에서 독립운동사에서 잊을 수 없는 특별한 경험이었다. 대장정을 치러낸 중국의 홍군처럼 군인 집단이 인간으로서 견디기 어려운 극한상황을 만나는 것은 드문 일이 아니다. 하지만 백서농장 훈련원들은 4년간이나 그러한 극한상황에 처해 사선을 헤맸기에 가히 초인적이라 할 만했다.

백서농장에 언제 입영했는가에 대해서는 세 가지 주장이 있다. 애국동지원호회에서 펴낸 『한국독립운동사』에는 김동삼이 1913년 임자년(1912년

이 임자년이고 1913년은 계축년임) 겨울에 이탁·김창무 등과 함께 군인을 둔 전제로 훈련하기 위해 백서농장을 개설했다고 쓰여 있다(427쪽). 필자 미상의 수기 「제9항 백서농장사」에는 1914년 가을부터 6개월 동안 터를 닦고 건물을 지어 1915년 봄 무렵에 입영한 것으로 기록되어 있다. 김승학 편저의 『한국독립사』에는 1917년에 백서농장을 경영한 것으로 기술되어 있으며(332쪽), 원병상의 수기에는 1917년 봄 쏘배차(小白岔)에 무관학교 분교를 세운 것으로(26쪽) 서술해놓았다. 이 가운데 「제9항 백서농장사」가 상세하고 내용도 조리 있게 서술했으므로 이 수기에 따르는 것이 무리가 없다고 판단된다.

신흥무관학교 생도들은 무관교육을 마친 뒤 독립을 위해 즉각 싸울 수 있는 방도가 없다는 것에 고심하고 실의에 빠지기도 했다. 「제9항 백서농장사」에 따르면, 백서농장이라는 군영이 만들어진 것은 신흥무관학교 졸업생들의 독립을 향한 찌를 듯한 강렬한 의기를 '소화 조절'하기 위해서였다. 거기에는 독립전쟁을 벌일 기회를 놓친 것에 대한 통분과 비원이 서려 있었다.

1914년 유럽에서 대규모 전쟁이 일어날 가능성이 농후해지는 가운데 6월 28일 결국 사라예보에서 총성이 울리고 한 달 후 오스트리아가 세르비아에 선전포고함으로써 제1차 세계대전이 시작되었다. 그때를 전후해 수년간 독립운동 기지 건설에 매진해온 신흥무관학교 및 그 분·지교의 관계자, 졸업자들은 벅찬 심장의 고동을 느끼고 있었다. 그들은 청장년으로서 끓는 피를 이기지 못하고 언제까지 독립전쟁을 기다리고 있을 수만은 없었다. 그런데 '구주歐洲(유럽)'에서 기다리고 기다리던 대전이 터지다니!

「제9항 백서농장사」에 따르면, 유럽에서 대전이 일어났다는 것은 세계지도에 중대한 변화가 일어난다는 것이 명명백백했다. 더구나 그 대전이 중국과 일본 간의 큰 전쟁으로 비화할지도 모른다는 기대가 뒤따랐다. 일제의 침략에 중국이 당하고만 있지 않을 것이기 때문에 중국 관계官界, 경제계, 학계에서는 일본과의 전쟁불사론이 떠돌았다(1쪽). 김동삼 등 신흥무관학교 관계자들은 중일전쟁이 발발할 가능성이 있다고 생각했다. 혈전 준비에 모든 것을 바쳤던 독립운동자들은 중일전쟁이 일어나기만 기다렸다.

일제의 무력에 단독으로 전면전쟁을 하기가 어려웠던 이상설·이회영 등 항일 세력은 이미 1910년대 이전에도 일본과 러시아·중국·미국 간 전쟁에 기대를 걸었고, 신민회 간부들의 독립 전취 방략도 그것과 긴밀히 연결되어 있었다. 그 점은 신흥무관학교 관계자나 졸업자 등도 마찬가지였다. 신흥무관학교 설립이 일제와 다른 강대국 간의 전쟁과 관련이 깊다는 점은 일제의 자료가 여실히 말해주고 있다. 합니하 신흥무관학교가 문을 연 직후에 일제 관헌은 서간도의 이시영·이동녕은 가까운 장래에 일·러 간 혹은 일·지支(지나, 중국) 간에 반드시 개전이 있을 터인데 이 기회를 이용해 일대 운동을 개시하자고 늘 얘기한다고 보고했다.

1914년경에 신흥무관학교 관계자와 졸업자들이 그러한 전쟁을 얼마나 기대했는가는 중국의 당안관에 보관되어 있는 한 자료에도 시사되어 있다. 이 자료에는 일본 경찰이 1914년경 신흥강습소에 입학하려는 강원섭 등 4인과 신흥강습소에 다니는 김영윤 등 3인에게 거의 똑같이 신문하는 내용이 쓰여 있다. 내용인즉 일·지 혹은 일·미 전쟁의 기회를 이용하여 일본을 몰아내서 조선의 국권을 회복하려고 계획하는 것이 아닌가, 그러기 위해 신흥학교에서 무관교육을 받으려는 것이 아닌가 하는 것이다.

그러나 고대해 마지않던 중일전쟁은 일어나지 않았다. 오히려 일본이 자국의 심각한 정치 위기를 타개하고 승승장구 중국을 침략하게 만들어준 자가 독일의 카이저였다. 8월 23일 일본은 대독 선전포고를 하고 1914년 말

군비 확장을 위해 중의원을 해산했다. 그뿐만 아니라 이듬해 3월에 치른 선거에서 육군의 군비 확장에 반대했던 세이유카이政友會는 대패하여 제2당으로 전락했다. 대전이 일어나기 이전에는 상상할 수 없었던 결과가 나온 것이다.

일제는 대독 선전포고와 함께 본격적으로 중국 침략의 길을 닦았다. 위안스카이 정권의 저항은 매우 미미하여 1915년 초에 일제가 요구한 21개조를 수락했다. 이즈음 무력했던 쑨원도 일본과 싸울 의사가 없었다. 게다가 북간도의 간민회는 세계대전이 발발하기 얼마 전에 일본영사관의 압력으로 해체되었고, 연해주의 권업회 또한 일제의 압력으로 인해 대전 발발 직후에 해산했다. 대전이 발발하면서 오히려 일제의 위세가 한층 강해진 것이다.

| 쏘배차에 제2군영 설치 |

신흥학우단 수뇌부와 부민단 간부들은 방법을 달리할 수밖에 없었다. 신흥무관학교에서 해를 거듭해 배출되는 졸업생과 각처 분·지교 및 노동강습소를 거쳐 나오는 군인들의 기운을 소화 조절하기 위해서는 신흥무관학교 분교 또는 제2군구로서 군영을 설치하지 않으면 안 되었다.

백서농장의 위치에 대해서는 합니하 소백채구小白菜溝라는 기록도 있지만, 봉천성 동변도에 속한 통화현 제8구 관할 팔리초八里哨(빨리소) 오관하에 있는 소백차小白岔(쏘배차)가 정확할 것이다.

쏘배차란 백두산 서쪽의 작은 산맥에 있는 고원 평야를 가리킨다. 사방 200여 리가 무인지경으로 인적미답의 거대한 수해樹海를 이루고 있기에 어디서 가든지 산 밑에서 여러 고개를 15리쯤 올라가야 아주 시원한 고원 평야가 나오는데, 그곳에 새로 군영을 차린 것이었다. 도로를 낸다는 것은 엄두도 내지 못했다. 오소리·산돼지·곰·노루 등이 득실거렸다. 동북으로 700~800리 떨어진 길림성 돈화현 황화송전자의 마적 소굴에서 마적 대부대가 1년에 네댓 번 이곳을 지나가는 노변에 위치해 있다는 점이 특징이라면 특징이었다.

쏘배차에서는 1914년 가을부터 벌목을 시작하여(4쪽, 이하 쪽수만 적은 것은 원고본 「제9항 백서농장사」의 쪽수를 가리킨다) 우물도 파고 발방아도 만들었다(8쪽). 6개월간 죽을 둥 살 둥 온 힘을 다 기울여(18쪽) 1915년 초까지 수천의 병력을 수용할 수 있는 커다란 군영을 완성했다(4쪽). 장주실庄主室·훈독실訓督室·총무실·의무실·경리실·수품실需品室·농감실農監室·교도실敎導室·교관실·강당·중대장실·소대장실·치료실·식당·취사실·창고 및 각대各隊 병사실兵舍室이 배치되었다(5쪽). 또한 호를 파고 사방에 건물을 지어서 동쪽에 막개동, 서쪽에 만리관, 북쪽에 망원치, 남쪽에 오리정을 두어 전초前哨 막사로 사용했다(11~12쪽).

군영이라 부르지 않고 백서농장 또는 유장이라고 부른 것은 신흥강습소의 명명과 비슷한 이유였다. 이국 땅이기 때문에 공공연히 '군영'이라는 말을 붙이기가 어려웠고, 중국 당국과 일제 관헌의 이목도 피하기 위해서였다. 그러나 군인들, 곧 독립군 내부에서는 '우리 군영'이라고 불렀다(2~3쪽).

1915년 맨 처음에 입영한 사람들은 몇 명이나 될까. 385명이라고 기술한 자료도 있고, 장주庄主 김동삼과 훈독 양규열 등 간부 외에 380명이라는 기록도 있다. 신흥무관학교 졸업생으로는 1회에서 4회가 입영 대상자에 해당되는데, 이들이 주축을 이루었다. 신흥무관학교 분·지교와 노동강습회에서 훈련된 군인들도 가담했다(4쪽). 남자아이를 데리고 온 경우도 있었다(10쪽). 「경학사 취지서」에서 "앞길이 아득하다고 걱정하지 말라. 자주 떼어 놓는 걸음이 만 리에 달한다. 초창기의 규모라고 한탄하지 말라. 한 삼태기

일송 김동삼(1878~1937)

흙이 쌓여 태산을 이룬다"고 말한 바와 같이 만 리에 달하고 태산을 이루
기 위해 385명이 전인미답의 울창한 삼림으로 뒤덮인 고원에 온 것이었다.

　백서농장은 이원적으로 운영되었다. 교육과 훈련은 훈독의 감독하에 시행
하고, 작업과 농사일은 장주의 전적인 관리하에 농감의 지휘를 받았다(5쪽).

　제2군구로서 건설된 백서농장은 부민단이 상급 기관이라고 할 수 있고
신흥학우단과 밀접한 관계가 있었지만 모든 것을 독자적으로 운영하는 사
실상의 독립기관이었다. 끼닛거리는 식량운반대를 두어 수백 리 먼 곳에서
통강냉이·조·소금 등을 사서 지고 왔는데 기본적으로는 여름 동안의 농사
를 통해 해결해야 했다. 겨울철에는 벌목을 하여 땔감을 장만했다. 세탁도
감발(발감개)도 짚신도 의복도 스스로 만들어 사용했다(8~9쪽). 한국인들은
백서농장에서도 산지를 일궈 논을 만들었다.[14]

세상을 등지다시피한 가운데 인적미답의 메마른 대삼림 고원지대에서
수백 명이 훈련을 받으며 집단으로 사는 데 가장 큰 문제는 각종 병이었다.
무엇보다 영양실조가 매우 심각했다. 강냉이를 주식으로 먹을 뿐 간혹 노
루나 곰, 산돼지 같은 것이 잡히기 전에는 고기 구경을 할 수 없었다. 영양
실조로 인해 거의 모든 이들이 병에 걸리니 의무실만으로는 감당할 수가
없었다. 아버지를 따라온 어린아이들이 죽기도 했다.

그뿐만이 아니었다. 수토水土 불순으로 열병 등이 자주 나돌았고, 위병·
심장병·천식·폐병 등이 속출했다. 몸은 말을 안 듣고 질병이 창궐하는 상
태에서 정신적 위기감이 심각해졌고, 그로 인해 신경쇠약이나 불면증으로
고통을 이기지 못하는 사람들도 늘어났다. 질병에 겁먹은 사람, 두려움증
에 걸린 사람들도 속출했다. 병사의 방마다 환자의 고통스러운 신음 소리
로 가득 찼다(9~10쪽).

『신흥학우보』「사조詞藻」에 실린 글처럼 처음 쏘배차에 올 때는 "내 세간
다 떨치니 (남은 것이) 칼 한 자루뿐이로다. 천하 보물 많다 해도 이 내 칼을
당할쏜가. 진실로 한번만 (휘)두르면 세상의 쥐무리들 실혼낙백失魂落魄!" 이
라는 기상으로 나라 잃은 젊은이가 고초를 겪는 것은 너무나 당연하다고
생각하면서 오로지 희망 하나를 양식으로 삼았다. 이렇듯 온갖 고생을 다
겪고 아주 고된 시련에도 견뎌낼 만큼 신체가 단단히 단련된 청년들이었는
데도 계속해서 극한적인 상황에 시달리게 되니 감당해내기가 어려웠다.

결국 바깥 치료를 허가하지 않을 수 없었다. 60근 세 말씩 통강냉이와 소
금 등을 지고 고개를 하나 넘을 때마다 결심령·한탄령·유혹령·시험령 등
의 명칭을 붙일 때만 해도 정예 군단으로 육성되기 전에는 돌아갈 것이라
고 전혀 생각지 않았다. 그런데 자유의사에 따라 떠나게 하니 대부분이 방

향도 정처도 없이 치료를 목표로 하여 통곡령·시험령·유혹령·한탄령·결심령 등의 재를 넘어서 동포들이 사는 곳으로 무작정 떠났다(10쪽).

매일 치료차 떠나는 사람이 증가하여 군영의 병사는 빈방이 많이 생겼고, 동쪽 막개동, 서쪽 만리관, 북쪽 망원치, 남쪽 오리정에서 보초를 서던 사람들도 사라졌다. 이제 본부 영사를 건사해 나가기도 용이치 않았다. 훈련과 교육에도 지장이 심각했으며 농사와 작업도 해나가기가 어려웠다. 최후로 30여 명이 남았고, 새로 몇 사람이 더 들어온 상황에서 해산설이 나돌았다. 맥이 풀리고 소기의 목적을 달성할 수 있을까 하는 회의가 커졌다. 장주와 훈독·농감·총무·의감 등은 의논을 거듭했다(11~12쪽). 이러한 논의에 교관 허식이 쐐기를 박았다.

> 조국을 광복하려는 우리로서 전만全滿 동포의 신세身勢 사랑받고 기대와 부탁과 촉망을 지고 왔다가 이제 무면도강無面渡江처럼 산외山外로 나가자니 무슨 낯으로 동포들을 대면하겠소. 그러므로 나는 죽는 한이 있더라도 또 혼자라도 이곳을 기한대로 사수하겠소. 그동안 병이 완치된 자, 새로 입영할 자도 많이 생길 것이니 그때에 인계해주어 이 사업이 계속되어야 할 것이 아닙니까? 왜 근시적으로 현재의 난관을 돌파못하고 해산론까지 나옵니까? 이 농장이 아무리 독립적으로 된 기관이라도 우리의 자의로 해산할 것이 못 됨은 우리의 상급 기관도 있거니와 일반 동포의 주시 속에 허락도 없으니, 나 혼자라도 기한을 마칠 때까지 남아 있겠소.
> ─「제9항 백서농장사」, 12~14쪽.

허식은 어떠한 난관에 부딪치더라도 해산할 수 없음을 강조했다. 결의에 찬 그의 발언에 여기저기서 동의가 들어왔다. 장내 공기가 일변하여 장주 김동삼, 훈독 양규열 등 직원과 군인 28명이 남았고 병에 걸린 자 10여 명만 떠났다. 그리하여 군영을 유지하면서 다시 혈전 태세를 갖추었으나 쉽지는 않았다(14~15쪽).

백서농장에서 겪은 극한상황이 어떠했는지는 교관 허식의 일화가 말해준다. 그는 1917년 가을 열병으로 병석에 누웠는데 3개월 반 동안 세 차례나 재통을 겪어 반신불수 상태에 빠졌다. 변소 출입도 할 수 없어 신용관, 채찬 등 여러 동지의 등에 업혀 다녔다. 사경을 헤매는 지경에까지 이르자 장의庄議의 결정으로 출영 치료를 권고받았으나 여러 날 동안 고집을 부려 병세가 더욱 위독해졌다. 부득이 유하현 삼원포에 있는 왕삼덕의 집으로 데리고 가서 치료를 받아 1년여 만에 회복했다. 1919년 초였다(15~16쪽).

한편 백서농장에 입소하지 않은 사람들은 또 그들대로 농사 외에 할 사업도 없고, 무엇보다 즉각 독립투쟁을 할 방도가 없다는 데 크게 방황하고 있었다. 그것은 양기탁이 1916년 안창호에게 보낸 서한에서도 알 수 있다.

> 저 정신단精神團('신흥학우단'으로 추정)이나 유지자有志者는 그 정신, 사상, 경략經略이 선진자先進者나 저명한 애국지사네들만 못한 배 없으나, 현금現今에 착수할 사업이 무無하여 방황 주저하는 자 태반인데, 혹은 총이나 혹은 폭탄 생각이 간절하여 견딜 수 없어서 흔히 정신병이 발생하압나이다.
>
> ─「양기탁이 안창호에게 보낸 서한」(만주 유하현 제3구 고산자가, 1916. 음 10. 17).

양기탁이 편지를 쓴 같은 해에 국내외 정세를 정확히 파악하여 독립전쟁에 필요한 방략을 세우기 위해 김동삼·이탁 등(부민단), 김창환·성준용 등(신흥무관학교), 허식·김석 등(신흥학우단)이 이탁을 회장으로 세워 부민단

내에 시사연구회를 두었다는 기록이 있다.[15] 이 기록에 따르면 국내 각지와 남·북 만주, 일본, 중국, 러시아 등에 책임자와 담당 부서를 두어, 이곳에서 연구 토의된 각종 정보와 방략을 부민단 운영에 반영했다고 한다. 다른 자료에는 거의 나오지 않기 때문에 시사연구회의 존재 여부는 더 검토해야겠지만, 적극적으로 항일 무력투쟁을 벌여야 한다는 당시의 분위기를 반영하여 백서농장과는 별도로 상당히 장기적인 전망을 갖고 간간이 모임을 갖는 시사연구회 등이 존재했을 가능성은 있다.[16]

1919년 3·1운동은 서간도에도 큰 변화를 가져왔다. 만 4년 동안 정예 군대를 이뤄내겠다는 정열과 서간도 한국인들의 지원 아래 외진 산속에서 사수해온 군인들은 제2군구의 완성을 실현시키지 못한 채 백서농장을 떠났다. 부민단의 뒤를 이어 조직된 한족회 총회에서는 백서농장은 교통이 불편하여 일체 운수運輸나 내왕을 하기가 어렵고 수토가 부적합하므로 폐지한다는 결정을 내렸다. 주요한 전략적 기지로 삼고 정예군 양성에 심혈을 기울였던, 원시인처럼 생활하면서 손이 터지도록 벌목을 하고 손톱이 마멸되기까지 크고 작은 나무와 풀뿌리를 걷어내면서 일구었던 군영을 떠날 때 동지들의 그 허전했던 심정은 필설로 다 말할 수 없는 처절한 것이었다.

그들은 겨레 앞에 백서를 발표하고 남은 동지들끼리 금란 결맹을 하여 금란보金蘭譜 한 장씩을 쥐고 고별식을 거행했다. 〈애국가〉 제창과 묵념, 장주 김동삼 등 직원들의 비장한 격려 말씀이 있은 뒤 만세 삼창을 외쳤다. 그리고 신흥 모교의 교가와 평소에 애창하던 〈용진가〉를 우렁차게 불렀다. 이에 화답이라도 하듯 심산의 수해에서 메아리가 쳤다. 그들은 독립운동 기지 건설의 책원지인 유하현 제2구 삼원포로 향해 삼삼오오 짝을 지어 떠났다. 갖가지 사념이 산란하게 떠올랐고 눈물이 쉬지 않고 올라와 가슴을 쳤다(16~18쪽).

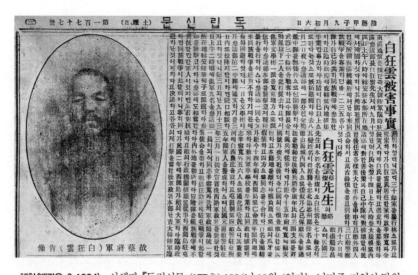

채찬(백광운, ?~1924) 상해판 『독립신문』(177호) 1924년 10월 4일자는 남만주 지역의 탁월한 무장투쟁 지도자 채찬의 비극적인 순국을 보도하면서 그의 약력을 소개했다. 왼쪽 원 안의 인물이 채찬이다.(출처: 대한민국역사박물관)

쏘배차에 군영을 설립하는 일은 성공을 거두지 못했지만 그곳에서 4년 간 경험은 굽이굽이 골짜기마다 피어린 독립운동에 값진 밑거름이 되었다. 그 뒤 김동삼이 통의부·정의부 등에서 '만주의 호랑이'로 활약하게 된 것도 백서농장을 지켜낸 위망威望이 크게 작용하지 않았을까. 백서농장사에서 빼놓을 수 없는 또 하나의 인물로 꼽히는 채찬(백광운)은 을사강제조약 체결 이후 이강년 의병장을 따라 의병 투쟁을 벌이다가 신동관과 함께 신흥무관학교를 졸업했다. 그는 3·1운동 후 서로군정서에 가입하여 신용관 등 신흥무관학교의 여러 동창생과 함께 독립군을 모집하고 의용대 제1중대를 편성했다. 그리고 참의부 참의장이자 제1중대장으로 국내외에서 벌인 일제 행정기관 파괴, 일경 및 일제 앞잡이들의 처단 등에서 보인 대담한 활동 및 '동지'에 의한 비극적 죽음은 독립운동사의 한 페이지를 장식했다.

4장

독립운동의 불꽃, 만주 벌판에 타오르다

1. 한족회와 군정부 — 서로군정서

1) 조직

1919년 국내에서 일어난 3·1독립시위운동은 곧바로 국외로 퍼져 한국인이 많이 사는 만주 일대에서도 전개되었다. 북간도 연변 용정촌에서 3월 8일 시위를 한 데 이어 3월 12일 서간도 유하현 삼원포에서 약 200명이 모여 독립 축하 집회를 열고 만세 시위 행진을 벌였다. 이어 용정에서 3·13 대시위가 벌어졌고, 3월 17일에 유하현 대사탄에서 시위가 일어났다. 3월 19일과 20일에는 삼원포에서 200~700명이 참집하여 시위를 벌였는데 이 중에는 부민단에서 주최한 독립 집회(250명)도 있었다. 대사탄에서는 3월 22일 또다시 시위가 일어났고, 3월 26일 삼원포에서는 무기 구입 결의대회가 열렸다. 독립운동의 열기가 한껏 고조된 것이다. 시위는 집안현 등 서간도의 여러 지역에서도 활발히 전개되었다.[1]

용정에서 벌어진 3·13 대시위 1919년 국내 3·1독립시위의 영향을 받아 만주에서도 독립만세를 외치며 축하 집회를 벌였다. 사진은 3월 13일 북간도 용정 서전평야에서 시위 행진을 하는 모습이다. (출처: 독립기념관)

3·1운동이 국내외 곳곳에서 일어나자 서간도에서는 천재일우의 기회로 판단해 독립 선전과 자금 모집에 총력을 경주했다. 4월 상순까지 통화현·유하현 등 서간도의 7~8현에서는, 일제의 표현을 빌리면 민중이 독립을 달성할 것으로 잘못 알고서 만세 고창과 축연 개최가 잇달았다. 이와 같이 고조된 정세하에서 주민자치단체로 한족회가 부민단을 확대 개편하여 조직되었고, 한족회에서는 일종의 임시정부로 군정부軍政府를 조직했다.

1910년대에 임시정부 또는 그와 유사한 단체가 조직되는 움직임은 계속 나타났다. 1914년 노령에서 이상설 등이 대한광복군정부를 조직했고, 1915년 상해에서는 이상설 등이 신한혁명당을 조직했다. 1917년에는 신규식 등을 중심으로 임시정부 수립을 위한 「대동단결선언」이 발표되었다. 채근식은 유하현 삼원포 일대에 독립운동 기지를 건설할 때 이미 망명정부를 둘 생각이 있었다고 기술했다. 3·1운동이 일어나 서간도 일대에서 독립에 대한 열기가 고조되자 일종의 임시정부로 군정부가 조직된 것이었다.

군정부와 관련해 군정부의 총재로 이상룡, 부총재로 여준을 선임했다는 기록, 독판부 정무청 의회 및 내무사·법무사·재무사·학무사·참모부·사령부·참모처와 군정분서軍政分署 등을 조직했다는 기록이 존재한다. 그러나 활동 내용이 별반 보이지 않는 이유는 전 지역적 단위의 임시정부를 표방하는 문제에 대해 신중을 기했으며, 연해주에서 국민의회(노령국민의회)가 탄생하고 상해에서 임시정부를 조직했다는 소식을 알게 된 이후 관망 상태로 들어갔다는 것을 시사하지 않을까.

한족회·군정부의 조직 시기에 대해서는 1919년 3월 13일설, 4월설, 5월설, 봄설 등이 있다. 일제의 한 자료에는 부민단에서 한족회로 개편되어 약장約章을 배포했으며 발회식이 1919년 3월 13일 거행되었다고 쓰여 있다. 1919년 봄에 조직되었다는 기록은 원병상의 수기에 나온다. 채근식의 『무장독립운동비사』에는 5월 초순에 서로군정서(군정부의 착각임)가 탄생했다고 쓰여 있고(50쪽), 최형우의 『해외조선혁명운동소사』에도 그같이 나온다(5쪽). 한편 애국동지원호회 편의 『한국독립운동사』와 김승학 편저의 『한국독립사』, 이강훈의 『무장독립운동사』에는 모두 4월 초로 되어 있다.

한족회가 조직된 과정에 대해서는 상해임시정부의 기관지 격이던 『독립』, 『독립신문』의 기사가 참조된다. 1919년 10월 4일자 『독립』에는 같은 활동을 하고 있던 이탁 등의 부민단과 이상룡의 자신계가 통합해 한족회를 조직하고 이상룡이 총재, 이탁이 회장으로 선임되었다는 기사가 나온다. 그런데 이 기사에는 3월에 독립이 선언되자 다시 조직을 공고히 했다고 쓰여 있어 3·1운동 이전에 한족회가 조직된 것처럼 보도했다.

『독립신문』11월 1일자 기사는『독립』의 기사와 차이가 있다. 1918년 가을에 부민단과 자신계, 교육회의 대동단결 문제가 제기되었지만 사정이 있어 보류되다가 지난 음력 정월에 이 세 단체의 주요 인물이 다시 집회를 열어 토의하던 중 국내에서 독립 선언 소식이 들려오자 서로 양보하여 완전히 단합하고 명칭을 한족회로 정했다는 것이다.

필자는 3·1운동의 소식이 전해진 직후에 세 단체의 대표들이 한족회를 조직할 것에 합의를 보았고 그 뒤 부민단의 각 지방 대표들이 그것에 찬동했을 것이라고 보는 시각이 사료에도 부합하고 합리적이라고 생각한다. 따라서 세 단체 대표들이 합의한 것은 3월 13일이었을 가능성이 높다. 그리고 부민단의 각 지방 대표들이 회동하여 한족회 조직에 찬동함으로써 한족회는 4월 초에 발족했을 것이다.

| 간부·주민제도·규율 |

한족회는 부민단을 중심으로 자신계·교육회 등을 통합하고 유하·통화·해룡·임강·집안·환인·흥경현 등의 한국인 주민 1만여 호(약 6만 명)를 토대로 구성되었다.

한족회의 중앙기관은 삼원포에 두었다. 사무원은 수 명이었으며, 재판과 행정사무를 보았다. 재판 사무는 사판장査判長과 검찰장이 처리했으며, 행정사무의 주된 일은 독립운동 관계 책자의 간행, 배포와 지방 연락 등이었다. 한국인 이주민들의 자치와 사법의 준칙인 민형사에 관한 사판장정査判章程은 종래의 것을 보완하여 사용했다.

한족회의 주민제도는 부민단의 그것과 큰 차이가 없었다. 이주민 1,000호마다 총관을, 100호에는 백가장百家長을, 10호에는 십실장十室長을 두었는데, 분구제分區制에 따라 운용된 것으로 보인다. 곧 중국 경찰의 분구를 따라 4구를 설치했다. 제1구는 대사탄단으로 총리가 남상복, 제2구는 삼원 포단으로 총리가 방기전, 제3구는 대두자단으로 총리가 정립, 제4구는 마의단으로 총리가 누구인지 분명하지 않다. 각 구에는 단총리 1명, 검찰장 1명, 검찰 2~4명이 있었다. 각 구 아래에는 소분구가 있고 소분구에는 통수統首 1명이 있었다.

또한 각 구에는 지방 공소公所가 있었으며 그 아래에 지명을 따라 붙인 ○○구공소區公所가 설치되었다. 지방 공소에는 두꺼운 판목을 자물쇠로 채운 감옥이 설치되었다. 풍기 문란, 도박, 구타 등은 태형으로 다스렸고, 중죄인은 가두었다. 부민단 시기에도 그러했지만 법 집행이 엄밀했기 때문에 민정이 바로잡혔다고 한다.

한족회가 풍기를 바로세우기 위해서 어떠한 활동을 했는가를 보여주는 한 사례가 금주·금연령이다. 『독립신문』 1920년 5월 1일자에 따르면, 1920년 4월 10일 한족회는 훈령 제87호로 금주와 금연에 관한 벌칙을 공포했다. 곧 연초는 부득이 수토가 맞지 않은 상황에서 피울 수 있지만 술과 궐련은 각 지방에서 금지하도록 지시했다. 단, 결혼·상제·약용·외교 시에 한해서는 술과 담배를 허락하되 반드시 구정區正의 인가를 받도록 했다. 주민들이 이 훈령을 어기면, 초범은 태형 10대에 속금 3원, 재범은 태형 20대에 속금 6원, 삼범은 태형 30대에 속금 9원으로, 태형이라는 형벌로 보나 벌금 액수로 보나 그 처벌이 대단히 엄했다. 금주·금연에 대한 엄한 규칙은 한족회 등이 조직한 대한통의부로 이어졌다. 한족회 활동 약 1년 동안에 훈령이 87호나 내려졌다는 사실은 그만큼 주민들이 지켜야 할 규칙이나 규범이 많았다는 사실을 말해주기도 하지만, 자치가 세세한 데까지 이루어지고 있었음을 입증한다.

2) 서로군정서로 전환

노령, 한성, 상해 등지에서 조직된 여러 형태의 '임시정부'는 통합을 추진하지 않을 수 없었다. 상해임시정부는 군정부와 한족회에 대해 단독 행동을 하지 말고 상해임시정부를 중심으로 단결하는 것이 좋으니 상해임시의정원에 대표를 파견하라고 요청했다. 군정부·한족회 측도 단결해야 한다는 점에는 이의가 없었다.

군정부가 상해임시정부로 통합되는 것은 상해임정, 노령국민의회, 한성정부의 통합이 상당 부분 성과를 거둬 1919년 9월 6일 대한민국임시헌법이 통과되고 9월 11일 신내각이 성립되어 곧 활동에 들어간 이후 구체화되었다. 한족회는 윤기섭을 대표로 상해에 파견해 두 가지 사항에 합의했다.

    1. 국내의 모든 독립운동을 통제, 지도할 임시정부의 위치는 국제 외교
       상 상해가 적합하므로 그곳에 임시정부를 두되,
    2. 무장 독립군의 국내 진입 활동은 만주가 적합하므로 독립군을 지휘
       할 군정부는 만주에 건립하는 것을 허할 것.

이 타협안의 원칙은 1919년 11월 17일 상해임시정부 의정원과 국무회의를 통과했다. 이로써 군정부는 이름을 서로군정서로 바꾸고 상해임정 산하에서 무장독립투쟁을 지휘하는 역할을 담당했다. 그러나 한족회 측은 서로군정서라는 말을 거의 쓰지 않고 군정서로 통용했다. 서간도 지방이라는 제한된 뜻을 지닌 '서로'라는 접두어가 마땅치 않았기 때문일 것이다.

서로군정서의 조직은 임시정부를 방불케 할 만큼 규모가 컸다. 서로군정서는 크게 보면 최고 지휘소로 독판부가 있고, 그 아래에 구체적으로 군정

지청천(1888~1957)

을 시행하는 정무청이 있었다. 독판부에는 독판 이계원(이상룡), 부독판 여준, 부관 이장녕 등이 배치되었다. 정무청에는 정무총장을 책임자로 하여여러 부서를 두었다. 정무총장은 이탁이 맡았는데, 그 아래 검사과·통계과·교섭과와 비서 등이 배치되어 있었다. 내무사장 곽문 밑에는 검무국장최명수가 있었고, 서무과·교통과·실업과·노동과 등을 두었다. 법무사장김응섭 아래에는 상법과常法課·군법과가, 재무사장 남정섭 밑에는 이재과理財課·회계과 등이, 학무사장 김형식 밑에는 교육과·편집과 등이 있었다.

군무사와 참모부, 사령부는 각각 별개의 부서로 이루어져 있었다. 군무사장 양규열 밑에는 군사과·교육과·헌병과·경리과·전상과典賞課 등을, 참모부장 김동삼 아래에는 부원들을, 사령관 지청천(이청천) 밑에는 부관, 과원課員, 참모와 의무과·경리과 등을 배치했다. 또한 정무총장·군무사장·참모장·군사령관 또는 독판이 참의원을 특별히 뽑아서 참모처를 구성할 수 있도록 되어 있었다. 이와 함께 서의회署議會가 있어 대의제로 운영되었다. 군정분서軍政分署에는 분서장 1인, 재무 1인, 외무 1인을 두었다.

이상룡은 군정부에 2여旅가 있다고 기술했는데, 소위로 서로군정서 의용대 소대장이었던 김학규에 따르면 서로군정서는 2개 연대를 두고 그 아래에 6개 대대를 편제했다고 한다. 그러나 2여 또는 2개 연대가 편성되어 있다 하더라도 실제로 그것에 상응하는 병력이 있었는지는 불확실하다.

이 군대의 고급 지휘관은 신흥무관학교와 같이 주로 대한제국 무관학교 출신이거나 일본·중국 등의 외국 무관학교 출신이었고, 초급 간부들은 신흥학우단원이거나 다른 군사학교 출신으로 구성되었다. 사병들은 18~40세 이하의 이주민이었다.

한편 1920년 5월 29일에는 북로군정서 대표 사령관 김좌진과 서로군정서 대표 헌병대장 성준용이 두 군정서가 동일 취지의 군사기관임을 확인하고 업무 진행 발전상 협동 일치를 위하여 다음 '조약'을 체결했다.

1. 두 기관은 임시정부를 절대 옹호하고 올바르지 못한 자세로 정부에 반항하는 자가 있으면 이를 합력 성토할 것.
2. 두 기관이 성신誠信, 친목함은 물론 군사상 모든 중요 안건은 상호 협력하여 추호도 어긋남이 없도록 할 것. 두 기관의 사관 연성, 무기 구입에서, 혹은 불의의 일에 대해 상호 부조하여 광복대업의 만전을 기할 것.
3. 두 기관은 등적登籍한 군인이 사사로이 다른 데로 가면 조회하여 반환함은 물론이요, 이미 연합한 제3기관에 몰래 영합하는 일이 있을 때는 상호 징치하여 후폐後弊의 두절杜絶을 기할 것.

—「다이쇼 9년 8월 9일 고경 제23793호」.

『아리랑』의 주인공 김산이 삼원포를 조그마한 민주적 도시라고 부르며 "조선인은 자기들의 인민정부와 재판소를 가지고 있었으며, 진정한 자치제를 실시"하고 있다고 말한 바와 같이 서간도의 한족회·군정서는 그 지역 한국인들의 자치 정부와 의회, 재판소, 독립군으로서 상당 기간 기능했다.

3) 운영

3·1운동기의 분위기에서 삼원포에 본부를 둔 한족회는 중국 당국의 묵인 속에 자치를 행사했다. 군정부·한족회는 군사훈련, 무기 구입, 자금 조달 등에 힘쓰면서 기관지 『한족신보』와 『신흥학우보』 등을 발간·배포하여 사상 선전, 지식 계발, 문화 향상에 힘쓰는 한편, 혁명운동의 지도 이론을 전개하여 대중으로부터 큰 환영을 받았다. 통신원을 두고 삼원포에서 1주에 2회나 발간한 『한족신보』의 배부는 우편을 많이 이용했다. 『한족신보』는 순국문 신문으로, 비록 등사판으로 밀어 찍어냈지만 체제가 정제하고 자획이 미려하여 그 신문의 열렬한 애국정신, 공정한 판단과 함께 명성을 높이는 데 기여했다. 후에 『한족신보』는 『새배달』로 이름을 바꿔서 역시 1주에 2회(월, 목) 발간했다. 『새배달』은 정교한 철필로 써서 등사기로 인쇄했으며, 발행인은 천세춘이고 통화현 배달촌에서 발행되었다.

1910년대 내내 신흥무관학교는 자금 문제로 어려움을 겪었다. 그 때문에 변변한 무기가 거의 없이 훈련을 받고 활동했는데, 이 문제에 대해서도 3·1운동 이후에는 적극적으로 대처하지 않을 수 없었다. 전보다 훨씬 규모가 커진 신흥무관학교를 유지하기 위해서도, 각 지역에서 군사훈련을 시키는데도, 무장투쟁의 준비를 위해 연해주 등으로부터 무기를 구입하는데도, 『한족신보』 등을 발간하고 운동원들에게 활동비를 주기 위해서도 부민단

시기와는 비교도 안 될 만큼 많은 비용이 들었다. 이러한 경비는 주민들에게서 나와야 하는 상황일 수밖에 없었다.

한국인 이주민들은 소작농이었기 때문에 중국 당국에 납부해야 하는 토지세는 없었으나 경찰비 등이 호별로 할당되어 내려왔다. 1914년 조선총독부 파견원이 조사한 기록에는 통화현에서 한국인이 이러한 비용으로 과거에 월 4각角을 냈던 것을 낮춰 2각을 내게 되었다고 쓰여 있다. 1년에 2원 4각을 부담했던 것이다. 그런데 한족회에서는 각종 비용이 필요했기 때문에 주민세 비슷하게 매호당 1원 5각씩을 회비로 징수했다. 3·1운동 이후에는 경찰비 등으로 중국 당국에 얼마를 냈는지 알 수 없으나 한족회에 납부한 1원 5각보다는 많았을 것이다. 이렇듯 주민들에게서 회비를 거둬들였지만 호당 1원 5각씩으로도 한족회 운용 비용을 감당하기가 어려워졌다. 그러자 지역에 따라서는 교육비, 호세, 군자금 등 여러 명목의 자금을 모집하지 않을 수 없었다. 대사탄 제1구 관내의 경우 1호당 양금洋金 4원 2전 5리씩 받았는데, 그중 2원 50전은 회비이고, 1원 50전은 지방비이며, 2전 5리는 상조비라는 기록은 그러한 예를 보여준다.

회비 등의 징수에 대해 주민들이 보인 반응은 시기에 따라 달랐다. 그것은 한국인 친일 단체와의 역학 관계를 보여주는 것이기도 했다. 일제는 각지에서 만세 시위가 격렬히 전개되던 1919년 3~4월에 독립운동비 모집이 활기를 띠었다고 보고했다. 그해 가을 추수철에도 분위기가 좋았던 것으로 일제는 보고하고 있다. 10월 15일자 정보에 따르면 대두자, 고산자 방면의 조선인들은 거의 한족회에 가입되어 있으며, 촌락에 거주하는 농민에 이르기까지 독립사상을 품고 있었다.

같은 시기 일제가 작성한 다른 기록도 그와 비슷한 내용을 담고 있다. 곧 집안현의 경우 '불령배不逞輩'가 한족회와 은근히 '뜻'을 통하며 회비 등을

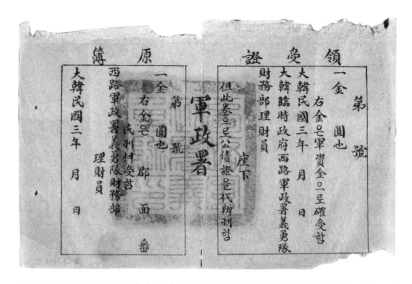

서로군정서 군자금 영수증 국내외 독립운동 단체는 조직의 유지 및 활동을 위해 자금 조달에 힘써야 했다. 이에 군자금을 요청하는 문서를 배포하기도 하고 군자금을 지원한 경우에는 그것을 증빙하는 영수증을 발행하기도 했다. 이 사진은 서로군정서 의용대 재무부에서 1921년에 발행한 군자금 영수증이다. (출처: 독립기념관)

걸고 있다는 것이 기술되어 있다. 그런데 이 기록에서 관심을 끄는 부분은 집안현 온화보의 조선인들이 모두 한족회에 가담했다는 것, 또한 그들이 친일 단체인 조선인 조합의 지부 구장, 평의원 등의 지시를 따르지 않고 있어서 도저히 민심의 회복 기미가 보이지 않는다는 점이다. 한족회가 삼원포로부터 멀리 떨어진 집안현에서도 영향력이 강하다는 사실과 함께 친일 단체가 맥을 못 쓰고 있었음을 잘 보여주고 있다.

친일 세력은 독립운동 분위기가 고조된 가운데 실질적으로 자치를 행사하면서 활보했던 1919년을 전후한 시기는 물론이고 그 이전에도 서간도 일대에서는 힘을 쓰지 못하고 있었다. 일제는 부민단이 조직되자 그것에 대적하기 위해 1916년 일본영사 감독하에 서간도 일대에서 조선인 조합의 조직에 착수했다. 그러나 이주민들의 강력한 반발에 밀려 집안현에서만 어느 정도 성공했고 관전현에서는 명의만 걸어 두었을 뿐 모두 실패했다. 집안현에서도 조합의 사무는 1917년 9월에야 개시되었다고 일제 자료는 밝히고 있다.

또한 일제는 1916년을 전후하여 해룡과 통화에 영사 분관을 설치하고 유하·홍경·집안·장백에 순사주재소를 설치했던 바, 통화 영사 분관의 경우 독립운동자들이 배일사상을 고취했지만 일반 조선인은 이해관계에 따라 일제 관헌에게 의뢰했는데 3·1운동이 일어나자 급격히 자신들을 기피하기에 이르렀다는 자료도 3·1운동 이후의 현격한 변화를 보여준다. 그 이전에 망명자들의 독립운동에 대한 경계나 조사, 위협을 잠시도 게을리하지 않았지만, 그럼에도 불구하고 이주민들에 대한 통화 영사 분관의 영향력은 그다지 강하지 않았음을 말해준다. 이는 독립운동 기지로서 서간도가 얼마나 강고한 지지 기반을 갖고 있었는지를 보여주는 구체적 사례이다.

그런데 1920년 3월에 일제는 한족회의 회비 모집 등에 민심 이반 현상이 나타난다고 보고했다. 이러한 현상이 부분적으로라도 나타난 것은 독립운동의 열기가 전년에 비해 상대적으로 약화된 점, 여러 종류의 기부금 징수로 부담이 늘어난 점, 독립단에서 경쟁적으로 모금한 점 등도 작용했다. 하지만 더 큰 직접적 요인은 일제의 압력에 따라 중국 당국이 심한 탄압을 가함으로써 한족회·신흥무관학교·독립단 등이 위기에 처해 있었기 때문이다. 그와 동시에 일제의 위협이 현저하게 증가한 것도 한 요인이었다. 기부금 또는 회비 징수에 불만을 품은 이주민들이 있었다는 것은 다음의 기록을 통해서도 확인할 수 있다.

그때는 농사가 비교적 잘돼서 잘살았는데, 그 대신 세금을 많이 냈다.

모두가 독립운동 자금으로 나가는데도 좀 무식한 아낙네들은 그 세금에 불평이 많았다. '고산자 장터가 범 아가리다'라고 하면서. 여자들이 장에 가서 나락 팔고 쌀 팔고 해서 돈 좀 손에 쥐면 무슨 단체, 무슨 모임에서 가두 모금을 하기 때문에 하는 소리였다. 그러면 남자들이 야단을 친다. 나라 위해 하는 일인데 다 같이 협조할 줄 모른다고. 하기야 그렇게 조직적으로 운영해 나가는 단체 덕을 보았지 안 본 사람 어디 있나? 그 너른 천지에 자력으로 어디 가서 그렇게 살아갈 수 있었겠나?
— 허은, 『아직도 내 귀엔 서간도 바람소리가』, 80~81쪽.

군자금을 걷는 일은 자치단체의 '구장' 소관이었다. 구장이 집집마다 돈을 걷으러 오면 "일본놈 보기 싫어 만주 왔더니, 농사 지어놓으면 군자금 한다고 다 **뺏어간다**"고 퍼붓는 아낙도 있었다.

일제는 한족회에 뚜렷한 위기가 오면서 한국인 '반독립회'가 일제 관헌들의 보호하에 점차 증가하고 있다고 기록했다.

4) 대한독립단과의 갈등과 협조

한족회가 발족한 직후에 한족회의 주요 근거지인 삼원포 부근 대화사에서 대한독립단이 결성됨으로써 양자 간에 갈등이 불거졌다.

독립단은 유생 의병장을 지도부로 하여 조직되었다. 을미의병을 이끌었던 유인석은 서간도 지방에 들어갔다가 청에 의해 의병이 해산되자 삼원포 부근의 5도구에 머물렀던 적이 있으며 1910년대에 다시 서간도 일대에서 활동했다. 그는 집안현 패왕조覇王槽에서 보약사라는 자치단체를 조직했다. 평안도 의병장 조병준·전덕원과 백삼규 등은 관전·환인 등지에서

농무계와 향약계를 설립했으며, 황해도 의병장 이진룡·조맹선, 함경도 의병장 홍범도 등은 장백·무송 등지에서 포수단을 조직하고 그 지역 주민들에게 독립사상을 고취하며 독립군 양성에 진력했다.

3·1운동이 일어나자 단군어천절檀君御天節인 음력 3월 15일(양력 4월 15일)을 기해 서간도 각지에 흩어져 있던 의병장, 보약사 대표, 농무계 대표, 포수단 대표 560여 명이(이들은 상당수가 과거에 유인석의 척사위정 사상의 영향을 많이 받았다) 삼원포 서구 대화사에 집결하여 종전의 각 단체를 해산한 뒤 대한독립단을 조직하고[2] 「대한독립단선언문」을 발표했다. 도총재에는 홍천에서 관동의병을 이끌었던 박장호, 부총재에는 백삼규, 총참모에는 조병준, 총단장에는 조맹선이 취임했다.

처음 독립단이 조직되었을 때 군정부와 한족회에서는 독립단을 합병하려고 했다. 그러나 독립단은 응하지 않았다. 양자는 불편한 관계를 갖지 않을 수 없었다. 독립단은 활동 범위나 조직으로 볼 때 관전·집안·환인현 등이 중심지였으나 삼원포 부근 대화사에 본부가 있었고, 한족회와 비슷하게 서간도 일대에서 활동했기 때문에 한족회의 조직을 잠식해 들어가지 않을 수 없었다는 점에서 한족회와 갈등할 여지가 내재되어 있었다.

그와 연관된 일이겠지만, 강경한 수단으로 군자금을 추렴했던 독립단과 비교적 온건했던 한족회는 같은 주민을 상대로 자금을 징수한다는 점에서도 서로 불편할 수밖에 없었다. 상해임시정부와 가까웠던 독립단의 상황은 『독립』·『독립신문』에서 재정이 곤란하다고 보도했는데, 이처럼 재정이 일찍부터 어려웠기 때문에 군자금 갹출에 강압적 수단을 쓰는 경우가 꽤 있었을 것이다.

한족회와 독립단은 투쟁 노선에서도 차이가 있었고, 또 한족회 내부와 독립단 내부에서도 갈등이 있었다. 투쟁 노선 문제는 3·1운동 직후부터 한족회와 신흥무관학교 내부에서도 있었다. 한족회가 조직되었을 때 일부 급진파에서 "날을 지정하여 전진하자"는 등 적극 투쟁을 주장하자, 이상룡은 "실력이 완성되지 못했는데 지레 망동하는 것은 옳지 못하다"고 반대했다. 독립단은 독립단대로 군정부와 한족회의 노선을 우유부단하다고 배격했다. 독립단에는 복벽적 사고를 가진 노장층이 적지 않았다. 이들은 연호 문제를 놓고 청장년 세력과 대립했다. 노장층에서는 '단기' 혹은 '융희'를 연호로 사용할 것을 주장한 반면, 청장년층에서는 '민국' 연호를 주장하여 기원紀元독립단(박장호·백삼규·이웅해·전덕원·김평식·채원개 등)과 민국독립단(조병준·변창근·신우현·양기하·김승학 등)으로 갈라졌다.

일제의 자료는, 양자 간의 갈등이 『한족신보』 논설에서 말해주듯 한족회가 1919년 7월 말 이후 점차 직접적인 무력 항쟁 노선으로 기울면서 약화된 것으로 분석했다. 독립단의 고문이자 대한독립청년단 총재 안병찬이 청년들에게 신흥무관학교 입학을 권유한 것은 한족회와 독립단의 협력 관계를 말해주는 한 예가 될 것이다. 한편 이 자료는 독립단의 제2차 의연금 모집을 보면 민심의 이반이 현저함을 알 수 있다고 주장했다. 한족회와 독립단은 1920년 1월 중국 관헌이 일제의 압력을 받아 삼원포 본부의 해산을 명함으로써 위기에 처하게 되었다.

2. 후기 신흥무관학교

1) 고산자 신흥무관학교 등 세 무관학교로 대폭 확장

제1차 세계대전의 종결과 3·1운동은 국내외에서 독립운동을 활기차게 전개하는 중대 계기가 되었다. 서간도 지방의 삼원포 일대는 한국인 이주민들의 세상이나 다름없었다. 궁벽진 촌락에 거주하는 농민들도 독립사상을 가지고 한족회 등에 가입했다. 반면에 이 지역의 친일 단체와 일제 관헌은 전전긍긍했다. 중국 당국도 일제의 압력으로 단속을 한다고 나섰지만, 경찰은 한국인이 많은 고산자 5도구 삼원포 일대를 순시하는 것을 크게 두려워했다.

한반도에서 서간도로 넘어온 사람들도 크게 증가하여, 앞서 제2장에서 언급한 대로 한 통계에 따르면 이미 1918년에 19,595명(북간도 13,843명)이나 되었고, 1919년에는 25,372명(북간도 11,763명)이었다. 신흥무관학교를 찾아오는 청년들도 부쩍 늘어났다. 1919년 3월 14일 동변도윤東邊道尹이 봉천성장奉天省長으로부터 받은 밀전密電에 3·1독립시위운동의 발발로 인해 만주로 이주하는 자가 매일 약 300여 명에 달하고, 1918년 11월부터 금일까지 이미 1만여 명이나 되니 동변도윤은 잘 방비하라는 지시가 쓰여 있는 것도 당시 서간도로 쏠린 한국인의 동향을 말해준다.

1919년 4월 초에 군정부와 한족회가 조직된 것은 3·1운동을 전후하여 고조되고 있는 독립운동 열의에 부응하기 위해서였다. 그것의 구체적인 활동이 신흥무관학교를 확충하는 일이었다. 독립 열기가 고양된 분위기에서 신흥무관학교에 몰려드는 청년들을 받아들이는 데는 합니하가 천험의 요새이기는 하지만 지리적으로 외진 곳에 위치했기 때문에 충분치 못했다. 한국인이 많이 살고 있으며 교통이 편리한 삼원포, 고산자 부근으로 본부를 이전하고 무관학교를 늘려 군사교육을 대폭 확대하려 한 것은 이러한 상황에 적절히 부응하기 위한 조치였다. 그리하여 신흥무관학교 본부(본교)를 고산자에서 가까운 하동 대두자로 옮기고, 합니하 신흥무관학교는 분교로 두어 김창환이 교장직을 맡아보게 했다. 군정부의 본부도 하동 대두자에 두었다. 그리고 얼마 후에는 통화현 7도구 쾌대무자에도 신흥무관학교 분교를 두었고,[3] 그 밖의 지방에서도 결사대 조직 등의 목적으로 17~30세의 남자들을 모집하여 약 3개월의 속성 군사훈련을 시키는 교육장이 생겨났다.

2) 본교의 건립 시기와 명칭

고산자 무관학교라고도 불리는 신흥무관학교 본교가 하동 대두자에 세워지는 과정에 대해서는 기록에 따라 차이가 있다.

> ① 금춘今春에 위치가 적합하지 않아 제3구인 고산자로 옮겼습니다.
> —이상룡, 「유하현 지사에게 보내는 글」.
> ② 나는 즉시 본교로 부임하니, 전기 '합니하'에는 분교를 두어 김창환 교관이 남아 있었고 본교는 이미 고산자의 새 기지로 이동한 뒤였다. 그러나 아직 신축 공사가 착공 중이어서 그때 폐업 중인 만주인 양조장 건물 수십 칸을 빌려 시급한 교육 훈련을 실시하고 있는 중이었다.
> —원병상, 「신흥무관학교」, 28쪽.
> ③ 서로군정서에서는 신흥학교를 개편하여 신흥무관학교라 개칭하고 5월 3일에 정식 사관학교 개교식을 했다.
> —채근식, 『무장독립운동비사』, 대한민국 공보처, 1949, 53쪽.[4]

이 세 자료를 검토해보면, 신흥무관학교는 군정부·한족회가 발족한 직후에 합니하로부터 본부를 이전할 것을 결의했고, 그리하여 우선 임시로 양조장 건물을 빌려 무관학교로 사용했으며, 5월 3일에 신흥무관학교 본교

고산자 신흥무관학교 본교의 대외적 명칭
왼쪽은 상해판 『독립신문』(11호) 1919
년 9월 20일자, 오른쪽은 같은 신문(42
호) 1920년 2월 3일자 기사로, 학교 명칭
을 신흥무관학교가 아닌 '신흥학교'로
썼다.(출처: 대한민국역사박물관)

개교식을 가졌음을 알 수 있다. 고산자 신흥무관학교의 교사 신축과 수만
평의 연병장 공사, 여러 곳에서 우물을 파는 공사는 당시 재정부장 남정섭
의 지원하에 심혈을 기울여 진행되었다.

그런데 ③의 자료에서 신흥학교를 신흥무관학교로 개칭했다는 부분은 어
떻게 해석해야 할까. 그에 대한 해답의 중요한 단서는 ①에서 찾을 수 있다.
1919년 「유하현 지사에게 보내는 글」에서 이상룡은 신흥학교라는 말만 썼
을 뿐 신흥무관학교라고는 칭하지 않았다. 또한 1919년 봄에 고산자로 옮
긴 학교에 대해서도 무관교육을 시키고 있다는 언급이 전혀 없다. 이 학교
의 명칭과 관련해 더 직접적인 시사는 『독립』・『독립신문』 기사에서 얻을
수 있다. 1919년 이후 상해에서 발행한 독립운동 신문인 『독립』과 『독립
신문』에 신흥무관학교라는 표기가 나오지 않고 신흥학교(1919. 9. 18; 9. 20;
10.4) 또는 신흥강습소(1920. 3. 6)라고 쓰여진 것은 이 학교의 대외적인 공
식 명칭을 이해하는 데 도움을 준다.

필자가 전기 신흥무관학교의 명칭과 관련해서도 강조했듯이 외국 땅에
서 공식적으로 무관학교를 운영한다는 것은 그 국가에서 특별히 용인하지
않는 한 불가능하다. 따라서 중국 당국이 인정하는 신흥학교의 공식 명칭

은 결코 신흥무관학교가 될 수 없기 때문에—더욱이 세계 제1차 세계대전 이후 또는 1919년 3·1운동 이후에는 일제가 전보다 훨씬 더 만주의 독립 군 및 독립운동에 촉각을 곤두세우고 있었고, 중국은 그들대로 일제의 침 략 위협을 더 많이 받고 있다는 점을 잘 알고 있었다—대외적 또는 공식 적으로는 고산자의 새 학교 명칭에 '무관학교'를 내세울 수 없었다. 중국 당국은 신흥학교에서 군사교육을 하고 있다는 사실을 일찍부터 인지했겠 지만, 신흥학교에서 공식적으로 무관학교를 표방하는 것과 그렇지 않은 것 은 대일 관계에서 큰 영향을 미칠 수 있었다.

그러나 이 시기에 이르러서는 고산자 학교건 합니하 학교건 쾌대무자의 학교건 그전과는 달리 무관교육 또는 군사교육에, 그것도 속성 군사교육에 치중하여 무관학교로서의 면모가 훨씬 강했다. 바로 이 부분이 본과의 경 우 3년간 중등교육과 군사교육을 병행하고 1년 단기 속성의 군사과를 따 로 두었던 전기 신흥무관학교와 후기 신흥무관학교의 가장 큰 차이점이었 다. 앞의 자료 ③에서 신흥학교를 신흥무관학교로 개칭했다고 한 표현은 이 학교의 공식 명칭을 그렇게 했다는 뜻을 가리킨 것이 아니었다. 물론 신 흥학교도 공식 명칭이 아니기 때문에 '개칭'하기 이전의 학교명이 신흥학 교일 수도 없었다. 그러나 고산자로 본교를 옮긴 후부터는 군사교육에 치 중했으므로 이전보다 더욱 무관학교로서의 면모가 뚜렷했다. 그래서 신흥 무관학교라는 이름으로 더 널리 알려져 더욱더 그와 같이 불리게 되었던 것이다.

| 한국인 일본장교들의 가담 |

후기 신흥무관학교는 현역 일본장교로 최신 병서와 군용지도 등을 가지 고 신흥무관학교에 온 지청천(이청천, 본명 지석규, 훗날 압록강을 건너 망명한

김경천(김광서, 1888~1942)과 신팔균(1882~1924) 김경천(왼쪽)은 일본 육군사관학교 출신이고, 신팔균(오른쪽)은 대한제국 육군무관학교 출신이었다. 지청천, 김경천, 신팔균 세 사람은 '천天'자가 붙은 호칭을 서로 붙여주기로 하고, 지석규(지대형)는 청천, 김광서는 경천, 신팔균은 동천이라고 했다. 사람들은 이들을 가리켜 '남만주 3천'이라고 불렀다. (출처: 독립기념관)

뒤 청천으로 바꿈), 일본 육사 46기인 지청천보다 3기 위인 기병 중위 김광서(김경천으로 더 널리 알려짐), 대한제국 육군무관학교 제2기생인 신팔균, 신흥무관학교 출신의 오광선 등이 합류하거나 이 지역에 옴으로써 더욱 활기를 띠었다. 지청천은 1907년 대한제국 육군무관학교에 입학했다가 1909년 일본 육군유년학교 2년에 편입한 뒤 다시 1912년에 일본 육군사관학교에 입학하여 졸업 후 보병 중위로 근무하다가 3·1운동이 일어나자 귀국해 4월에 만주로 망명한 것이다. 이들이 합류함으로써 후기 신흥무관학교가 시작되었다고 볼 수도 있는데, 지청천의 합류는 고산자 신흥무관학교의 개교식과도 관련 있는 것으로 보인다.

일본장교 출신의 합류는 혁명 진영에 큰 힘을 주고 특히 청년들에게 크나큰 감명을 주었다. 그러잖아도 신흥무관학교를 찾아오는 청년들이 증가하고 있는데 지청천 등이 합류함에 따라 더욱더 늘어났다. 대한독립청년단 총재 안병찬이 특별 지시를 통해 청년들로 하여금 신흥무관학교에 가서 군사훈련을 받도록 하는 등 만주 일대에서 신흥무관학교 무관교육이 더욱 중시되었으며, 국내 각지에서도 신흥무관학교에 입학하려는 청년들이 부쩍 많아졌다.

일본 경찰의 보고에 따르면, 양복이나 중국옷을 입고 고산자·대두자 방면에서 삼원포로 내왕하는 조선인 청년들이 매일 6~7명에 이른다고 했으니 실제 신흥무관학교에 입학하려는 청년들이 얼마나 많았을까를 충분히 짐작할 수 있다. 일제의 한 자료에는 심지어 경성의 학생들도 학업을 그만두고 통화 방면으로 오고 있다고 쓰여 있다. 국내에서 탈출해 나오는 애국 청년들, 재만 동포 청년들, 그리고 과거 의병 활동에 참여했던 노년층까지 몰려들어 신흥무관학교는 성황을 이루었다. 다음과 같은 묘사는 과장되기는 하지만 당시의 상황을 어느 정도 말해준다.

> 국내에서는 일제에 대한 불만을 품은 수천수만의 애국청년들이 압록강
> 을 건너 안동·집안·홍경·통화·유하까지 장사진을 이루어 대거 탈출
> 해오는 그 목표가 모두 무관학교를 지원하는 것이었다.
>
> —원병상, 「신흥무관학교」, 28~29쪽.

3) 운영

삼원포에서 동쪽으로 5도구를 지나 조금 가면 유하와 고산자로 갈라지는 6도구가 나오고, 그곳에서 조금 더 가면 고산자진이 있다. 삼원포에서 고산자진까지는 약 30km. 이 고산자진에서 9km쯤 더 가면 전승향全勝鄉

이 나오고, 그곳에서 다시 3km쯤 더 가면 지금도 조선족이 마을을 이루고 사는 승희촌勝喜村이 있다. 이곳의 옛 지명이 하동 대두자로, 고산자 신흥무관학교가 자리했던 곳이다. 1910년대에 거의 산림으로 뒤덮여 있었다는 이곳은 비교적 평평한 구릉지대이지만 남동쪽으로 산들이 잇달아 이어진다. 고산자 신흥무관학교가 있었던 곳으로 추정되는 지역은 마을 뒤의 밋밋한 구릉인데 전승향 쪽에서는 보이지 않게 은폐되어 있다. 이 지역은 남서쪽의 합니하 신흥무관학교, 삼원포를 꼭짓점으로 하여 대략 정삼각형을 이루고 있다는 점에서도 주목할 만하다. 하동 대두자에서 용강龍崗산맥을 넘으면 합니하 신흥무관학교가 나온다.

고산자의 하동 대두자에 신흥무관학교 본교를 신축한 것은 고산자 삼원포 쪽으로 평야지대이기에 교통이 좋으면서도 뒤쪽으로는 산간벽지로 이루어져 있어 지리적 이점도 작용했겠지만, 이 지역이 한족회 중앙총장 이탁과 부민단·한족회의 간부인 남정섭·김자순·곽문·곽무·김정제 등이 살고 있는 한국인 마을이라는 점도 한 요인이었을 것이다. 허은은 하동 다두자(대두자)에는 양기탁·이탁·곽무·곽영·김자영 등 평북 곽산 사람들이 많이 살아서 이북촌 같았다고 회고했다. 그들은 지식층 유지자라 농사일을 할 줄 몰라 고생을 많이 했다.

고산자 신흥무관학교 교장이 이세영(이천민)이라는 사실은 거의 모든 자료가 일치한다. 이 시기에 고산자 신흥무관학교 교관이었던 원병상은 교감으로 윤기섭, 교관으로 성준용·원병상·이범석·박장섭·김성로·계용보, 의무감으로 안사영을 기억했다(29쪽).

채근식은 신흥무관학교는 하사관반 3개월, 장교반 6개월, 일반인을 대상으로 한 특별훈련은 1개월이라고 기술했지만(53쪽), 하사관반과 장교반으로 엄밀히 구분하여 교육시켰는지는 의문이다. 신흥무관학교의 교육제도에 대해서는 『독립신문』 1919년 10월 28일자 기사가 참조된다. 이 기사에 따르면, 10월 7일에 다시 문을 연 고산자 신흥무관학교에서는 전前의 3년 급級의 제1기반, 전의 제2년급의 제2기반, 전의 1년급의 제3기반을 4주간 가르친 후 필업식을 하고, 1919년 모집자는 3개월 기한으로 하겠다고 했다. 3년급, 2년급, 1년급 학도들은 합니하 학교에서 옮겨왔을 것이다.

합니하 신흥무관학교는 고산자로 본교가 옮겨갈 무렵부터 속성반 중심으로 운영된 것으로 보인다. 일제의 한 기록에는 합니하 마록구의 신흥학교는 종래 졸업 기간이 6개월이었지만 경비 등의 문제로 1919년 10월경부터 3개월로 단축했다고 쓰여 있다. '종래 졸업 기간'이란 3·1운동 이후 시기를 가리킨다고 보아야 할 것이다. 그렇게 볼 경우 『독립신문』이 1919년 10월 25일자에서 『한족신보』를 인용하여 10월 15일 합니하 속성반 졸업식이 거행되었다고 보도한 것은 대체로 위의 기록과 합치된다. 그런데 『아리랑』의 주인공 김산이 1920년 초 합니하 신흥무관학교에 입학할 때 자신은 3개월 코스 조組에 입학하도록 허락받았다고 말한 것을 보면, 이 시기에도 3개월 이상의 교육을 받는 코스가 있었던 것 같다. 이와 같이 고산자 본교건 합니하 분교건 10월 이후 대체로 3개월 속성반으로 편성한 이유는 더 많은 학생들에게 군사훈련을 시키기 위해서였다.

신흥무관학교의 시험 과목에 대해서는 김산이 회고한 바 있다. 입학 연령 18세에는 미치지 못했으나 학교에서 예외 취급을 받은 그는 지리·수학·국어 시험에서는 합격했다. 그러나 국사 시험 및 전기 신흥무관학교에서도 그랬듯이 여전히 엄격했던 신체검사에서는 떨어졌다. 그럼에도 그는 3개월 코스 조에 입학하도록 허가를 받았으며 수업료를 면제받았다.

후기 신흥무관학교의 군사교육은 교관들이 대개 대한제국 무관 출신이거나 그들로부터 교육받은 신흥무관학교 출신이기 때문에 전기 신흥무관

김산(1905~1938)
본명은 장지학 또는 장지락이다. 사진은 1930
년의 모습으로, 중국 공안국에 체포되어 일본
측에 넘겨진 뒤 천진天津 주재 일본영사관에
서 찍힌 것이다.

학교의 교육과 비슷했을 터이고, 속성 훈련은 그것을 압축한 형태였을 것
이다. 채근식은 학과 교육이 10%, 교련이 20%, 민족정신 교육이 50%, 건
설이 20%로, 오전 7시부터 오후 8시까지 매일 13시간씩 교육을 했다고 기
술했다. 그리고 일본과 중국의 병서를 구해서 번역하여 새 병서를 만들어
사용했으며, 구령도 통일했다(53쪽). 매일 목총으로 조련하고 병학을 교수
했다는 기록도 있다. 김산이 합니하 신흥무관학교에서 받은 교육은 당시
교육이 어떻게 진행되었는가를 보여준다.

　　학과는 새벽 네 시에 시작하며, 취침은 저녁 아홉 시에 했다. 우리들은
　　군대 전술을 공부했고 총기를 가지고 훈련받았다. 그렇지만 가장 엄격
　　하게 요구되었던 것은 산을 재빨리 올라갈 수 있는 능력이었다. ― 게

릴라 전술. 다른 학생들은 강철 같은 근육을 가지고 있었고 등산에는 오래전부터 훈련되어 있었다. 우리는 등에 돌을 지고 걷는 훈련을 하였다. 그래서 아무것도 지지 않았을 때는 아주 경쾌하게 달릴 수 있었다. 한국의 지세, 특히 북한의 지리에 관해서는 주의 깊게 연구하였다.

—님 웨일즈 지음, 조우화 옮김, 『아리랑』, 77~78쪽.

4) 졸업생 수

후기 신흥무관학교의 졸업생에 대해서는 전기 신흥무관학교의 경우보다 상세한 자료들이 있다.

이상룡이 1920년에 상해임시정부의 안창호에게 보낸 서한에는 신교新校에서 양성한 우등 자격을 가진 학생이 500~600명, 2등이나 3등 자격의 학생이 700~800명이고, 새로 모집한 학생들은 조련을 받지 않았다고 쓰여 있다. 신교란 고산자 무관학교를 가리키는 듯하지만 쾌대무자 분교까지 포함한 것으로 볼 수도 있다. 우등 자격자와 2등, 3등 자격자의 차이는 정확히 알 수 없는데, 아마도 제대로 무관교육을 받은 학생들과 그렇지 못한 학생들을 가리키는 것이 아닐까. 한편 이상룡은 3·1운동 이후 신교를 거쳐 간 학생들 수가 새로 모집한 학생을 제외해도 1,200~1,400명이라고 파악했다.

김학규는 본교와 세 군데 무관학교 등 네 학교에서 2,000여 학생이 군정서의 후보 간부로 군사교육을 받았다고 기술했다. 이는 어림 추산일 것이다. 추가가 신흥학교를 제외한 세 무관학교의 각 기별 졸업생 수에 대해서는 여러 자료 가운데 다음 두 종류의 자료가 참고된다.

하나는 『독립신문』 기사다. 이 신문에 따르면 1919년 10월 15일 거행된 합니하 신흥무관학교 졸업식에서 필업생은 65명이었다. 또한 1920년 1월 30일 제4기 필업식(고산자 무관학교 졸업식으로 추정)에서는 75명이 졸업했다. 이로 미뤄보면 한 기의 졸업생 수는 60~80명으로 추산할 수 있다.

다른 하나는 김산의 회고와 일제의 자료다. 김산은 자신과 함께 18~30세의 학생 100여 명이 합니하 무관학교에 입학했다고 회고했다. 일제의 한 자료에는 김산이 입학하기 직전인 1919년 12월 현재 유하현 고산자 신흥무관학교에 약 120명, 통화현 합니하 신흥무관학교에 97명, 유하현(통화현의 오기) 쾌당모자(쾌대무자) 신흥무관학교에 약 100명의 생도가 있다고 쓰여 있다. 합니하 신흥무관학교의 경우 김산의 회고와 일제 측 자료의 학생 수가 거의 비슷한 것을 알 수 있다.

『독립신문』 기사는 『한족신보』에 의거했을 터이므로 정확한 숫자일 것이다. 김산의 회고나 일제 측 자료 역시 사실에 근거했을 것이다. 다만 전체적인 졸업생 수의 윤곽을 파악하는 데는 일제 측 자료가 더 유용한 것으로 보인다. 두 종류의 자료를 가지고 1919년 5월 전후부터 1920년 6~7월에 이르기까지 각 학교에 약 4개 코스가 운영되었다고 추산한다면 800~1,300명 정도가 세 무관학교에서 군사교육을 받았다고 볼 수 있다.

위에서 언급한 자료를 포함하여 여러 다른 자료를 검토해볼 때, 1919년 3월 이후 세 군데의 신흥무관학교를 졸업한 학생 수는 적으면 1천 명 내외, 많으면 2천 명에 가까웠을 것으로 추산된다. 신흥무관학교의 졸업증서 발행 건수가 2천 수백이었다는 것은 추가가 신흥학교 때부터 계산하지 않았을까. 원병상은 1911년 추가가 제1회 졸업생부터 1919년 11월 폐교(실제 폐교는 이보다 뒤의 일임)에 이를 때까지 본교와 분·지교를 통틀어 3,500여 명에 달할 것으로 추산했는데(32쪽), 이는 지나치게 심한 과장은 아닐 것으로 판단된다.[5]

5) 내부의 노선 갈등

3·1운동 후 지청천 등 일본 육사 출신의 장교들이 일제와 무장투쟁을 벌이기 위해 서간도로 오고 국내외 각처에서 피 끓는 수많은 젊은이가 일제와 혈전을 벌이기 위한 군사교육을 받으러 신흥무관학교를 찾아온 것은 3·1운동 후 타오른 독립운동의 열기를 한층 고조했고 신흥무관학교의 명성을 드높였다. 그러나 각지에서 생면부지의 청년들이 몰려오고 한국인들의 자치 규모가 커지며 항일 독립투쟁이 격화된 것은 내부적으로나 일제·중국과의 관계에서 어려움도 초래했다.

한국인 내부에서는 독립투쟁의 방법을 둘러싸고 갈등이 생겨났으며 이질적인 요소가 증가하여 충돌할 가능성이 커졌다. 일제는 중국 당국에 압력을 가하는 한편, 친일 세력을 비호·육성하고 한국인들 사이의 이간을 충동질하는 등 직간접적으로 독립운동 세력에 압박을 가했다. 중국 당국 또한 한국인의 왕성한 자치활동과 독립투쟁에 두려움을 갖지 않을 수 없었다. 일제의 침략을 불러올 수 있기 때문이었다. 중국 당국은 일제의 간섭과 압력에 시달려야 했다. 이 시기에는 마적도 극성을 부리며 대규모로 습격해왔는데, 그 배후에는 일제가 도사리고 있었다.

노선 갈등은 한족회 내부뿐만 아니라 신흥무관학교 생도들 사이에서도 있었다. 3·1운동의 고조된 분위기에서 모든 것을 버리고 국내에서 불원천리하고 달려왔거나 만주에서 독립투쟁 전선에 뛰어든 열혈 청년들은 한 사람 한 사람이 김산의 표현을 빌리면 자기의 힘이 백만 배로 불어난 듯한 뜨거움을 지니고 있었다. 따라서 당장 일제와 결연히 투쟁을 해야 한다고 절감하는 피 끓는 젊은이들이 적잖게 나타나는 현상은 당연했다.

한족회 내 소장파에 속한 이호원·이시열·현익철·현정경 등은 총독 정치의 배격과 일본 기관의 파괴를 당면한 급무로 정하고 관전현 향로구로 진출하여 광한단을 조직했다. 신흥학우단원이나 신흥무관학교 출신자들 가운데 일부는 그와 비슷한 급진 노선을 가지고 국내로 들어가거나 서간도 일대에서 일제와 싸웠다. 예컨대 1914년 신흥무관학교 군사과에 들어가 무관교육을 받고 1년 만에 졸업한 문상직도 그러한 이들 중 한 사람이다. 그는 1919년 8월 삼원포에서 신흥학우단에 가입한 뒤 역시 신흥학우단원 인 김용만·김노원·김동산·이순원과 고산자 신흥무관학교에서 독립운동 방략을 숙의했다. 그들은 해외로부터 반입한 독립운동 관계 문서를 반포하 고 독립정신을 고취하는 등의 선전전宣傳戰만으로는 그 효과가 미미하다고 인식했다. 그리하여 가급적 국내에서 중요 관공서를 폭파하고 조선인 관리 중 중요 인물을 폭탄으로 암살한다면 조선인 관리들이 공포에 휩싸여서 자 신들의 직무를 포기할 것이라고 판단했다. 이에 김동산의 주창 아래 폭탄 을 제조하고 자금을 조달하기로 하고서 문상직이 국내 상황을 살피러 들어 왔다가 1919년 9월에 체포되었다.

1920년대에 수많은 의열투쟁을 전개하여 일제의 간담을 서늘하게 하고 국내외 한국인들을 고무했던 의열단(단장 김원봉) 단원들 상당수도 신흥무 관학교를 다녔다. 김원봉은 1919년 6월경 서간도로 와서 신흥무관학교에 입학하여 여러 동지들을 만났다. 그는 동지들에게 "지금의 상태는 우리가 신흥학교에서 공부만 하고 있을 수가 없은즉 속히 독립의 목적을 이루려 하면 직접행동을 취하지 않으면 안 된다"고 설득했다. 이와 비슷한 주장은 곽재기·이성우 등에 대한 판결문에도 나온다. 그에 따르면 이성우는 1919 년 6월경 신흥무관학교 생도 김원봉·양건호·서상락·김옥 등과 함께 "오 늘의 상태는 학교교육을 받고만 있을 만족할 시기가 아니다. 조선 독립의 목적 달성을 촉진하려면 급격한 직접적인 행동을 취할 수밖에 없다"는 데

의열단 초기 멤버

일제가 작성한 감시대상 인물카드에 보이는 의열단원의 모습이다. 촬영 기록일은 1924년
으로 나와 있다. 맨 오른쪽에 서 있는 인물이 단장 김원봉이고, 그를 기준하여 왼쪽 방향으
로 곽재기, 강세우, 김기득, 이성우이며, 앞쪽에 몸을 반쯤 굽혀 있는 사람은 정이소이고, 오
른쪽 하단은 일제 경찰이 따로 붙여놓은 김익상 사진이다. (출처: 국사편찬위원회)

의견을 같이했다.

박태원의 『약산과 의열단』에 따르면 김원봉은 신흥무관학교에 오기 이전 길림에서 의군부 간부들을 만났을 때 그들의 군대 양성 계획을 듣고는 무기를 구할 능력도 없으면서 무력 항쟁을 위한 군대 양성이란 적어도 오늘날에는 현실과 너무나 동떨어진 망상일 뿐이라고 판단했다. 그래서 목숨을 아끼지 않는 열혈 지사를 규합하여 적의 군주 이하 고관과 적의 기관 등에 폭탄을 던져 싸우자는 방안을 구상했다고 한다.

1919년 11월 10일 길림성 파호문巴虎門 밖 중국인 집에서 김원봉과 동지들 윤세주·이성우·곽경(곽재기)·강세우·이종암·한봉근·한봉인·김상윤·신철휴·배동선·서상락 외 1명 등 13명이 의열단을 결성했다. 이 가운데 김원봉·이종암·신철휴·서상락·한봉인·이성우·강세우·한봉근 등 8명이 신흥무관학교 출신이었다. 노선의 차이도 확인할 수 있지만, 당시 뜻있는 청년들이 얼마나 많이 신흥무관학교의 문을 두드렸는가를 알려주는 대목이기도 하다.

6) 마적의 습격, 윤치국 사건

신흥무관학교는 노선 문제로도 어려움을 겪었지만 직접적으로 큰 상처를 입은 것은 1919년에 일어난 마적의 습격과 윤치국 치사 사건이었다. 마적 수령 창장하오長江好(본명 장셴우張鮮武, 당시 29세)는 송화강松花江 서쪽에서 일대 세력권을 형성했던 남만주 최대 규모의 마적을 거느린 자로서, 무송·화전·몽강濛江·임강臨江·통화·유하 일대를 세력 범위로 삼고 1,400~1,500명의 부하를 거느리고 있었다.

1919년 7월 하순 고산자 신흥무관학교에 마적 창창하호長長好(서간도의 유명한 마적 '창장하오長江好'의 오기로 추정) 일당이 습격하여 학생들이 피신하는 동안 교감 윤기섭과 교관 박장섭, 생도 수명을 납치해간 사건이 발생했다. 이 마적단 습격의 배후에 일제가 있을 가능성이 농후했다. 이 사건으로 학교의 위신이 손상된 것도 문제지만 납치된 사람들을 구조하는 일은 더 시급하고 큰 문제였다. 삼원포 한족회 본부에서는 9월 하순에 소양小洋 3백 자百子 및 화기포花旗布(大幅 木綿) 일반一反을 제공하고 윤기섭 등의 신병을 인수했다고 한다. 윤기섭 등은 40여 일이나 마적들에게 고초를 당했다.

창장하오 마적의 습격 및 윤기섭 납치보다 신흥무관학교에 더 큰 타격을 준 것이 윤치국 사건이었다. 윤치국은 합니하 신흥무관학교 졸업생이었는데, 1919년 8월 고산자 신흥무관학교 학생들이 그를 학교 안에서 구타하여 사망케 한 사건이 발생했다. 일제의 조사에 따르면, 구타한 학생들은 여관에 머물던 윤치국에게 여행 용무를 물었는데 그 태도가 불손하여 교내로 데려가서 밀정 혐의로 구타했다는 것이다.

만주에는 일제 밀정이 많았기 때문에 낯선 사람이 나타나면 일단 의심의 눈초리로 바라보는 것은 이상한 일이 아니었다. 특히 신흥무관학교에서는 설립 초부터 밀정 방지에 만전을 기했고, 그것은 3·1운동 이후 더욱 강화되었다. 만해 한용운도 신흥무관학교 학생들에게 총을 맞고 죽을 뻔했다.

한용운은 일제 강점 직후에 두만강을 건너 연해주에 갔다. 그곳의 망명 지사들은 한용운의 거동이 수상쩍다고 여겨 그를 죽여버리기로 했다. 한밤중에 청년들은 한용운을 결박하여 두만강 하류의 절벽에서 떨어뜨렸다. 요행히 살아난 한용운은 그 뒤 서간도로 갔다.

그는 전부터 가보고 싶었던 신흥무관학교를 찾았다. 이런 곳에 가려면 미리 연락을 해야 생명이 위태롭지 않은 법인데, 그는 무작정 신흥무관학교 관계자들을 찾아가 인사를 했다. 몇 달간 묵으며 지내는 그의 행동에 특별히 수상한 점은 없었으나, 아무 소개 없이 찾아온 사람이라 그곳 사람들은 안심할 수 없었다. 하루는 그가 이회영을 찾아와서 고국에 돌아가야겠는데 여비가 부족하다고 걱정하자, 이회영은 이석영에게 말해 30원을 얻어서 주고 작별 인사를 했다.

그런데 그가 통화로 가는 도중에 굴라제 고개에서 총을 맞고 쓰러졌다. 그를 미심쩍다고 여기며 따라온 신흥무관학교 생도들이 기어코 총을 쐈던 것이다. 청년들은 그의 뒤통수에서 붉은 피가 흐르는 것을 보고 죽었다고 생각해 덤불 속에 그를 내동댕이친 채 학교로 돌아왔다. 이회영은 한용운이 통화병원에서 입원 치료 중인 것을 전해 듣고 학생들을 불러다가 꾸짖었다. 이때의 상처가 깊어 한용운은 평생토록 체머리로 고생하며 살았다. 3·1운동 직후 이회영은 부인에게 "연전에 합니하에 소개 없이 청년 하나 오지 않았던가? 그분이 지금 왔어. 자기가 통화 가다 총 맞았던 말을 하며 '내 생명을 뺏으려 하던 분을 좀 보면 반갑겠다' 하니 그분은 영웅이야"라고 말하고 다음과 같은 말을 덧붙였다.

> 내 그때 학생의 짓이나 아닌가 하여 학생을 꾸짖지 않았소? 그러나 그분이 총을 맞고 최후를 마쳤으면 기미만세에 독립선언서를 누구하고 같이 지을 것이며, 33인의 한 분이 부족하지 않았을까?
>
> —이은숙, 『민족운동가 아내의 수기』, 26쪽.

윤치국 사건이 크게 비화된 것을 보면 이 사건에는 주민 간 또는 지방 간 갈등이나 무관학교 본교와 분교 간의 갈등, 교직원이나 생도 간의 갈등이 내재해 있었던 것으로 보인다. 일제는 이 사건으로 고산자 신흥무관학교 생도들이 해산했다고 기술했는데, 마적들의 교직원·생도 납치 사건에 이어 이 사건까지 발생하여 학교의 사기가 크게 떨어졌다. 이러한 잇단 사태로 교직원 상당수가 그만둔 데다 피해자 측에서는 극단적인 폭력으로 보복하겠다고 나서서 신흥무관학교는 위기에 처했다. 한족회의 김동삼이 양규열과 함께 크게 노력하여 거중조정을 원만히 함에 따라 더 이상 확대되지 않는 범위에서 겨우 수습되었다. 그렇지만 저하된 사기는 만회하기가 쉽지 않았다.

3. 신흥무관학교 생도들의 이동과 청산리전쟁

1) 중국 당국의 탄압

국내외 각지에서 수많은 청년들이 신흥무관학교를 찾아오자 일제의 압력과 개입, 중국 당국의 탄압이 노골화되었다. 1919년 봄에는 중국 관헌들이 고산자 삼원포 일대를 다니는 것을 두려워했는데, 바로 그즈음인 4월 17일 봉천성장은 환인·무송·집안·유하·통화·안도·장백·홍경현 지사들에게 한국인의 독립운동에 대한 단속을 지시했다. 일제 측도 적극적으로 탄압을 강화했다. 일제 측에서 퍼트린 유언비어이겠지만 한국인이 군인을 모집하여 훈련시키는 것은 동삼성을 소란 상태에 빠트릴 것이라는 소문은 중국 당국을 긴장시켰을 것이다.

『독립신문』의 보도에 따르면, 윤치국 사건이 일어나고서 며칠이 지난 9월에 고산자 신흥학교는 모 방면의 방해로 정학 명령을 받아 얼마 동안 학무를 정지했다고 한다. 일제의 기록에 학생들이 일시 해산했다는 것은 이와 같은 정학 명령 때문이었을 것이다. 모 방면은 일제를 가리키는 듯한데,

정학 명령을 내린 것은 물론 중국 당국이었다. 이미 이 시기에 신흥무관학교에 대한 일제와 중국 당국의 탄압은 여러 형태로 나타나고 있었다. 고산자 무관학교는 10월 7일에야 다시 문을 열었다.

중국 당국에서 신흥무관학교를 해산하려는 의도가 있었다는 것은 이상룡의 글에도 보인다. 그는 한족회를 대표하여 유하현 지사에게 다음과 같은 내용의 진정서를 보냈다. 즉, 지금 관에서 신흥학교를 해산한다는 소문이 있는데 왜 다른 것은 다 베풀어주면서 유독 중등교육을 통해 신진 자제들의 지식을 계발하고자 하는 것은 허용하지 않으려 하는가, 그런 것은 공화국의 선정에 흠이 가는 일이 아닌가, 우리 신흥학교를 계속 보존하게 하여 한국인 종자의 씨를 말리는 일을 없게 해준다면 천만다행이겠다.

중국 당국은 일제의 만주 침투·침략이 두드러지는 1920년에 노골적으로 탄압하기 시작했다. 중국 관헌은 1920년 1월 14일 삼원포에 본부가 있는 한족회 및 독립단에게 해산을 명령했고, 독립단을 수색하여 단원 6명을 끌고 갔다. 16일에는 한족신보사 및 고산자 동흥학교를 폐쇄시키고 서류 인쇄기기, 도서, 기타 재료 등을 몰수했다.

이러한 탄압의 배후에 일제가 있었음은 조선군참모부에서 작성한 문서를 보면 명확히 확인할 수 있다. 즉, 삼원포에 있는 한족회와 독립단의 본부에 해산을 명한 것은 독군督軍(신해혁명 후 각 성에 둔 지방관)의 지시에 따른 일로서, 이 해산 명령 수행은 중국 관헌으로서는 상당히 성의를 보인 일이라고 평가한 것이다. 이 문서에는 또 중국 관헌이 그 이후 단속에 성의를 보이지 않고 '구태'가 되살아났는데 이는 중국 지방관의 본래 성질로 보아 당연한 일이며 조금도 이상하지 않다고 쓰여 있다. 일제는 중국 당국에 압력을 가하는 한편, 독립운동 세력을 제거하기 위해 직접적인 방법을 강구하고 있었다.

중국 당국으로부터 해산을 명령받고 서류와 인쇄기기 등을 몰수당한 한족회와 독립단은 각각 2월 11일, 3월 5일에 삼원포 일대에서 대회를 열어 선후책을 강구했다. 2월 11일부터 15일까지 닷새간 삼원포 부근의 남산藍山에서 해룡·유하·통화·임강·집안 ·환인·관전·홍경 등 8개 현의 100여 명 대표가 모여 개최한 국민대회에서는 다음 6개 항을 결의했다.

1. 빠른 시일 내 조선 내지에 쳐들어가 혈전을 벌일 것.
2. 군비는 국민대회에서 부담하더라도 상해임시정부의 원조를 빌릴 것.
3. 작전 계획은 국민대회의 간부가 책정할 것.
4. 무기는 국민대회에서 준비하지만 주로 현재의 권총을 사용할 것.
5. 독립선전기관을 확충하여 한층 내외에 선전하는 노력을 할 것.
6. 이상의 계획을 수행하는 것을 용이하게 하기 위해 대표자를 상해에 보내 협의할 것.

그런 다음 제5항에서 말하는 선전을 맡을 책임자로 최성주 목사를, 제6항의 대표자로 윤기섭(고산자 신흥학교 교두教頭), 이진산(한족회 구제舊制 사판정査判正)을 선출하여 2월 20일경 출발하게 했다. 또한 이 결의 사항을 수행하기 불가능할 때는 모든 기관을 잠시 시베리아로 옮긴 뒤 은인자중하되 일본 내의 격변이나 내란 또는 혁명 폭발의 기회를 기다려서 일을 도모하기로 했다고 일제의 자료는 전했다. 일제와 중국 관헌의 노골적인 탄압에도 불구하고 사기는 꺾이지 않고 오히려 드높았다. 이는 삼원포에서 거행한 3·1독립시위운동 1주년 기념 대회에 대한 다음과 같은 기록을 통해서도 확인할 수 있다.

삼일운동의 첫 기념일에는 대규모 기념 대회가 열렸다. 중학교 학생 300명 외에도 인근에 있는 다른 한국인들이 참가하여 기념제는 애국적 정열로 가득 찼다. ─님 웨일즈, 『아리랑』, 78~79쪽.

일제의 억압과 횡포는 1920년 3월에 들어와 한층 노골화되었다. 3월 20일에는 일본 경찰 1명이 조선인 순사 2명과 중국 순경 5명을 데리고 해룡현 대황구에 나타나 한인 이주자의 호수를 조사하려다가 뜻을 이루지 못하자 애국부인회장 내외를 영사관(해룡 영사 분관일 것임)으로 끌고 갔다. 4월 9일에는 통화현 일본영사관(영사 분관을 가리킴)의 조선인 앞잡이와 일본 경찰 2명, 중국 기병 10여 명이 신흥무관학교 분교가 있는 쾌대무자 지방사무실(한족회 사무실일 것임)에 달려들어 공문서 전부를 탈취하고 한가름(오대영)을 포박하여 영사관으로 끌고 갔다. 그런데도 이 일로 한족회의 활동이 크게 위축되지는 않았다. 유하현 쌍양진에 있는 청결단이 그간 한족회를 배척해왔으나 1920년 4월경에 청결단을 해산하고 한족회에 따를 것을 서약했다는 『독립신문』(1920. 5. 1)의 보도는 이 시기에도 한족회의 영향력이 작지 않았음을 말해준다.

2) '중·일 합동 수색'과 일제의 학살

1920년 2월 11일부터 열린 국민대회에서 결의한 사항을 준비하고 집행하기 위해서는 체제를 정비하고 군자금을 마련하는 것이 급무였다. 하지만 이보다 먼저 일제는 전과는 비교가 안 되는 직접적인 강공으로 나왔다. 신흥무관학교와 서간도 일대의 독립운동자들은 1920년 5월 '중·일 합동수색대'가 편성되어 활동에 들어감으로써 중대한 기로에 서게 되었다. 북간도에서 일본군 침략으로 봉오동전투가 벌어진 것이 6월이었다. 일제는 먼저 서간도 지방 독립운동에 타격을 가하기 위한 활동에 들어간 것이다.

일제는 이미 1919년 9월 무렵부터 재만 독립운동 단체들을 소멸하기 위한 만주 침략 계획을 세우고 있었다. 서울의 조선군사령관 우쓰노미야 다로宇都宮太郎는 그해 9월 12일 제19사단장과 제20사단장에게 '대불령선인對不逞鮮人 작전에 관한 훈령'(조참밀朝參密 제906호)을 내려서 국경 수비 강화를 지시했다. 또한 독립군의 국내 진공에 대해 섬멸적 타격을 가하고, 이를 위해 "선외鮮外에 진출할 수 있다"고 명시했다. 그해 10월 13일 조선총독부에 제출한 각서에서는 조선군사령부가 적당한 시기에 중국 측에 조선인의 단속을 정식으로 요구할 것, 북간도 지역은 조선에 주둔한 일본군 곧 조선군이 임무를 맡고, 서간도 일대는 관동군이 임무를 맡을 것 등을 제안한 바 있다. 중국 측에 단속을 요구하여 어떠한 결과가 나왔는가는 앞에서 보았는데, 일제의 재만 독립운동 단체 박멸 계획은 서간도의 경우 다음 해 5월부터 구체화되었다.

1920년 5월 상순 봉천성과 길림성의 한국인 항일 독립운동 세력을 제거하기 위해 봉천에 도착한 조선총독부 아카이케 아쓰시赤池濃 경무국장 일행은 그곳에서 아카츠카赤塚 일본 총영사, 사이토齋藤 길림독군 고문, 마치노町野 봉천독군 고문 등과 회동하고 장쭤린張作霖 동삼성 순열사巡閱使에게 봉천성 내 및 간도 방면의 한국인 활동자 검거를 요구하여 '중·일 합동 수색'을 펴기로 합의를 보았다. 이 합동 수색은 전적으로 일제가 주도했다. 그리하여 대봉천독군의 경찰 고문 우에다上田와 사카모토坂本 두 사람이 대장이 되어 일본 헌병 및 경찰관과 중국 순경, 한국인 약간 명으로 구성한 수사반을 편성한 뒤 안동·관전·환인·집안·임강 및 무순·홍경·유하·해룡 방면으로 출동하여 독립단과 한족회에 속한 독립운동자들의 체포에 착수했다.

『독립신문』대한민국 2년(1920) 6월 24일자에 1920년 4월 일제 경찰 몇 명이 중국 순병巡兵 수십 명을 대동하고 삼원포에 왔다가 그냥 돌아갔다고 보도한 것은 탄압의 전주곡이었다. 그리고 5월 10일 일본 경찰 4명이 앞잡이 1명과 중국 순병 수십 명과 함께 돌연히 들이닥쳐 한족회 중앙사무실을 수사하면서 일반 서류를 탈취하고 임원 3명을 포박해 갔으며, 또 5월 31일 일제 경찰 4명이 일본군 앞잡이 6~7명, 중국 순병 30여 명과 기마 순병 15~16명을 이끌고 유하현에서 습격해왔다는 보도는 '중·일 합동수색대'가 삼원포 일대에서 벌였던 '체포 작전'이었음이 틀림없다.

이날 일제 관헌은 중국 순병을 사방에 세우고 앞잡이들과 함께 가가호호에 난입하여 12~13세 소년부터 60~70세 노인에 이르기까지 300여 명의 남자들을 포박하여 중국 순경청에 구류했다. 그뿐만 아니라 집집을 뒤지면서 서류와 무기를 내놓으라고 윽박지르고 심지어 부인들의 옷을 벗기고 난타했다. 포박해 끌고 간 300여 명은 공중에 매달아 난타하거나 코에 물을 들이부어 혼절케 하는 등 심한 고문을 가했다. 그리고 안동식·방기전·김창간·김재봉 등 4명은 유하현으로 끌고 가고 나머지는 풀어주었다. 또한 비슷한 시기에, 상해의정원에 서간도 선출 의원으로 출석했던 이○○(이진산으로 추정)도 개원開原 정거장에 하차하여 산성자를 거쳐 유하현으로 돌아오다가 일본 경찰에 체포당했다고 보도되었다.

안동식은 부민단과 한족회의 간부로 활동했다. 방기전은 1861년생으로 1892년에 평양 장대현 교회에 다니다가 1910년 나라가 망하자 동지들과 함께 폭탄과 인쇄기 등을 의병장 조병기에게 밀송한 바 있다. 그는 1911년 1월 가족을 이끌고 망명하여 경학사에 참여했고 삼원포 교회와 은양학교를 설립했으며, 삼원포단 총리, 삼원포구 총관 등으로 부민단과 한족회에서 활동했다. 안동식과 함께 일했던 그는 1920년 9월 25일 일제 경찰에게 피살되었는데, 유해는 삼원포 서문 한족회 공동묘지에 안장되었다고 한다.

일제가 주도한 '합동수색대'는 만주 각지에서 독립운동 세력을 소탕하기 위한 작전을 벌였다. 우에다대上田隊는 5월 10일경부터 7월 3일 사이에 홍경·유하·해룡·통화 등의 현을, 사카모토대坂本隊는 5월 15일부터 8월 18일 사이에 안동·관전·환인·통화·집안·임강·장백 등의 현을 돌아다니면서 한족회와 대한독립단 등 여러 독립운동 단체에서 활동했던 독립운동자를 체포하고 살해했다.[6] 이렇듯 일제는 '중·일 합동수색대'를 가동하는 한편, 1920년 6월에는 서간도 각 지역에 보민회라는 한국인 친일 단체를 조직하여 각 현에 지부를 두었다. 우에다대와 사카모토대가 독립운동 세력을 탄압할 때 보민회원들은 그들의 앞잡이가 되어 '수색'에 편의를 제공했다. 그리하여 사카모토대는 277명을 체포하여 8명 사살, 영사관·중국 측에 57명 인도, 조선총독부에 5명을 인도하고, 나머지 207명을 석방했고, 우에다대는 88명을 체포하여 1명을 사살하고 87명을 석방했다고 일제 자료에 전한다. 하지만 실제 피살자는 『독립신문』의 보도가 말해주듯 그보다 훨씬 많았을 것이다. 이러한 학살과 체포 등은 몇 달 후에 있을 대참살(경신대학살)의 전주곡이었다.

3) 생도들의 이동과 청산리전쟁

신흥무관학교 생도와 신흥무관학교를 졸업한 군인들이 이동한 것은 이와 같이 일제가 중국 당국과 함께 학살 등을 자행하면서 압박을 가해왔기 때문이다.

신흥무관학교의 폐교에 대해서는 이설이 많다. 원병상은 일제의 박해,

중국 관헌의 압력과 잇단 사건으로 1919년 겨울에 폐교했다고 기술했다(32쪽). 하지만 1920년에도 신흥무관학교를 졸업한 학생이 많았기 때문에 원병상의 서술은 사실과 다르다고 볼 수밖에 없다. 또 1919년 11월경 합니하 신흥무관학교가 폐교하여 학생이 해산했다는 기록이 있으나, 『아리랑』의 주인공 김산이 1920년 전반기에 이 학교에 다녔기 때문에 이 기록도 맞지 않는다. 채근식은 1920년 8월 일제의 침략에 서로군정서가 피난하기로 하여 교성대를 편성해 안도현 삼림으로 이동했다고 기술했다(54~55쪽). 『한국독립사』에는 경신년 대참살 사건으로 인해 한족회·서로군정서의 근거지를 1920년 가을에 동만으로 옮겼다고 쓰여 있다(331쪽).

신흥무관학교의 생도와 군인 등으로 구성된 교성대가 안도현으로 옮긴 것은 1920년 7월경으로 추측된다. 대한군정서(북로군정서) 사령부 일지 1920년 7월 29일자에는 다음과 같이 기록되어 있다.

> 서간도 군정서 독판 및 사령관이 대한군정서 사령관에게 보낸 서신에 서간도에서는 왜의 수색으로 인해 안도현으로 교사를 옮겼고, 사령관 지대영(지청천) 이하 다수의 사관생도가 안도현 삼인방三仁坊에 주둔하였다.
> ─이정, 「사령부 일지」.

이는 7월 29일 이전에 교성대가 이미 안도현으로 이동하여 머물고 있었다는 사실을 말해준다. 일제가 중국 관헌을 데리고 '수색 작전'을 펴서 안동식·방기전 등 한족회 간부를 끌고 가 살해할 때 한족회와 신흥무관학교 관계자들은 대부분 피신했는데, 바로 그들과 함께 지청천이 이끄는 교성대도 안도현으로 이동했던 것이었다.

| 서로군정서 의용대 |

신흥무관학교 졸업생 및 생도, 신흥무관학교 분·지교 졸업생, 부민단 – 한족회가 있었던 각 지역에서 군사훈련을 받은 군인들로 구성된 한족회·서로군정서의 부대로는 의용대와 교성대가 있다. 의용대는 군대였고, 교성대는 생도들이 주된 병력이었다. 의용대와 의용군은 명칭이 비슷하기 때문에 혼동하기 쉽다. 그래서 같은 자료에도 의용대와 의용군이 혼재된 경우가 있지만, 서로군정서의 부대는 의용대가 정식 명칭이었다. 의용군은 통의부 부대의 명칭이었다. 서로군정서와 독립단 등 남만주의 여러 독립운동 단체가 통합하여 명칭을 통의부로 결정했을 때 그 소속 부대의 명칭을 의용군으로 하기로 했던 것이다. 의용대 활동이 1919년 7월에 나오고 교성대라는 명칭도 1920년 4월경에 나오는 것으로 보아, 두 부대 모두 일제가 1920년 5월 습격해왔을 때 피신하면서 편성된 것이 아니라 그 이전에 만들어진 것이었다.

의용대의 편성을 알려주는 자료는 찾기 쉽지 않다. 그런데 남만 독립단체의 통일을 촉구하는 의용대 제1중대의 결의안 아래에는 제1중대의 여러 직책과 그 직책을 맡은 자의 이름이 자세히 나열되어 있어 부분적으로나마 의용대의 편성을 확인할 수 있다.

> 제1중대장 백광운, 부관 김선풍, 제1재무과장 김기일, 제2재무과장 이백소, 참모과원參謀課員 이죽, 위생부 과장 박동오, 군의軍醫 문성기, 헌병 과원 겸 교관 박태호, 외무경리 성평관, 피복위원 수좌首座 문동승, 봉공장縫工長(군복 수선공 책임자) 이범성·이범천, 제1소대장 김홍룡, 제2소대장 전세웅, 제3소대장 현기전, 제1중대부附 장교 김우권, 유격대장 문학빈, 임강현 출장대 김만영.　　　　　―『독립신문』 1922. 8. 22.

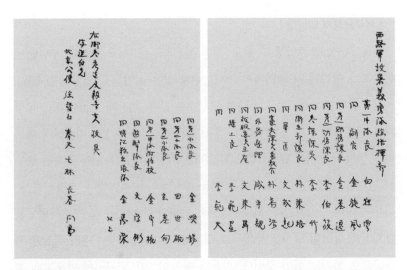

서로군정서 의용대 편성 일본 외무성 기록의 『불령단 관계 잡건不逞團關係雜件』 문서철 중 「남 만통일회南滿統一會에 관한 건」(발신 1922. 9. 5)에 서로군정서 의용대의 지휘부 명단이 기 재되어 있다.(출처: 『不逞團關係雜件 ― 朝鮮人의 部 ― 在滿洲의 部 33』, 국사편찬위원회)

국가보훈부에서 입수한 중국 당안관 자료에는 낱장으로 이루어진 의용 대 관련 문서가 있다. 이 문서들은 모두 1922년 음력 윤5월 10일(양력 7월 4 일)에 발신한 것으로서 의용대 총지휘관이 김창환으로 나와 있다. 이태형 은 이상룡이 김창환에게 의용대장 임명장을 수여하는 모습을 옆에서 지켜 보았다고 회고했다. 일제의 '토벌대', 곧 일제 침략군을 피해 서로군정서 본부가 이상룡을 따라 액목현으로 이동했을 때다. 한편, 이 문서에서 의용 대 총지휘관이라는 직함 위에 단체명을 서로군정서가 아닌 군정서라고 쓴 점도 눈길을 끈다. 또한 이 문서를 통해 총지휘관이 내린 명령으로는 '명 령'과 '훈령'이 있고, 감찰 계통으로 보이는 검사원 제도도 있었다는 사실 을 알 수 있다.

의용대 제1중대장 백광운(채찬)이 내린 명령서도 여러 장 있다. 모두 같은 날짜인데 그중 두 장은 '중제中第492호'이고, 한 장은 '중제493호'이다. 또 다른 명령서 '중제891호'는 「유격반 귀대歸隊와 각 소대 주의의 건」이라는 제목이 달려 있으며 작전에 관한 내용이다. 특히 이 문서에는 '본부 유격반'이라는 용어가 나오는데, 이로써 유격반은 제2소대 제3소대와 달리 중대 본부에 속한 독자적인 부대임을 알 수 있다. 이 문서는 의용대 유격반이 국내에 들어가 친일파를 응징하고 일제 기관을 습격하는 등의 임무를 수행한 것을 언급했다. 국내 진공을 '내지 출장', 친일파 구장區長 처단을 '구장 토벌', 일제 관헌의 공격을 적경敵警의 '침략 공격' 등으로 부르고 있다. 의용대에서 고심 끝에 사용한 용어일 터인데, 오늘날 의병 투쟁이나 독립운동 연구자들이 일제가 썼던 말 그대로 '토벌' 등을 쓰고 있는 현실과 무척이나 대조적이어서 부끄러움을 느끼지 않을 수 없다.

백광운은 한말 의병 출신으로 신흥무관학교를 나와 김동삼과 함께 백서농장을 이끌었다. 그는 임강 의용대장 신광재가 병사하자 그 후임으로 중대장이 된 뛰어난 게릴라 지휘관이었다. 이 밖에 문학빈·송문평·하찬린·이석 등이 서로군정서 의용대장 또는 의용대 중대장으로 나온다. 김학규는 의용대 소위로 소대장이었다. 일제 기록에 의하면, 서간도 각지에서 군자금을 모집하는 등 많은 활동을 전개한 이병철은 1919년 음력 10월 4일경 서로군정서의 명에 따라 제2연대 제2대대 제4중대에 편입되어 중대장 신광재의 부하가 되었다고 한다. 이 부대도 의용대로 봐야 할 것이다.

의용대는 만주와 국내 각지에서 군자금을 모집하고, 국내에서 경찰대와 수차례 교전을 하며 경찰 주재소와 면사무소 등을 습격하고 군수 등 친일파를 처단했다. 만주에서는 일제 경찰을 비롯한 관헌과 싸우며 친일 단체 소탕에 앞장섰다. 의용대는 주로 유격 활동을 벌였는데 나중에 서로군정서 등이 통합(부분적인 통합)하여 통군부—통의부를 조직할 때 그 중심 병력이 되었다.

| 교성대가 안도현으로 이동한 이유 |

지청천이 이끄는 교성대 약 400명이 안도현으로 들어간 데는 몇 가지 이유가 있었다. 이상룡은 1919년 가을 성준용과 사위 강남호(강호석)를 안도현에 보내 군영지로 적합한지를 알아보게 했다지만, 사실 안도현은 만주 이주자들에게는 민족의 성지인 백두산 자락에서부터 이어지는 대삼림지대로 산세가 험해서 활동하기에 적합하고 국내로 진공하기도 좋은 위치였다. 안도현이 독립군의 주목을 받은 데는 다른 이유도 있었다. 안도현은 이 시기에 봉천성에 속하면서 길림성과 접해 있었지만 길림성의 중국군이 공격하기는 쉽지 않았고, 봉천성의 중국군이 공격해오면 길림성으로 피신하기 용이했다. 일제가 1920년 10월 대규모 병력을 동원하여 길림성에서 '독립군 토벌 작전'을 벌였을 때 안도현은 중국으로부터 '작전지역'으로 허가를 받지 못했다.

한족회·서로군정서의 한 부대가 안도현으로 이동한 이유는 북간도 지역의 독립군과 '공동 행동'을 취하기 위해서였을 가능성이 많다. 1920년 6월 봉오동전투에서 패배한 일본군이 이른바 간도 지역의 불령선인 초토화 계획을 세워 대규모 부대를 투입하겠다고 위협하자, 중국 당국은 이에 굴복하여 중국군의 출동을 약속했다. 그러나 중국 관헌들 중에는 한국의 독립운동에 동정하는 사람도 적지 않고 독립군의 힘이 강성하여 '토벌'도 용이하지 않았기 때문에, 북간도의 여러 독립군에게 중국의 체면을 생각해서 눈에 잘 띄지 않는 삼림지대로 이동해줄 것을 요구했다. 이에 연변 지역의 독립군 단체들은 8월 초부터 이동하기 시작했다.

홍범도가 이끄는 대한독립군은 명월구明月溝 등의 기지를 떠나 8월 중순

대한군정서(북로군정서) 사관연성소 졸업식 왕청현 십리평에 소재한 대한군정서 사관연성소에서 1920년에 치른 졸업식 장면이다.(출처: 국사편찬위원회)

경 화룡현 2도구 어랑촌漁郎村 일대에 새 군사기지를 창설했다. 안무의 대한국민회군과 대한의군부, 대한신민단, 대한광복단도 홍범도 부대에 합류했다. 맨 나중에 이동한 부대가 김좌진의 대한(북로)군정서였다. 러시아로 파견한 무기운반대가 들어오지 않아 머뭇거리고 있었는데, 9월 6일 중국 멍푸더孟富德가 거느린 군대가 들어와서 이동을 촉구하자 9월 9일 급히 사관연성소 졸업식을 치른 뒤 부대를 재편성하여 17~18일경 서쪽으로 이동하기 시작해 10월 중순경에야 화룡현 청산리 일대에 도착했다.

서로군정서 교성대가 처음 안도현으로 이동할 때는 북간도의 독립군 세력이 대거 서쪽, 곧 안도현 쪽으로 이동하리라고는 예상하지 못했을 것이다. 하지만 안도현의 지형을 볼 때, 일제의 만주 침략이 노골화되는 상황에서 북간도에 있는 독립군이 안도현 쪽으로 옮겨갈 가능성이 충분히 있다고 판단했을 것이다.

대한군정서, 곧 북로군정서는 서쪽으로 이동할 때 서로군정서와 통합을 모색한 바 있다. 김좌진은 부민단 쪽과 가까운 관계인 박상진이 총사령으로 있는 대한광복회(1915년 결성)에 들어가 1917년 이후 부사령으로 같이 일했다. 1919년 2월 하순에는 여준이 총재였던 대한독립의군부의 군무를 맡기도 했다. 또 김좌진은 1918년 서울에서 만주로 왔을 때 이상룡 등과 만나 서로 같이 일하기로 하고, 3·1운동 후 유하현 고산자에 독립운동자들이 모여 혈전 준비를 의논할 때도 참여했다. 이처럼 김좌진은 신흥무관학교 관계자들과 교류해왔으며, 서로군정서와 그가 이끄는 북로군정서는 초기부터 협조 관계에 있었다.

서로군정서와 북로군정서가 상호 협조했다는 것은 이우석의 증언을 통해서도 알 수 있다. 서로군정서에서 서적 운반의 임무를 띠고 북로군정서에 갔다가 그곳 병사가 된 이우석은 서로군정서와 북로군정서가 보완 관계에 있었다고 증언했다. 서로군정서에는 거의 무기가 없었던 반면 북로군정서는 이 시기에 무기를 많이 구입하여, 신흥무관학교 졸업생과 관계자들은 서로군정서에서 훈련을 받고 전략·전술을 체득한 뒤 실제로 독립전쟁에 기여하기 위해 북간도로 갔다는 것이다. 중요한 지적이다. 이우석은 이장녕·백종렬·강화린 등과 함께 서로군정서에서 북로군정서로 군사학 서적 30여 권을 운반했다.

한족회·서로군정서와 북로군정서의 협조 관계는 앞에서 서술한 1920년 5월 29일 북로군정서 대표 사령관 김좌진과 서로군정서 대표 헌병대장 성준용 사이에 맺은 체약문에서 더욱 두드러진다. 이 체약문에서 두 군정서는 상해임시정부를 옹호할 것을 밝히고, 두 기관의 친목은 물론 군사상 일체의 중요 안건을 서로 협조하면서 논의하여 어긋남이 없도록 하고, 사관의 연성과 무기 구입도 상호 부조할 것을 약속했다. 두 군정서의 협조 관계는 서로군정서 참모장 김동삼이 1920년 8월 하순에 북로군정서를 찾아와 엿새나 체류한 것을 통해서도 짐작할 수 있다.

| 신흥무관학교와 청산리전쟁 |

1919년 8월 이후 대한군정서가 조직되었을 때 신흥무관학교의 이장녕은 대한군정서의 요청으로 참모장이라는 요직을 맡았다. 또한 김좌진은 왕청현 서대파 십리평 일대에 근거지를 마련한 뒤 신흥무관학교 교관 이범석과 졸업생 김춘식(김훈)·오상세·박영희·백종렬·강화린·최해·이운강 등을 교관으로 초빙하고 다수의 교재를 공급받아 십리평 부근에 사관연성소를 설립했다. 이범석은 신흥무관학교에서 별다른 주목을 받지 못했던 것같다.

신흥무관학교 졸업생이나 관계자들은 북로군정서에서 일선 부대의 핵심 직책을 맡았다. 이장녕이 참모장을 맡은 것 외에도 박영희는 대한군정서 사령부 부관 겸 사관연성소 학도단장을, 이범석은 연성소 본부 교사와 연성대장을, 김훈은 종군장교와 소대장을, 백종렬은 제2학도대 제3구대장과 종군장교를, 강화린은 학도단 제1학도대 제3구대장과 제1중대장 서리를, 오상세는 제4중대장을, 이운강은 소대장 서리를 맡아 대한군정서 부대를 이끌었다.

일제 자료에는 신형섭이 신흥무관학교를 1919년 12월에 졸업하고 곧바로 북만주 군정서 소속 군인이 되었다고 쓰여 있는데, 대한군정서 장병 중에는 신흥무관학교 출신이 적지 않았을 것이다. 신흥무관학교 졸업생들은 홍범도 부대에도 참여했다. 청산리전쟁에는 이와 같이 신흥무관학교 교관

김좌진과 북로군정서군 1920년 10월 화룡현 청산리 백운평·완루구·어랑촌 등지에서 벌어진 청산리전쟁은 김좌진의 북로군정서, 지청천이 이끄는 교성대가 합류한 홍범도의 대한독립군 등이 협공하여 일본군에 승리한 독립군 최대의 전쟁이었다. 사진은 김좌진과 북로군정서군으로, 앞에 다리를 꼬고 앉아 있는 사람이 김좌진이다.(출처: 독립기념관)

이나 졸업생들이 다수 가담하여 혁혁한 전과를 올렸다. 신용하는 북로군정서와 대한독립군 등 독립군 연합 부대의 청산리 독립전쟁은 주로 신흥무관학교 출신들이 참모와 장교를 맡고, 그들이 훈련시킨 병사들이 주축을 이루었다고 역설했다.

이상룡 행장에는 지청천 부대가 청산리에서 적을 만나 수백 명을 사살했다고 쓰여 있는데(336쪽), 서로군정서의 교성대는 미약하게나마 청산리전쟁에 참여한 것으로 보인다. 김좌진의 북로군정서와 합동해 싸운 것이 아니라 홍범도의 독립군과 함께 활동하다가 일제 침략군을 만난 것이었다. 지청천이 이끄는 신흥무관학교 졸업생 등으로 구성된 도수부대(무장하지 않은 부대)가 홍범도 부대에서 제공한 무기로 무장했다는 주장은[7] 사실에 가까울 것이다. 이제 교성대는 전투력을 갖추었고, 그리하여 홍범도 부대와 함께 전투에 참여했다. 다음의 일제 기록은 서로군정서의 대일 전투 한 장면을 보여준다.

> 10월 하순 2, 3도구 방면에서 홍범도 부대와 공동 동작을 하고 있던 한족회 부대는 (소장으로 여단을 이끌었던) 아즈마지대東支隊의 공격을 받아 홍범도 주력부대와 연락이 끊기자 우심산牛心山 서쪽의 무산茂山, 간도間島, 대맹가동大孟哥洞 지방으로 피신, 잠복해 있다가 홍범도 부대와 연락이 상통하여 다시 (안도현에 위치한) 황구령촌黃口嶺村 방면으로 이동해 홍범도 부대와 만난 것 같음. 그 병력은 약 140명으로, 본대는 홍범도와 함께 11월 초순까지 황구령촌 부근에 있었던 것이 확실하고, 그 후에도 홍범도 부대와 행동을 함께하고 있는 것으로 인정됨.
>
> —조선총독부, 「군대 출동 후 간도 불령선인 단체의 상황」(1920년 1월).

홍범도 부대는 김좌진 부대의 백운평전투가 벌어졌던 다음 날인 10월 22일 완루구전투에서 일본군에 타격을 입히고, 청산리전쟁 최대의 격전인 어랑촌 일대의 전투에서 김좌진 부대와 '우연히' 협공하여 치열한 전투를 벌였다. 홍범도 부대가 일본군의 추격을 격퇴한 마지막 전투는 10월 25일과 26일에 걸쳐 고동하 상류에서 전개되었다.[8] 서로군정서는 이러한 홍범도 부대의 전투에 참여하여 일본군과 싸운 것이었다.

그 뒤 홍범도 부대 약 600명은 지청천 부대 400여 명과 통합하여 활동했는데(총사령 홍범도, 부사령 지청천), 대한군정서 부대가 밀산으로 간다는 소식에 밀산 쪽으로 향했다. 각 부대는 러시아령으로 넘어가기 전에 밀산 부근에서 대한독립군단을 조직하고 다음과 같이 부서를 정했다. 참모총장, 여단장, 중대장은 신흥무관학교 관계자들이 맡았음을 알 수 있다.

총재: 서일

부총재: 홍범도·김좌진·조성환

총사령: 김규식

참모총장: 이장녕

여단장: 지청천

중대장: 김창환·조동식·김경천·오광선

군인: 3,500명(3개 대대)

4) 서간도에서 일어난 경신대학살

앞에서 살펴보았듯이 일제의 압력으로 '중·일 합동수색대'가 편성되어 우에다대와 사카모토대가 1920년 5월에서 8월 사이에 서간도 일대의 독립운동 세력을 탄압하며 살해하고 다닐 때, 1919년 8월 신흥무관학교를 습격하여 윤기섭 등을 납치했던 창장하오 마적떼는 이 '토벌대'의 '별동대'로 활약했다고 한다.

일본 기병 중위로 예편한 나카노 기요스케中野淸助가 쓴 「천락각서天樂覺書」에 따르면, 나카노는 1919년 11월 조선총독부의 간곡한 위촉을 받아 압록강·두만강·송화강 연변에서 활동하는, 곧 일본 관헌이 직접 출동하기 곤란한 지역에서 활동하는 독립운동 세력에 대한 습격 전담 부대를 편성했다. 그 부대가 다름 아닌 창장하오의 마적떼였다. 이 마적떼는 창장하오와 나카노가 함께 지휘했다고 한다. '중·일 합동 수색'은 1920년 5월 조선총독부 경무국장 아카이케赤池의 봉천 방문과 함께 이루어졌다.

1920년에는 봉오동전투와 청산리전쟁이 있었다. 둘 다 일제의 독립운동 공격에 대한 대응으로 일어났다. 일제는 봉오동전투·청산리전쟁에서 타격을 입자 그것에 대한 보복으로 북간도·서간도에서 대대적인 주민 집단 학살을 자행했다(경신대학살). 경신대학살은 일제가 저지른 제노사이드였다. 필자는 이 시기 일제의 정책을 이해하는 데 필요한 자료의 하나로 나카노의 기록을 살펴봤다.

1920년 7월 나카노와 창장하오는 몽강현의 근거지를 떠나 서울로 들어가 조선호텔 등지에서 마루야마 쓰루키치丸山鶴吉 참사관, 야마구치山口 고등과장, 치바千葉 경기도 경찰부장 등을 만났다. 이들은 아카이케 경무국장보다 지위는 낮지만 비슷한 업무를 맡고 있었다. 나카노와 창장하오가 이들과 교섭하는 사이였다는 것은 아카이케와도 그러한 관계였거나, 적어도 아카이케가 나카노와 창장하오 등을 잘 알고 있었다는 사실을 시사한다. 어쨌든 모종의 활동에 대한 대가이겠지만 경무국 고등과장 야마구치는 나카노에게 1,500엔이라는 적지 않은 돈을 내어주면서 다음과 같이 당부했다고 나카노는 썼다.

불령선인을 포박할 경우에는 일본 관헌에게 인도하지 말기를 바란다. 이들을 일본 관헌에게 넘겨주면 실로 뒤처리가 곤란하다. 현재 간도 방면으로부터 다수를 압송해왔는데, 단죄한 결과 증거 불충분하거나 변호사들이 모략을 하므로 지극히 귀찮을 뿐 아니라, 가령 형에 처한다 하더라도 출옥 후에 그들은 다시 맹렬한 악한으로 화해지니 손을 쓸 방법이 없어 자못 곤란하므로 당신들이 불령선인이라고 인정되는 자는 즉시 적당히 살육해주기 바란다. 또 포박할 즈음에 압수한 증거품 및 성명은 가까이에 있는 일본 관헌에게 통고 또는 넘겨주고, 또 될 수 있는 대로 일본 관헌과 연락을 유지하기를 바란다.

나카노의 수기에 따르면, 조선총독부 방침이 무엇을 의미하는지 잘 알아차린 나카노 일당은 9월 하순 서울을 떠나 서간도로 갔다. 이들은 일본 관동군이 경신대학살을 자행하던 10월 하순 안도현 유두산乳頭山에 있는 배일 조선인 마을 40호를 습격해 불 지르고 광복단 교관 등 10여 명을 독가스를 사용해 살육했다. 관동군의 주민 집단 학살과 보조를 맞춘 살육이었다.

나카노는 1920년 11월 중순 함경남도 갑산군 보태동에 도착하여 압록강 대안에 있는 장백현 직동을 공격했다. 직동의 배일 조선인 마을은 12호였는데 중국인은 단 1호도 거주하지 않았다. 보태동 일본 관헌의 간청을 받고 나카노 부대는 직동 마을을 습격하여 17세 이상의 남자는 전부 살육하고 부녀자와 늙은이, 어린이는 압록강 안 조선 땅으로 보내 독산리 주재 일본 경찰관에게 인도했다. 혜산진의 스기타니杉谷 경찰서장 지시에 따른 것이었다. 17세 이상의 남자를 모조리 살육한 것도 역시 스기타니 서장과 '협의'하여 벌인 짓이었다. 이 살인기계는 이때의 학살과 관련하여 다음과 같이 자세하게 덧붙였다.

직동에서 총살한 자의 원적·성명·연령, 인도한 부녀자와 노유老幼의 성명, 연령, 전 호주 등은 상세하게 기록하여 일본 관헌에게 교부했다. 직동에서 남자를 총살한 것은 마을을 점령하고 수일 후에 행한 것으로서, 그 처치는 혜산진 경찰서 및 헌병분대에서 협의한 결과다. 가옥 소각은 본부를 북계수로 이전할 때 단행했다.
—나카노 기요스케, 「천락각서」(『독립운동사자료집』 10, 212~213쪽).

| 왜비·호비(마적 떼)의 조선인 집단 학살 |

일제의 다른 자료에는 창장하오 마적단이 1920년 8월 삼원포에서 학살극을 자행한 것으로 나타나 있다. 「다이쇼大正 9년 10월 26일 관동군 참모부 정보 626호 마적 창장하오의 행동」에 따르면, 1920년 8월경 유하현 삼원포의 '불령선인'을 습격하여 그 '수괴' 20명을 붙잡고 중요 서류를 압수했으며 소총 580정을 불태운 뒤 근거지에서 물러나, 나카노와 함께 압수한 중요 서류를 가지고 조선총독부에 출두하여 장래 행동에 대해 협의한 다음 '불령선인 수괴' 20명을 총살했다는 것이다.

『독립신문』에도 창장하오의 마적떼 또는 다른 마적떼와 '일본인'이 합동으로 한국인을 학살한 기사가 여럿 나온다. 임강현에서는 1920년 연말에 '일본인 암살단'이 한국인 80여 명을 살해하고 수많은 가옥에 불을 질렀으며, 장백현에서는 1920년 12월 29일에 안도현에서 온 마적떼(胡匪) 200여 명이 몰려와 한국인 70여 명을 참살하고 50여 호를 불살랐다고 한다. 그런데 장백현에 출현한 마적떼는 창장하오 부하였을 뿐만 아니라 왜적이 3분의 2나 되는 왜비倭匪였다고 1921년 1월 18일자 『독립신문』은 보도했다. 일본인이 상당수 포함되었다는 것을 '3분의 2'로 표현하지 않았을까?

『독립신문』 1921년 2월 24일자에는 장백현 마적떼 약 1천 명이 포태산胞胎山을 근거지로 삼아 활동하는데 이 가운데 왜적이 반수나 되며, 일본인 히라하라平原, 가와구치川口 등이 '호비胡匪'로 변장한 소탕대라는 것을 조직하여 압록강 상류에서 한국인 400여 명을 잡아갔던 바, 1920년 11월 이래 212명의 한국인이 살해당했다는 기사가 실려 있다. 같은 날짜 『독립신문』은 또 장백현 일대에서 자행된 한국인 참살 상황을 상세히 실었고, 5월 21일 '장백현 참상 별보別報'로 또다시 보도했다.

5월 21일자 별보에 실린 참상의 개요는 이렇다. 1920년 11월 6일 함경남도 삼수군 인차보 주재 일본 경찰 10여 명이 장백현 17도구 동평덕에 침입하여 예배당에 불 지르고 주민을 무수히 난타했으며, 11월 29일에는 일본인이 지휘하는 마적 200여 명이 22도구에 침입해 한·중 양국인 100여 명을 학살하고 한국인 가옥 29호를 소각했고, 같은 시간에 일본인 마적(賊團)들이 민가를 뒤져 50여 명을 잡아 학교 안에 가두고 석유를 뿌린 뒤 방화했다.

『독립신문』 기사는 나카노의 「천락각서」가 그다지 사실과 다르지 않음을 확인시켜준다. 나카노는 장백현 직동(24도구)에서 학살을 자행한 뒤 일본 관헌의 지시에 따라 21도구를 습격하러 가는 도중 22도구 및 23도구에 산재한 '불령선인' 가옥 여러 채를 소각하고 십수 명을 총살 또는 교살했다고 기록했다. 『독립신문』의 22도구 관계 기사는 이것, 또는 이것과 21도구 등에서 저지른 만행을 가리키는 것이 명백하다. 21도구를 습격하러 갈 때 나카노 부대원은 120명이었다고 한다.

나카노 부대는 21도구 강 안에 있는 마을(조선인 약 30호, 중국인 약 3호)을 11월 하순 습격하여 조선인 정몽학교征夢學校, 민가 등을 소각하고 조선인 27명을 독가스로 살육했다. 그러자 대안에서 나카노 부대를 감시하고 있던 일본 관헌 수 명이 무장하고 강을 건너와 독가스를 사용한 형적, 가옥 소각 형적, 조선인 상황 등을 현장 조사했다. 나카노 부대는 20도구 및 19도구에서도 조선인 가옥 여러 곳에 불을 지르고, 19도구 조선인 단장 최진국 등 17명을 체포해 감금했다.

나카노는 자신의 부대와 똑같은 복장을 하고 자기 부대에 배속된(야마 경보부 외에 일본인 순사 3명, 조선인 순사 3명, 밀정 1명이 나카노 부대의 복장으로 갈아입고 배속되었다) 혜산진 경찰서의 야마 경보부에게 위의 사실을 말했다. 야마는 "최는 유명한 거두이니 빨리 죽여야 한다"고 말하고, 창장하오의 입회하에 그 자신이 군도로 최진국의 목을 쳤다. 최진국의 '부하'인 구장 2명은 일본인 순사가 총살했다. 이 시기 나카노 부대는 스기타니 서장의 주선으로 혜산진 경찰서, 헌병분대, 수비대 등으로부터 보병총 탄약 5,500발, 다이너마이트 500개 및 여러 형태의 보병총 등을 '보급'받았다고 나카노는 기록했다.

| 서간도에서 일본 관동군이 자행한 학살 |

만주로 이주한 한국인에 대한 일제의 잔혹한 만행은 끝없이 이어졌다. 일제의 학살은 시베리아에 출병하면서 연해주 일대의 한국인을 무참히 살해한 '4월 참변'에 이어 '중·일 합동 수색'뿐 아니라 창장하오 등의 마적떼를 교사하는 방식으로도 자행되었다. 청산리전쟁 이전에도 일본군의 살육이 자행되었지만 가장 규모가 큰 학살이 그 이후에 벌어진 경신대학살이다.

보통 경신대참변으로 불리는 엄청난 규모의 한국인 이주민 대학살은 일본군이 청산리전쟁에 패배하면서 10월 하순부터 11월에 걸쳐 자행되었다. 일본군의 학살은 청산리전쟁의 독립군 주력과 연관되어 있는 연길·화룡·훈춘 등 북간도 일대에서 크게 자행되었다. 상해임시정부 간도통신원의 조사 보고에 따르면 훈춘에서 1,124명, 화룡에서 613명, 연길에서 1,525명, 왕청에서 402명 등 북간도에서만 3,664명이 학살되었다고 하는데,[9] 실제는 이보다 더 많았을 것으로 추정하는 연구자도 있다. 선교사 스탠리 마틴 (Stanley H. Martin)은 10월 31일 용정에서 약 20km 떨어진(명동은 13km쯤 떨어져 있음) 장암동 및 다른 두 마을을 조사했는데, 그가 쓴 보고문의 일부는 다음과 같다.

촌락은 차례차례 매일 조직적으로 소각당하고 청년은 사살되었다. 장암동에서는 높이 쌓아 올린 곡물에 방화하고 촌민들에게 집 밖에 나올 것을 명령했다. 촌민들이 밖으로 나오면 늙은이가 됐든 어린이가 됐든 눈에 띄는 대로 사살하였다. 총을 맞고도 죽지 않은 사람은 짚을 덮고 불로 태웠다. 새로 만든 무덤을 세어보니 31개였다. 다른 두 마을을 방문했다. 우리들은 불탄 집 19채와 무덤 또는 시체 36구를 목격하였다. 용정에 돌아오니 일본병은 술에 취해 있었다.

— 조동걸, 「1920년 간도참변의 실상」, 『역사비평』 45, 1998 겨울, 51~52쪽에서 재인용.

북간도에 출동한 군대와 달리 서간도의 경우 일제 침략군은 관동군이었다. 1920년 10월 17일 일제와 장쭤린 사이에 협약한 '중·일 협동토벌 원칙' 중 "일본은 현지에 있는 '불령선인'들에게 '위엄'을 보이기 위해 만주 주둔군의 일부로 해당 지역에서 '행군 순회'한다. 따라서 관동군의 일부는 해당 지역에서 불령선인 및 이에 참가한 '마적'을 '토벌'한다"(작은따옴표는 필자가 표시)에 근거하여 관동군 소속 철령 보병 제19연대와 공주령 기병 제20연대 소속 총병력 1,200명을 동원하여 10월 23일부터 '작전'에 들어갔다. 19연대장 스기야마杉山 대좌가 이끈 부대는 무순 천금채에서 흥경현 왕청문旺淸門으로 들어와 한국인이 많이 사는 금두화金斗伙·쾌대무자·통화성과 환인·집안·임강 등지를 유린하고 12월 3일 안동(단동)에 도착했다. 20연대장 키木 중좌가 이끈 부대는 공주령에서 들어와 해룡·유하·삼원포·청원 등지를 유린하고 11월 27일 개원에 도착했다.

일제는 북간도에 비해 얼마간 규모의 차는 있지만 서간도에서도 참혹한 만행을 자행했다. 『아리랑』의 주인공 김산은 서간도에서 자신을 따뜻하게 보살펴주었던 안동희 목사와 그의 가족이 경신참변 때 학살당한 이야기를 들었다. 안 목사의 두 아들은 부모가 지켜보는 앞에서 난도질당해 죽었고,

경신대학살 1920년 10월 일본군이 만주 침략의 구실을 만들기 위해 훈춘 사건을 일으키고, 이를 빙자하여 간도를 침략했으나 청산리·봉오동전투에서 독립군에 패배한 뒤 이에 대한 보복으로 한국인 학살을 무차별 자행했다. 사진은 경신대학살에 희생된 사람들을 위한 합동장례식 장면이다.

장암동참안유지비 길림성 용정시 동성용진東城勇鎮 인화촌仁和村에 있다. 경신대학살 때 피해가 가장 컸던 이곳에 희생자들의 묘와 그들을 기리는 장암동참안유지비가 세워졌다. '참안 慘案'은 대학살이라는 뜻이다.(독립기념관 제공)

안 목사는 산 채로 매장되었으며, 그의 부인은 강물에 빠져 죽었다. 김산은 이 이야기를 자신이 삼원포에서 알고 있었던 사람 중 유일하게 살아남은 교사 조운산한테 북경에서 들었다고 한다. 허은은 하동 대두자에 살았던 독립지사 곽무와 곽영이 일본군에게 붙잡혀서 중국마차로 실려와 미리 파놓은 구덩이에 산 채로 매장당했다는 소문을 들었다.

김동삼의 큰며느리 이해동은 김동삼의 아우 김동만(삼원포 삼광중학교 교장) 등이 처참하게 학살당한 모습을 기술했다. '토벌대'가 삼원포로 쳐들어온다는 소식에 시삼촌과 청년들이 몸을 피했는데, 음력 9월 25일(11월 5일) 첫눈으로 주위가 은세계로 변해 산에서 추위에 떨다가 마을로 내려왔을 때 어떻게 알았는지 한밤중에 일본군 기마대가 덮쳐 40여 명이 체포되었다.

일본군은 주민들에게 본보기로 회갑이 넘은 항일투사 할아버지와 그의 손자인 청년 두 사람을 끌어내 말 꼬리에 달고서 끌고 다녀 죽게 만들었다. 이러한 참살에 노약자와 여자 중에는 기절해 넘어지는 사람도 있었지만 대개는 너무 놀라서 혼이 나가 울음소리조차 입 밖에 내지 못하고 있었다. 그들은 나머지 사람들 가운데 독립군이 있는지를 조사하여 12명을 가려낸 뒤 고문을 가하며 독립군의 행방을 묻다가 결국 한 사람씩 말 꼬리에 매단 채 끌고 가 삼원포에서 만리고로 가는 왕굴령王屈嶺이라는 고개 밑에서 모두 총살했다. 그러고도 죽은 시체를 그냥 두지 않고 일본도로 목을 쳤다.

김동만은 12명 중에서 맨 마지막에 총살되었다고 한다. 조선 옷고름으로 눈을 싸매고 목을 군도로 쳤으나, 목이 채 떨어지지 않아 시체를 식별할 수 있었다. 그때의 참상을 김동만의 아들 김경묵은 이렇게 말했다.

그때 여덟 살이었던 나는 어머니를 따라 아버지 시체를 찾으러 갔다.
그 당시 무섭고 참혹한 정경은 지금도 나의 머릿속에 또렷이 생각되며 영원히 잊을 수 없다.

— 이해동, 『만주 생활 77년』, 명지출판사, 1990, 51쪽.

김동만의 부인은 남편 죽음에 대한 책임이 김동삼에게 있다고 생각하여 그 뒤 김동삼 가족과 한집에 살면서도 심한 불화에 시달렸다. 결국 정신병자가 된 김동만 부인은 고향 안동으로 보내졌다.

일제는 서간도 지역의 '작전'에서 한국인 500여 명을 체포하고 그중 81명을 사살했다고 주장했지만 『독립신문』 1920년 12월 18일자 기록은 이와 다르다. 유하현 삼원포에서 피살 43명, 체포 125명, 흥경현 왕청문에서 피살 305명, 관전현에서 피살 495명, 철령 및 관전 사이의 지역에서 피살 480명으로, 이들 지역에서 1,323명의 피살자가 발생했다고 쓰여 있다.

| 살아 있는 신흥무관학교 |

일본군이 들어오자 삼원포 일대의 지사들은 가족을 두고 단신으로 우선 봉천성만 빠져나가기 위해 오상현·영안현 등 흑룡강성과 길림성으로 피신했다. 그 당시 정황을 이상룡의 손부 허은은 이렇게 증언했다.

그 난리 중에도 일본 앞잡이 한인이 있어서 흉년 끝에 옥수수, 좁쌀 몇 말이나 얻어먹으려고 일러바쳐서 아까운 지사들이 생명을 많이 뺏겼다. 가족도 버리고 교통은 불편한데, 발끝 가는 대로 걸어서 도망들을 쳤다. 얼마 후 가 있는 곳이 정해지면 연락을 취하여 가족들을 몰래 오라 했다. 우리도 왕산댁(허위 부인을 가리킴) 허학 재종숙이 영안현 철령허로 오라 하여 또 그리로 이사갔다.

— 허은, 『아직도 내 귀엔 서간도 바람소리가』, 84쪽.

1920년이 지나도 서간도에는 봄이 오지 않았다. 앞에서 1920년 6월 일본영사관이 서간도 각 현에 보민회를 조직하여 '중·일 합동 수색'에서 앞잡이 노릇을 하게 했음을 언급한 바 있다. 한국인 이주자 가운데는 옥수수나 좁쌀 몇 말 얻어먹는 것밖에 별 '도움'을 얻지 못하는데도 우선 당장의 이곳에 눈이 어두워 친일 단체에 들어가 독립운동자나 동포들이 일제로부터 학살당하고 괴롭힘을 당하는 일에 협력하는 사람들이 있었다. 1920년은 워낙 일제의 만행이 연속되는 공포 분위기에 놓여 있었기 때문에 강박에 못 이겨서도 보민회에서 일 보는 체하는 사람들도 있었다.

1921년 초봄, 보민회에서 활동하던 친일파 몇 사람이 살해당했다. 독립군 30여 명이 환인현 황도구의 보민회를 습격하여 구장을 죽이고 사무원을 포박했다. 또 군정서 의용대 제1중대 소속 장교 김모는 삼원포 보민회 수괴자를 토멸하고 자금을 모집했으며, 1922년 7월 15일에는 일본 경찰 다마이 시게오玉井成雄가 대화사에서 호구조사를 하자 그와 한국인 앞잡이 한 명을 총살했다.

그 뒤 보민회에서 '일 보는' 사람이 사라져 보민회는 자연 소멸되었으나, 서간도 일대는 또다시 일제 관헌에 의해 수라장이 되었다. 많은 한국인이 보금자리를 일궈온 서간도를 떠나 다시 국내로 들어갔으며, 한동안 러시아 땅으로 피신하자는 노령풍露領風이 일어나 러시아 쪽으로 가다가 중간 지점인 해림·목단강·팔면통 등지에 주저앉는 사람들이 많이 생겨났다.

서간도에는 어려움이 끊임없이 찾아왔으나 신흥무관학교는 사멸하지 않고 살아 있었다. 독립군으로, 독립운동자로 계속 활동했다는 점에서도 그렇지만, 신흥무관학교 또한 여러 형태로 계승되었다. 허은은 1922년 겨울 이상룡의 큰손자 이병화와 결혼했는데, 이 무렵 그는 합니하 신흥무관학교에 다녔다고 한다.[10] 과거의 신흥무관학교와 여러 가지로 달라지기는 했겠으나, 일제 침략군이 물러나자 외진 지역이었던 합니하 신흥무관학교나 추가가 신흥학교 또는 다른 곳에서 다시 교육을 시작한 것이다.

허은은 이상룡이 머물렀던 길림성 액목현 교하에 금성중학교가 있었는데 이 학교는 신흥무관학교를 옮긴 것으로, 여준이 교장이고 오광선이 교사였다고 증언했다. 상해임시정부 군무국장이었다가 서로군정서가 1921년 5월 재출발할 때 참모장을 맡은 황학수의 「몽호해외기夢乎海外記」에는 서로군정서 부독판 여준이 서로군정서 본부가 유하현에서 액목현으로 이동할 때 액목현 황지강자黃地崗子 한국인 촌락(수백 호가 있었음)에서 검성중학원儉城中學院을 신설했다고 쓰여 있는데, 그렇다면 금성중학교는 검성중학원과 동일한 학교일 것이다.

한 연구자는 1922년 초 액목현 대갱지(현 교하현 남강자향)에 검성학장이 설립되었는데, 이것이 검성중학으로 개칭되었다고 기술했다. 설립 초기 여준이 교장을, 오광선이 체육 교사를 맡았다. 학생은 70~80명이었는데 많을 때는 100여 명에 달했다고 한다. 학제는 2년이었다. 학생 모두가 함께 유숙하고 생활했으며, 학교 생활의 반은 노동하고 반은 학습했다. 이상룡의 『대동약사』와 조선어문, 영어, 수학, 지리 등을 가르치며 군사훈련을 병행했다. 학교에는 울라초 판을 사서 개간한 농장이 있었다.[11]

이우석은 1923년 2월 이곳에 갔을 때 여준과 이탁 등이 그곳을 서로군정서의 새로운 산실로 생각하고 둔전제를 실시하여 장기 항일투쟁 전략을 세웠다고 기억했다. 그에 따라 검성학장은 무장 우선주의에서 산업교육 우선주의를 채택했다고 한다. 이 학교는 그 뒤 좌경화되어 1927년 청년강습소로 개칭한 후에는 한층 더 마르크스·레닌주의를 전파하는 산실이 되었다.

또한 허위의 제자 박상진은 길림성 신흥촌에 분교를 설립하여 신흥무관학교라고 불렀다는 기록도 있다. 1920년대에 가장 많은 형태의 '신흥무관학교'는 신흥무관학교 졸업생이 세운 학교일 것이다. 울진군 출신으로 신흥무관학교 제3회 졸업생인 이규동은 1920년대에 길림성 영길현永吉縣에 위치한 신안촌新安村에 신창학교를 개설했다. 교과과정과 교육 이념 모두 신흥무관학교의 그것을 따랐다. 정의부 간부인 그는 신창학교 학생, 신안촌 청년 약 170명으로 민족청년돌격대를 편성했다.

2부

독립운동 이념, 망명자 사회, 여성

5장

땅에다 씨를 뿌리듯이

1. 독립운동의 방향— 신흥무관학교 관계자 중심으로

1910년대 독립운동의 주된 흐름이었던 독립운동 기지 건설운동은 일제
에 대한 즉각적인 독립전쟁이 어려운 상황에서 독립운동을 할 수 있는 역
량을 강화하고 무관학교를 설립하여 독립군을 훈련하여 양성하는 것이 가
장 중요하다는 판단에 기반을 두고 있었다. 또한 독립운동 역량을 강화하
기 위해서는 군사훈련뿐만 아니라 투철한 근대적 민족정신 아래 근대국가
를 이끌어갈 수 있는 지적·정신적 소양을 닦는 것이 중요하며, 경제적인
능력 배양을 병행해야 한다고 생각했다. 곧 항일 독립을 이룰 수 있는 무력
의 양성과 함께 그것을 뒷받침해주고 근대사회를 이끌어갈 총체적 역량을
키워야 한다는 것이었다. 그러기 위해서는 반드시 견인불발의 투철한 민족
적 각성과 각오가 요구된다고 생각했다.

1910년을 전후한 시기에 독립운동 기지 건설론자들의 독립 방략을 이해
하는 데는 이들과 방법을 달리했던 몇 가지 흐름에 이들이 어떻게 반응했

는지를 살펴보는 것이 도움이 된다.

| 척사위정 의병운동과의 차이 |

독립운동 기지 건설론자들 가운데는 의병 출신이 적지 않았다. 그런데 이들 대부분은 의병 투쟁 방식에 비판적이었다. 독립운동 기지 건설론자들이 의병 투쟁을 바라보는 눈은 경험과 사상의 변화에 따라 편차를 보인다. 안동에서 을미의병장이었던 유인식보다 늦게 계몽운동에 뛰어든 이상룡은 1908년경 의병운동에서 손을 뗐는데, 소수의 오합지졸로는 적과 대항할 수 없다고 판단한 것이 한 가지 이유였다. 의병에 대한 계봉우의 다음과 같은 시각은 표현이 좀 지나친 부분이 있지만 당시 계몽운동자들과 독립운동 기지 건설론자들의 생각을 상당 부분 대변한다고도 볼 수 있다.

> 의병운동은 실패로서 그 결과를 지었다. 민가에서 군량을 거두고 탄약을 구하는 것은 장구히 못할 일이며, 동에 번쩍 서에 번쩍, 소위 나는 홍범도, 뛰는 차도선, 그 따위의 유격전은 또한 장구히 계속할 일은 못된다. 이러한 관계에서 혹은 일본군에게 포로가 되어 죽게 되고, 혹은 그 생명을 겨우 보전하여 해외로 도망가고 혹은 군기를 바치고 귀순하였다. 남아가 의를 위하여 싸우다가 차라리 죽고말지언정 원수의 앞에 머리를 숙이고 귀순하여 구차히 산다는 것은 만고에 부끄러운 일이었다. 그러나 의를 위하여 죽은 그들의 이름은 영원히 살 것이다.
>
> ─계봉우, 「꿈속의 꿈」 (상), 『북우 계봉우 자료집』 1, 한국독립운동사연구소, 1996,
>
> 134~135쪽.

이상룡 등이 척사위정적인 의병운동에 한계를 느낀 또 다른 중요한 이유

중 하나는 척사위정적 사고방식이 더 이상 통용될 수 없다는 점이었다. 새로운 사고가 필요한 시대였고, 그러기 위해서는 근대적 지식을 갖추는 것이 중요했다. 그가 의병운동을 그만두면서 자신의 활동이 실패를 거듭한 것은 모름지기 시국에 우매하기 때문이라 통감하고 동서 여러 나라의 서적을 구해 읽은 것은 바로 그 같은 이유에서였다.

1909년 대한협회 안동 지회를 설립하여 지회장이 된 이상룡은 산업 진흥의 강조와 함께 근대적 법률관, 민권 의식을 심어주는 데 주력하였고, 상무尙武 정신을 역설했다. 이상룡은 대한협회 지회 활동을 하면서 특히 단체의 중요성을 체득했다. 그는 무슨 일을 하든지 목적을 달성하려면 반드시 단체를 만들어 조직적으로 활동해야 한다고 생각했다.

그런데 의병 투쟁에 비판적이거나 적대적인 개화파들은 근대적 민족의식이나 국가의식이 결핍된 상태에서 당시 중요한 개화파 단체였던 대한협회 간부들 중 상당수의 경우처럼 친일의 길을 걷거나, 위세가 등등한 개화파 단체였던 일진회 간부들처럼 매국에 앞장섰다. 척사유림에서 혁신유림으로 전환한 경우 이 문제에 부닥치지 않을 수 없었다. 자강·문명론과 근대적 민족·국가의식, 곧 '개화'와 '항일'이라는 이 문제는 대단히 중요한 시대적 과제였으나, 물적·정신적 토대의 취약성을 반영하여 당대의 정신에서 정면으로 부딪쳐 고민한 경우는 많지 않았다. 5장에서는 사회진화론과의 관계, 교육과의 관계, 민족의식과 민족문화와의 관계 등 여러 면에서 부분적으로나마 고찰하겠지만, 여기에서는 이상룡과 관련해 짤막히 언급하는 것으로 일단 넘어가고자 한다.

대한협회가 계몽운동은 왕성히 벌였지만 국가가 멸망의 위기에 처했을 때 많은 개화파 또는 자강계몽운동자들이 그랬던 것처럼 그 본부는 통감부의 '우의 어린 원조'를 받아들이는 태도를 보이고 항일 활동을 하지 않았으며, 의병 투쟁에 비판적인 시각을 넘어 친일적 태도로 적대적으로까지 나왔던 점에 대해서 이상룡이 얼마만큼 문제의식을 지니고 있었는지는 확실치 않다. 그렇지만 본회에서 지회의 활동을 '실정법' 테두리 안에 묶어두려는 점에 대해서는 반발하였고, 1909년에 대한협회 본회가 일진회 등과 연합하여 활동하려는 움직임을 보였을 때는 본회의 권동진 등에게 편지를 보내 격렬히 반대했다.

위의 문제와 관련해, 국가가 멸망 상태에 빠졌을 때 이상룡의 '전환'과 다른 길을 밟은 사례를 일별해두자. 후기 의병의 경우 척사 사상을 넘어서서 근대적 자주정신으로 의병운동을 벌인 경우도 있었다. 의병 활동을 했다가 독립운동 기지 건설운동에 참여했던 혁신유림 또는 지사들은 척사적인 의병운동에 비판적이었는데, 아우 허위와 함께 의병장으로서 여러 전투에 참여했다가 허위가 1908년 체포되어 일제에 의해 처형당하자 더 이상 고국에 있을 수 없어 망명하여 부민단 초대 단장을 맡았던 허혁이 의병 투쟁에 대해서 어떠한 관점을 보였는지를 알려주는 자료는 찾기 어렵다.

그러나 을미·을사의병에 이어 1907년 다시 거병하여 13도연합의병의 지도자로서 서울탈환작전 등을 벌였던 왕산 허위는 척사적인 의병과는 거리가 있었다는 점을 주목해야 할 것이다. 척사위정적인 이념을 가지고 을미의병에 참여했던 허위는 1899~1904년에 평리원 재판장, 1905년에 비서원 승秘書院丞 등의 관직에 있으면서 국제 열강의 동향을 파악하며 식견을 넓히고 있었다. 그리하여 1907년 광무제 강제 퇴위에 이어 정미7조약이 체결된 후 이에 항거하여 규모가 큰 의병전쟁을 일으켰을 때 그에게서 숭명崇明 사대의 논리나 척사 사상은 찾아보기 어려웠다. 그는 일정하게 반봉건적 근대의식과 자주적 민족의식을 지니고 있었다. 이런 점에서 허위는, 조동걸의 표현을 빌리자면 혁신유림으로 전환한 뒤에 의병 투쟁을 벌인 드문

예였다. 허위는 일진회를 성토하는 글에서 외인이 압제하고 능멸하는 데 대하여 "실로 촌각도 구차하게 살고 싶은 마음이 없다"고 역설할 만큼 자주정신이 강하였다.

| 안창호의 실력양성론과의 차이 |

필자는 1장에서 일부 연구자들의 주장과 달리 안창호는 국외에 무관학교를 설립하는 등의 독립운동 기지 건설에 동의했다고 보기 어려우며, 청도나 북경 연해주에서 그가 주로 주장한 것은 농촌 개척, 농장 경영 등의 경제적 실력 양성이었음을 지적했다. 그는 민족성을 고치는 것이 중요하다고 생각했다. 3·1운동 이전 1910년대에 안창호는 독립운동에 거리를 두고 있었다. 그가 민족 대업을 이루겠다는 원대한 목표로 1913년 미국에서 조직한 홍사단의 약법 제2조는 독립을 쟁취한다거나 독립운동을 벌이겠다는 것이 아니라 "민족 전도 대업의 기초를 준비함"이었다. 1918년 11월 제1차 세계대전 종결에 즈음하여 미국에서 점차 독립운동의 열기가 높아지자 안창호는 홍사단우들에게 장문의 담화문을 보내 독립투쟁에 대해 "턱없이 허망한 욕심이나 요행의 희망을 가지고 공상만 하려는 것"으로 비판했다.

다 같이 실력 양성을 중시했으며 독립운동 기지 건설론자들 역시 인격 수양을 상당히 강조했지만, 1910년대에 독립운동 기지 건설 노선과 안창호의 실력 양성 노선은 성격을 달리하고 있었다. 전자는 무관학교를 설립, 운영하여 군사력을 양성하는 일을 매우 중시했고, 그것은 언제든지 기회가 오면 즉각 혈전, 곧 독립전쟁을 일으키겠다는 결의와 표리 관계에 있었다. 안창호가 단체를 만들어 수양운동을 펴는 데 중점을 두었던 반면, 전자는 각지에 학교를 세우고 기관지를 발행하면서 군사교육을 시키며 또한 민족정신과 독립투쟁 의지를 고취·고양하고, 근대적 제반 지식을 교육시키

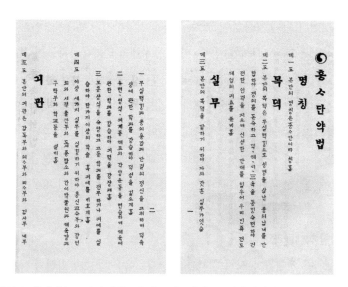

흥사단 약법 흥사단은 1913년 안창호가 미국 샌프란시스코에서 창립했으며, 궁극적인 목적은 민족부흥을 위한 민족의 힘을 기르는 데 두었다. 창립 당시 발표한 약법約法 제2조에서는 "민족 전도 대업의 기초를 준비"한다고 되어 있다.(출처: 독립기념관)

는 데 심혈을 쏟았다. 안창호는 영국과 미국을 선미善美한 모범국으로 설정하고 명백히 자본주의 근대화 운동을 펼쳤다. 반면 전자가 1920~1930년대 만주 등지에서 벌인 활동을 보면 자본주의에 부정적이었으며, 만주의 한국인 소작농 입장을 대변하여 사회주의적 평등 사회를 지향하고 자본주의 근대화와는 대조적으로 비자본주의 근대화 코스로 기울어진 면이 강했다.

독립운동 기지 건설론자들이 무력 양성과 독립전쟁의 '기회'를 결합해 사고한 것은 독립운동 기지 건설 논의가 본격적으로 시작된 1908년 무렵이었다. 1908년 여름 이회영이 블라디보스토크에서 이상설을 만났을 때, 그들은 지사를 규합하여 국민교육을 장려하고, 만주에서 광복군을 양성하며, 비밀결사를 조직하고 운동 자금을 준비할 것에 합의했다. 그때 이상설은 이회영에게 중국·미국·러시아가 일본을 경계하고 있으므로 전운이 일어날 것이니 이에 호응하여 조국 광복을 기약하자고 말했다. 이상설의 이러한 발언은 그 후 러시아·만주·미국 등지에서 민족운동자들이 갖고 있던 '독립' 쟁취에 대한 전략적 사고를 일찍부터 표현해낸 것일 뿐만 아니라 국내의 항일지사들이 품고 있던 생각일 수도 있다. 그리하여 일제 강점 직후 양기탁의 소집으로 신민회 간부 비밀회의가 열렸을 때, 그들은 미·일, 러·일, 혹은 청·일 간에 전쟁이 일어나면 그 기회를 틈타 독립전쟁을 일으킬 목적으로 중국·서간도에 동지들을 이주시킬 계획을 세웠던 것이다.

| 열혈 청년들과의 갈등 |

그렇지만 청년들과 열혈 지사들은 군사교육을 받으며 정신의 각성과 분발 아래 독립전쟁의 기회가 오기를 기다리려고만 하지 않았다. 그러던 차에 1914년 유럽에 전운이 가득 감돌다가 드디어 제1차 세계대전이 발발하고 고대해 마지않던 중일전쟁이 일어날지도 모른다는 풍설이 나돌았을 때 피 끓는 젊은이들과 열혈 지사들의 가슴이 얼마나 고동쳤을까는 상상하고도 남는다. 그러나 기다리던 전쟁은 일어나지 않고 오히려 일제가 승승장구하는 현실을 목도하게 되었을 때 이들의 실망과 좌절은 한층 심각했다.

이러한 상황에서 청년들의 독립운동에 대한 찌를 듯한 강렬한 기개를 '소화 조절'하기 위하여 1914년 가을부터 백두산 서쪽에 있는, 200여 리에 걸친 무인지경의 빽빽한 삼림 속에 군영을 건설하여 백서농장이라 이름 붙이고, 다음 해 봄 380여 명의 입소자를 받아들였다. 그들이 인적미답의 대삼림지대에서 고된 훈련을 받으며 겪은 고초는 어떠한 고통도 이겨낼 수 있다는 의기로 버텨낸 것이지만, 고된 생활에 단련될 대로 단련된 한창 나이의 농촌 청년으로서도 감내하기 어려운 혹독한 것이었다.

제2군영으로 백서농장이 만들어져서 청년들의 강렬한 투지를 쏟게 했으나 적지 않은 청년들이 불만에 차 있었다. 1916년 음력 10월 서간도에서 양기탁이 미국에 있는 안창호에게 띄운 다음과 같은 편지는 서간도 청년들의 울분에 차 있기도 하고 울적하기도 한 심리 상태를 잘 나타내고 있다.

> 저 정신단이나 유지자는 …… 현금現今에 착수할 사업이 무無하여 방황 주저하는 자 태반인데, 혹은 총이나 혹은 폭탄 생각이 간절하여 견딜 수 없어서 흔히 정신병이 발생하압나이다.

1919년 3·1운동은 독립운동의 노선 또는 방략에 많은 변화를 가져왔다. 사회주의는 사회주의 당과 단체 등의 조직 외에도 민중의 발견, 조직 방법, 정치 이념 등 여러 면에서 민족해방운동에 크나큰 영향을 미쳤다. 독립군이 무장을 갖춰 일제 관헌과 군대에 맞서 싸우기 시작했던 바, 1920년에 벌어진 봉오동전투·청산리전쟁은 독립군 전투의 큰 봉우리를 이루었다. 국내와 국외 여러 곳에서 임시정부가 세워졌고, 임시정부를 포함한 독립운동 단체의 규모나 조직 방법, 이념도 3·1운동 이전에 비해 질적인 변화가 나타났다.

독립운동 기지 건설운동 또한 3·1운동 이후 많은 변화를 보였다. 기본 방향도 시기에 따라 편차가 있고 흔들리기도 하는 등 변화가 적지 않았으며 풍부하고 다양한 내용을 갖게 되었다. 그뿐만 아니라 3·1운동 이전에는 독립운동 기지 건설론에 묻혀서 제대로 발언하지 못했던 여러 경향이나 노선이 자신의 목소리를 냈고, 투쟁 방법을 달리하며 전열을 가다듬었다.

서간도 신흥무관학교 관계자들의 상층부 또는 주류는 고양된 독립 열기에 맞춰 군정부를 구성하고 부민단을 한족회로 개편했다. 그리고 무관학교를 대대적으로 확장하여 합니하에서 고산자로 본교를 옮기고 쾌대무자에

광한단 관련 신문 기사 1920년 조직된 광한단은 한족회·군정부의 온건 노선에 반발한 소장 파가 조선총독부 군사·행정기관 파괴, 총독부 주구 박멸을 목표로 삼아 활동했다. 위 기사 는 『매일신보』 1921년 6월 8일자에 보도된 것으로, 광한단 지부가 강서군 함종면의 재산가 를 으르대고 강청하여 군자금을 모집했다는 내용이다.(출처: 대한민국 신문 아카이브)

도 분교를 두어 세 곳에 무관학교를 두었다. 그와 함께 기관지로 『한족신 보』를 발행하여 독립정신을 고취하고 항일투쟁의 임박성을 강조하여 이주 민들의 긴장을 고조하는 등 선전 사업에도 역점을 두었다. 그러면서도 이 상룡 등 상층부는 즉각적인 무력투쟁을 벌이는 것에 대해서는 신중한 태도 를 취했으며, 무력을 양성하면서 독립에 대한 열국의 호의를 얻는 것에 관 심을 가졌다.

그러나 한족회·군정부의 '온건 노선'은 내부와 외부 양쪽 모두에서 반발 을 불러일으켰다. 한족회 내 소장파로 볼 수 있는 이호원·이시열·현익철· 현정경 등은 일본 기관의 파괴를 당면 목표로 정하고 관전현에 가서 광한 단을 조직했다. 다른 신흥학우단원들 가운데서도 폭력투쟁에 나서는 사람 들이 있었다. 신흥무관학교에 들어왔던 김원봉·이종암·이성우 등은 '직접 행동'을 취하기 위해 1919년 11월 길림에서 의열단을 조직했다.

| 상해임시정부 노선과의 갈등 |

군정부는 상해임시정부의 권유에 따라 서로군정서로 바꾸고 상해임시정부 산하에 들어갔다. 대체로 즉각적인 폭력투쟁에 거리를 두었다는 점, 열국의 동정에도 관심을 갖고 열국과의 외교를 중시한 점에서 상해임정과 노선이 비슷해 보이는 점이 있는 듯했다. 그러나 한족회·군정서와 상해임정은 기본적으로 성격과 노선이 상당히 달랐다. 상해임정 내에서 국무총리 이동휘와 그 지지자들은 무력 항쟁을 주장했지만, 간부들 대부분의 성향, 특히 미국 교포들을 주요 기반으로 삼은 이승만·안창호 등 간부들의 성향으로 보나 상해의 입지적 여건으로 보나 외교론이 주된 흐름을 형성했고 준비론도 만만치 않았다. 극단적인 준비론은 청산리전쟁에 대해서도 부정적 평가를 내렸다. 그것은 독립군의 항일투쟁 자체를 부정하는 논리와 다름없었다. 다음은 청산리전쟁과 경신대학살 직후에 쓰여진 『독립신문』 사설이다.

> 북간도의 국민회와 군정서(북로군정서 곧 대한군정서를 가리킴)의 시설에 대해서도 동양同樣의 유감이 없지 못하니, 즉 무관학교라, 병영의 건축이라, 무기의 구입이라 하여 일변으로는 일반 동포의 부담을 과중케 하고 적의 주의를 야기하여 이번 참변을 부른 것은 결코 득책이 아니다. 차라리 굳건하고 구원久遠한 단결을 이루어, 적더라도 해마다 일정한 수입을 득할 재원을 만들고 소리 없이 청년을 교양하고 동포를 계발하여 장구히 독립운동을 계속할뿐더러 차차 여력을 축적하여 장래에 큰 힘을 발휘할 준비에 노력함이 지혜로운 일이었을 것이다.
>
> 서간도의 한족회도 그러하니 군대의 양성, 무기의 구입으로 재정을 소비함보다 일변 동포의 산업을 진흥하고 보통교육을 확장하여 장래

대전쟁의 확고한 재원과 인재의 양성에 전력을 다함이 구원의 계책이
었을 것이오. —『독립신문』 1920. 12. 25.

이 글의 필자는 원동흥사단우 1호(흥사단 단우번호 103번)로 안창호에 의
해 『독립신문』 사장이 되었던 이광수로 추정된다. 이 글은 『독립신문』에
실린 「안창호 씨 담談」이라는 짧은 글과 비교하면서 읽어볼 필요가 있다.

최후의 승리는 혈전에 있나니 혈전을 하려면 그 성의와 그 용기가 있어
야 되리라.
진정한 성의와 용기가 있는 자는 입으로 혈전하지 않고 그 혈전이 실
현되도록 몸으로 노력하리라.
혈전을 실현케 함에는 무장도 군수軍需도 여러 가지 있게 함은 물론
이나, 가장 없지 못할 근본 문제는 지식과 양식이니라.
그러므로 혈전을 기대하는 용장한 우리 대한의 남아는 방황하지 말
고 배움과 벌이함에 지성에 지성을 다할지니라.
—『독립신문』 1921. 4. 2.

'방황하지 말라'는 말이 각별히 눈에 뜬다.
김경재는 『독립신문』 1922년 7월 1일자 「독립 정책을 근본적으로 개혁
하라」(속)에서 아무리 회개했다 하나 적의 군수로 적을 위해 봉사하던 자
인 김희선을 군무차장이라는 요직에 두고, 더구나 전에도 치타에서 일하다
가 안락을 구하기 위해 다시 적에게 몸을 던졌을 뿐만 아니라 성질의 지구
력도 없는 자인 이광수를 독립신문사 사장에 앉힌 일을 비판했다. 이광수
는 「안창호 씨 담」이 실리기 얼마 전인 1921년 3월경 조선총독부의 '양해'

아래 조선으로 돌아왔고, 비슷한 시기에 김희선도 그러하였다.

1921년 5월 만주 액목현에서 열린 서간도 대표 회의에서는 상해임시정부의 개조를 요구하면서 이승만의 위임통치 노선에 반대하는 결의를 하고, 이 결의가 받아들여지지 않으면 임시정부에서 서간도 대표를 소환하여 독자적으로 반일운동을 펼 것을 결의했다. 한족회 지도자들은 특히 이승만의 위임통치 청원을 배격했다. 1923년 1월 상해에서 국내와 세계 각지의 독립운동 지도자들이 집결하여 열린 국민대표회(의장 김동삼, 부의장 안창호·윤해)에—일제강점기에 독립운동 대표들이 이처럼 광범위하게 회합을 가진적은 이때밖에 없었다—참석하러 온 김동삼은 자신은 상해임정의 각원을 맡으라는 제의를 거절했으며, 위임통치 주창자를 물러나게 해야 한다는 요구를 받아들이지 않아 한족회는 임정에서 탈퇴를 선언했다고 밝혔다.

한족회는 절대독립 외에 다른 어떠한 주장도 용납하지 않겠다는 뜻을 강력히 견지했다. 그것은 이승만이 탄핵을 받아 상해임시정부 대통령직에서 쫓겨난 뒤 그 후임인 박은식 대통령 정부에 의해 대통령제가 국무령제로 바뀌면서 만주 독립운동을 대표하는 정의부의 최고지도자 이상룡이 초대 국무령으로 선임되고서 했던 발언에서도 드러난다. 즉, 외교정책은 공고한 단속 집성에 기반을 둔 역량에 의하여 독립을 쟁취하는 데 한 가지 수단일 뿐이므로 결단코 그 자체가 전부가 될 수 없고 되어서도 안 되며, 위임통치 청원자들과 같은 그러한 기회주의적인 자들은 배제하고 절대독립의 목표를 같이하는 자들의 단결로 독립운동을 전개해 나가야 한다고 강조한 것이다. 이러한 방향은 이미 1920년 이상룡이 안창호에게 보낸 서한에서 드러난다. 이 서한에서 그는 광복은 외교에서 시작하여 혈전으로 끝나는 것이라고 지적하며, 외교는 수단이고 군사력이 궁극적으로 광복을 가져오는 힘이라 천명하고, 그러기 위해서는 결사를 만들어 자치하는 것과 상무 교육을 시키는 두 가지 길이 있다고 표명했다.

민중과의 관계에서도 만주의 독립운동자와 상해임시정부의 외교·준비론자 간에는 거리가 있었다. 1925년 국무령에 취임하기 위해 상해에 온 이상룡은 기회주의적인 외교론을 단호히 배척하면서, 광명한 전도를 개척하기 위해서는 불발不拔의 심지心志로 용왕직전勇往直前하는 혁명적 정신을 가질 것, 단합적 역량을 이룰 것, 실제적 사업을 중시할 것, 계통적 연쇄와 엄밀한 규율 밑에서 일관해 나가는 조직적 행동으로 진행할 것을 강조했다. 그와 함께 특히 "민중을 떠나서는 사업의 성취를 꾀하지 못할지니 오직 민중적 토대를 공고히 하여 모든 일을 온전히 민중 본위로 진행"하기 위해 민중적 토대를 세울 것을 역설했다. 이러한 원칙은 독립운동 기지 건설론자들이 서간도에서 경학사를 설립한 이래 대체로 지켜왔다고 볼 수 있는데, 3·1운동 이후 식견과 안목이 높아짐에 따라 더 정치하고 명료한 형태로 이상룡이 표현했다는 점에서 의의가 있다. 상해임정 측이 민중과의 연계를 중시하기 어려웠던 데는 외교론의 반민중적 성격도 고려해야겠지만, 기본적으로 상해에는 한국인이 많이 살지 않았으며, 그들의 상당수는 독립운동과 무관했다는 점 때문이었을 것이다.

| 독립군 활동과 한국인 이주민의 피해 |

한족회·군정서 관계자들도 독립군 활동이 한국인 이주민에게 피해를 줄 수 있다는 점을 잘 인식하고 있었으며 그것에 대비하고자 했다. 그러나 이주민에게 피해를 준다는 측면만 부각하여 무장투쟁을 반대하고 무장을 해제하려는 경제적 실력양성론자, '순수한' 교육운동자들의 주장은 한족회 등의 노선과는 화해하기 어려운 질적인 차이가 있었다. 한족회 관계자들은 1920년대에도 교육을 강조하고 장기전을 준비하는 활동을 벌였지만, 그것은 안창호·이광수류의 교육운동과 성격이 달랐다는 점은 앞에서 강조한 바 있다. 이제 한족회 관계자들이 이주민의 피해 문제에 어떻게 대처했으며, 직접적인 무장투쟁이 쉽지 않은 상황에서 어떠한 활동을 하게 되었는가를 살펴보자.

한족회·군정서 지도자들이 즉각적인 무력 항쟁에 신중한 태도를 보인 까닭은, 무장투쟁은 해야 하지만 미약한 무기로는 열악한 상황에서 싸운다는 것이 무모하다고 판단했기 때문이다. 또한 무기를 구입하는 데 많은 비용이 들 뿐만 아니라 일제 기관 등을 공격하면 일제가 그에 대한 보복으로 야만적 만행과 참살을 자행했기 때문에 이주민들이 이중 삼중의 어려움이나 피해를 당했던 것도 중요 이유였다.

한족회·군정서도 군자금 모집 과정에서 이주민들에게 피해를 주는 경우가 적잖게 있었겠지만, 1919~1920년에 독립단의 경우 잦은 군자금 갹출로 민심이 이반했다는 일제 관헌의 보고가 꽤 있다. 심한 경우는 지단支團에서 지단비·호세·교육비·지방비 등의 명목으로 3~5회 걷고 삼원포 중앙부 특파원을 사칭하기도 했으며, 가뭄 등으로 농작물 작황이 나빠 군자금 모집이 여의치 않자 구타하기도 하고 인질을 잡기도 했으며 권총으로 위협하기도 했다는 기록도 있다. 좀 뒤의 일이지만 1926년 신민부 간부들이 흑룡강성 목릉에 들렀을 때, 105인 사건으로 고초를 겪었던 실업가 황공삼은 민중이 위협에 눌려서 민족 진영의 기관에 복종하고는 있으나 민심은 벌써 떠나가 있다고 지적했다. 일반화할 수는 없는 현상이겠지만 귀담아들어야 할 주장이었다. 『독립신문』 1923년 4월 4일자에는 서간도 동포가 여러 가지 병고를 이기지 못하여 식량과 가구를 내버리고 밤을 타서 빠져나와 봉천성 무순역을 거쳐 고국으로 돌아가는 사람들이 매일 100여 명에 이른다는 기사가 실려 있다. 이 기사에는 피신하지 않을 수 없게 만든 '여러 가지 병고'를 다음과 같이 지적했다.

> 재작년 이래 왜경이 자주 침입하여 학살, 방화 등을 자행하므로 생명과
> 재산에 많은 화해禍害를 당할 뿐 아니라 소위 보민회라는 것이 왜적의
> 세를 믿고 횡포를 여지없이 하며, 또한 독립운동의 미명을 가탁하고 민
> 간에 다니면서 과중한 기부금을 강청하는 일이 종종 있으므로 아무리
> 하여도 살 수 없어 그같이 떠난다 하고.　　　　—『독립신문』 1923. 4. 4.

『독립신문』의 이 같은 지적은 김동삼 역시 비슷하게 느끼고 있는 문제였
다. 그는 왜경이 무시로 침입하여 인명을 살해하고 재산을 탈취하며, 우방
이라고 할 중국의 관군 및 토비가 곳곳에 출동하여 (독립군으로부터) 군기를
빼앗아가며 민간 재산을 약탈하고, 심지어 동족 중에도 동포를 협박하고
억지를 써서 자금을 거둬들여 서간도 주민들이 방황하고 있다고 토로했다.
그는 이러한 상황에서 군사 활동을 하면서 독립운동 기지를 튼튼히 할 방
책으로 다음과 같은 안을 제시했다. 실제로는 쉬운 일이 아니었으나 무척
고심을 거듭하여 나온 방안이었다.

> 그 구제책 중의 하나로는 군사구軍事區와 민정구民政區를 확연히 하여
> 군과 민이 혼동치 않게 되도록 하는 것이라고 생각합니다. 대개 군과
> 민이 혼동된 곳에는 자연히 평민도 군인이 당하는 경우를 함께 당하게
> 됩니다. 그러므로 군사는 일정한 특수지대에서만 경영하면서 적의 시
> 설을 파괴하여 적을 위협하고 일반 민간의 기력은 잘 살아나게 하여 우
> 리의 기지를 공고케 하여야 할 줄 압니다.　　　—『독립신문』 1923. 1. 17.

대한통의부 의용군의 훈련 모습 1922년 서간도 흥경현 2도구의 깊은 산속에서 신팔균 장군 지휘하에 군사훈련을 받는 모습이다.(출처: 독립기념관)

　이상룡 등 군정서 간부들은 1921년을 전후한 시기에 화전, 몽강을 거쳐 액목현으로 이동했다. 그곳에서 여준·이탁 등은 검성중학원을 세우고, 학교 이름 그대로 장기전을 치를 채비를 차렸다. 이에 따라 둔병제를 실시하기 위해 먼저 황무지를 조차하여 개간했다. 이들은 군사훈련을 시키되 무장 우선주의에서 산업과 교육 우선주의의 방향으로 나아갔다.

　통의부는 초기에는 군사 우위의 면모를 보였으나 후기로 갈수록 무력투쟁을 병행하면서도 자치와 교육을 중시하는 방향으로 갔다. 행정위원 중심으로 운영되던 1924년 3월 통의부는 포고에서 민권 신장, 민지民智 계발, 민심 단결이 강령이고, 생계 개척, 교육 발전, 군사 양성, 재정 연구, 주의 선전, 적세敵勢 방어가 그것의 세부 항목이라고 밝혔다. 강령에서 군 관계가 빠져 있는 등 군사 부문이 약화된 것을 볼 수 있다.

統義府佈告槪略

（上略）本府의 設立이 비록 三載로 且刺엇으나 不擧의 大業의 挫退를 受하야 渴望의 民情이 拆瘓의 思에 從甘한 今日 吾人의 現狀은 貿易의 心하야 過去의 歷史를 一朝에 捨瘡함이라 도다 此에 犧牲性의 生命을 提供하야 大業의 産出을 期하야 幾個의 代償을 求코자 하며 뎐財産의 現狀을 何如타 할것이나 時宜를 因하야 根本의 措施를 大潮나 淸神이 代代로 發展의 方針을 苦하야 少數의 施設이 엇지 潮의 順應의 個邊의 制度變更의 存在할 바이나 府의 制度變更의 存在함은 民府의 順應의 潮의 存在됨이다（中略）우리의 事業은 民權을 伸張하야 民智를 啓發하며 民力을 培進하야 民心을 團結함이 綱領이 오 生計를 拓開하며 敎育을 發展하며 軍實을 整成하며 財政을 硏究하며 義를 宣揚하며 國粹를 防禦함이 그 目的이라 來來의 우리 運動파 그 方針을 此에 表揚하노라 政界의 아트 其進行의 方針은 積極的 消極的으로 各其 進取되 니 其中에 破壞와 建設이 잇지라 그 破壞는 何階級의 根本을 民衆化의 一意로 大同的으로 統一되 目的을 破壞하며 建設은 井然히 系統的의 大範圍으로 精神의 一致로 大道로 進하되 精神의 一致는 過去의 破懷의 精神잇이오 그 範圍의 精神은 將來의 建設의 精神이라 此精神이 積極的으로 우리 運動을 統一되 世界의 何人이 던지 此를 破壞할지니 吾人은 此를 運動을 繼續함에 自由로 組織하고 自由로 挽回하야 抑하면 우리는 우리의 生存權을 抑制하야 世界의 人類의 生存權을 保護하기 위하야 千年萬年 繼續합이로다（下略）

大韓民國六年三月十日
大韓統義府行政委員長安正卿
金應大 李雄海
金東三 吳東振
李鎔乾 康濟河

대한통의부 포고문과 통의부 발행 어음 　대한통의부는 후기로 갈수록 군사 부문보다는 민정을 우선시하는 방향으로 나아갔다. 『독립신문』 1924년 4월 26일자에는 통의부의 그러한 방침을 알리는 포고문 개략이 실렸다(위의 자료). 1924년 3월 10일 대한통의부 '재무위원장' 명의로 발행된 봉천 소양 50전(아래 왼쪽)과 1원짜리(아래 오른쪽) 어음이다.(출처: 독립기념관)

독립군 단체들은 자신들이 왕성히 또 지속적으로 활동하기 위해서도 이 주민들을 보호하고 단결시키며, 독립운동의 대의인 민권 신장과 민지 계발에 앞장서서 이주민들의 지지를 받도록 노력해야 했다.

2. 사회진화론의 수용 방향과 교육

일제가 을사조약을 강제한 이래 자강계몽운동 쪽은 사회진화론의 영향을 매우 강하게 받았다. 자강계몽운동자들은 적자는 생존하고 부적자는 도

태한다는 우승열패론 또는 약육강식론을 천연天演의 법칙처럼 받아들였다. 그들은 통감부가 설치되는 등 국가가 멸망 직전에 이르렀지만 일본제국주의의 침략에 맞서 싸운다는 결의를 다지기보다는, 강强이 약弱을 식食하고 대가 소를 병합하는 제국주의 시대에 적자適者가 되어 부강을 누리려면 산업을 발전시키고 교육을 시켜야 한다는 자강계몽운동을 우선시했다. 자강계몽운동자들 가운데는 신민회원처럼 독립운동 기지 건설운동에 나선 자들도 많았지만, 일진회원이 아니더라도 그들 중 일부는 일제의 '보호'를 받을 필요가 있다는 논리를 내세웠다. 자강문명론이 사회진화론에 빠져 있는 한 제국주의 침략에 대항하면서 근대적 변혁을 이루어낼 수 있는 근대적 민족·국가의식을 지닌다는 것은 쉬운 일이 아니었다. 사회진화론은 기본적으로 제국주의자들의 식민주의 논리와 친연성을 가지고 있었다.

1910년 일제 강점 이후에도 개화파나 지사들은 여전히 사회진화론에서 벗어나지 못했다. 일본 유학생의 경우 그들이 처해 있는 상황 때문에도 사회진화론적 사고가 강했다. 만주의 독립운동자는 일본 유학생과는 상반되는 상황으로 인해 개인에 따라 편차가 있었고 특히 제국주의와의 투쟁 논리로 강조되는 경우가 많았지만, 역시 사회진화론의 영향을 받았다. 신채호는 「꿈하늘」(1916)에서 "인간에게는 싸움뿐이니라. 싸움에 이기면 살고 지면 죽나니 신의 명령이 이러하다"고 단언하고 제국주의자들과 단호히 투쟁할 것을 역설했다. 이상룡도 "이 세상은 한 발을 들면 전장 아닌 곳이 없고, 한 눈을 돌리면 적국 아닌 곳이 없다"고 강조했다. 신채호나 이상룡의 이러한 논리가 반드시 사회진화론적 세계관에 입각해 있다고 말할 수는 없지만, 이상룡은 1910년대에도 사회진화론적인 논리를 구사했다. 『신흥학우보』에는 다음과 같은 글이 실려 있다.

인류 이외의 생물에 일각이라도 경쟁이 끊어지지 않는 것같이 인류 사이에도 역시 일각이라도 경쟁이 끊어지지 않나니, 경쟁 없는 생존은 생물 된 인류에는 도저히 바라지 못할 일이니, 만일 사람이 참 평화를 구하면 이 번거롭고 바쁜 일상생활을 완전히 그만둘 수밖에는 없나니, 절대의 평화는 죽은 뒤가 아니면 도저히 얻지 못할 일이라. 사람의 생존, 곧 생활은 곧 전쟁이다.

— 「전쟁은 생물 생활의 현상」 (속), 『신흥학우보』 제2권 제2호(1917. 1. 13), 13쪽.

| 자강계몽론자들의 사회진화론 수용의 허점 |

자강계몽론자들의 사회진화론 수용은 제국주의를 비판하고 대항하는 논리로서는 한계가 많다. 제국주의의 성격 또는 본질이나 제국주의 국가의 침략을 약육강식과 우승열패의 논리로 단순화하여 제국주의의 성격이나 제국주의 국가의 침략, 그중에서도 경제적 문화적 침략을 제대로 비판하지 못했다. 또한 제국주의 국가들 간의 모순, 제국주의 국가 내부의 모순이나 메커니즘에 대한 인식을 소홀히 했고, 제국주의 국가들 간의 차이도 간과했다.

그뿐만 아니라 침략당하는 것에 대해서도 피침략 국가의 무능력이나 잘못으로 단순화함으로써 피침략 국가의 계급적 관계, 지배자와 피지배자의 성격 등이 제국주의 침략과 어떠한 관계에 있는가도 주목하지 않았다. 피식민 상태에 놓임으로써 인간의 기본적 자유가 제약받는 것이 근대사회를 형성하는 데 어떠한 문제를 일으키고, 제국주의의 경제적 침략으로 피식민지가 어떻게 왜곡된 경제를 갖고 수탈당하는가에 대해서도 적극적으로 대응하지 않았다. 신일철이 교육·산업에 기초한 국력 배양에 역점을 두고 독립을 준비한다는 자강적 민족주의에 서 있게 될 경우 적으로서 일제의 성격은 우승열패의 진화론적 경쟁에서 승자로 설정되고 기껏해야 이족 침략자로 규정될 뿐이어서 저항적 민족주의의 뚜렷한 대상으로 일제를 파악하는 데 한계가 있다고 말한 것은 적절한 지적이다.

사회진화론에 서 있으면 침략당하는 것이 마치 자연의 법칙처럼 당연하다고 생각하기 쉽다. 심지어 침략자의 '잘못'이 아니라 피침략자가 스스로 초래한 '잘못'으로 인식하기 쉽다. 곧, 침략으로 발생한 현상을 합리화하는 면이 있다.

자강계몽운동에서 내수內修, 즉 안으로 갈고닦아야 함을 강조한 것도 다 그런 것은 아니라 해도 을사조약·정미7조약이 체결되고 국가가 망하게 된 원인은 우리 스스로의 잘못에서 비롯되었다는(自取) 논리 위에 서 있다. 미국인 선교사들도 주로 '책임'을 한국인에게 물었는데 안창호 계열의 인격 수양론은 한국인 스스로 잘못한 것이라는 점을 애써 강조했다. 이러한 '자취自取' 논리가 도쿄 유학생들에게서 더 심하게 나타난 것은, 그들의 계급적 처지를 고려하지 않더라도 일본 근대문명의 위용이 매우 웅장하고 찬란한 것에 비해 한국의 그것은 너무 왜소하고 초라하다는 평면적인 단순 비교를 하기 쉬웠기 때문이다. 이 점을 신채호는 이미 다음과 같이 언급했다.

> 해외 유학자가 예기방장銳氣方壯하여 신무대에 활연活演하려 하다가 열
> 강국을 살펴보니, 아름답다 성읍이여, 많도다 군함이여, 우리나라는 기
> 백 년 후에야 이와 같을는지 …… 강하다 국력이여, 부富하다 민산民産
> 이여, 아무리 생각하여도 절망만 깊어가니 ……
> ─「대한의 희망」, 『단재 신채호 전집』 하, 형설출판사, 1979, 64쪽.

1919년 2·8독립선언 이전에 일본 유학생 엘리트들은 대체로 자신의 사

회적 위치를 포함한 여러 요인이 작용하여 한국의 현상이 아직 독립할 자격이 있는 상태에 이르지 않았다고 생각했다. 일제의 지배에 순응적이고 때로는 친일파의 면모조차 보였던 그들은 자신을 합리화하는 이론적 수단으로 사회진화론을 내세우기도 했다.[1] 『학지광』에 실린 다음 글은 사회진화론에 경도되어 현실에 순응하는 모습이 어느 정도 엿보인다.

> 나는 감히 대담스럽게 이에 대하여 절규코자 하노니 오직 강력주의가 유宥할 뿐이라고 …… 니체는 이 점에서 권력 만능을 주장하였고 몽테스키외는 이 점에서 강권의 절대 가치를 창도 …… 이 두 사람의 말을 어디까지든지 준봉하고 확신코자 하노라 …… 아아 애닯고나, 세상에 약자처럼 설운 것이 다시 어데 있으리오. 여하한 이유가 있고 여하한 고통이 있을지라도 강자의 뱃속과 권력의 요구를 만족하게 하기 위해서는 자기 이익상에 참지 못할 일이라도 참아 행하게 되고, 여하한 학대와 여하한 치욕이라도 강자의 앞에나 권력의 앞에는 이를 피할 수 없나니…….
>
> — 현상윤, 「강력주의와 조선 청년」, 『학지광』 제6호(1915?), 43~45쪽.

| 사회진화론에 대한 대항 논리 |

이미 사회적 진화론은 출현할 때부터 스펜서처럼 자유주의와 제국주의에 복무하는 사회철학으로 제시되기도 했지만, 자연선택과 그것의 사회적 결론인 자연적 불평등을 일단 받아들이면서도 궁극적으로 불평등을 개선할 '인위적 선택'을 강조하는 헉슬리 같은 인물도 있었다. 동아시아의 경우 사회진화론의 우승열패 논리를 부정하거나 극복하려는 경향은 여러 형태로 나왔으며, 우승열패 논리를 인정하더라도 그것을 오히려 분발의 차원으

로 승화시키는 계기로 삼기도 했던 바, 이러한 경향은 부분적으로 자강계
몽론자, 독립운동자들에게서도 비슷하게 나타났다.

중국의 루쉰魯迅은 우승열패의 사회진화론이 횡행할 때 침략해서 노예의
지배자가 되기 위해 싸우는 것이 아니라 압제자에 반항해서 인간적 독립을
얻기 위해 싸우는 존재로 '정신계의 전사' 또는 '명철지사明哲之士'를 상정
했다. 그리고 약자의 입장에서 강자에 반항하고, 여력이 있으면 다른 약자
를 도와주는 일을 하는 것을 인류 중에서 가장 진화된 모습으로 파악했다.[2]
이러한 논리는 우승열패론, 적자생존론에서 볼 수 있는 승자(강자) 중심의
세계관을 뒤집어놓은 주장으로, 진화의 이름으로 상식적인 진화론에 대결
한 논리였다.

허위는 1904년에 쓴 「일진회를 성토하는 글」에서 일제의 침략 행위, 그
것도 경제적 약탈 행위를 구체적으로 지적한 바 있다. 허위와 같은 혁신유
림이든, 또는 척사유림이든 간에 항일 의병장들은 대개의 경우 허위처럼
반침략 투쟁 의식이 강했기 때문에 사회진화론에 빠져들지 않았을 터이고,
그 점은 일제 침략에 분노를 터트렸던 시정 지식인이나 서민들도 비슷했을
것이다.

1910년 이전에도 자강계몽운동자들 가운데는 소수이긴 해도 사회진화
론의 우승열패 주장에 여러 형태로 부정하는 논리를 제시하는 자들이 있었
는데, 박은식은 「몽배 금태조夢拜金太祖」에서 과거의 주장과는 다른 논리를
폈다. 박은식이나 김교헌, 이상룡 등이 고중세 시기에 만주에서 활동한 여
진족 등이 단군의 후예라고 주장한 것은 만주에서 살아가고 독립운동을 해
야 했기 때문에 나온 논리였고, 민족에 대한 긍지를 높이기 위한 측면도 있
었다. 그와 함께, 당시의 상황을 볼 때 한국 민족이 부국강병 논리를 가지
고는 침략자를 이겨내기 어렵기 때문에 정신으로 이겨야 한다고 생각해서

주장한 측면이 있었다. 그런데 박은식은 1911년 서간도에서 집필한 「몽배 금태조」에서 이렇게 주장했다.

> 약육강식을 공공연한 법칙이라고 하며 우승열패를 자연의 이치로 인식하여 나라를 멸하며 종족을 멸하는 부도불법不道不法으로써 정치가의 양책良策을 삼고 있는데, 소위 평화 재판이니 공법 담판이니 하는 문제는 강권자와 우승자의 이용물에 불과할 뿐이라.

제국주의의 강대국 논리를 약육강식의 사회진화론과 함께 신랄히 비판하고 있다. 박은식은 이 글에서 20세기는 제국주의·강권주의를 정복하고 그 대신 인권·평등주의를 실행하는 시대가 될 것으로 전망했다. 3·1운동을 전후한 시기에 불어닥친 반침략·평화·정의·인도의 조류를 미리 예견한 주장이었다.

1919년 2월경 만주에서 발표한 「대한독립선언서」에는 "군국주의 전제정치를 삭제하고 민족 평

「대한독립선언서」중 일부분 밝게 표시한 부분이 "군국주의 전제정치를 삭제하고 민족 평등을 전 지구에 펼치는 것이 …… 사사로운 전쟁을 엄금하고 대동 평화를 선전할 것이다"라는 구절이다.

등을 전 지구에 펼치는 것이 우리 독립의 첫째 의의요, 무력 겸병을 근절하여 평균 천하의 공도公道를 진행하려는 것이 우리 독립의 본령이라. 비밀동맹, 사사로운 전쟁을 엄금하고 대동 평화를 선전할 것이다"라고 쓰여 있다. 이와 같은 논리는 사회진화론과는 차원을 달리하는 세계관 또는 철학에서 나온 것으로, 반침략·평화·정의·인도 사상에 기반을 두고 있다.

사회진화론 및 그에 기반을 둔 실력양성론, 문명개화론 곧 자강문명론에 대한 비판은 이미 1910년 이전에 제시되었다. 그것은 적극 항일론, 반식민주의 이념을 확립하고, 이와 함께 근대적 변혁의 결합을 이루어 나갈 수 있는 정신적 자세의 표명이었다. 장빙린章炳麟 등은 1907~1908년에 『민보』, 『천의보天義報』 등을 통해 반제 아시아 연대론을 펴면서 "(폴란드, 인도) 두 나라의 비운을 목격하고서 어떻게 그들 스스로 위험을 초래한 것이라 말하며 비방을 가할 수 있는가"라고 물었다. 1909년 6월 18일자 『대한매일신보』는 「한인의 맛당히 직힐 국가쥬의」에서 당시 자강계몽론자들이 역설해 마지않던, 실력 양성으로 독립의 기초를 마련해야 한다는 주장을 다음과 같이 논파했다.

> 어떤 자는 힐난하여 가로되 실력이 넉넉하여야 능히 국가의 독립을 얻을지라. 실력이 넉넉지 못하면 어떠한 높은 사상과 어떠한 광대한 목적이 있을지라도 아무 공효가 없다 하여 다만 실력을 힘써 창도하니 …… 대저 독립을 조성하는 데는 실력이 크게 긴요하다 함은 가하거니와, 실력이 독립을 조성한다 함은 불가한지라. 생각하여볼지어다. 자고로 독립을 조성한 자, 과연 모두 실력의 넉넉함만 의뢰한 연후에 성취하였는가. 실력이 아주 없다 함은 아니나 실력이 넉넉하여야 필요하다 함은 불가하니, 저 미국과 이태리의 독립하던 사기史記를 보더라도 부강이

독립보다 먼저 되지 않음을 알지니라.

| 교육의 강조 |

1910년 이전 자강계몽론자들이 사회진화론의 영향을 강하게 받으면서 교육을 중시한 것은 중국이나 일본의 경우와 크게 다른 점이 있었다. 즉, 그들의 상당수는 일제의 침략으로 식민지화가 눈앞에 닥쳐왔는데도 그것을 우승열패 논리에 따라 어쩔 수 없는 것으로 받아들이고 실력 양성을 하여 언젠가 독립할 수 있는 기초를 닦아야 한다고 주장했던 것이다. 교육구국론이 아니라 실제는 구국포기론에 가까운 생각으로, 경우에 따라서는 항일투쟁을 외면하고 비난하는 논리로도 이용되었다.

그러나 통감부 시기에 항일구국론의 견지에서 교육운동을 전개했던 민족운동자 또는 독립운동 기지 건설론자들은 일제강점기에도 교육에 의한 구국운동을 전개했다. 이상룡은 그의 실력양성론적 투쟁론과 연결되는 것이기도 하지만 사회진화론에 큰 영향을 받았다. 그는 끊임없이 경쟁해야 하는 세계에서 미래를 위해 힘써야 우자優者·승자가 될 수 있고 그렇지 않으면 열자劣者·패자가 된다고 강조했다. 또한 남만주 동포들에게 고하는 글에서 산업과 교육, 권리의 세 가지를 강조했는데, 셋 중에서 유독 교육을 사회진화론과 연결지어 설명하고 있는 것은 교육 부문이 분발을 촉구하는 데 적격이기 때문이었다.

그렇지만 이 시기에도 사회진화론을 끌어들이지 않고 교육의 중요성을 강조하는 경우가 있었다. 이상룡의 처남으로, 안동 협동학교에 규모가 큰 집을 희사하고 자신은 다른 곳에 나가 살 만큼 교육열이 강했던 김대락은 「권유문」(1911)에서 다음과 같이 '자연스럽게' 또 '자신 있게' 교육을 통해 서양과 같은 수준의 사회를 건설하자고 설득했다.

서양이 해온 것을 우리도 하고 서양이 배운 것을 우리가 능히 배워서 모든 사람과 모든 가정이 깨치고 발전한다면 어찌 저들만 같지 못할 것이며 무슨 일인들 못하겠는가.

1910년대 교육에 대한 관점을 보면, 일본 유학생들이 구사상·구습 타파, 과학 보급, 실업·실무를 잘해낼 수 있는 능력 배양에 역점을 둔 것에 비해, 서간도의 독립운동자들은 그 점도 중시했지만 민족정신을 고취하는 등 정신을 강조했으며 그 분발을 촉구했다. 그들은 인재를 키워야 한다는 것을 강조했다. 여기서 인재란 애국심과 교육열에 불타 독립운동을 이끌어가고 나라를 구할 사람을 주로 가리켰다. 오줌을 쏘면 바위도 깨진다는 부령富寧 사람, 엄동설한에 벗겨놓아도 삼십 리를 간다는 종성鍾城 사람, 그와 같은 강한 마음가짐에 애국정신만 박힌다면 천하에 당할 자가 없을 것이라는 뜻이었다.

| "땅에다가 뿌린 씨는 없어지지 아니한다" |

독립운동 기지 건설론자들은 "땅에다가 뿌린 씨는 없어지지 아니한다. 언제든지 나는 법이다. 나기만 하면 열매가 맺힌다"는 신념 아래 교육에 의한 구국운동을 펼쳤다. 민족운동 기지 건설운동의 효시로 세워졌던 북간도 서전서숙의 경우 불과 1년 정도밖에 운영을 못했지만, 그 학교가 뿌린 씨는 적지 않은 결실을 맺었다. 북간도의 명동, 효원개, 와룡동, 붉은 양창 등 네 지역에 세워진 한국인 학교는 중국인이 세운 학교보다 많았는데, 기독교계가 설립한 이들 학교의 교사 대부분은 서전서숙에서 수업받은 학생들이었다. 망명자들은 그들이 간난신고를 겪으며 운영하는 학교에서 뛰어난 인재가 배출되기를 간절히 기대해 마지않았다. 난세를 구할 위인 대망론이라고나 할까. 육순의 노유老儒 김대락은 「권유문」에서 이렇게도 말했다.

책상에 앉아 부지런히 공부하여 정신을 깨우치고 국혼을 일으킨다면 보잘것없는 이 학교에서 서양의 장군이나 재상 같은 인물이 나올 것이며, 동쪽의 작은 반도에서 서양같이 발전한 모습을 볼 것이니, 찬찬히 서양을 본받아 도탄에서 어린 백성을 구하고 분연히 적국을 제압하여 조상의 뒤를 이어 부끄럽지 않게 해야 할 것이다. 그리고 개선하는 날에는 우리집 우리나라로 돌아가며, 세계가 평화롭게 된 후에는 저들은 저들대로 우리는 우리대로 살아야 할 것이다.

얼마나 드높은 이상인가. 뒤바보라는 별명으로도 글을 쓴 북우北愚 계봉우는 자신이 교사가 된 이유를 다음과 같이 감동적으로 말하였다.

태평천국 망명객이 뿌린 씨가 손일선(쑨원)의 어린 뇌에 뿌리를 깊게 박고 거기에서 눈이 돋아 줄기가 되고 가지가 되고 잎이 되어서 만주족에게 빼앗겼던 강토를 다시 회복하는 열매가 되리라고 누가 생각이나 하였던가? 내가 외지에 나와서도 교편을 잡으려는 목적이 여기에 있었다.
—계봉우, 「꿈속의 꿈」 (상), 146쪽.

그러나 교사 노릇을 한다는 일은 쉽지 않아서 완고한 촌민 때문에 교사들은 뜻밖의 횡액을 당하기도 했다. 북간도 교육회에서 교육 권장을 하러 나온 한 사람은 마패 지방에서 결박을 당하고 곤장을 맞았다. 노루바우(장암동獐巖洞)에서는 결박당한 채로 우차에 실려 용정 일본영사관으로 끌려가다가 중국인 마순馬巡(경찰)에게 구조되었다. 학교라면 무조건 반대하는 고루함 때문이었다.

그런데 그 노루바우에서 학교가 열리고 교회가 설립되었다. 1920년 경 신대학살 때 바로 이 장암동이 겪은 참상은 선교사 마틴에 의해 세상에 널리 알려졌다. 10월 30일 일왕 요시히토嘉仁의 생일인 천장절에 장암동에서는 높이 쌓아올린 곡물이 불타고 끌려나온 촌민들은 늙은이건 어린아이건 눈에 띄는 대로 사살되었다. 그 와중에도 숨이 붙어 있는 사람이 있다면 일본군은 짚을 덮고 불로 태웠다. 열심히 배워 애국열이 강했던 것이 이와 같은 참상을 불러왔던 것이다.

신흥무관학교의 경우 눈바람에 살을 에이는 듯한 혹한에도 아침마다 초모자를 쓰고 홑옷을 입은 윤기섭 교감이 늠름한 기상으로 체조를 시켰고, 교장 여준은 조회 시간에 애국가와 교가를 우렁차게 부르는 학생들 앞에서 두 눈에 망국한의 뜨거운 눈물을 흘리곤 했다. 북간도 교사들도 월급을 받으려는 생각은 아예 없었다. 조밥이라도 굶어 죽지 않을 만큼 먹이고 광목이라도 벗지 아니할 만큼 입힌다면 언제까지든 가르치기로 결심한 사람들이었다.

신흥무관학교의 식당 식탁에는 가축용이 섞인 누렇게 뜬 좁쌀과 콩기름에 절인 콩장 한 가지가 주식과 부식으로 놓였다. 북간도 학교 식탁에는 물에 말면 뉘가 절반이나 뜨던 조밥이 옥수수죽으로 변하였고, 홍로배의 벼락김치가 된장으로, 또 돌소금으로 변했다. 옷은 한 벌뿐이어서 봄이 오면 겨우내 입던 옷에서 솜을 빼고 몸살이로 입었다가 여름이 다가오면 그것의 안을 떼어버리고 홑옷으로 입었다. 신을 것도 없어서 맨발로 교실에 드나들었다. 뉘가 절반도 더 섞인 조밥에 된장이나 소금을 반찬으로 먹으면서 열 시간 이상 가르치는 것은 아무리 젊은 나이고 굶주림에 단련되었다지만 힘에 부치는 일이 아닐 수 없었다.

3. 정치 이념과 민족의식

서간도 독립운동자들은 자유를 위하여 교육을 받고 활동을 하였다. 그들은 또한 자치를 실시했으며 공화정을 당연시했다.

자유를 중시한 것은 신흥무관학교 교가와 신흥학우단 단가에서도 엿볼수 있다. 서간도에서 널리 애창된 신흥무관학교 교가의 마지막 구절은 "두팔 들고 소리 질러 노래하여라 / 자유의 깃발이 떴다"이다. 〈신흥학우단가〉에는 "4천 춘광春光 빛나오든 배달 내 나라 / 자유의 낙원을 지을 자 우리가 아닌가"라는 구절이 있다. 1914년에 만주 광성학교에서 발행된 노래집에 나오는 〈독립군가〉로도 알려진 노래에는 "개선문하 자유종을 떵떵울리고 / 삼천리에 독립기를 펄펄 날릴제"라는 구절이 나온다.

ㅣ 자유의 의미 ㅣ

1910년 이전, 자유에 대해서는 크게 보아서 두 가지 인식이 있었다. 현채의 『유년필독』에는 〈혈죽가血竹歌〉가 실려 있다. 그중 제25과課의 〈혈죽가〉는 "슬프도다 슬프도다 우리 국민 슬프도다 / 자유 국권 뺏기었고 금일 노예가 아닌가 / 이 나라 무슨 나라 파란波蘭(폴란드)과 애급埃及(이집트)이지 / 이 나라 무슨 나라 인도와 월남일세"라고 되어 있다. 제26과의 〈혈죽가〉에는 "삼천리 강토 이 나라 이천만 동포 이 백성 / 노예 되지 말고 국권 회복하세"라는 구절이 있다.

위 노래 어느 것이나 국가를 빼앗겨 이족의 압제를 받는 상황을 자유의 상실로 설명했다. 그러나 자유에는 그것 못지않게 중요한 다른 의미도 있었다. 신채호의 『이태리 건국 삼걸전』(1907) 「서론」을 읽어보자.

「이태리 건국 삼걸전」 신채호가 민족적 애국심과 자주독립사상을 고취하기 위해 역술譯述한 영웅소설로, 이탈리아 통일 과정에서 활약한 마치니, 카보우르, 가리발디의 일생을 그려낸 것이다. 속표지(왼쪽)에 융희 원년인 1907년에 발행했으며, 신채호 역술, 장지연 교열이 눈에 띈다.(출처: 독립기념관)

> 문명의 등불은 6주洲에 찬란하고 자유의 종은 사방에 요란한데, 우리는
> 무슨 죄이기에 홀로 이 지옥인고.

명백히 외국 또는 문명국은 자유를 누리고 있는데 우리나라는 자유가 없는 지옥에 살고 있다는 비판이었다. 신채호는 한국에 자유가 없다는 점을 지적한 데 머물지 않고 제국주의 국가가 평등과 자유, 정의가 있음으로써 강국이 되었다는 탁월한 인식을 보여주었다. 곧 강병이 향하는 곳에 정의가 무력하고 대포가 울리는 곳에 공법이 무용하니 오직 강권이 횡행하여 제국주의로 인해서 이 세계는 참담한 세계가 되었지만 현 세계는 또한 자유주의의 세계다, 이것은 바로 제국주의 유럽의 산물로서 이 자유주의로 인하여 영국혁명이 개가를 이루고 프랑스대혁명이 거대한 조류를 이루었

으며 미국이 독립하고 독일이 강대해지고 벨기에가 자립했으며 이탈리아
가 통일되었으니, 유럽이 강대해진 이유는 신성동맹을 깨고 자유의 공기가
가득 찼기 때문이라는 것이었다. 신채호가 말한 자유주의가 레세페르(사유
재산 보호와 기업의 자유를 옹호하며 국가권력의 간섭을 제한하는 경제정책)의 자
유주의가 아니고 시민혁명으로 쟁취한 정치적 자유를 가리킴은 물론이다.

　1910년대에 한국인은 남녀노소 따질 것 없이 모두 폴란드·이집트·인
도·월남처럼 이족의 압제하에 있었으므로 이러한 압제에서 한민족이 해방
되는 것, 곧 일제 침략자로부터 해방되어 한민족이 자유를 획득하는 것을
열망했음은 두말할 나위 없다. 더욱이 일제는 폴란드·이집트·인도·월남·
필리핀 등에 대한 백인 제국주의 국가의 지배와는 비교도 안 되게 그 지배
형태가 가혹하기 짝이 없었고, 그리하여 한민족은 일제강점기 내내 정치적
자유가 없는 지배 아래 놓여 있었다. 특히 3·1운동 이전에는 헌병과 경찰
을 전국에 배치하여 무단통치를 하면서 초보적인 집회의 자유, 결사의 자
유, 언론·출판의 자유조차 인정하지 않아 국내 전역이 감옥이나 다름없었
다. 그러기에 독립운동자들은 이러한 상태로부터 자유를 쟁취하기 위하여
온갖 희생을 무릅쓰고 독립운동을 펴나갔다. 그렇지만 서간도에서 얼마나
인간의 기본적 자유, 사상과 양심의 자유, 정치 활동의 자유, 노동운동 등
사회운동의 자유를 부여하려고 했으며, 자신들이 세우려는 국가에 어느 정
도의 자유가 필요하다고 느꼈는지는 잘 알 수 없다.

| 원리적인 자유·평등주의 |

　생각해보면 일제의 통치가 가혹했기 때문에도, 또 진선진미한 국가를 세
우겠다는 독립운동자들의 이상주의적 경향 때문에도 정치적 자유에 대해
구태여 자세히 언급할 필요가 없었는지도 모른다. 게다가 서간도 지역은

자치가 잘 이루어지고 있었는데 이러한 자치에는 상당 수준의 자유와 민주주의를 동반할 수밖에 없다. 공화정에 대해 말하자면, 신해혁명 이후 만주 땅에도 민국이 성립된 상황이었으므로 신흥무관학교 관계자들은 공화정을 자명한 정치체제로 받아들였다. 민주주의에 대한 언급을 찾기 어려운 것도 공화정과 비슷한 것으로 생각했기 때문인지, 또는 아직 세계적으로 민주주의 사상이 그다지 보급되지 않았기 때문인지는 잘 알 수 없다.

서간도 지역 이주민은 평안북도 사람들부터 경상도 사람들까지 문화와 습속에서 꽤 달랐고, 또 이주해 정착한 곳에서는 거의 모두가 어쩔 수 없이 중국의 정책 때문에 소작민의 처지였지만 '신분' 면에서 차이도 적지 않았다. 이 같은 특성으로 인해 원만하게 자치를 행하려면 이해와 협력, 양보가 필수적으로 따라야 했고, 그것은 자유와 민주주의로 구체화되었다. 1911년 경학사를 조직할 때 추가가 대고산에서 군중이 모여 민주주의적인 노천회의를 열었던 것도 이주민 사이에 협조와 자발성을 최대화하기 위한 점이 작용한 것이었다.

서간도 지역에서 자유나 권리, 민주주의 같은 사상이 활발히 논의되지 않았던 것은 이주민 사회가 한편으로는 복잡하게 구성되어 있으면서, 다른 한편으로는 그러한 문제가 제기될 필요를 별반 느끼지 않을 만큼 단순한 사회였기 때문이라는 점도 있었다. 다시 말해 이주민들이 생활하는 데 그러한 문제의식을 가질 계기가 별로 없었던 것이다. 그런데다 아직은 국가를 건설할 수 있는 상황이 아니었다는 점도 그것에 대한 관심을 크게 일으키지 못했을 것이다.

서간도 지역에서의 자유와 민주주의, 평등에 대해서는 김산과 이회영의 발언이 참조된다. 삼원포 등지에서 생활했고 합니하 신흥무관학교을 다녔던 김산은 삼원포를 진정한 자치제가 실시된 조그마한 민주적 도시로 묘사했다. 절제된 민주적 도시라고 부르는 것이 더 정확하지 않을까. 김산은 신흥무관학교에 다니는 학생들이 "자유를 위해서는 무슨 일인들 못할쏘냐"는 감격적인 분위기에 젖어 있었다고 회고했다. 이 말만으로는 자유의 의미가 잘 들어오지 않는다. 그런데 김산은 뒤이어 「톨스토이로부터 마르크스에로」라는 절에서 다음과 같이 토로했다.

> 모든 한국인들이 단 두 가지만을 열망하고 있었다. — 독립과 민주주의. 실제로는 오직 한 가지만을 원했다. — 자유. 자유란 말은 자유를 알지 못하는 사람들한테는 금덩어리처럼 생각되었다. 어떤 종류의 자유든 그들에게는 신성한 것으로 보였던 것이다. 일제의 압제로부터의 자유, 결혼과 연애의 자유, 정상적이고 행복한 삶을 살아갈 자유, 무정부주의가 그토록 호소력을 가질 수 있었던 것은 이 때문이다.
>
> —님 웨일즈 지음, 조우화 옮김, 『아리랑』, 113쪽.

초기 독립운동 기지 건설운동을 이끌어간 지도자로서 망명자들의 서간도 정착과 신흥무관학교 건립에서 잊을 수 없는 인물인 이회영은 1922년 겨울에 "사람은 자유평등한 생활을 목적하고 그것의 실현을 위해 노력하는 것"이라는 신념을 세웠다. 그의 무정부주의는 이러한 사고를 발전시키면서 형성되었다. 그는 중국에서 활동하는 한국인 무정부주의자 원로로서, 많은 젊은 무정부주의자들이 그를 따랐다. 무정부주의에 대한 그의 다음과 같은 관점은 독립운동자들이 자유와 평등을 어떻게 생각했는가를 이해하는 데 도움을 준다.

나는 본래 벼슬을 원치 않은 사람이요, 불평등한 신분제도도 본래 반

대하던 사람이다. 독립을 하자는 것도 나 개인을 위한 영욕에서가 아
니라, 전 민족이 평등하고 자유로운 행복된 생활을 다 같이 누릴 수 있
게 하기 위해서이니만치 그 목적을 달성하기 위해서 알맞은 제도와 조
직과 구조를 생각한 끝에 얻어진 결론이니까 이것은 나의 일관된 사상
이요, 나의 독립운동의 방향이라고 나는 믿는 까닭에 이런 나의 생각이
무정부주의 사상과 공통된다고 하여서 나보고 사상적 전환을 하였다고
하는 그런 의견에는 나는 수긍할 수가 없다. 따라서 사심이 없이 공정
무사한 민족적 양심을 지닌 사람이라면 당연히 나와 같은 주장을 가질
것이라고 생각하는 바이고 ⋯⋯.

—이정규, 「우당 이회영 선생 약전」, 47, 54쪽.

김산의 증언은 1930년대 중반에 발언한 것이며, 3·1운동 이후의 시기에
대한 것이다. 그렇지만 청년 학생들의 경우, 명료하지는 않았을 수 있지만
김산이 말한 바와 비슷하게 자유를 생각했을 가능성은 크다. 후술하겠지만
그 점은 신흥학우단에서 혁명을 강조했던 데서도 엿볼 수 있다. 이회영의
발언도 무정부주의자가 되면서 밝힌 생각이기 때문에 3·1운동 이전의 독립
운동자들이 그와 비슷하게 자유와 평등, 민주주의를 생각하고 있었다고 단
정하기는 어렵다. 그러나 망명자 사회는 원초적으로 혁명적 성격이 있었다.
자유와 평등, 민주주의에 대한 사고는 1920년대 이후 더욱 깊어지고 풍부
해졌지만 1910년대에도 상당히 자리 잡고 있었다.

근현대 한국인들의 사상은 많은 경우 상호 모순되기도 하는 여러 사상이
서로 얽혀 혼재했고, 피상성이나 추상성이 강하고 절충적이며, 상황적 분
위기에 대단히 민감했다. 철학적 일관성이나 기반이 약하고 구체적 내용이
풍부하지 못하며 내재적 필연성도 탄탄하지 못했다. 독립운동자들도 상당

부분 그러한 면을 지니면서 원리적으로 자유를 열망했고, 평등주의자였다. 이 점에서 공산주의자로 활동하기도 하고 무정부주의자로 활동하기도 했지만, 이회영의 말이 시사하듯 근저는 비슷한 사고에서 출발한 경우가 많았다. 그 점이 왜 3·1운동 이후 독립운동자들이 사회주의적 경향을 강하게 띠게 되었는지를 설명해준다.

| 민권에 대한 이해 |

노비 문제는 자유·평등·민권 등과 관련해 시사하는 바가 적지 않다. 1894년 갑오개혁에서 사노비를 혁파한다고 공표했으나 솔거노비가 해방된 것은 상당히 오랜 시간이 지난 뒤에야 가능했다. 그것은 여러 가지 이유가 있어서였지만 혁신적이고 개화에 앞선 사람들조차 솔거노비 문서를 1910년을 전후한 시기에 들어와서야 불태웠던 데서 짐작할 수 있다.

이회영은 불평등한 신분제도를 일찍부터 반대했다고 말했는데 언제부터인지 정확히 명기하지는 않았지만 "약관 때 벌써 차별적 신분제도에 반기를 들어 노비, 이서吏胥와 적서의 차별 철폐를 몸소 실천하여 언어 호칭에서부터 서로 경어를 썼으며, 개가 재혼을 장려"했다고 한다. 그가 누이를 개가시킨 일에 대해 이조판서였던 부친(이유승, 1835~1906)이 찬탄했다고 하는데, 이로 미뤄보면 상당히 빠른 시점 같다. 그가 과부가 된 누이를 개가시킨 일은 권문세가나 양반들로부터 반발을 샀다. 이은숙이 "우당장한 분이 옛 범절과 상하 구별을 돌파하고, 상하존비上下尊卑들이라도 주의만 같으면 악수하고 동지로 대접하였다"고 기술한 것을 보면 이회영의 다른 형제들은 상대적으로 늦게서야 노비를 철폐한 것으로 추측된다. 이는 1908년경 이회영이 규룡 등 다섯 종형제의 머리를 자르고 학교에 입학시켰을 때 처음에는 이석영이 꾸짖었다는 데서도 미루어 짐작할 수 있다. 뒤에서 살펴보겠지만 이회영은 첫 부인이 세상을 떠난 후 이은숙과 재혼할 때도 그야말로 '혁명적'인 모습을 보여주었다.

지방에서 노비를 폐지하는 일은 더 어려웠을 것이다. 척사유림 세력이 강했던 안동의 경우, 개화에 앞장서고 협동학교를 세웠던 유인식도 1908년에 가서야 노비를 해방했다. 노비 해방에는 대단한 결단이 필요했다. 협동학교를 세울 때도 부친과 스승의 배척을 받았던 것을 보면 그가 노비를 해방했을 때는 안동 유림들로부터 비난을 크게 받았을 것이다.

이상룡이 노비를 해방한 것은 1910년 말경이었다. 그의 행장에는 "1910년 11월(음력일 것임) 황만영·주진수 등으로부터 양기탁 등의 도만 계획을 듣고 서간도행을 결의하여 처남인 백하 김대락과 함께 가산을 정리했으며, 노비문서를 불태운 뒤 (그들을) 양민이 되게 하였다"라고 기록되어 있다.

서간도로 간 유력 가문 가운데 가장 늦게 노비를 해방한 집안은 선산 임은의 허씨들인 듯하다. 1915년 음력 3월 야반에 허은 일가 수십 명이 도주하다시피 하여 고향을 떠날 때 집집마다 그동안 데리고 있던 종들이 함께 가지 못하는 아쉬움을 달랬고, 그래서 헤어져야 할 시간이 되자 주인들도 울고 종들도 울었다고 허은은 기술했다. 허은 가족보다 이른 1913년에 허위의 부인은 맏아들, 셋째아들과 함께 만주로 떠날 때 열두 살 난 여종을 데리고 갔다. 허씨들은 노비들을 온정적으로 대했다. 허위 부인은 데리고 간 여종을 딸이라 속이고 결혼시켜 나중에 그 사실을 안 '사위'에게서 항의를 받았다.

이상룡과 김대락은 혁신유림으로서 대한협회 지부 창설과 활동, 협동학교 지원 등을 통해 안동에서 '개화'운동을 주도했다. 그러나 그들이 혁신유림으로 변모한 것은 조동걸이 지적한 대로 1908년경이었다. 그전까지 이상룡은 척사적 이념을 지니고 의병 투쟁을 벌였는데, 이때 김대락도 많이 도왔을 것이다.

이상룡은 「대한협회 안동 지회 취지서」(1909)에서 국이라는 것은 민이 공공적으로 산출한 것이고, 민은 국의 주인(夫國 民之公産也 民 國之主人也)이라 설파하고, 문명국에서는 국사를 민이 다스리고 국법을 민이 정한다고 지적했다. 그런데 한국은 압제로 인해 자유가 없고, 의뢰심에 병들어 독립의 의지가 없으며, 국가 보기를 군주의 사유물로 안다고 비판했다. 그러나 이 취지서에서 이상룡은 민의 위치를 문명국에서의 민과 같은 차원으로 설정하고 있지는 않다. 그는 의회나 농회·상회商會·공회工會 같은 곳에서 시무를 강습하고 실업을 연구하고 민지民智를 계발하여 안으로 부강한 국가를 만들고 밖으로 경쟁에 대항하는 것이 일반적으로 통행되는 규칙(通行之規)이라 하여 시무 강습, 실업 연구, 민지 계발이 중요하다는 것을 시사했을 뿐이다. 그가 말하는 의회도 구체적으로 더 이상 설명하고 있지 않아 명확하지 않지만, 국민의 대표들이 모인 곳이라기보다는 "대한협회는 대한국민정당의 모임(大韓協會者 大韓國民政黨之會也)"이라는 말이 암시하듯 '국정을 논의하는 중요 단체나 정당의 모임'을 가리킨 듯하다. 행장에 따르면 대한협회에서 이상룡은 민덕·민지·민기民氣를 중시했다. 민덕·민기가 전통적인 유교 덕목임을 감안하면 이 시기에 이상룡은 민지에 대해 관심이 컸고, 아직 민권이나 자유의 문제는 그다지 많이 생각하지 않았음을 알 수 있다.

그렇지만 만주로 떠나기 이전에 쓰여졌을 가능성이 있는 「합군집설合群輯說」에서 이상룡이 루소의 계약설을 소개하면서 계약은 평등의 자유권에 의해 이루어지는 것이고 일부일처의 결혼도 상호 승인 아래 계약에 의해서 이루어진다고 주장한 것은 진보적 견해임이 틀림없다. 그러나 국민의 주권 행사를 부정적으로 보았으며, 주권을 국가의 수장에게 의탁하여 헌법에 따라 정치해야 한다고 주장했다. 그는 안동에서 만주로 가는 과정을 그린 「서사록」에서도 영국의 선비 토머스 홉스가 계약을 정치의 본으로 삼고 중인衆人의 공동체로 나라를 세운 이치를 안 것은 탁월한 견식을 보여주는 것이라고 평가하고, 군주전제정치를 맹렬히 비난했다. 그리고 민권을 보호하는 의의에 대해 인군人君 된 자는 깊이 알고 반성하여 실행해야 한다고 역설했다. 영국과 같은 입헌군주제가 아니라 군주의 역할이 중시되는 입헌군주제에 기울어져 있음을 알 수 있다.

이상룡·김대락 등 혁신유림은 1908년 이래 무섭게 자신을 변화시켜가고 있었다. 이와 같이 놀랍게 자신을 혁신할 수 있는 기본적인 힘은 그들이 척사적인 활동을 벌이고 있을 때도 큰 변화가 있지 않으면 위기를 타개할 수 없다는 인식 아래 끊임없이 새로운 이념과 방책을 암중모색했기 때문일 것이다.

이상룡은 1910년대 중후반에 자신계自新禊를 조직한 바 있다. 날로 자신을 새롭게 해야 한다는 것이 기본 취지였는데, 이러한 주장은 전근대 시대에도 진취적인 유학자들이 내세웠다. 그러나 「자신계 취지서」에서 중국이 혁신된 뒤 국세를 점점 떨치고 민기民氣가 군건해진 것은 우리가 가장 흠탄할 바라는 지적은 시사하는 바가 적지 않다. 이는 한편으로 공화제 지지를 명백히 표현한 말인데, 그와 함께 국가 제도나 사회체제가 혁신된 것을 지지하는 말이기도 하며, 또한 과거보다 적극적으로 민권이 신장된 것을 지지한다는 의미로 해석할 수도 있다. 이상룡은 부민단이 삼권분립의 틀을 갖추고 정부 규모의 자치를 시행했다는 사실에 대해 문명 행위로 여겨 흡족해했다.

앞서 신흥무관학교 관계자들이 주도권을 쥔 후기 통의부에서 강령으로 민권 신장을 민지 계발, 민력 증진, 민심 단결보다 앞에 내세웠음을 보았는데, 이상룡이 국무령으로 상해에 갔을 때 한 발언은 1910년대보다 한층 폭이 커졌음을 알 수 있다. 단적으로 민중적 토대를 공고히 하여 모든 일을 민중 본위로 해야 한다는 그의 주장은 주목받을 만하다. 그렇지만 혁명적 정신을 가져야 한다고 피력하면서, 그것은 가장 철저하고 건강하고 용감한 것, 곧 백절불굴의 의지를 가리킨다고 해석한 것은 왕양명의 사상으로부터 영향받은 듯한데, 혁명의 정신적 측면을 주로 강조했을 뿐 사회적·정치적으로 해석하지 못했다는 점에서 한계를 갖는다.

김대락은 1845년생으로 이상룡보다 열세 살이나 위지만 어떤 면에서는 더 진보적인 면을 보여주기도 했다. 그러한 모습을 엿볼 수 있는 대표적 글이 「권유문」이다. 이 글은 "금석은 깨질지 몰라도 자유를 향한 열정은 깎아낼 수 없고 큰 쇳덩이가 앞에 있어도 진보하는 단체를 막을 수 없다"라는 서두에서부터 노유老儒답지 않게 대단히 파격적이다. 그는 "오늘날 세계의 대세를 보건대 서양이 가장 앞섰는데, 따라서 서양의 지식을 다른 나라가 갖지 못하였고, 서양의 발전을 다른 나라가 따라갈 수 없었다. 이는 천하가 어둠 속을 헤매고 있을 때 서양은 먼저 깨어나서 문명을 밝힌 것이니, 동양이 서양을 숭배하고 서양이 동양을 압도하는 것은 조금도 이상할 것이 없다"라고 피력했다. 동도서기식으로 서양을 이해한 것이 아니라, 서양의 우위를 전면적으로 이해하고 이러한 서양의 문명을 하루빨리 배워서 익혀야 할 것으로 설정한 것이다. 급진적 사고의 개화파 못지않은 적극적인 주장이었다. 그의 관심 영역은 군사·과학·역법·측량·광산·산업 등에 머물지 않았다. 정형政刑과 풍속도 배워야 한다는 것이었다.

김대락은 「공리회 취지서」(1913)에서도 "평등의 권리는 천한 사람에게까지 미치고, 자유의 종소리는 부인과 어린이에게까지 미쳤다"고 피력하여 평등의 권리와 자유가 두루 미치는 현상을 긍정적으로 보았다. 더 나아가 「분통가」에서는 헌법정치·공화정치를 따르는 데도 찬성했다.

김대락의 정치 이념에 대해서는 더 연구해야겠지만, 그의 사상 역시 전통적인 유림 의식과의 공존 속에서, 그리고 시대 조류의 일정한 한계 속에서 진취적으로 참여했다는 점을 「권유문」이나 「공리회 취지서」, 「분통가」 등을 읽으며 떨쳐낼 수 없다. 그것은 『백하일기』 전체에서 느낄 수 있는 것이기도 하다. 예컨대 「분통가」에서 "사민四民 중에 선비 되니 그 아니 다행한가 / 효제충신 근저 삼고 인의예지 배박坯樸(기본)이라 / 사서육경 기둥 삼아 시부표책詩賦表策 공부로다"라고 노래한 것은 중세인의 모습과 그다지 다르지 않다는 인상을 준다.

| 망명자 장년·청년 세대의 사고 |

이상룡·김대락을 망명자 원로 세대라고 한다면, 함께 망명한 그들의 아들들은 장년 세대, 손자들은 청년 세대라고 부를 수 있을 것이다. 이들은 1910년대에 어떠한 세상을 만들려고 했을까? 그런데 그에 관련된 자료가 마땅치 않다. 다만 1920년대에 어떤 세상을 만들려 했는가는 유추해볼 수 있는 자료가 있다. 장년 세대, 청년 세대는 만주 등지에서 1920년대 이후 사회주의운동에 뛰어들었다. 쇠와 돌은 갈아내고 깨어버릴 수 있을지 몰라도 자유를 향한 열정은 깎아낼 수 없으며, 태산이 앞에 있더라도 진보는 막을 수 없기 때문이 아니었을까.

이상룡의 외아들 이준형은 만 53세가 되는 1928년, 한국과 중국의 대일 공동 투쟁에 동참하기 위해 중국공산당 만주성위원회에 들어가 반석현 책임자가 되었다. 이상룡의 조카 이광민은 재만농민동맹, 송강청년총동맹 등에서 활동했는데, 모두 사회주의를 표방한 단체였다. 이광민의 아우 이광국은 신흥청년회 간부로 남만청년총동맹을 조직하는 데 참여했다. 1924년에 조직된 이 단체는 철저한 계급의식과 공고한 조직적 단결로 합리적인 신사회를 건설할 것을 목표로 내세웠으며, 계급혁명을 위해 헌신적으로 투쟁할 것을 서약했다. 장기간에 걸쳐 가장 오랫동안 사회주의운동을 전개한 사람은 이준형의 외아들이자 이상룡의 손자인 이병화였다. 그는 남만청년총동맹에서 활동했으며 1930년대에 귀국하여 해방 직후까지 사회주의자로 활약했다.

김대락의 아들 김형식은 1944년 독립동맹에서 파견한 이상조로부터 독립동맹 북만 지구 책임자로 위촉받아 활동했다. 해방 후 그는 김두봉의 초청을 받아 평양으로 가서 혁명자 후원회장이 되었으며, 1948년 4월 19일 평양에서 남북제정당·사회단체대표자연석회의가 열렸을 때는 최고령자로 개회사를 낭독했다. 그는 금강산에서 정양 중이던 1950년 가을, 한국전쟁의 전화가 북으로 미치자 구룡폭에서 스스로 목숨을 끊었다(74세).

이처럼 이상룡·김대락의 아들, 조카, 손자 및 안동 지역 출신 청장년들이 1920년대 사회주의운동에서 일역을 맡았는데, 이는 그들이 1910년대에도 이상룡·김대락 등의 원로 세대와는 사고나 정치 이념에서 상당이 달랐으리라는 점을 시사한다. 독립운동자의 정치 이념을 고찰할 때 이와 같이 세대 차는 중요한 의미를 가질 수 있다. 그렇지만 이광민·광국 형제나 이병화 등이 사회주의자로 활약할 수 있었던 것은 이상룡이 그것을 '이해'하는 태도를 보여주지 않았더라면 쉬운 일이 아니었다. 이 점과 관련해서도 이상룡 등 만주 망명자 원로 세대의 사상의 폭이나 유연성을 조명할 필요가 있다.

| 혁명에 대한 이해 |

한 가지 더 검토할 것이 있다. 1910년대 서간도 청년 학생들은 혁명을 대단히 중시했음에도 불구하고 그들이 그 개념을 어떻게 파악했는지 알 수 있을 만한 자료는 의외로 적다.

신흥학우단에서 중시한 활동 목표 중 하나가 혁명 이론의 선전이었다. 그것은 『신흥학우보』에서도 똑같이 중시되었다. 신흥무관학교 졸업생과 재학생, 서간도 지역 청년들은 혁명 이론의 보급에 힘썼다.

청 제국을 붕괴시키고 공화국을 세운 것을 혁명으로 알고 있었던 것은 비단 청년 학생들뿐만 아니라 이상룡·김대락 등 원로 세대도 같았다. 1920년대 이후에는 신흥청년단원들처럼 독립운동자 대부분이 자신들을 혁명가로 자임하고 있어서 이회영의 부인 이은숙이 이준의 부인 이일정을 만날 때 자연스럽게 피차간에 혁명가족이라는 생각을 하고 있었다. 훗날 이은숙은 이회영의 시신을 화장해서 장례를 치를 때 "슬프도다. 영웅 열사의 마음 천지를 뒤집어보고자 한 것인데"라고 당시의 심정을 기술했는데, 당시 독립운동자들, 곧 혁명가들은 대개 영웅 열사의 마음으로 천지를 뒤집어보고자 했을 것이다.

신흥학우단원을 비롯한 청년들은 청 제국을 붕괴시키고 공화국을 세운 것과 같은 정치 이념을 당연하게 받아들일 사상으로 생각했을 가능성이 많다. 또, 일제의 억압 통치를 뒤집어엎고 새로이 자유평등한 사회를 건설하겠다는 뜻을 품고 있었을 것이라고 짐작할 수 있다. 하지만 그것을 더 구체적으로 논의해야만 그들의 정치 이념이 명료히 밝혀질 수 있을 것이다.

『신흥학우보』제2권 제2호에는 신년을 맞아 신사상을 고취하고 신사업을 진작하자는 주장이 나온다(8쪽). 또 이 잡지에는 한 필자가 "우리 자신의 개량 없이 전국의 개량을 바람은 헛것이며, 우리 자신의 혁명 없이 전국의 혁명을 꿈꾸는 것은 실없는 일임을 의심하지 마시오"라고 쓴 글도 나온다. 전자는 편집인이 쓴 신년 논단이므로 신흥학우단의 견해와 시각차가 크지 않을 터인데, 이 글만으로는 신사상과 신사업이 무엇을 의미하는지 머리에 잘 떠오르지 않는다. 후자의 경우에도 '우리 자신의 혁명'이나 '전국의 혁명'이 무엇을 가리키는지 명확하지 않다.

이 잡지가 발간된 1917년에는 서간도 지방에도 사회주의가 유포되었을 가능성이 있지만, '신사상'이나 '전국의 혁명'이 사회주의와 직접 관련 있을 것 같지는 않다. 그보다는 자유평등의 사상, 근대의 인권 또는 민권에 관한 사상을 가리킨 것이고, '전국의 혁명'도 그러한 것들이 보장되는 사회의 실현 또는 국가의 건립을 의미하지 않을까. 1910년대에 그들이 주창한 혁명은 낡은 습관, 사상을 털어버려 자신의 정신과 생활을 크게 새롭게 하자는 것이었고, 명료히 드러내지는 못했지만 과거의 전제정치 또는 군주정치를 배격하고 자유·평등·민권이 보장되는 공화정이나 민주주의 정치를 하자는 것이었다. 대체로 반봉건 부르주아민주주의혁명 또는 시민혁명에 가까운 것이었다.

4. 애국정신·민족의식의 고취

1910년대 독립운동자들은 원로층이건 청장년층이건 자유와 평등의 정치 이념이나 인권·민권에 대한 문제보다는 좌절하거나 절망하지 않고 애국애족 정신, 민족의식을 굳건히 가지면서 독립투쟁 의지를 확고히 다지는 것을 더 중시했다. 더욱이 신흥무관학교에서는 군사교육에 많은 시간을 할당했지만 무기가 변변치 않았고, 또한 일제와 무장으로 맞서는 데는 한계가 있다고 느꼈기 때문에 막강한 일제의 무력에 굽히지 않고 싸울 정신적 힘을 강조하지 않을 수 없었다. 그래서 정신교육에 각별히 힘을 기울였다.

그런데 놀라운 것은 신흥무관학교 학생과 졸업생들은 당대 한국인들의 정신 상태와 살아가는 행태를 지극히 비관적으로 보았다는 점이다. 신흥무관학교 교가에는 "칼춤 추고 말을 달려 몸을 단련코 / 새론 지식 높은 인격 정신을 길러 / 썩어지는 우리 민족 이끌어내어 / 새 나라 세울 이 뉘뇨"라는 구절이 있다. 독립운동자들은 한민족에 긍지와 자존심을 불어넣으려고 노력했기 때문에 개인적으로는 혹독히 비판해도 공개적으로는 대개의 경우 한민족을 미화하는 경향이 있었다. 그런데 다른 것도 아닌 신흥무관학교 교가에, 더구나 서간도에서 무척이나 애창되었던 노래에 어떻게 "썩어지는 우리 민족 이끌어내어"라는 말이 들어가 있을까. 그뿐만이 아니다. 1916년경 작사된 〈신흥학우단가〉에도 "굳은 마음 참된 정성 힘을 다하야 / 썩어진 민족의 새 영광 나타내이여라"라는 구절이 들어가 있다.

| "썩어지는 민족" "썩어진 민족" |

'썩어지는 민족', '썩어진 민족'이 서간도에 사는 한국인 이주민을 가리킨다고 보기는 어렵다. 1910년대 서간도 주민들은 다른 지역 이주민들에 비해서도 놀라울 만큼 자치가 잘 되었고, 신흥무관학교를 비롯하여 수많은 학교를 꾸려나가는 데 헌신적으로 협조했다. 따라서 '썩은 민족'은 이들이 서간도에 망명하거나 이주하기 이전에 체험 또는 목도했거나 전해오는 이야기를 통해 들은 국내 동포를 가리킨다고 보아야 할 것이다.

루쉰은 중국이 삼분오열의 위기를 맞은 배경으로 사대부를 포함한 중국인들의 총체적 노예근성에서 찾았는데 —루쉰에게 노예성의 자각은 근대 중국이 헤쳐 나가야 하는 것에 대한 자아비판으로서의 자기 인식이었다[3] —신흥무관학교 학생들과 신흥학우단원도 한국인들이 썩은 상태를 벗어나지 못하면 노예 상태에서 벗어날 수 없고 새 사회도 건설할 수 없다고 인식했다.

〈신흥학우단가〉 『신흥학우보』제2권 제2호에 실려 있다. 가사에 "굳은 마음 참된 정성 힘을 다하야 / **썩어진 민족**의 새 영광 나타내이여라"라는 구절이 들어 있다.(출처: 『한국독립운동사연구』 제5집, 독립기념관 한국독립운동사연구소, 1991)

안국선은 '썩어지는' '썩어진' 한국인의 모습을 『금수회의록』(1908) 서언에서 이렇게 묘사했다.

> 지금 세상은 인문이 결딴나서 도덕도 없어지고 염치도 없어지고 의리
> 도 없어지고 절개도 없어져서 사람마다 더럽고 흐린 풍랑에 빠지고 헤
> 어 나올 줄 몰라서 온 세상이 다 악한 고로 ……

인문이 결딴나 더럽고 어둡고 어리석고 악독하여 금수만도 못한 사람들은 일반 대중 속에도 있었다. 이 사람들은 외국 병정이 부인을 욕보여도 성낼 줄 몰랐다. 남의 압제를 받아 살 수 없는 지경에 이르렀어도 깨달아 분노하는 마음이 없었다. 남에게 그렇게 욕을 당해도 노여워할 줄 모르고 종노릇하기만 달게 여기며, 관리에게 무리한 압박을 당하여도 자유를 찾을

생각이 도저히 없으니, 창자 있는 사람이라고 할 수 없었다. 그런데 창자 없는 게(無腸公子)도 남이 나를 해치려 하면 죽더라도 가위로 집어서 한 번 물고 죽지 않는가.

창자 없는 대중보다 더 비난을 받는 사람은 착한 사람과 악한 사람이 거꾸로 되고 충신과 역적이 바뀌었다는 범주에 드는 자들이었다. 이들은 우리나라가 4천 년 래로 하루도 완전 독립한 적이 없고 우리나라 혼자의 힘으로는 도저히 자주할 수 없으니, 일본에 의지하여 자주하자는 해괴한 소리를 하고 다녔다. 그러면서 민영환·최익현·이준·김봉학이 단지 그 몸을 죽였을 뿐 나라에 이익된 바가 없는데, 송병준·이완용·박제순·이지용은 역시 한때의 영웅으로 눈앞에 부귀가 족히 넘쳐났다고 말하고 다녔다.

진실로 두려운 것은, 한국에는 역신이요 외국에는 충신인 권세가들이 횡행하여도 이상하게 보지 않을 뿐만 아니라, 종노릇하기만 좋게 여기고 자유를 찾을 생각이 도무지 없는, 뼛속 깊이 박힌 노예근성이었다. 염상섭은 「만세전」에서 3·1운동 이전 일제의 억압·감시 체제가 얼마나 지독한가를 체험적으로 잘 그려냈지만, 그보다도 한국인의 체념과 무기력을 뛰어나게 묘사했다. 한국은 이 소설의 원제목처럼 '묘지'나 다름없었다. 3·1만세운동이 한국인을 인간으로, 민족으로 살린 것이다. 신흥무관학교 학생들과 신흥학우단원들은 이처럼 '썩어진' 한국인을 살려낼 책무가 자신들에게 있다는 사명감을 가지고 있었다.

| 민족의식의 확대 |

나라도 없어지고 민족도 죽은 암담한 상황에서 독립의 깃발을 높이 들고 나라를 다시 찾을 사상을 떨치려면 특별히 정신을 가다듬지 않으면 안 되었다. 그러기 위해서는 우선 민족의식을 제대로 갖게 해야 했다.

1910년대에 만주 지방은, 1910년 이전에 비해 오히려 근대적인 민족의
식 자체를 찾아보기 쉽지 않았던 국내와 다르게 비록 원초적인 형태나마
강렬한 민족의식을 지니고 있었다. 한말 〈독립가〉에서 "이 인민 우리 인민
남의 인민 아닐세 / 이 강산 우리 강산 남의 강산 아닐세"라고 노래했던 것
처럼, 한말에도 소수의 한국인은 어느 정도 동포 의식을 갖고 있었고, 삼천
리 금수강산이 한국인 모두가 함께 살아가야 할 국토라는 관념이 있었다.

1910년대 만주에서는 여러 형태로 민족의식을 고취했다. 민족의식을 고
취하는 데 중요한 매개 역할을 한 것이 단군이었다. 이회영은 미국 하와이
에서 발행한 『국민보』에 우당이라는 이름으로 기고한 논설 「한국은 엇더한
인물을 요구하는고?」에서 "우리 단군의 신성한 유민 2천만은 한 사람도 루
락업시"라고 기술하고(1914년 5월 30일자), 역시 우당이라는 이름으로 『국민
보』에 기고한 「국긔」에서 "엇지 신성한 단군 유족이 일본의 기를 사랑하리
오"라고 말하여(1914년 6월 6일자) 한국인 2천만이 같은 핏줄임을 강조했다.
신흥무관학교 교가의 '우리 우리 배달나라', 〈신흥학우단가〉의 '배달 내 나
라'라는 구절도 단군을 상기시키는데, 한국인은 모두 단군 자손이고 단군
이 처음으로 나라를 세웠다는 의식이 만주 지방에는 꽤 널리 퍼져 있었다.
이러한 의식은 신흥학우단의 「선열의 시범」에 나오는 '조국'이라는 말이
시사하듯 근대적 국가 관념을 강화했을 것이다. 북간도와 서간도 여러 지
역에서 대종교는 '민족종교'로서 영향력이 컸다.

민족의식과 관련 있는 상징어도 발달했다. 신규식은 『한국혼』에서 "아사
달의 산언덕과 왕검성 옛터에 머리를 돌이킬 때마다 눈물이 흐름을 금할
수 없다"고 토로한 바 있다. 아사달, 왕검성 등이 상징어인데, 이를 통해 한
국 민족주의자들에게 얼마나 가슴 깊이 새겨져 있는가를 느낄 수 있다.

대표적인 상징어 중 하나가 백두산이었다. 신흥학우단원들이 중심이 되

신채호(1880~1936), 신석우(1894~1953), 신규식(1879~1922) 1919년 겨울, 상해 망명 당시 고령 신씨들이 한자리에 모여 찍은 사진이다. 신채호(사진 왼쪽)는 한국 사학을 근대적인 학문으로 이끌고 민족의식과 민족정신을 강화하는 여러 책들을 펴냈다. 신석우(사진 중앙)는 상해임시정부 교통총장을 지냈으며 1924년 귀국하여 조선일보사를 인수해 이상재를 사장으로 추대하고 자신은 부사장을 맡았다. 신규식(사진 오른쪽)은 신해혁명에 참여했으며, 독립운동 단체인 동제사를 조직했다. 상해임시정부에서 법무총장과 외무총장을 역임했다.(출처: 독립기념관)

어 1914년 충천하는 투지를 '조절'하기 위해 인적미답의 심산에 군영을 설치했을 때, 그 군영의 이름이 바로 백두산 서쪽이라는 의미의 백서농장이었다. 허은이 회상한 〈독립군가〉에는 "백두산 밑 푸른 언덕 길고 긴 동산 / 우리 민족 나고 자란 옛집이련만 / 오늘 와서 멸망의 지옥 이르니 / 아하오호 돌아갈 곳 어디단 말가"라는 대목이 있다. 한반도 전체를 "백두산 밑 푸른 언덕 길고 긴 동산"으로 표현했는데, 오늘날 종종 말하는 '백두대간'을 연상시키기도 한다.

『독사신론』과 『을지문덕』 신채호가 민족사관에 기반하여 서술한 『독사신론』은 기존의 기자, 위만으로 이어지는 역사 인식 체계를 거부하고, 단군에서 부여, 고구려로 계승되는 고대사 인식 체계를 제시했다. 오른쪽과 가운데 도판은 1908년 8월 27일부터 12월 13일까지 『대한매일신보』에 연재했던 것을 1911년 재미한인소년회에서 발간한 『독사신론』의 표지와 본문이다. 왼쪽은 1908년 발행된 신채호의 『을지문덕』 초판본 표지이다. (출처: 독립기념관, 대한민국역사박물관 근현대사 아카이브)

　　1910년대 만주에서 민족의식 또는 민족정신을 강화하는 데 중요한 역할을 한 것이 역사였다. 이미 한말에 신채호는 애국심을 가슴 깊이 심어주고 민족주의와 국가 관념을 갖게 하는 데 역사를 제외하면 다른 방법이 없다고 거듭 강조했다. 그러면서 『독사신론』과 『이순신전』, 『을지문덕전』, 『최도통전崔都統傳』 등을 썼고, 여성도 쉽게 읽을 수 있도록 『이순신전』 등 역사전기소설은 한글판도 발간했다. 박은식은 『한국통사韓國痛史』 서언에서 나라는 멸할 수 있으나 역사는 멸할 수 없다고 했다. 그는 또 이 저서의 결론에서 "역사가 보존되면 국가의 혼이 보존된다(史之所存 國魂所尊也)"고 피력하고, 그러므로 "국교와 국사가 망하지 않으면 그 국가도 망하지 않는다(故曰國敎國史不亡 則其國不亡也)"고 주장했다.

이상룡도 역사를 중시했다. 국가의 체통을 보존해주는 것이고 국민의 정신을 격려하기 때문이었다. 이상룡이 저술하여 신흥무관학교 교재로 사용한 『대동역사』는 남아 있지 않지만 이태형의 회고를 통해 내용을 유추해볼 수 있다. 그에 따르면 단군 천년, 기자 천년, 신라 천년, 고려 5백년, 조선 5백년으로 기술했던 것을 바로잡아 큰 줄기가 고조선-북부여-고구려-발해-고려-조선으로 내려오는 것으로 기술하고, 신라의 비중을 축소하여 서술했다고 한다.

이상룡은 다른 민족주의 사학자들과 비슷하게 북방 강역에서 펼쳐진 고대의 웅혼한 역사를 중심으로 한국사를 서술했을 것이다. 그는 단군의 혈통이 북부여·동부여·고구려로부터 3천 년간 연면히 이어져 내려왔다고 파악했고, 발해를 고구려의 왕통을 이은 한민족의 정통 국가로 주장했으며, 숙신과 왜국도 단군에 신속臣屬한 나라로 이해했다.

| 망명자 사회의 사명감과 쓸쓸함 |

학교에서, 또 동네 어른들에게 조국의 역사 이야기를 들을 때 망명자·이주민 사회의 청년들은 다음과 같은 말을 떠올리며 실타래처럼 얽히고설킨 갖가지 상념에 빠져들지 않을 수 없었을 것이다.

> 그렇지! 조선놈은 어데에서 나고 어데에서 자랐든지 변할 수 없는 조선
> 놈이니까 언제나 조선을 잊을 수 없고 잊지 않는 것은 당연한 일이었다.
> —계봉우, 「꿈속의 꿈」(상), 139쪽.

외적의 침입에 조국을 지킨 명장, 특히 안중근이나 의병장들의 항일투쟁과 그들의 장렬한 최후를 상기하면서 만주 벌판을 지날 때 청년들은 두 손

이 불끈 쥐어지면서 심장이 뜨겁게 고동치는 소리를 듣지 않았을까. 소년이라면 벌판에서 막대기라도 휘두르면서 다음과 같은 노래를 부르지 않았을까.

> 혈성대의 조국 정신 뼈에 깊이 잠기어 / 산은 능히 뽑더라도 그 정신은 못 뽑아 / 쇠는 능히 굽히어도 그 절개는 못 굽히어 / 장할세라 장할세라 혈성대의 그 절개 / 번개같이 활동하고 벽력같이 맹렬한 혈성대의 장한 기대 뉘가 능히 막을까.
>
> ─「혈성대」(『대한매일신보』), 『신대한국 독립군의 백만용사야』, 126~127쪽.

> 억만 대병 가운데로 헤치고 나아가 / 우리들의 총과 검을 휘휘 둘릴제 원수 머리 발 위에서 떨어지는 것 / 늦은 가을 나뭇잎과 다름없구나.
>
> ─「운동」, 『신대한국 독립군의 백만용사야』, 125쪽.

> 내 세간 다 떨치니 칼 한 자루뿐이로다. 천하 보물 많다 해도 이 내 칼을 당할손가. 진실로 한 번만 두르면 세상의 쥐무리들 실혼낙백失魂落魄.
>
> ─「사조詞藻」, 『신흥학우보』 제2권 제2호, 39쪽.

그러나 1910년대 서간도, 북간도, 시베리아의 청년 학도들에게는 맨주먹만 있을 뿐이었다. 따라서 사명감만이 투지를 계속 불러일으킬 수밖에 없었다. 신흥무관학교 교가, 〈신흥학우단가〉는 그러한 사명감을 고무시키는 데 주안점이 두어져 있었다.

칼춤 추고 말을 달려 몸을 단련코 / 새론 지식 높은 인격 정신을 길러

썩어지는 우리 민족 이끌어내어 / 새 나라 세울 이 뉘뇨.

—신흥무관학교 교가

사천 춘광 빛나오던 배달 내 나라 / 자유의 낙원을 지을 자 우리가 아닌가
종 설움 받으며 목숨 이어가는 / 2천만 생령의 인생길 인도할 이 뉘뇨
굳은 마음 참된 정성 힘을 다하야 / 썩어진 민족의 새 영광 나타내이여라.

—〈신흥학우단가〉

1. 나는 국토를 찾고자 이 몸을 바쳤노라.
2. 나는 겨레를 살리려 생명을 바쳤노라.
3. 나는 조국을 광복하고자 세사를 잊었노라.
4. 나의 뒤의 일을 겨레에게 맡기노라.
5. 너는 나를 따라 겨레를 지키라.

—신흥학우단의 「선열의 시범」

그렇지만 아무리 망명자 사회라고 해도 긴장 속에서만 살 수는 없었다. 낯설고 험한 만주에 와서 살다 보면 쓸쓸함, 허전함, 애처로움, 서글픔 등이 향수와 얽히게 될 터이다. 그러다 보면 눈물을 흘리는 때도 있었을 것이고, 갖가지 감상적 상념이 가슴에 파고들었을 것이다. 이 같은 감정과 상념이 배어든 자료는 남아 있는 것이 드물지만 다음과 같은 〈독립군가〉는 당시의 분위기를 얼마간 느끼게 한다.

동편에 뜬구름 바라볼 때마다 / 더운 눈물 뿌리기 몇 번이던가
형제들과 처자들 어찌 되었나 / 아직까지 쓴 목숨 이어가는지

| 절망이라는 병 |

망명자·이주민 사회에 늘 변함없이 민족정신과 투쟁 의지가 넘쳐흐른 것은 아니었다는 점에도 우리는 각별히 관심을 가져야겠다. 아무리 마음을 굳게 다짐해도 망명자 사회에서 젊은이들은 좌절과 절망을 느끼지 않을 수 없었다. 뛰고 노래하고 달음질하는 바깥 사회와 관계가 거의 끊긴 채 사는 생활도 그러한 좌절을 맛보게 했지만, 별로 희망이 없다는 것이, 요즈음 말로 하면 '비전이 잘 안 보인다'는 것이 무서운 적이었다. 이 점은 1917년 새해에 나온 『신흥학우보』 제2권 제2호의 여기저기에 스며 있는데, 변수진과 촌바위가 쓴 두 개의 글에 그 문제를 집중적으로 다루고 있다는 데서 문제의 심각성을 읽을 수 있다.

변수진은 「불만족」이라는 글에서 이전에 있었던 아름다운 기풍을 날로 잃어가고 있으며, 부랑배나 다름없는 일 없는 사람들이 반수나 된다고 지적하고, 대영웅·대호걸·대사업가를 다짐했던 것을 상기시키면서 "우리 이 참혹한 사회에서 무엇을 느끼리오. 만족이냐 불만족이냐. 불만족!! 불만족!!!"이라며 불만족에 대해 매우 강렬히 표현했다. 그는 "저 배고프고 헐벗음이나 면하면 주위 사정이야 어떠하든지 고식姑息의 만족을 취하는 자들이야 참 부끄럽도다"라고 일갈했는데, 다른 한편으로는 그러한 자들이 부럽다는 생각이 들 때는 없었을까.

「묵은 병을 새해에 고치라」는 글의 필자인 촌바위는 망명자·이주민 사회에서는 '남이 하면 나도 하여보자, 별 수 없다, 농사나 장사를 하여 목숨이나 위하여 벌어먹으면 그만이지'라고 생각하고 있다는 것을 시인했다. 변수진은 온 힘 온 마음으로 고전분투하면서 전진할 것을 당부하고 "우리 자신의 혁명 없이 전국의 혁명을 꿈꾸는 것은 실없는 일임을 의심하지 마시오"라고 말하여 자신을 끊임없이 혁명하라는 외로운 투쟁을 촉구했다.

촌바위는 변수진보다 더 직설적으로 망명자 사회의 어려움을 토로했다.

> 우리가 나라를 잃고 바다 밖을 나온 뒤로 우리 힘은 늘지 않고 모든 고
> 생과 온갖 슬픔은 심하여짐에, 오늘이나 시원한 일이 있을까 하면 어제
> 보다 더하며, 금년이나 일어날(투쟁할) 기회가 생길까 하면 금년이 작년
> 보다 아득하여 일구월심 근심이 쌓이고 연년세세에 부끄럼이 가득하여
> ⋯⋯　　　　　　　　　—촌바위, 「묵은 병을 새해에 고치라」, 『신흥학우보』 제2권 제2호.

답답한 심정이 비수처럼 꽂혀 있다. 그는 이렇게도 털어놓았다.

> 20세기의 불행한 우리들은 일루의 생명과 칠 척의 짧은 몸으로 희생을
> 치어 칼을 품고 바다 밖에 처하여 뜨거운 정성과 힘을 다하나 털끝만치
> 라도 되는 일이 없으며, 속에서는 화가 북받치고 뇌에서는 정신을 잡아
> 들이니 어찌 맘이 산란하고 뇌가 어지럽지 아니하리오.

많은 사람이 사명감을 저버리고 더러운 생각과 용렬한 마음으로 뜻이 변
하여 초로 같은 목숨을 구차히 보전하려 하는 것은 좌절과 절망이라는 병
때문이었다. 「경학사 취지서」에서는 "희망을 양식으로 삼아 먹지 않는 밥
에 스스로 배부르고, 곤란을 주춧돌로 삼아 여기 집 없는 집을 짓겠다"라
고 말하였건만, 좌절과 절망이라는 병은 삽시간에 이 사람 저 사람에게 괴
질보다 더 빠르게 전염시켰다. 어젯날 열심과 정성으로 가르치던 교육가가
오늘날 이 병에 걸리면 졸지에 뜻이 떨어져서 길게 탄식만 할 뿐이요, 어젯
날 피가 끓어 펄펄 뛰며 활동하던 혁명가가 오늘날 이 병에 걸리면 홀연히
그 마음 재가 되어 다만 땅을 치고 통곡할 따름이었다. 이 병은 독립운동자

사업을 방해하는 큰 마귀이고, 독립운동자 목숨을 위협하고 2천만 생명을 멸할 수 있는 박살병이어서 뿌리를 뽑지 않고 전염을 막지 못하면 필경 2천만의 생명을 다 죽이고 다 망하게 할 수 있었다.

망명자 사회에서 좌절과 절망이라는 병을 뿌리째 뽑아내기란 참으로 어려운 일이었다. 시기마다 심한 차이가 있기는 해도 일(사업)이 제한되어 있었기 때문이었다. 그 점은 상해 같은 도시에서 더욱 그러하였다. 그래서 뜻있는 청년들을 붙잡고 환경 좋은 데서 공부하여 장래에 유용하게 쓰임이 있도록 할 일이지 무엇 하러 이런 곳에 왔느냐고 선배 독립지사들이 말하는 경우도 드문 일이 아니었다.

| '그날'을 위해 |

망명자 사회의 지사나 청년 학생들에게 각오, 분발과 좌절, 절망은 수시로 교차될 수밖에 없었다. 그들은 어려움에 부닥치거나 위기에 봉착하거나 결단을 할 때 항우의 고사를 생각하며 압록강을 건널 때의 심정을 떠올리곤 했다. 이은숙이 회고했듯 낯선 땅 만주로 들어갈 때 그들은 상하 없이 애국심이 맹렬했고, 왜놈의 학대에서 벗어난 것만 상쾌하고, 장차 앞길을 희망하고 환희만만하지 않았던가. 그들은 조국이 해방되기 전에는 돌아가지 않겠다고 맹세하면서 노인을 앞세우고 만삭의 손부, 손녀에 사위, 어린 아이들까지 이끌고 망명길에 오른 사람들이었다.

그들이 신흥무관학교를 다니며 맨손으로 군사훈련을 받을 때 우리 청년은 역사의 주인이요, 대동大東의 원동력이라고 스스로 다짐했었다. 결단코 노예 생활을 할 수 없다는 독립불기의 뜨거운 열정은 1914년 조선총독부 조사단원이 합니하 신흥무관학교를 방문하기에 앞서 선발대로 온 정鄭 보조원이 이시영 집에서 일박할 때의 일화가 잘 드러내준다. 「국경지방 시찰 복명서」에는 그 부분이 이렇게 기술되어 있다.

> 야반에 생도 20여 명이 그 침소에 돌입하여와서 혹은 치고 혹은 찌르며 매도하기를 '너는 어째서 일본인에게 사역되느냐, 빨리 가래 하나를 휴대하고 우리들과 행동을 같이하라. 우리들은 배우고 또한 갈며(耕) 스스로 의식衣食을 하고 있다'고 하고 '너는 돌아가서 일본인의 수족이 되어 사는 것보다는 깨끗이 이곳에서 죽지 못하는고' 하며, 또한 '살아서 돌아간다 하여도 너의 생명은 장백부長白府를 무사히 통과하지 못할 것이다'라고 하여 마침내 감격에 벅차 울면서 외치는 자가 있게 되었다고 한다. 이로써 그 모습을 엿볼 수 있으리라고 사료한다.
>
> —조선총독부, 「국경지방 시찰 복명서」 1.

고국에서 3·1운동이 일어났다는 소식을 들었을 때 지사, 청년 학생들의 심정은 어떠했을까. 그들은 계봉우가 3월 1일 서울 한복판에서 목도한 상인과 비슷한 심정이었을 것이다. 계봉우는 1910년 말 또는 1911년 초 이동휘 등과 함께 북간도 동북 만주 지방으로 망명하여 교과서 편찬위원, 교사로 여러 학교에서 활동하다가 1916년 11월에 체포되어 1년간 인천 앞 영종도에서 유배 생활을 했다. 그러다 3·1운동의 기미를 알고 서울에 온 계봉우는 3월 1일 1시가 되기를 기다렸다. 그는 시위를 미리 알고 있었던 소수 중 한 사람이었다. 아니나 다를까 1시가 조금 지났을 때 그가 머물고 있던 여관에서 가까운 남대문 일대가 만세 소리로 뒤덮이는 광경을 보았다. 그는 몇 천 몇 만인지 헤아릴 수 없는 무수한 손들이 태극기를 흔들면서 대한독립만세를 우렁차게 높이 부르는 인파 속으로 들어갔다. 그런데 그가 만세를 부르던 바로 그때 남대문역(서울역)에 막 도착한 기차에서 쏟아져

계봉우 문서 계봉우(1880~1959)는 1910년대에 북간도, 러시아 연해주에서 교육·문화·언론 활동을 통해 민족의식을 고취했다. 이 문서는 그가 모은 노래 가사 모음 중 〈해방의 날〉이라는 노래인데, 한민족의 애환과 해방의 날을 염원하고 있다.(출처: 독립기념관)

나오는 사람들의 파도 속에서 한 상인이 춤추는 모습을 목도했다.

머리에는 방갓을 쓰고 한 어깨에는 봇짐을 멘 상인 한 분이 뛰어와서 대한독립이란 말에 어찌나 기뻤던지 춤추는 것을 보았다. 그때의 조선 예절로 본다면 상인으로서는 도저히 그럴 수 없는 일인데, 그러나 그는 껑충껑충 뛰면서 춤을 춘다. 그것을 누구가 실례라고 할까? 그 춤이야 말로 민족 전체의 의사를 대표한 것이었다. 웃는 사람, 우는 사람, 노래하는 사람, 연설하는 사람, 그 동작은 그렇게 형형색색이나, 그것은 그 날에 보통으로 보게 되는 현상이매 특히 말할 필요도 없거니와, 그 행색이 남다른, 꽤 점잖아 보이는 상인의 춤은 누구에게든지 잊지 못할 큰 인상을 주었다.
—계봉우, 「꿈속의 꿈」(상), 224~225쪽.

3·1운동 직후 서간도 분위기는 김산의 다음 한마디에 요약되어 있다.

投쟁적인 한국인 망명자들은 그 한 사람 한 사람이 모두 자기의 힘이
백만 배로 불어난 듯이 느꼈다.

김산은 합니하 신흥무관학교에서 한국의 지세, 특히 북한의 지리에 관하
여 주의 깊게 연구했고, 방과 후에는 한국사를 열심히 파고들었다. '그날'
을 위해서였다. 만주에 있는 한국인들은 모두 다 한국으로 돌아가고 싶어
했고, 이제나저제나 '그날'을 꿈꾸고 있었다. 이 집 저 집 비가 샜지만 고치
려 하지 않은 이유도 '그날'이 머지않아 올 것 같아서였다. 만주 독립운동
자들의 '그날'을 맞는 심정은 1936년에 서거한 심훈이 1930년 3월 1일에
쓴 「그날이 오면」에 잘 묘사되지 않았을까.

그날이 오면 그날이 오면은
삼각산이 일어나 더덩실 춤이라도 추고
한강물이 뒤집혀 용솟음칠 그날이,
이 목숨이 끊기기 전에 와주기만 한다면,
나는 밤하늘에 날으는 까마귀와 같이
종로의 인경人磬을 머리로 들이받아 올리오리다.
두개골은 깨어져 산산조각이 나도
기뻐서 죽사오매 오히려 무슨 한이 남으오리까.

그날이 와서, 오오 그날이 와서
육조六曹 앞 넓은 길을 울며 뛰며 뒹굴어도

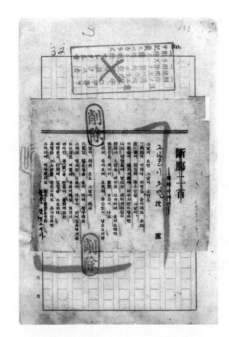

「그날이 오면」 삭제 원본

심훈(1901~1936)은 원래 「단장이수斷腸二首」라는 제목으로 「그날이 오면」을 발표했지만, 1932년 시집을 발간하려 할 때 조선총독부에서 전면 삭제하라는 판정을 받아 무산되었다. 1949년에야 표제시가 제목인 『그날이 오면』이 유고 시집으로 간행되었다.(출처: 심훈선생기념사업회 누리집)

그래도 넘치는 기쁨에 가슴에 미어질 듯하거든

드는 칼로 이 몸의 가죽이라도 벗겨서

커다란 북을 만들어 들쳐 메고는

여러분의 행렬에 앞장을 서오리다.

우렁찬 그 소리를 한 번이라도 듣기만 하면

그 자리에 거꾸러져도 눈을 감겠소이다.

—심훈, 『그날이 오면』, 차림, 2000, 19쪽.

6장

망명자 사회, 그 엄숙과 견결의 세계

1. 도덕, 예절에 대한 관점

1910년대 망명자 사회를 이해하는 데 도덕이나 예절은 중요하다. 그 시기에 한국인 사회에서는 국내건 국외건, 가정생활이건 마을 생활이건, 또 그보다 규모가 큰 광역 사회에서의 생활이건 도덕과 예의범절이 사회를 운영하고 규율하고 통제하는 데 큰 역할을 했다. 그런데 허은의 『아직도 내귀엔 서간도 바람소리가』 및 이상룡·김대락과 관련된 약간의 자료를 제외하면 이 시기 서간도의 망명자·이주민 사회를 밝혀낼 만한 자료는 제한되어 있다. 허은의 증언도 이상룡 집안에 관한 내용이 큰 비중을 차지하여 그것으로는 서간도 전체의 망명자·이주민 사회의 성격을 밝히는 데 무리가 있다. 그렇지만 제한된 범위라고 하더라도 도덕과 예절에 관련된 부분은 상당 부분 망명자 사회를 이해하는 데 도움을 줄 수 있을 것이다.

이상룡·김대락 등 원로 세대가 아니어도 망명자 사회에서는 예의범절을 지켜야 할 자리라면 깍듯이 지킨 것 같다. 특히 집안 어른은 극진히 모셨다.

부자 관계도 전통적인 관습에 따라 엄격했고, 김대락이「분통가」에서 효제충신을 근저로 삼자고 말한 바대로 부모에 대한 효도와 자식에 대한 부모의 사랑, 형제간의 우애를 중시했다. 설 같은 명절도 김대락의『백하일기』에 오고간 사람들이 꽤 자세히 언급된 대로 전통적인 관습에 따랐던 것으로 보인다. 워낙 어렵게 살았던 탓에 고국에서 하던 그대로 할 수는 없었지만 혼사나 장례에서도 성의를 갖추고자 하였다.

| 깍듯이 예절 지켜 |

망명자 사회의 예절을 이해하는 데 도움이 될 독립운동자들의 행위 몇 가지를 예로 들어보자.

사례 1: 1902년 허위의 문하에 들어간 박상진은 임진강 일대의 전투에서 패한 뒤 스승 허위가 체포되어 1908년 교수형에 처해지자 그의 시신을 수습하여 고향에 있는 산 지경내(之境川)에 모시고, 그곳에 여막을 지어 살며 1년간 상주로서 예를 갖추었다. 허위 가족은 피신해야 했기 때문에 제자가 대신한 것이었다. 박상진은 채기중·우재룡 등과 함께 1915년에 대한광복회를 결성하고 부호들로부터 의연금을 받아내 일제와 무장투쟁을 벌이고자 했다.

사례 2: 이상룡의 손자며느리가 된 허은은 1920년대 초·중반 이상룡이 67세쯤 될 무렵 화전현으로 이사한 뒤 마땅히 기식할 집이 없어서 한 해 동안 같은 동네에서 여덟 번이나 이사했다. 어느 집에 들어가 살다 보면 비가 새서 살 수가 없었다. 그래서 또 다른 집을 얻어 들어가곤 했는데, 하도 비가 새니까 방에서는 잘 수가 없어서 효심이 지극했던 시아버지 이준형

(그는 부친과 17년 차였다)이 책상 두 개를 붙여놓고 그 위에 부친을 주무시 도록 하고서 밤새도록 우산을 펼쳐 들고 서 있었다. 손자이자 남편인 이병화가 그렇게 할 때도 있었다. 한번은 그 집에 들른 황학수가 우산을 들고서 있기도 했다. 빈가에 손님 끊는다고 그런 허름한 집에 서로군정서의 간부 등 손님이 끊이지 않아 한 방에 40~50명이 앉아서 밤을 새울 때도 있었다고 한다.

사례 3: 이상룡 바로 밑의 아우 이상동은 안동에 기독교가 들어오자마자 놀랍게도 바로 신자가 되었고 곧 장로의 지위에 올랐다. 3·1운동이 일어났을 때 안동에서 최초로 만세시위를 일으켰던 이상동은 이상룡의 임종이 가깝다는 소식을 듣자 안동에서 불원천리하고 만주로 갔을 만큼 형제간 우애가 돈독했고 형님을 지극히 모셨다.

그런데 이상룡은 고성 이씨 종손이었다. 최근에 철로가 이전되었지만 몇 년 전만 해도 중앙선 열차를 타고 가다 보면 안동의 철로 연변에 보물로 지정된 임청각이 가지런히 서 있는 모습이 빤히 보였다. 이상룡의 17대 할아버지가 1515년에 지은 집으로, 본채 외에 별당인 군자정, 위패를 모신 사당 등으로 이루어진 조선 중기의 대표적 기와집 중 하나다. 이 집이 바로 이상룡이 살았던 종갓집인데, 이상동이 기독교 장로가 된 것에 문중이 심하게 반대하고 나섰기 때문에 문중과 갈등이 심했다. 이상룡은 만주로 떠날 때 종손 대행을 아우에게 맡길 수 없어 아우의 장자인 이형국에게 시켰다. 신간회 간부로 고향에서 독립운동을 벌였던 이형국은 부친과 아들을 포함하여 온 가족이 교회를 다녔지만 그만은 철저히 유교를 숭상하는 사람으로서 가문을 지키는 데 최선을 다하였다.

조국을 떠나면서 읊는다(去國吟)

더없이 소중한 삼천리 우리 강산
선비의 의관 예의 오백 년 지켜왔네
그 무슨 문명이 노회한 적 불러들여
꿈결에 느닷없이 온전한 나라 깨뜨리나
이 땅에 적의 그물 쳐진 것을 보았으니
어찌 대장부가 제 한 몸을 아끼랴
잘 있거라 고향 동산 슬퍼하지 말아라
태평한 그날이 오면 돌아와 머물리라

임청각 이상룡의 생가이자 허은의 시댁이다. 원래 99칸 집이었으나 일제강점기에 '불령선인'이 다수 출생한 집이라 하여 50여 칸이 철거되고, 집 앞에는 중앙선이 부설되었다. 이 사진은 중앙선이 깔리기 전의 옛 모습이고(출처: 한국국학진흥원), 권두 화보에 임청각 앞으로 철로가 지나가는 모습을 확인할 수 있다. 2025년 현재, 중앙선 철로를 이전하고 원래의 가옥으로 복원 중에 있으며 곧 완공될 예정이다.
임청각 안에는 손님을 맞이하거나 글공부를 하는 공간으로 군자정이 있는데, 그곳 대청에는 이상룡이 만주로 망명할 때 지은 「거국음去國吟」이 걸려 있다.

| 청년 세대의 도덕·예의와 구습·구사상 비판 |

제3세대 격에 속하는 젊은이들은 예의범절에 어떠한 태도를 보였나? 그것을 살펴보기 전에 김구가 『백범일지』에 쓴 기록 하나를 읽어보자.

공산당들은 상해의 민족운동자들이 자기의 수단에 농락이 되지 않음을 각오하고 남북 만주로 진출하여서는 상해의 활동보다 십층 백층이 더 맹렬하였다. 이상룡의 자손은 살부회殺父會까지 조직이 있었다. 살부회에서도 체면을 보았는지 회원이 직접 자수自手로 아비를 죽이는 것이 아니라, 너는 내 아비를 죽이고 나는 네 아비를 죽이는 규칙이라 한다.

— 백범김구선생전집 편찬위원회 편, 『백범 김구 전집』 제1권, 대한매일신보사, 1999, 291쪽.

이상룡의 자손이라고 하면 외아들 이준형을 먼저 떠올릴 수 있다. 그도 중국공산당 만주성위원회 반석현 책임자였으니 공산당원이라고 볼 수 있겠다. 그렇지만 『백범일지』에서 가리킨 이상룡 자손이란 남만청년총동맹 등에서 활동한 손자 이병화를 가리킨다고 보아야 하지 않을까. 이준형 부자뿐만 아니라 이상룡의 조카 이광민·광국 형제도 사회주의 단체에서 활동한 것은 앞에서 언급한 바와 같다. 허은의 나이 어린 당숙인 허형식(1909~1942)은 1930년 중국공산당에 입당하여 활동하다가 동북항일연군 제3군 1사 정치부 주임, 제3로군 참모장 등을 역임하면서 김책, 중국인 자오상즈趙尙志 등과 함께 북만주에서 빨치산을 지휘했다. 가난한 소작민이 많았던 이주민의 사회적 성격 등으로 인해 1920년대 초·중반부터 만주에서는 사회주의가 급속히 전파되었고, 철저한 항일투사였던 이상룡의 집안 사람들도 사회주의의 영향을 받게 되었던 것이다.

그렇지만 살부회는 이상룡 집안에서 상상할 수도 없는 일이었거니와 다

이준형(1875~1942), 이병화(1906~1952), 이광민(1895~1945) 동구 이준형(사진 왼쪽)은 이상 룡의 맏아들이고, 이병화(가운데)는 이상룡의 손자이며 허은의 남편이다. 이광민(오른쪽)은 이상룡 동생 이봉희의 아들이며 이병화에겐 5촌 당숙이다.(출처: 경상북도독립운동기념관)

른 공산주의자들도 그러한 조직을 만들지 않았다. 김구의 서술은 중국 관 내의 민족주의자 일부가 아주 천박한 소문을 유포하면서 완고한 사상을 지 니고 반공투쟁을 벌인 것과 관계있을 터이다. 이상룡은 '정통' 유학을 공부 한 유림이기 때문에 엄하거나 완고한 인상을 줄 수 있지만 신사상에 관대 했고 나아가 사회주의도 '이해'했던 인물로 보인다. 이상룡은 혁명러시아 를 공자가 말한 대동 세계의 실현으로 파악했다.

이상룡의 손자 이병화는 앞의 우산 이야기를 통해 알 수 있듯이 그의 부 친 이준형이나 당숙 이광민처럼 손자로서 갖춰야 할 도리를 다하고자 했으 며, 어른에 대한 공경도 마찬가지였다. 1932년 이상룡이 서거했을 때 집안 에서는 환국한 뒤 안동에서 장사를 치를 계획을 세웠다. 그래서 우선 시신 을 입관한 뒤 집 근처의 조그마한 산봉우리에 가매장했다. 이병화는 그 가 묘를 지키고 앉아 울며 날을 보냈다. 그는 어른들께 정성을 다하고 효를 다 하는 것이 자신이 지닌 진보 정신과 배치된다고 생각하지 않았다.

이병화는 조부모·부모를 전통적인 방식으로 모셨지만 구습과 구사상에 대해서는 비판적이었다. 1928~1929년 무렵에 쓴 한 편지에서 그는 신진 젊은이들이 봉건적 이데올로기의 반동적 폭압적 독살을 받았던 일을 상기시켰다. 그리고 "일반의 비현대적 존재는 무엇이나 모두 폭우 전야의 풍전 등화처럼 총붕괴의 과정을 거듭하지 않을 수 없다"고 주장했다.

진보적 인간이란 주어진 환경 속에서 최선을 다하는 인간을 의미할 수 있다. 분명히 구습·구사상과 닿아 있는 면이 적잖게 있다 해도 가족에 대한 존경과 사랑, 신뢰를 가지면서 반봉건·반제투쟁을 벌이는 것은 긍정적으로 생각할 수 있다.

이병화가 손자로서 조부 이상룡에게 도리를 극진히 한 것은 단순히 전통적인 도덕관 때문만은 아니었을 것이다. 이상룡이 집안의 최고 어른이자 그 지역 일대에서도 어른이라는 사실이 작용했겠지만, 그에 더해 이상룡의 꿋꿋하고 늠름한 생애에 대한 존경에서 우러나왔을 것이다.

서간도에서 제3세대 격인 이병화가 효도하고 예의범절을 지켰다고 하여 제1세대 격인 이상룡과 도덕 윤리에 대한 관점이 같다고 볼 수는 없다. 이병화가 봉건적 이데올로기나 완고한 구습·구사상에 대해 강한 어조로 비판한 것은 이상룡 세대가 가졌던 도덕 윤리에 대한 관점과 차이가 있다는 점을 단적으로 보여준다.

| 혁신유림 문화·도덕관의 근대성 문제 |

박은식이 1908년에 「유교구신론儒敎求新論」을 썼다는 것은 그가 비록 혁신유림이라고 하더라도 이 시기에 유교적 세계관·도덕관에서 벗어나지 못했음을 말해준다. 그는 「유교구신론」 도입부에서 "대체로 우리 동양 수천년 교화계에 있어 바르고 순수하여 넓고 크고도 정미精微하여 대대의 모든 임금들이 서로 전해 내려왔다"고 지적하고, 끝부분에서 "도덕이라는 것은 새로워져서 빛을 발휘하고, 국가의 생명은 오직 새로워서 더욱 장구해지는 것이다. 그러니 새로운 것을 구하는 뜻은 밖으로부터 오는 것이 아니다. 아아! 우리 유림 제군들이여!"라고 호소했다. 중세 사회의 사유 양식이 다분히 나타나고 있어 서구 문명을 섭취하는 과도기에서 나타나는 사유 형태로 이해된다. 신규식이 『한국혼』에서 "선조들의 가르침 및 종법宗法을 잊었다"고 당대를 비판한 것도 해석에 따라 차이가 있기는 하나 근대적 사유체계와는 거리가 있다.

이상룡이 1910년대에 자신계를 조직하고 나날이 스스로 새로워지기를 당부한 것은 중세적 사유의 면모도 있지만, 근대사상에 대한 관대함이나 그에 대한 이해와 관심을 촉구하는 면이 있다. 그런데 이 시기 그의 역사관에는 예의가 그 나라의 문화 수준을 가늠하는 준칙으로 제시되어 있어서 눈길을 끈다. 그는 북적北狄이 황제黃帝의 후예인데도 이적夷狄이 된 이유는 예의가 없었기 때문으로 파악했다. 즉, 중화와 이적을 구별하는 기준은 예의에 맞게 살아가느냐 비루하게 살아가느냐(陋行)에 달려 있다는 것이다. 정약용이 「탁발위론拓跋魏論」에서 중국과 이적의 구분은 그 도道와 정치에 있지 강역에 있지 않으며, 북위는 이적에서 나왔지만 문명이 높았으므로 이적으로 보아서는 안 된다 지적하고, 북위에게 정통을 주지 않는 중국 역사가의 독선적인 태도를 비판했던 역사 인식에서 나아가지 못했음을 알 수 있다.

이상룡의 예의·도덕관은 그가 1920년대 중반에 쓴 「만주기사滿洲紀事」에 더 명료하게 드러나 있다. 그는 이 글에서 "4천 년간 준행해온 제도는 졸연히 하루아침에 바꾸기가 어렵지만, 우리는 옛것을 버리고 새로운 것을 따르는 것을 기본으로 삼아야 한다. 하지만 해를 끼치지 않는 것으로 국가의 정수가 될 만한 것은 지켜서 바꾸지 말아야 한다"라고 피력했다. 신사상과 신사업을 중시해야 한다고 하면서도 전통적인 아름다운 제도는 지켜야 한다는 주장인데, 뒷부분에 좀 더 무게가 실려 있음을 느낄 수 있다. 1932년 그가 서거하기 직전에 이진산이 찾아와 울면서 "나랏일이 그지없는 어려움에 처했는데, 어떻게 가르쳐주시렵니까?"라고 묻자 "제군은 외세 때문에 기운을 잃지 말고 더욱더 힘써, 노부老夫가 임종을 맞으면서 바라는 바를 저버리지 말게. 우리가 귀중하게 여기는 것은 성실뿐이네. 진실로 참다운 성실이 있다면 목적을 달성하지 못함을 어찌 근심하겠는가"라고 말했다. 전통적인 유가적 표현으로서, 나라 찾는 데 최선을 다할 것을 당부한 말이다.

자칫하면 충돌할 수 있는 도덕과 진보의 관계를 제1세대의 관점에서 명료히 제시한 것이 이상재가 서거 얼마 전인 1920년대 중반에 쓴 글로 보이는 「청년이여」라는 꽤 긴 논설이다. 이 글에서 이상재는, 이 세계는 청년의 무대로 청년은 이 세계를 담당하여야 하며 세계는 청년을 고대한다고 하여 기독교청년운동의 지도자답게 청년을 대단히 중시했다. 또 그는 지금의 시대는 혁명의 시대임을 힘주어 말했다. 그런데 지금의 세계는 또한 광풍노도가 시시각각으로 돌연히 변하여 어제가 먼 옛날처럼 되고 금일이 새 세상이 되니, 내일은 어떻게 될지 모르겠다고 걱정했다. 이러한 그의 지적에는 청년들이 도덕을 무시하는 것이 아닌가 하는 우려가 들어 있다. 시대가 아무리 변하여도 도덕과 윤리는 인간의 본연이므로 변할 수 없는 불변의 규범이라고 한 이상재의 지적은 일제강점기는 물론이고 20세기가 다할 때까지 적지 않은 한국인들이 주장한 내용이었다. 그러나 이상재가 마음을 쏟은, 당대의 세계를 담당할 진보적 청년들은 이미 1920년대에도 그러한 주장에 제약을 가하려고 하지 않았을까.

| 망국민에게 도덕은 있는가 |

활동 면에서 이상재 등과 같이 1세대로 볼 수 있는 신채호는 도덕을 영원한 실체로 본 이상재와는 대조적이게도 투철한 비판 정신으로 구래의 도덕을 문제 삼았다. 1920년을 전후하여 쓴 글로 추정되는 「도덕」에서 신채호는 한국에는 크게 잘못된 도덕이 있어왔음을 지적했다. 한국의 멸망은 도덕이 없는 데서 연유되었다는 주장을 호통치며 배척하고, 한국을 멸망에서 더 멸망케 할 편벽된 도덕을 비판한 것이다. 그는 그러한 예로 복종을 요구하는 도덕을 들었다. 전제 시대에는 도덕도 전제를 요구하니, 신민은 군주에게 충근함이 도덕이고 소년이 연장자에게 공경함이 도덕이라 하여 윗사람이 비록 불의의 거동을 하더라도 아랫사람이 풍간諷諫하는 일 외에는 허락하지 않은 탓에 온 세상을 노예로 만들어서 혁명가나 파괴자를 나지 못하게 했다는 것이다. 한국인이 공덕公德과 사덕私德 중 군신·부자·부부·붕우 간의 사덕에만 주의를 기울이고, 사회와 국가에 대하여 어떻게 하라는 말이 없었던 것도 문제점으로 지적했다. 근대적인 시민의식, 국가의식이 없음을 비판한 것이다.

신채호는 양심상의 주장을 토로하지 못하게 하는 '사상의 전제'도 비판했다. 그는, 이도 옳고 저도 옳다 하여 구사회에 가면 구도덕을 높이고 신사회에 가면 신도덕을 높이어 양쪽을 다 이해하는 듯이 처신하는 것은 실로 도덕의 좀이라고 통렬히 매도했다. 그의 날카로운 역사의식을 잘 보여주는 대목이다.

이와 같이 신채호는 도덕이 시대에 따라 성격을 달리함을 명확히 하였고, 그래서 도덕도 구도덕과 신도덕으로 나눌 수 있음을 피력했다. 다시 말하면 전제 시대 충군의 논리가 공화 시대에는 적합하지 않고, 평화 시대에 안민의 주의가 파괴 시대에는 적합하지 않다는 것이었다. 그의 이런 논리는 망국민의 도덕이 국가를 가진 인민의 도덕과 같을 수 없다는 논리로 이어졌다. 그는 근일에 외세에 추종하는 속류들이 황인종 단결이니 인류 박애니 하는 말은 광담狂談일 뿐이라며 일축하고, 자기 나라도 보존하지 못한 자가 박애를 말하면서 세계를 돌아본다는 것이 어찌 치인痴人·치상痴想이 아니냐고 반문했다.

2. 전통문화에 대한 관점

20세기 후반기에도 한국 문화를 비하하고 천시하는 현상이 지배층이나 지식인에게 있었는데, 한말이나 일제강점기에도 개화파나 유학생들에게 그러한 현상이 있었다. 산업이나 기술 부문에서도 압도당했지만 서양이나 일본 문화에 주눅 들어 한국의 그것을 모두 다 뒤떨어진 열등하고 고루한 문화로 생각했다. 자아 또는 정체성을 상실한 근대주의라고나 할까. 이와 같이 버려진 상태에서 전통문화는 크게 훼손되었고 내용이 빈약해졌으며 생명력을 잃었다.

친일·친미 개화론자, 그들과 겹치는 실력양성론자, 해외 유학생 등 해외파들은 상당수가 한국의 역사를 중국과 일본 사이에서 독자성이 없고 정체된, 비루한 것으로 생각했다. 한마디로 긍정적인 요소보다 부정적인 것이 많은 것으로 이해했다.

그들은 상당 부분 선교사나 외국인의 한국관이나 식민주의 역사관에 의존했다. 안창호는 이조 500년의 역사를 공담·공론의 역사이자 당파 싸움의 역사로 보았다. 최남선은 『조선역사』(1931)의 서론 격인 「역사를 통하여서 보는 조선인」에서 조선인의 생활 과정은 암만해도 맹목적 행진이며, 당론 파쟁의 해독이 진실로 구제할 수 없는 지경에 이르렀다고 비판했다. 그는 조선의 역사가 문학도 없고 대발명 대창작도 없는 민족 미성未成의 역사라고 질타했다. 이광수는 「민족개조론」에서 이조사를 보건대 서로 속이고 의심하고 시기한 모함의 역사로서 조선 민족은 적어도 과거 500년간은 공상과 공론의 민족이었다고 지적하고, 벌거벗은 산, 무너진 제방과 도로, 쓰러져가는 성루와 도회, 게딱지 같고 도야지 우리 같은 가옥, 이것이 500년 나태한 생활의 산 증거가 아니냐고 반문했다.

| 근대로의 두 가지 길 |

항일 혁신유림이건 지사건 간에, 또 유교 문화에 대하여 비판적이건 그렇지 않건 간에 망명자들은 친일·친미 개화파들과 대조적으로 한국의 역사와 문화에 긍지를 가졌고, 근대사회로의 변혁은 한국의 역사와 문화를 기반으로 하여 주체적으로 해야지 외세에 의존하려 해서는 안 된다는 신념을 지니고 있었다. 그러한 소신은 「경학사 취지서」에도 나타난다. 이 글에서 한국은 4천 년간 예의 제도가 완비되었고 산하는 풍요로우며 우리의 아버지 우리의 할아버지 피가 흐르는 곳이고, 우리의 아들 우리 손자의 명맥이 이어질 곳이라고 서두를 시작했다. 그렇지만 곧이어 한국인이 19세기에 들어와 제대로 대처하지 못했음을 이렇게 비판했다.

대저 어찌하여 백년 동안 취안이 몽롱하였던가. 마침 서양 풍조가 흘러 넘치는 때를 당하여 대포가 우레 치듯 하고 탄환이 비 오듯 해서 날로 지붕을 진동시키는데도 우리는 듣지 못하였고, 함정 전차가 문밖을 어울려 다니는데도 우리만은 보지 못하였구나. 필경 창졸지간에 사나운 범이 뒤에서 이빨을 벌리고 주린 매가 앞에서 발톱을 춤추었다.

개화파와 비슷하게 부국강병론에 서 있으면서도 개화파가 잘 인식하지 못하거나 실상을 보기를 외면했던 제국주의 침략에 초점을 맞춘 것이 특징이다. 더 나아가 이 글은 "모방하기 쉬운 것은 문명이라, 변경해서 빈 이름의 정부를 세우고, 거스르기 어려운 것은 시세라, 혼 없는 학교를 세웠다"고 지적하여 개화파의 근대화 노선을 비판했다.

국외 망명자들은 근대사회로 전환하는 데 상호 대립되는 두 가지 길이 있다고 주장했다. 이상룡은 「자신계 취지서」에서 "자신을 새롭게 하는 데 두 가지 길이 있는 바, 새롭게 하는 데 내가 주체이면 새롭게 하는 권한이 나에게 있어 자신의 의사에 따라 취택할 수 있기 때문에 최선의 상태에 이르게 할 수 있지만, 새롭게 하는 것이 타인에 의해 이루어지면 새롭게 하는 권한이 타인에게 있어 속박이 빠름을 면할 수 없기에 자유를 잃고 만다. 그것은 국가도 그러하고 사회도 그러하다"고 지적했다.

신채호는 「동화同化의 비관」(1909)에서 이상룡에 앞서 그 두 가지 길을 동등적 사상으로의 모방과 동화적 사상으로의 모방이라는 길로 구분했다. 전자는 우리가 동등하게 되기 위해 모방하는 것으로서, 외국 사회가 문명에 나아가면 우리도 그렇게 하며, 외국 사회가 자유를 사랑하면 우리도 그렇게 하고, 외국 사회가 무력을 떨쳐 일으키려고 하면 우리도 그렇게 하는 것이었다. 후자는 우리가 동화되고자 하는 모방으로서, 우리의 정신은 도무지 찾아볼 수 없고 상대방에게 복종하는 것만 즐기고, 우리에게 이로운가를 따지지 않은 채 상대방을 모방하기에만 힘쓰며, 우리가 상대방 되기를 바람으로써 필경 우리의 몸이 상대방의 몸으로 바뀌고, 우리의 국가가 상대방의 국가로 바뀌며, 우리의 종족이 상대방의 종족으로 바뀌어 국가와 종족이 상대방에게 융합되어 사라지는 모방이었다. 이 글은 『조선상고사』 「총론」에서 설파한 '아我와 비아非我의 투쟁'이라는 역사관이 형태를 달리하여 제시되었다는 점에서도 주목되는데, 일제에 강점당하기 직전의 상황을 비판하면서 신채호는 단연코 후자의 경우는 있어서는 안 된다고 주장했다. 망명하기 직전 직후의 반식민지, 식민지 상태에서 두 가지 근대의 길이 균열 상태에 있었음을 잘 보여준다.

| 주체성과 국수 |

망명자들은 한국의 역사와 문화를 주체적으로 볼 것을 역설했다. 1911년 초 압록강을 건넌 직후 이상룡은 기자동래설을 신랄히 비판했다. 기자가 피신하여 천도했다는 설은 믿을 수 없는 주장인데도 일찍이 역사가가 견식 없이 노예의 정신으로 함부로 꾸몄다는 것이다. 그리하여 국체를 훼손하고 더럽히는 것은 생각지 않고 오로지 타인 숭배에만 힘써, 은가殷家의 나라를 떠난 신하를 동방의 창업주로 만들어버렸을 뿐만 아니라 사당을 세우고 묘를 수리하여 지킨 지가 오래되었다고 지적했다. 김대락은 1911년에 쓴 「권유문」에서 한국인이 외국의 역사서를 중심으로 하여 사관을 펴는 것을 경계했다. 중국에서 귀감을 찾는 것이 어찌 내가 태어난 나라에서 살피는 것만 같겠으며, 외국의 역사책에서 경험하는 것이 어찌 우리나라의 역사에서 찾는 것보다 낫겠느냐는 것이었다.

1910년대에 자주적 역사관은 특히 신규식의 『한국혼』에서 강조되었다. 그는 이 글에서 우리나라에는 사서다운 사서가 없음을 지적하고, 옛 선생들은 건도建都를 이야기하면 제요도당帝堯陶唐의 산서山西 평양平陽에 대해서는 말을 잘하지만 신조神祖 단군의 요동 평양은 모르고, 문장을 배우고 글귀를 따는데도 이태백과 두자미杜子美(두보)만 숭상했지 한국 고유의 학술 문학은 배울 바가 못 된다고 했음을 비판했다. 신규식은 한국이 쇠잔해진 주요 이유 중 하나를 사학자들의 곡필에서 찾았다. 사필史筆을 잡은 자들이 국성國性을 잃어버리고 조종祖宗을 멸시하며 외세에 아첨하여 국수國粹가 남아 있는 것은 이단이라면서 빼버렸다는 것이다. 그리고 아국이 적을 토벌하여 땅을 넓히는 것은 패도悖道라 비난하고, 이웃 나라에 자신을 낮추는 것을 본분인 양 기술했다는 것이다.

전통문화 또는 민족문화에 대한 항일 혁신유림·지사들의 관점은 대체로 한국의 정수가 될 만한 것, 장점이나 우수한 것을 지키고 발전시키자는 데 있었다. 다른 말로 하면 국수를 보존하고 사랑하고 발전시키자는 데 있었다. 이상룡이 역사는 국가의 체통을 높이고 국민의 정신을 기른다고 본 것, 또한 국수는 보존하여 지켜야지 바꾸어서는 안 된다고 말한 것도 같은 맥락이었다. 이회영이 제왕 정치의 시대는 갔고 사민 자유평등의 시대가 왔으니 우리의 전통과 습속을 생각하며 시대의 조류를 따라 새 나라 건설 이론을 확립해야 한다고 피력한 것은, 온건한 어조로 새 나라 건설에 한국의 미덕이나 장점이 조화롭게 어울려야 한다는 점을 지적한 것으로 이해된다.

| 민족문화의 세계성 |

민족문화 또는 지역문화가 전통문화의 비판적 창조적 계승과 외래문화의 적절한 수용으로 형성될 때 당대 사회에 알맞게 변용된 전통문화는 민족문화의 주요한 한 부분을 이루게 된다. 전통문화를 비판적으로 발전시켜 민족문화 또는 지역문화를 창조적으로 꽃피우는 것은 세계문화에서 뗄 수 없는 한 부분으로서 세계문화를 풍부히 하는 데 기여할 수 있다. 마이네케는 랑케와 부르크하르트에 대한 강연에서 그 점을 이렇게 설명했다.

역사에서 특수한 것은 모두 그가 아무리 날카롭게 개별적인 특성을 인식하고 묘사하였다고 해도 결국은 보편적인 의미와 보편적인 연관성을

가진 것입니다. 특수한 것에서 결국은 보편적인 것이 인식되는 것이지
요. 보편적인 것이란 역사의 모든 개별적인 것들에서 그때마다 인식될
수 있는 가장 높은 개별성을 뜻하는 것입니다.

—프리드리히 마이네케, 「랑케와 부르크하르트」(강연록, 1947).

　　프란츠 파농은 마이네케와 다른 각도에서 민족과 민족문화, 민족해방운
동과 세계문화의 관계를 다음과 같이 설명했다.

　　민족은 문화의 조건일 뿐만 아니라 문화가 풍요해지고 끊임없이 새로워
　　지고 심화되는 조건이다. …… 마찬가지로 문화를 다른 문화에 대해 개
　　방하고 다른 문화에 영향을 미치고 성숙시키는 것은 문화의 민족성이다.
　　…… 민족이 역사에서 자기의 역할을 다하도록 이끄는 것이 민족해방
　　이다. 국제적 의식이 생성되고 성장하는 것은 민족의식 가운데서다. 따
　　라서 이 두 가지가 양면적으로 나타나는 것이 모든 문화의 궁극적 원천
　　이다.

—프란츠 파농 지음, 박종렬 옮김, 『대지의 저주받은 자들』, 광민사, 1979, 197·199쪽.

　　한말 일제강점기에 민족주의자들이 국수를 강조한 것을 마이네케가 위
와 같이 주장한 내용과 연관 짓는 것은 무리라고 생각할지도 모르겠다. 혁
신유림이 특히 국수를 강조했는데, 그들 중에는 동도서기적 인식 수준에
머물러 있는 사람도 있었고, 상당수가 전근대적인 유교 의식을 충분히 탈
각하지 못해 근대적 사상을 받아들이고 풍요롭게 하는 데 한계가 있었다.
무엇보다 그들 중 대부분은 전통문화는 계승만 하면 좋은 것이라 알았지
근대적 정신에 기반한 비판과 부정이 따라야 한다는 점을 그다지 중요하게

생각하지 않았다. 그뿐만 아니라 민족문화 또는 국수와 관련해서 항일 혁신유림·지사들은 일면성이나 편협성을 보여주는 면도 있었다. 이에 반해 한말 일제강점기에 많은 개화파와 그것을 이어받은 실력양성론자, 지식인들은 일면적인 단순 사고로 전통문화를 천시하고 외세에 의존하면서 외래문화에 기울어져 있어 외래문화만이 문화라고 생각하고 있었다. 그래서 외래문화는 자연스럽게 느끼면서도 전통문화는 어색하고 낯설게 느끼는 기이한 풍토까지 생기다 보니 민족주의자들의 보호색이 그만큼 강해져서 일면적이고 편협한 인상을 줄 수 있었던 것이다. 그러나 그 시기 한국 문화의 마멸과 무기력을 직시한다면 항일 혁신유림이나 지사들의 주장은 큰 테두리 안에서 대체로 이해될 수 있을 만한 것이었다. 그것은 마이네케가 말한 '문화의 개별성'과 파농이 말한 '문화의 민족성'을 유린하고, 결코 세계문화라고 말할 수 없는 천박한 매판적 문화에 빠져 있는 상태에 대한 항변이기도 했다.

항일 혁신유림·지사들은 전통문화와 민족문화와 세계문화의 관계를 인식하는 데 한계가 있었고, 전통문화 강조, 국수 옹호는 그것을 목청 높여 강조하는 수준에 머물렀을 뿐 그들(또는 한국인)이 처해 있는 당시의 상황으로 인해 그것을 풍부하면서도 창조적으로 발전시키지 못했다. 그런 점에서 마이네케가 강조한 '높은 개별성'에 도달하는 데는 한계가 있었다. 그렇지만 그들의 노력은 개별적인 문화로서 한국 문화를 지키고 사랑하게 하는 데 큰 역할을 했다. 그리고 그러한 노력과 고민을 바탕으로 일제강점기에 신채호의 『조선상고사』, 최승희의 민족적 현대무용인 〈초립동이〉, 홍명희의 『임꺽정』, 나운규의 영화 〈아리랑〉 등 뛰어난 역사 인식, 문학예술 작품이 창조될 수 있었다.

마이네케는 "우리의 과거에도 그랬듯이 세계사의 어두운 밤에도 세계사적으로 생각하기를 멈추어서는 안 됩니다"라고 말했지만, 한말 1910년대의 지극히 어두운 밤에 망명자들이 세계사적으로 생각하기에는 매우 제한된 세계에 살고 있었다. 그러나 그들 모두 민족과 민족의 관계가 억압과 노예의 관계가 아닌 평등한 관계 속에서 평화롭고 행복하게 살기를 갈망했다는 점에서 진정 세계사적으로 생각하기를 멈추지 않았다고 볼 수 있지 않을까. 파농이 국제적 의식이 생성되고 성장하는 것은 민족의식 가운데서라고 말한 바와 같은 현상이었다. 그것은 만주·노령의 망명자들 명의로 1919년 2월경에 나온 「대한독립선언서」에 표출되었다.

> 종교를 강박하며 교육을 제한하여 세계문화를 가로막았으니, 이는 인류의 적이라 …… 군국주의 전제정치를 삭제하고 민족 평등을 전 지구에 펼치는 것이 우리 독립의 첫째 의의요, 무력 겸병을 근절하여 평균천하의 공도公道를 진행하려는 것이 우리 독립의 본령이라.

| 식민주의에 순응한 친일·친미 개화파 |

마지막으로 식민주의, 친일·친미 개화파의 '근대주의'와의 관계를 살펴보자. 근대는 자유, 개성, 인간의 존엄성과 뗄 수 없는 관계에 있다. 그러나 제국주의자들이 피식민지 주민들을 미개인·야만인이라고 하면서 강요한 식민주의는, 원하든 원치 않든 피식민지 주민으로 하여금 어쩔 수 없이 근대적 인간으로의 지향을 마련하는 면이 있지만 기본적으로는 피식민지 주민들로 하여금 개성 및 인간의 존엄성과 대립되는 노예성을 갖도록 강요한다. 그러고는 그와 같이 식민주의로 형성된 노예성을 피식민지 주민들이 본래 지니고 있었던 민족성으로 규정하여 피식민지 주민들을 모멸하고, 그것으로부터 제국주의 지배의 정당성을 찾았다.

친일·친미 개화파는 제국주의의 침략성에 관심을 그다지 기울이지 않았다. 그들은 민족의 노예화 및 그 노예화가 만들어내는 인간성에 대해서도 별다른 관심을 기울이지 않았다. 이러한 성격이 척사위정파와 또 다른 차원에서 그들을 일면적으로 만들었으며, 그 일면성의 중심에는 근대적 민족의식과 국가의식의 허약함 또는 결핍이 가로놓여 있었다. 그 점을 이상설은 1895년 12월에 작성한 글에서 이미 다음과 같이 지적했다. 1895년 12월은 일제가 민왕후를 참혹하게 살해한 을미사변에 이어 친일 개화파가 을미개혁을 시행했고, 곧바로 을미의병 투쟁으로 알려진 척사의병들의 거사가 일어났던 시기라는 점을 함께 생각해야 한다.

> 지금 정치를 하는 사람에게는 두 가지 병폐가 있다. 그 하나는 습속에 얽매인 사람들로서 시세의 발전을 알지 못하여 개혁을 이루지 못하고 옛것에만 빠져 있는 것이요, 다른 하나는 개화에 급급한 사람들로서 근저를 굳게 갖지 못하고 자기 것만 옳다고 독책督責하는 과실이 있는 것이다. 그러므로 인순고식因循故息하여 끝내 발전할 기약이 없는 것이다.
>
> ─ 윤병석, 『이상설전』, 21~22쪽에서 재인용.

척사파(또는 완고파)와 개화파가 똑같이 인순고식하다는 이상설의 지적은 일견 이해되지 않을 수도 있다. 그러나 실제 개화파의 사고는 그렇게 근대적이지 않았고 오히려 인순고식적인 면이 있었다. 그것은 근저가 없기 때문인데, 근저란 자신의 문화와 역사에 대한 이해와 결부되어 있다.

김철준은 자주적인 근대정신을 확립하려면 세 가지가 있어야 한다고 지적했다. 먼저 일본의 지배를 합리화하는 식민지 근대화에 맞서 항쟁하는 독립운동의 실천이 있어야 하고, 그다음으로 한국의 전통문화, 한국의 전통이 가지는 잠재적인 문화 능력에 대한 끊임없는 신뢰가 있어야 하며, 셋째 전통문화에 대한 강력한 비판 정신이 있어야 한다고 강조했다.

친일·친미 개화파는 김철준이 지적한 세 가지 가운데 첫째와 둘째가 결여된 상태에서 전통문화에 대한 피상적인 비판 또는 부정이 강했으며, 그래서 김철준이 같은 글에서 설파한 바, 자신의 문화 전통을 훼손하거나 말살하려는 식민지 근대화의 앞잡이 노릇을 할 뿐이라는 지적이 설득력을 갖는 것이다. 친일·친미 개화파는 그들이 내세우는 주장과 달리 실상 동도서기적인 인식 수준에서 벗어나지 못한 사람도 있었고, '근대주의'를 비판한다는 오늘날의 일부 포스트모더니즘 주창자들처럼 거의 대부분 진정한 근대정신을 이해하지 못한 채, 신동엽의 시어를 빌린다면 '껍데기' 개화에서 탈피하지 못했다. 그것은 통감부 시기, 일제강점기의 현실 순응적인 보신책이나 입신양명책과 직결되어 있었다. 곧 개화는 입신양명을 위한 수단이기도 했던 것이다.

| 근대주의와 민족주의의 균열 |

근대사회로 이행하는 데는 물적 조건도 중요하지만 총체적인 지적 능력 또는 문화적 힘이 그것 못지않게 중요하다. 한국의 경우 그 이전 사회의 문화를 볼 때 이러한 총체적인 문화적 능력은 어느 정도 보유하고 있었다. 그러나 근대적인 인간·사회·국가의 형성으로 표상되는 근대로의 변혁은 철저히 봉건성을 비판, 부정하고 투철한 근대정신을 수립하려는 지적·정신적 자세가 요구된다는 점을 동시에 생각하지 않을 수 없다.

안국선의 『금수회의록』에 등장하는 '우물 안 개구리'는 제국주의자들에 대하여 "조그만치 남보다 먼저 알았다고 그 지식을 이용하여 남의 나라 빼앗기와 남의 백성 학대하기와 군함·대포를 만들어서 악한 일에 종사하니,

그런 나라 사람들은 당초에 사람 되는 영혼을 주지 아니하였더라면 도리어 좋을 뻔하였소"라고 말했다. '우물 안 개구리'는 총체적인 문화적 능력이 요구되는 근대 시민문화와 물질문명 수용력 사이의 간극이 일본의 부국강병 위주의 '사람 되는 영혼이 없는' 근대화 과정에서 드러났음을 비판하고 있다. '조그만치 남보다 먼저 알았다'는 구절에는 일본·한국의 근대화와 관련해 의미를 가질 수 있는 '시차'가 은유적으로 표현되어 있다.

자본주의 열강의 공세적 진출에 대응하여 일찍이 근대적 개혁의 길로 들어섰던 일본은 물질문명과 함께 서구의 문화를 흡수하려는 노력이 있었다. 한국에서 그 역할을 맡았어야 할 개화파는 동도서기론이나 구본신참론을 비판하면서 자아의 확립, 자유, 민주주의 등 서유럽의 근대 문화 정수를 받아들이려는 자세가 확고히 있어야 했다. 그랬다면 그들은 중국의 캉유웨이康有爲·량치차오梁啓超 등과 루쉰·장빙린章炳麟 등과 쑨원 등 혁명파가 각각의 몫을 해냈듯이 혁신유림·지사와 각각 분담하여 역사의 한몫을 수행할 수 있었을 것이다.

그러나 개화파는 일본을 통해 피상적으로 서유럽 문화에 접촉했다. 박찬승은 독립협회 지도부가 제국주의의 식민지 침략을 비판하는 시각을 갖지 못하고 오히려 이를 선망하면서 개화 자강을 통해 제국주의 대열에 가담하고자 하는 희망을 가졌다고 지적했다. 그런데 개화 자강을 통해 제국주의 대열에 가담하고자 한 관념은 정태적이고 수동적인 성격이 강했으며, 제국주의 대열에 가담하려는 그들의 '희망'과는 모순되게, 신일철의 표현을 빌리면 주권 중심의 자강주의가 결여된, 곧 제국주의 또는 식민주의에 대한 저항을 포기하고 때로는 그것에 매몰된 '문화주의'나 '근대주의'와 다르지 않았다. 바로 그와 같은 인순고식적인 불철저성은 식민주의가 어떻게 근대적 인간과 사회, 국가를 훼손하는지를 외면한 채 개화 문명만 주장하는 일면성을 보여주었다. 이러한 근대주의가 보신책, 출세주의와 연결되어 있음은 앞에서 지적한 대로다.

3. 복벽 문제에 대한 관점

복벽復辟은 사전적으로는 물러났던 임금이 다시 왕위에 오르는 것을 말하지만, 일제강점기에 이 말은 대한제국의 광무황제나 의친왕 등을 옹위하여 독립운동을 벌이고 독립 후에는 이들을 황제로 추대하려는 활동, 또는 공화제와 대비되는 군주제를 지지하는 정치 이념을 주로 가리켰다. 1910년대에 독립운동 기지 건설운동에 참여했던 독립운동자들은 혁신유림이든 지사든 대체로 공화제를 지지했다. 이러한 경향은 서간도 지방의 독립운동 기지 건설운동에서도 비슷하여 서울 쪽에서 온 망명자들이나 안동과 선산 임은에서 온 망명자들도 일반적으로 공화제를 지지했다. 그런데 독립운동 기지 건설운동에서 중요 지도자로 활동한 이상설과 이회영 등 독립운동자들은 복벽적인 활동으로 비쳐질 수 있는 움직임을 보였다. 따라서 이들과 관련된, 복벽으로 보일 수 있는 활동에 관한 분석은 이 시기 독립운동 기지 건설운동론자들의 정치 이념을 논의하는 데서 빼놓을 수 없다.

| 1910년 이상설·유인석 등의 광무제 파천 권유 |

1907년 이회영과 전덕기 등이 주선하여 광무제가 이상설, 이준 등을 헤이그평화회의에 파견한 것은 군주제하의 일이었기 때문에 복벽론 여부를 거론할 필요가 없다. 그러나 일제가 국토를 강점한 뒤부터는 사정이 다르다. 제일 처음 기민하게 움직인 이들은 이상설과 척사파 유인석이었다. '의군별 지휘義軍別指揮 전 종2품 가선대부 의정부 참찬 신臣 이상설'과 '13도 의군 도총재 신 유인석' 두 사람 명의의 「황제에게 아령 파천을 권하는 소(勸皇帝 俄領播遷疎)」는 1910년 7월 28일 작성된 상소문으로, 이상설이 쓰고 유인석이 수정하여 전 군수 서상진이 광무제에게 올리려고 했다. 이른바 한일합병조약 '조인'이 확실시된 시점에서 작성된 이 상소문은 광무제가 러시아 땅인 블라디보스토크로 파천하여 나라를 다시 일으키자는 것이 주요 내용이었다.

그러나 이 계획은 상소문이 광무제에게 전달될 가능성조차 희박한 것으로, 현실성이 없었다. 이상설 등도 파천이 가능하다고 생각했을 리 없고, 그것이 가능하도록 계획을 세우고 준비했다는 자료도 찾기 어렵다. 단지 그러한 상소를 올렸다는 점에 역사적 의미가 있다.

한일합병에 즈음하여 낸 성명회 선언서 등으로 일본 측은 이상설 등의 체포를 러시아 정부에 요구했다. 러시아 정부는 이상설과 이범윤 등 13도 의군 간부 20여 명을 체포하여 투옥했고, 뒤이어 이상설을 니콜스크로 추방했다.

| 신한혁명당의 광무제 추대 활동 |

이상설은 1915년 광무제를 옹위하여 독립운동을 전개하는 활동을 구체적으로 전개했다. 이해 3월 상해로 온 이상설은 박은식·신규식 등과 함께 신한혁명당을 조직했다. 신한혁명당은 본부를 북경에, 지부를 중국 각지에 두기로 하고 국내에도 서울·원산·평양·회령·나남 등에 책임자를 두었다. 본부장에는 이상설, 외교부장에 성낙형, 교통부장에 유동열, 재무부장에 이춘일, 감독에 박은식, 상해 지부장에 신규식, 장춘 지부장에 이동휘 등이 선임되었다.

신한혁명당은 광무제를 당수로 추대하여 독립운동에 활기를 불어넣고자 성낙형을 국내로 파견했다. 성낙형은 광무제를 당수로 모시고 전문 19조로 이루어진 중한의방조약中韓誼邦條約을 중국과 체결하기 위한 위임장을 받아오는 임무를 부여받았다. 이 조약의 요지는 독일 황제의 보증 아래 중국과 한국 망명정부가 동맹을 체결하고, 한국에서 혁명이 일어날 때 중국이 군사력을 원조한다는 것이었다. 신한혁명당이 광무제를 받든 이유는 중국의 대총통인 위안스카이가 황제에 오르려 하는 상황에서 독일 황제와 위안스카이의 후원을 얻으려면 공화제보다 군주제가 유리하다고 판단한 것이 주요하게 작용했다. 이상설 등은 초기에 제1차 세계대전에서 독일이 승리할 것으로 예견했다.

국내에 들어간 성낙형 등은 그해 7월 내관內官 염덕신을 통해 광무제에게 국권 회복 추진의 서찰과 관계 서류를 전했고, 광무제는 곧 성낙형의 알현을 허락했다. 의친왕 이강과도 연락했다. 한편 신한혁명당의 또 다른 간부들은 중국에서 위안스카이 및 자오빙쥔趙秉均·장쉰張勳·장쭤린張作霖 등 중요 인사를 만났다.

그러나 7월 이후 국내에서는 성낙형 등 많은 관계자들이 보안법 위반 사건으로 투옥되었다. 국제 정세도 불리했다. 세계전쟁에서 독일의 승리가 비관적으로 되어갔다. 일본은 연합국의 일원이었으며, 북경 중국 정부도 일본과 전쟁을 벌일 의사도 능력도 없었다. 이러한 상황이 신한혁명당을 해체시킨 데 이른 것으로 보인다. 이 무렵 이상설은 중병에 걸려 1917년 3월 2일 니콜스크에서 서거했다.

| 광무제 망명 계획과 서거 |

광무제를 외국으로 나오도록 하여 독립운동을 벌이려는 움직임은 광무

제 서거 직전에도 있었다. 1918년 가을에 파리에서 강화회의가 열린다는 소식이 들려오자 국내외 여러 독립지사들이 머리를 맞대고 논의했는데, 이회영은 헤이그평화회의가 열린다는 소식을 들었을 때와 같이 광무제와 내밀히 연락했다. 이규창은 자서전에서 광무제의 측근인 내환內宦 안호영이 한 달에 두 번 정도 부친 이회영을 찾아와서 광무제의 근황을 전달하고 광무제가 생활비 조로 준 100원을 전달했다고 기술했다. 이회영의 며느리가 광무제의 생질녀 조계진이라는 사실도 이회영과 광무제 사이를 돈독하게 하는 데 영향을 미쳤다고 한다.

1918년 가을을 전후하여 이회영은 천도교의 오세창, 기독교의 이승훈, 불교의 한용운, 교육계의 김진호·강매 그리고 이상재·유진태·안확·이득년 등과 함께 국권 회복 방안을 상의했다. 그리하여 이번 경우에는 광무제가 중국으로 나가 파리강화회의에서 한일합병이 일본의 강도적 폭력의 소위였다는 점을 세계에 폭로하고 한국의 독립을 요구하는 성명을 내며, 독립운동에 직접 참여하는 방식으로 일을 주선하고자 했다. 그래서 시종 이교영을 통해 그 뜻을 상주하고 광무제가 국외로 나올 것을 주청했는데 광무제도 이를 승낙했다고 한다. 이은숙은 이때 광무제가 승낙한 데는 영친왕 이은과 일본 황족 마사코方子의 혼담으로 고민했던 것도 주요 요인이었다고 기술했다.

이회영이 조카 홍증식을 데리고 광무제가 신임했던 전 판서 민영달을 찾아가 광무제의 뜻을 전하자, 그는 "폐하께서 나라 밖으로 나가신다면 독립운동에 광채와 효력이 발양될 것"이라면서 분골쇄신하여 광무제를 따라나설 것이라고 밝혔다. 그리하여 이회영과 민영달은 첫째, 광무제의 출국 행로에 대해 수륙 양면을 놓고 따지다가 해로로 움직이기로 결정하고, 둘째, 우선 중국으로 갈 수밖에 없는데 행궁을 상해로 정할까 북경으로 정할까

광무제 장례식 1919년 1월 서거하여 3월 1일에 거행된 광무제의 장례식 모습이다. 이회영은 광무제를 망명시킬 계획을 짜고 파리강화회의에서 광무제가 직접 한국의 독립을 요구하는 성명을 발표하게 하려고 했으나 광무제가 돌연 서거했다. 광무제 인산을 계기로 전국에서 3·1운동이 발발했다(출처: 서울역사박물관)

논의한 끝에 북경으로 정하는 데 합의했다.

민영달은 5만 원이라는 거액을 내놓고 이회영에게 준비를 부탁했다. 민영달은 큰 재력가였다. 한 신문의 보도에 따르면 1911년 국내에 50만 원이상의 재력가가 모두 1,018명인데, 그중 한국인이 32명이었다. 32명 중에는 이완용·송병준·민영휘·민영달·김기중·장길상 등이 포함되어 있다.

이회영은 이득년·홍증식으로 하여금 5만 원을 가지고 북경으로 가서 그곳에 체재 중이던 이시영에게 전하고 광무제가 거처할 행궁을 임차하여 수리하도록 했다. 그런데 음력으로 1918년 12월, 양력으로 1919년 1월에 광무제가 서거했다. 이회영과 그 동지들은 일제가 헤이그 밀사 파견과 비슷

한 일이 파리강화회의에서 발생할 것을 두려워하여 적신賊臣을 부추겨 식
혜에 독약을 탄 것으로 보았다.

| 광무제의 '신민' |

1920년대 이후에도 미약하나마 있기는 했으나 1910년대에는 독립운동
자들 가운데 유생 의병장들을 중심으로 복벽적인 사고를 했던 사람들이 많
은 편이었다. 한말 1910년대 척사의병장의 대표 격인 유인석은 서거할 때
까지 복벽적인 사고를 지니고 있었다. 그는 자신의 저술인 『소의신편昭義
新編』에서 조선이 화하華厦의 정통임을 밝히면서 척사 사상을 강력히 전개
했다. 이상설과 긴밀히 협의하여 러시아와 중국 동부의 국경지대인 흥개호
옆 봉밀산에 1909년 독립운동 기지로 한흥동을 건설했던 이승희도 척사론
자이자 복벽론자였다. 1919년 3·1운동 직후 서간도 삼원포에서 한족회에
이어 조직된 대한독립단과 1923년에 조직된 의군부의 상층 지도부는 화서
학파, 그중에서도 유인석의 영향을 강하게 받은 유생 의병장 출신들로, 이
들도 대개 척사파이자 복벽론자였다.

척사유림이 아닌 혁신유림이라 하더라도 자신을 광무제의 신민으로 생
각하는 사람들이 있었을 것이다. 유림 대표 곽종석 등의 이름으로 파리강
화회의에 유림들이 보낸 「독립청원서」(1919)에는 '우리나라 신민(鄙邦臣民)'
이라는 표현이 나오며, 나아가 "우리 임금이 하세下世하시어 온 나라가 눈
물바다이며 통분한 원한이 천지에 철하여", "각 종교 각 단체, 개인 남녀의
독립만세 소리가 우리 임금의 영을 받들어 위로하고", "종석 등은 산야의
썩은 몸으로 구국舊國의 신자臣者인지라, 선군先君의 유풍을 따라 유교에
종사하게 되었습니다"라는 표현에서 자신들은 광무제의 신하였으며 지금
도 그러하다는 생각을 밝혔다. 이 「파리장서」(독립청원서)를 기획하는 데 이

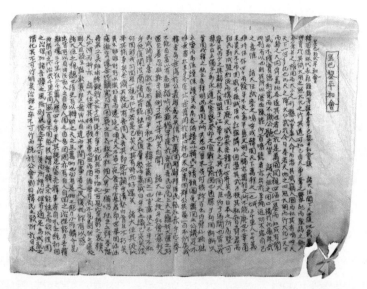

「파리장서巴里長書」 1919년 유림 대표 137명이 파리강화회의에 제출하기 위해 작성한 「독립청원서」이다. 김창숙이 이 청원서를 파리강화회의에 파견되어 있는 김규식에게 보내서 회의에 참석한 각국 대표들에게 제출해달라고 부탁했다. 그러나 이 일은 일제에 발각되어 곽종석 등 서명자들이 대거 체포되었다.(출처: 독립기념관)

승희와 동문이거나 지우인 유림들(이들이 이 시기에도 척사유림이었는지는 더 검토해야 할 것이다)이 상당 부분 주도적인 역할을 했지만, 거기에 서명한 백수십 명의 유림 가운데는 혁신유림도 적지 않게 참여했을 것이다.

광무제의 인산에 참여하기 위해 지방에서 올라왔다가 시위에 가담한 사람들 가운데도 자신이 광무제의 신민이라고 생각한 사람들이 적지 않았을 터이다. 3·1운동 전후의 시기에는 일반 서민들이나 지식인들 가운데서도 자신이 광무제의 신민이라 생각한 사람들이 꽤 있었다. 서간도 고산자 대두자에 살고 있던 사람들도 어느 정도는 그러하였다. 무오년 음력 12월, 양력으로는 기미년 1월 어느 날 부인회를 맡고 있던 양기탁 부인이 느닷

파리강화회의에 파견된 임시정부 대표단 1919년 6~8월경에 찍은 임시정부 대표단이다. 대표 김규식, 부대표 이관용, 서기 황기환, 외교 활동을 위한 사무를 지원했던 여운홍과 조소앙이 참가했다. 앞줄 왼쪽 끝이 여운홍, 맨 오른쪽이 김규식이고, 뒷줄 왼쪽에서 두 번째가 이관용, 그 옆이 조소앙, 그리고 오른쪽 끝이 황기환이다. (출처: 독립기념관)

없이 허은 등이 살고 있는 곳에 오더니 눈물을 흘리면서 "한국에서 국상이 났다"고 말했다. 그는 광무제가 승하하셨다면서 "참으로 망극하다"는 말을 거듭하며 눈물을 글썽였다. 양기탁 부인 등은 학교에 모두 모이라고 하여 조의를 표하는 예식을 가졌다. 비분강개한 연설이 이어졌고, 조의를 표하는 뜻에서 양기탁 부인 등 주최 측은 검은 완장을 마련해 나누어 주었다. 장례식장에서 검은 완장을 차는 풍습은 한국에서는 원래 없었기에, 이 일로 한때 서간도에서는 물의를 빚기도 했다고 한다.

민족주의자들도 연로층은 스스로 광무제의 신민이라는 사고를 어느 정도 가졌던 것 같다. 나중에 조선일보사 사장과 신간회 초대 회장을 역임하

게 되는 원로 이상재는 광무제 서거에 즈음해 「만고종태황제輓高宗太皇帝」,
곧 '고종태황제를 애도하다'라는 제목으로 다음과 같은 시를 지었다.

목놓아 울고 또 목놓아 우나이다   慟哭又慟哭

이때를 당하여 어찌 도적들을 차마 볼 수 있으리오   胡忍見此時

산하는 의구히 옛 모양이로되   山河依舊態

초목들까지도 슬픔을 머금고 있나이다   草木亦含悲

......

사랑홉게 받들기 48년 남아   愛戴餘四紀

은택이 이 몸에 배이옵기 흡족하였도소이다   膏澤洽論肌

이상재는 융희제가 죽었을 때도 글을 썼는데 표현이 달라진 점이 주목된다.

순종의 승하하심을 삼가 들을 때 늙은 눈에서 흐르는 암루暗淚를 걷잡
을 길이 없었다. …… 황송하나마 내가 이 세상을 떠나기까지는 언제나
그릇됨 없이 환란만으로 일생을 마치신 대행大行은 그저 불쌍하신 어른
으로서 나의 눈물을 짜실 것이다.   —「초망지비」.

| 구황실 예우 문제 |

구황실에 대한 예우 문제는 1919년 3~4월 상해에서 대한민국임시정부
가 조직될 때 논란이 되었다. 조완구 등 비교적 연로한 층에서는 다음과 같
은 이유를 들어 구황실 우대를 주장했다. 조선왕조는 500년간이나 통치해
와서 뿌리가 깊다, 나라를 팔아먹은 것은 5적, 7적 등이며 광무제는 오히려
헤이그 밀사 파견에서 볼 수 있듯이 할 수 있는 한 독립을 위해 노력해왔

다, 그가 서거하자 헤아릴 수 없이 많은 군중이 덕수궁 앞에 주저앉아 통곡한 것에서 구황실에 대한 강한 충성과 추모 정신을 알 수 있다, 등등. 따라서 민심을 수습하기 위해서도 황실을 우대할 필요가 있다는 것이었다.

반면 여운형 등 청장년 측의 주장은 이러했다. 500년 통치에는 공功보다 과過가 많고, 더욱이 합병 조칙문에 "국國을 거擧하고 민民을 솔率하여 완전하고 영원토록 일본 메이지明治 천황에게 봉헌한다"는 말을 쓴 것은 불가피했다 하더라도 죄책을 면할 수 없으며, 또 병합 후 일본으로부터 작위를 받고 잘산 것은 국민의 벌을 받아 마땅한데 황실을 우대한다는 것은 용납될 수 없다고 역설했다. 그리고 광무제 서거 후 보여준 민중의 슬픔은 광무제의 죽음이 슬퍼서이기도 했지만, 그보다는 풀 길 없이 맺혔던 망국의 한이 국장이라는 기회에 터져 나왔던 것이라고 주장했다.

표결 결과 황실우대론이 다수였다. 그리하여 4월 11일 발표한 「대한민국임시헌장」 제8조에 "대한민국은 구황실을 우대한다"라는 구절이 들어갔다. 그 뒤 이 부분은 1919년 9월 11일에 발표한 통합 임시정부의 「대한민국 임시헌법」 제1장 제7조가 되었다. 여운형은 황실우대론이 통과되자 임시정부의 어떤 자리에도 앉지 않겠다고 선언했다.

『독립신문』도 초기에는 구황실을 깍듯이 예우하는 기사를 썼다. 예컨대 대동단에서 의친왕을 옹위하여 상해로 오려고 했던 일과 관련 있는 1919년 11월 20일자 기사에는 '의친왕의 친서', '의친왕 전하'라는 말과 함께 "의친왕 전하께서 상해로 오시던 길에 안동에서 적에게 잡히시도다. 전하 일생의 불우不遇에 동정하고 전하의 애국적 용기를 칭송하던 국민은 전하를 적의 손에서 구하지 못함을 슬퍼하고 통분하리로다"라고 쓰여 있다. 『독립신문』 11월 25일자 2면은 의친왕의 상해행 관계 기사로 거의 대부분 채워져 있으며, 그 뒤에도 관련 기사에 많은 지면을 할애했다. 그렇지만 영친왕 이은과 마사코의 결혼식을 전후하여 실린 영친왕에 대한 기사에는 존 칭도 쓰지 않는 등 의친왕 관련 기사와 많이 달랐다.

| 이상설과 복벽론 |

이제 다시 이상설·이회영이 복벽론과 어떤 관련이 있는지를 살펴보자. 이상설과 이회영은 복벽론자였을까? 이것을 논의하기 전에 먼저 두 가지 점을 명확히 할 필요가 있다.

첫째, 양기탁 부인이나 3·1운동에 참여했던 일부 그리고 이상재와 같은 원로 민족주의자들이 자신을 애매한 점이 있기는 하지만 일시적으로 광무제의 신민으로 간주했다고 해서 복벽론자로 볼 필요는 없다는 점이다. 그들 대다수와 유림의 상당수는 대한제국으로의 복귀를 시대착오적인 것으로 인식하고 그것에 반대하지 않았을까.

둘째, 일반적으로 입헌군주제와 공화제 중 어느 것이 더 민주적인가는 개별 국가를 놓고 판단해야 한다는 점이다. 영국 등 서유럽의 사례를 볼 때 입헌군주제가 공화제보다 덜 민주주의적이라고 인정할 만한 근거는 없다. 일부 연구자들이 공화제가 입헌군주제보다 진보적이고 민주주의적이라고 보는 것은 설득력이 약하다.

이상설은 30세도 안 된 1896년에 성균관 교수 겸 관장에 임명되었고, 주자학자인 이승희가 놀랄 만큼 성리학과 구경백가九經百家에 통효했다. 그렇지만 이상설은 1909년에 쓴 글에서 황실에 존경을 표시하면서도 한국 인민이 군주와 국가를 구분하지 못한다고 비판했다. 군주를 인민이 사무를 위탁한 공평한 종으로 파악했고, 그 점을 루소의 사회계약설을 빌려 강조했다. 입헌군주론을 펴고 있었던 것이다.

성낙형 등 일부 간부들은 복벽론자였을 가능성이 있지만, 이상설 등이

1915년에 신한혁명당을 조직하여 광무제를 당수로 추대하고 제정을 구상했던 것은 위안스카이 정부와 독일 정부의 지지 그리고 한국 인민의 폭넓은 지지를 받는 데 그것이 유리하다고 판단했기 때문이었다. 이상설이 을사조약 반대 투쟁 때 상관인 참정대신 한규설에게 자결을 권한 것도 효과를 극대화하기 위함이었고, 대한광복군정부 최고 직책을 정도령正都領으로 정하여 자신이 취임한 것(2대는 이동휘)도 한국인에게 영향력이 컸던 『정감록』의 정도령 출현설과 연관 지어 볼 수 있다. 이러한 점을 고려하면 더욱 광무제를 당수로 추대한 이유가 분명해질 것이다.

| 이회영과 복벽론 |

이회영은 광무제의 서거 소식에 큰 충격을 받았다. 사돈 간이라는 점도 작용했겠지만, 광무제에 대해 항일정신 등과 관련하여 존경심을 가지고 있었고 사모하는 마음도 컸다고 한다.

3·1운동이 진행되고 있음을 알고 있었던 이회영은 부인에게 "인산因山 구경 가지 말고 대문을 단단히 걸고 있으라"고 당부하고, 아들 규룡만 데리고 1919년 2월 중순에 북경으로 갔다. 동지들을 만나서 지방 대립과 파벌 싸움을 지양하고 한마음으로 협력하여 항쟁할 수 있을까를 알아보기 위해서였다.

그는 북경에서 아우 이시영과 오랜 옛 동지인 이동녕을 만났다. 6년 만에 만난 것이었다. 그렇지만 이동녕·이시영과 이회영은 독립운동의 방략을 달리하고 있었다. 상해에서 3~4월에 임시정부 조직 논의가 활발히 일어나고, 그리하여 이동녕이 임시의정원 의장에 선임되었을 때 이회영은 임시정부 수립을 반대했다. 그는 운동 조직이란 근본적으로 정부라는 행정적인 조직과 달라야 할 뿐만 아니라 정부는 지위와 권력 등의 문제로 분규가 끊이지 않을 것이라고 생각했다. 그래서 상해임시정부 조직의 주역이었던 손정도·이동녕·조완구 등에게 임시정부라는 것은 혁명단 본부나 독립운동 본부와는 성격이 다른 것이니 고려하라고 거듭 촉구했다.

이처럼 이회영이 정부 조직에 반대하자 구황실 중심의 보황파保皇派적 생각 때문에 그런 것이 아니냐는 오해도 받았다고 한다. 이회영은 5월 중순 상해를 떠나 북경에 온 뒤에도 이시영·이동녕과 수차례 만났으나 의견의 일치를 보지 못하였다. 독립운동 기지 건설운동의 주역들이 3·1운동 이후 달라진 상황에서 노선을 달리하게 된 것이었는데, 권위적이지 않고 지위에 초연했던 이회영의 성품도 그러한 불일치를 가져온 하나의 요인이었을 것이다.

이회영은 3·1운동 이후 무정부주의에 접근하게 되었고, 그래서 1920년대 중반에는 중국 내 한국인 무정부주의자들의 원로로서 그들과 행동을 같이했다. 1920년 가을에 유흥식을, 이석영 소개로 감좌진의 육촌인 김종진을, 1921년 가을에 이을규·정규 형제를 만났고, 신채호와도 교유했다. 그는 누구나 자유평등하게 태어나서 자유연합하여 사는 것을 이상으로 생각하여 그것을 실현하고자 노력했으며, 대동의 세계, 세계 일가의 세계를 추구했다. 그는 후에 광무제 옹위 문제와 관련하여 다음과 같이 말했다.

> 일부 사람들의 말과 같이 내가 구황실 중심의 보황파였다면, 그것이야말로 180도의 방향 전환이라고 할 것이다. 그러나 과거 한말 당시로부터 기미운동 전까지 내가 고종황제를 앞세우려고 한 것은 복벽적인 봉건사상에서가 아니라 항일 독립을 촉성키 위해서는 밖으로 국제간의 문제로서 한국 독립 문제가 제기되어야 하겠고, 그러자면 국제간에 영향력을 가진 사람이 나서야겠는데, 동시에 국내적으로도 영향력을 가

진 그럴 만한 사람이 누구냐를 생각할 때 고종제를 내세우는 것이 상책이라고 생각한 데서 취해졌던 한 방책에 불과한 것이다. 아마 대동단의 전협 씨가 의친왕 이강 씨를 상해로 데려가려던 것도 같은 생각에서일 것이다.

—이정규, 「우당 이회영 선생 약전」, 『우관문존』, 삼화인쇄출판부, 1974, 53~54쪽.

좌익분자나 무정부주의자 등 청년들과 사귀는 것을 보고 옛 동지들이 "우당은 너무 새것을 좋아해 탈이야", "작일의 보황파가 어떻게 급전하여 무정부주의자가 되노!"라고 말하자, 이회영은 이렇게도 말했다.

나도 현대 사람이니만치 이 사회 풍조를 알고 있으며, 민주주의가 현대 정치 조류임을 알고 있는데, 어떻게 세계 조류에 역행하는 정치제도를 주장할 수 있겠는가? 헤이그 사건이나 또 고종황제의 해외 망명을 계획한 것으로서 나보고 보황파라고 하나, 누구나 생각할 수 있는 것은 3·1 운동이 일어나기 전에 한국 독립 문제 또는 한일합병의 무효 등을 국제 문제로 일으키자면 고종제를 국제 무대에 내세우는 것이 적절한 수단이라는 것은 보황파가 아닌 민주파라도 생각할 수 있는 바요, 또 그를 앞세우고 운동을 전개하였다고 해서 반드시 대한제국의 복벽을 뜻하는 것은 아니지 않은가. 나는 본래 벼슬을 싫어한다. 이 때문에 나는 독립 한국은 반드시 사민평등한 만인이 자유평등을 누릴 수 있고 따라서 공평하게 다 같이 행복을 누리며 자유 발전할 수 있는 기회가 균등하게 부여될 수 있는 사회가 되어야 하겠다는 것이 나의 독립관이며 정치 이념이니만치, 그런 자유 한국을 세우기 위해서는 무정부주의자가 주장하는 자유 합의적인 자유연합의 이상이 나의 그것과 합치되어서다. 그렇다면 나도 별안간에 180도 전환이 아니라 본래 무정부주의적인 자유 사상가였다고 자임할 뿐이다. 나도 남에게 지배받고 싶지 않으니, 나도 남을 지배해서는 아니될 것이 아닌가. 지배 없는 세상, 억압과 수탈이 없는 세상이 우리 독립 한국에 실현되어야 한다는 것이 말의 표현은 달랐을망정 나의 일관된 정견이었다.　　　　　—이정규, 위의 책, 72~73쪽.

7장

절반의 독립운동자

1. 여성과 망명자 사회

3·1운동 이전 무단통치기의 망명자 사회는 대체로 자발적인 망명자 남성과 자발적인 여성, 자발성이 약하거나 비자발적인 여성 및 아이들로 구성되었다고 볼 수 있다. 투쟁과 희생을 요구하는 독립운동·혁명운동은 대개가 남성의 몫이고 여성은 소수를 제외하면 보조자(내조자) 역할을 하는 것으로 생각했다. 그러나 망명자 사회의 특성상 독립운동·혁명운동이 여성과 무관하다는 극단적인 경향은 실제로 존립하기 어려웠다. 망명자 사회에서는 여성도 독립운동·혁명운동에서 빠져서는 안 될 중요한 위치에 있었을 뿐만 아니라, 오히려 독립운동·혁명운동에서 절반의 역할을 해야 했고, 실제로 그렇게 했다.

서간도 등 만주로 이주할 경우 대체로 남성이 주도했겠지만 여성도 거의 대부분 그것에 동의했을 것이다. 그러나 망명은 이주와 상당히 차이가 있을 수밖에 없다. 대개의 경우 집안의 가장인 남성이 망명을 결정하고 여성은 그것에 따랐을 터인데, 가장이나 남편의 결정이 옳다고 여겨서 따른 경우도 있었을 것이고, 혹은 그 결정에 따르지 않으면 안 되었기에 따라온 경우도 있었을 것이다. 어느 경우든 당시에는 한 가구 또는 한 가정은 살아도 같이 살고 죽어도 같이 죽어야 한다는 운명공동체적 성격이 매우 강했고, 따라서 설령 상의해서 결정한 것이 아니라 하더라도 따르지 않으면 안 되었다.

망명자 사회는 헌신과 희생을 요구하는 사회였다. 자신의 안일함은 물론이고 가족의 안일함에도 관심을 가져서는 안 된다는 것이 불문율처럼 존재했다. 이러한 암묵적 규율은 비자발적으로 온 여성이라도 따라야 했다.

한편, 망명자 사회는 3·1운동 이후에 훨씬 심각했지만 항상 긴장이 감돌았다. 언제 마적이 습격할지 알 수 없었고, 중국인 주민과의 사이에서 문제가 발생할 때 중국 관헌이 어떤 태도로 나올지 알 수 없었다. 그래서 망명자 사회는 거의 항시적인 준準전시체제나 전시체제하에 있었고, 반半전투집단이나 다름없는 성격을 띠고 있었다. 만주와 같은 이역에서 남성은 여성에게 보호자 또는 가장으로서 국내에서보다 더 중요한 위치에 있었지만 실제로 그러한 보호자 또는 가장의 역할을 제대로 할 수 없었다. 그 때문에 전시체제 또는 준전시체제 아래 여성 스스로 가장의 역할을 하고 가족을 보호해야 했다.

1920년대에 서간도에서 여성문제를 다룬 글은 찾아보기 힘들다. 남성 중심의 사회이자 준전투적 집단이어서 주로 일반 주민 모두를 대상으로 하거나 남성만을 대상으로 하여 여러 가지 논의가 전개되었기 때문이다. 『신흥교우보』 제2호, 『신흥학우보』 제2권 제2호에는 여성문제를 다룬 기사가 있기는 한데 여성의 관점에서 썼다고 보기는 어렵다.

『신흥교우보』 제2호에는 「류하현 주지갈 녀자교육회에 경고하오」라는

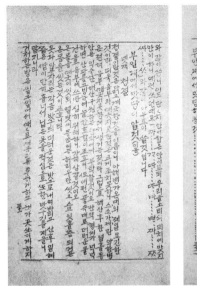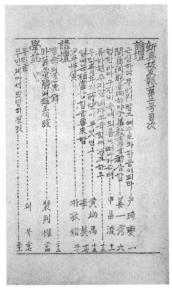

「신흥교우보」제2호 신흥교우단의 기관지 성격을 띠고 1913년 9월에 발간되었다. 오른쪽은
목차이고, 왼쪽은 「부인계에서 맛당히 알 것(이음)」이 시작되는 본문이다.(출처: 독립기념관)

글과 '학원學苑'란에 「부인계에서 맛당히 알 것(이음)」이 실려 있다. 앞의 글
에서는 남자 중심의 사회에서 사람 노릇 못하기를 몇천 년 내려오던 우리
나라에서 부인의 힘으로 여자교육회가 일어난 것을 높이 평가하고, 발에
흙을 묻히지 아니했던 부인들이 만리 밖 외로운 땅에서 고초를 겪는데도
얼굴에 기꺼운 빛이 가득하여 나라와 동포를 위해 마음과 몸을 바치겠다고
하는 것이 길이 찬송할 만하다는 점에 무게가 실려 있다. 뒤의 글에서는 젖
먹이는 법 등 실생활에 관한 내용을 소개했다.

『신흥학우보』제2권 제2호에는 「부인계에 맛당히 배홀 것」이라는 글이
연속 기사의 첫 번째로 실려 있는데, 『신흥교우보』제2호의 「부인계에서
맛당히 알 것(이음)」처럼 필자 이름이 없다는 것과 여성이 두루 볼 수 있도

록 순한글로 쓰여 있다는 점이 눈에 띤다. 이 기사는 서두에서 남자는 남자다워야 하고 여자는 여자다워야 한다는 점을 강조했다. 남자에게 여자의 기상이 많아지면 간사하거나 연약하게 되고, 여자에게 남자의 기상이 많으면 사나워진다, 이처럼 부부가 서로 뒤집히면 명수가 각각 어그러지기 때문에 옛 성인이 가르침을 베풀어 그 기질을 바로잡고 성품을 회복하려 했다는 것이다. 유교적 분위기가 흠씬 나는 주장이다. 또한 곧바로 이어서 가장이 밝게 살피지 못해 집사람을 꾸짖거든 바로 나무라지 말고 자세히 이야기해주어 부부 간에 사달이 일어나지 않게 하라고 충고했다. 이 글에서는 거듭 예와 의를 기본으로 삼아야 하고, 언어를 과도히 하여 방자해져 남편을 업신여겨서는 안 된다고 강조했다.

이 기사에서 오륜의 하나인 부부유별을 강조하고 남편에게 순종하며 간사한 마음을 가져서는 안 된다고 재차 역설한 것은 당시의 시대적 분위기에서는 특별히 봉건적 반동적인 주장으로 보기는 어렵다. 그렇지만 옛 어진 부인들의 이야기를 본보기로 들어 남편을 공경하고 순종하라 하면서, "남자는 하늘이라 하니 하늘은 가히 어기지 못하며 남편은 가히 떠나지 못할지라"고 주장한 것은 조선 시기의 남녀 관계를 상기시키는 대목으로, 서간도 망명자 사회에서 강조했던 혁명·자유·평등 등의 이념을 무색하게 하는 논리였다.

| 한말 여성의 운명 |

한국은 1920년대 이후에도 여성운동이라 할 만한 것이 별반 없었다. 그러니 1910년대나 한말에는 더욱 미약한 상태에서 계몽운동적 차원의 여성운동론이 약간 있는 정도였다. 1910년대에 최남선이 발행한 『청춘』에도 제목과 달리 여성문제를 전문적으로 다룬 글을 찾아보기란 쉽지 않다. 국내

『금수회의록』과 『자유종』 왼쪽은 1908년에 간행된 안국선의 『금수회의록』이고, 오른쪽은 1910년에 펴낸 이해조의 『자유종』이다. (출처: 각각 국립한글박물관, 국립중앙도서관)

의 경우, 무단통치하에서 사고의 퇴행 현상도 보였다. 그래서 1910년대보다 1906~1910년이 여러 면에서 진보성을 띠고 있었다. 신소설에도 그러한 진보성이 보이는데, 이해조의 『자유종』이나 안국선의 신소설에서 여성문제가 비중 있게 다루어졌다.

이해조나 안국선의 신소설에서 여성문제로 중요시한 것은 내외하는 법도였다. 안국선은 「애국정신」에서 여러 부인들이 회집한 장소를 설정하고 바로 그 자리에서 여자 사회의 구속舊俗을 개량하려면 가장 먼저 급히 내외하는 법을 근본적으로 혁파해 없애야 한다고 힘주어 말했다. 한국에서는 내외법이 매우 엄격하여 여자는 종신금고를 당한 죄수같이 규방에 갇혀 외출 금지가 원칙이 되었고, 혹시 부득이 외출할 때는 부귀가의 여자는 사륜교나 장독교를 타고 빈천가의 여자는 장옷이나 치마를 썼다.

『자유종』은 이매경의 생일에 홍국란·강금운·신설헌 등의 부인들이 모여 시국 담론을 하는 내용이다. 이 책에서도 내외법에 따른 여성의 외출 금지 문제점을 다음과 같이 지적했다.

(규방의) 층암절벽 같은 네 기둥 안에서 늙었으니, 비록 사마자장의 재
주 있을지라도 보고 듣는 것이 있어야 아는 것이 있지요. 밥 먹는 안석
(방석)이요, 옷 입은 퇴침(베개)이라, 어찌 인류라 칭하리까?

내외법 폐지가 새로운 남녀 관계 형성에 첫출발이 될 수 있기 때문에 이
부분이 강조된 것이었다. 일부 이슬람 사회에서 오늘날에도 강요되는 내외
법은 실상 남성 우위를 제도화한 것이기도 했다. 『자유종』에서 한 여인은
남자의 압제를 성토하고 나섰다.

일생에 생사고락이 다 남자 압제 아래 있어 말하는 제용(짚으로 사람의
형상을 만든 것)과 숨 쉬는 송장을 면치 못하니 옛 성인의 법제가 어찌
이러하겠소. 『예기』에도 여인 스승이 있고 …… 우리나라 남자들이 아
무리 정치가 밝다 하나 여자에게는 대단히 적악하였고, 법률이 밝다 하
나 여자에게는 대단히 득죄하였습니다.

『금수회의록』에는 원앙이가 나와서 다음과 같이 남성이 첩을 두는 것을
신랄히 비판하고 일부일처제를 주창했다.

사나이가 두 계집 두는 것은 천리에 어기어짐이라. 계집이 두 사나이를
두면 변고로 알고 사나이가 두 계집 두는 것은 예사로 아니 어찌 그리
편벽되며, 사나이가 남의 계집 도적함은 꾸짖지 아니하고 계집이 남의
사나이를 상관하면 큰 변인 줄 아니 어찌 그리 불공평하오? 하나님의

천연한 이치로 말할진대, 사나이는 아내 한 사람만 두고 여편네는 남편 한 사람만 좇을지라.

위 글에서 축첩을 비판하고 일부일처제를 주장하고는 있으나, '여편네는 남편 한 사람만 좇을지라'는 대목이 신경 쓰인다. 축첩제도는 1950~1960년대까지도 세력자나 부유층 중심으로 횡행했다.

『자유종』에서는 서양처럼 학문과 기예에서 차등이 없고 경제적으로도 여자가 남자에게 전적으로 의존하는 폐단을 역시 없애야만 국가가 부강해질 수 있다는 주장도 나왔다. 그런데 한말 계몽주의는 개화파의 성격이 반영되었기 때문일 터이지만 철저하지 못하다. 흐리멍덩하여 개운치 않은 맛을 남긴다. 『자유종』에서 다음과 같은 설유는 고루한 도덕군자의 냄새가 난다.

(부인들이 암글로) 보는 것은 다만 『춘향전』, 『심청전』, 『홍길동전』 등뿐이라. 『춘향전』은 음탕 교과서요, 『심청전』은 처량 교과서요, 『홍길동전』은 허황 교과서라 할 것이니, 국민을 음탕 교과로 가르치면 어찌 풍속이 아름다우며, 처량 교과로 가르치면 어찌 길게 보는 전망이 있으며, 허황 교과로 가르치면 어찌 정대한 기상이 있으리오. 우리나라 난봉 남자와 음탕한 여자의 제반 악징이 다 이에서 나니 그 영향이 어떠하오?

한말에 여성들이 어떠한 상태에 있었는가는 임종국이 쓴 『한국문학의 사회사』의 여성 교육 일화에 잘 나타나 있다. 그 이야기는 이러하다. 이화학당은 개교한 지 꼭 1년 만에 한 명의 여성이 입학했는데, 그 입학생은 왕후가 통역할 부인을 구한다는 소문을 듣고 영어를 배우러 온 야심만만한 어느 벼슬아치의 첩이었다. 두 번째 여학생은 집에서 기르자니 굶기겠고 팔아먹자니 나이가 너무 어려서 궁리 끝에 학교에 '기부'한 빈민의 딸이었다. 세 번째는 페스트가 창궐할 때 수구문 밖 전염병 환자를 놓아두는 곳에 버려진 사람을 주워다가 병을 고쳐서 입학시킨 경우라는 것.

학교에서 여학생 '구하기'가 이렇게 힘들었지만, 학생들은 걸핏하면 학교에 나오지 않았다. 여자가 학교 가는 것을 금기시하는 시선이 두려웠기 때문이었다. 사정이 이러해서 일정 기간에 졸업하는 제도도 1910년을 전후해서야 만들어졌다고 한다. 그러나 졸업식은 여전히 내외하는 법도로 인해 밤중에 치러야 했다. 내외법 때문에 가르치는 선생도 장막이나 병풍 뒤에 숨어 보이지 않는 곳에서 강의를 했는데, 그보다 진보한 형태는 돌아서서 흑판만 쳐다보며 가르치는 방식이었다.

| 도쿄 유학생들의 계몽주의 |

한말에는 철저하지 못한 채 그나마 계몽주의 바람이라도 불었지만, 1910년 일제 강점 이후에는 식민주의를 뿌리내리기 위한 무단통치로 인해 사회를 합리적으로 바꾸어보려는 움직임은 1910년대 중반까지 숨죽여 있다시피 했다. 그리하여 한국인의 계몽주의는 일본으로 옮겨가서 고국의 인민과는 거의 절연된 채 유학생들 사이에서 불철저한 상태로 전개되었다. 이때 주된 매체로 활용한 것이 『학지광』이었다.

『학지광』은 중국의 『신청년』처럼 의도적으로 집중 게재하여 논쟁을 불러일으킨 경우는 드물었지만 구습을 공격하는 글을 그런대로 실었다. 예컨대 「구습의 타파와 신도덕의 건설」(『학지광』 제13호, 1917. 7)이라는 글에서는 효를 봉건적인 인간관계의 핵심이라 보고, 뒤만 돌아보고 옛날로 물러

서게 하는 효는 도저히 현대에는 부합되지 아니하므로 파괴해야 한다고 주장했다. 그렇지만 이 글도 그것에 대한 대안으로 자손의 장래를 위해 부모는 웃어른이 아니라 절대적으로 아들 때문에 생존해야 한다는 주장을 제시하는 수준에 머물렀다.

송진우가 자유연애를 설파했다고 하면 의아해할 수도 있겠는데 사실 그는 1910년대 중반에 유교 반대와 구습 타파에 앞장선 선구자였다. 그는 공교孔敎는 민주 사상과 평등 정치에 적합하지 않기 때문에 타파해야 한다고 역설하면서 그 대신 국수國粹를 발휘할 것을 피력했다. 또한 가족제는 사회 발전에 장애물이고 나태성의 원천을 이루므로 역시 타파해야 한다고 설명하고, 개인 자립을 주장했다. 그와 함께 강제 연애를 타파하고 자유연애를 고취할 것, 허영 교육을 타파하고 실리 교육을 실시할 것, 상식 실업을 타파하고 과학 실업을 실현할 것 등을 주장했다. 그가 '강제 연애'에 반대한 이유는 그것이 조혼이라는 폐단을 발생케 하고 작첩作妾의 악습을 불러오기 때문이었다.

1910년대 일본 유학생들의 구습 타파 또는 봉건적 도덕 윤리 반대, 자유연애 고취는 원론적 주장에 머물렀을 뿐이며 『학지광』에 그러한 글이 자주 실린 것도 아니었다. 3·1운동 이전 도쿄 유학생은 상당수가 특수층이라고 볼 수 있는데(이 시기는 3·1운동 이후와 달리 고학생이 드물었다), 『학지광』에는 그야말로 특수층 출신의 문사들이 쓴 글이 실렸다. 도쿄 부근 가마쿠라鎌倉에서 썼다는 최승구의 다음 글을 보자. 이 글은 제목을 '불만의 요구'라고 한 점이 한층 흥미롭다.

> 상남일미湘南一味라는 흑조黑鯛(검은 도미) 자煮에 미소향채美蔬香菜를 곁들여서 하녀의 극極존경하는 공봉供奉으로 어백미석반御白米夕飯을 두

둑이 먹고 나서, 책상에 의지하여 녹차를 마시고 앉았으니 피가 더웁고
마음이 낙樂하오.

— 「불만의 요구: 가마쿠라로부터」, 『학지광』 제6호, 74쪽.

| 도쿄 여자 유학생의 여성관 |

원론적인 주장을 넘어서서 '전문적'으로 여성문제를 다룬 글도 『학지광』
에 간혹 실렸다. 1910년대의 마지막 시기인 1919년 무렵에 계린상이라는
필자는 도쿄 유학생들이 여성에 무식하다고 비난했다. 여자가 여자인 줄만
알고 사람인 줄은 몰라서 남존여비가 아니라 남인여비인男人女非人(남자만
사람이고 여자는 사람이 아닌) 상태가 계속되었다는 것이다. 그는, 여자를 사
람으로 인정하지 아니하고 오직 여자로서의 여자로만 인정하는 고로 여자
는 정욕을 만족게 하고 자녀를 생산하는 물건으로 될 수밖에 없는 것이 아
니었냐고 반문했다.

워낙 여자 유학생이 드물었는데, 아주 드물기는 해도 『학지광』에는 여성
의 글도 실렸다. 정월晶月이라는 이름의 여성이 「잡감雜感」이라는 제목으
로 1917년에 쓴 글이었다(정월은 나혜석의 호이다). 이 글은 여성문제를 다루
었다지만 오늘날의 시각에서 보면 성인지 감수성이 매우 떨어진다. 정월은
당시 여성이 사람 이하의 대접을 받는 이유는 여성에게 결점이 있기 때문
으로 파악했다. 곧 사회에서 여자를 불신하고 남자가 여자를 모욕하는 것,
그리고 여자의 사업이 어리고 지각이 없고 성공이 더디고 사물에 어둡고
처리가 둔하고 실패가 많은 것은 확고한 신념이 결핍하고 이지적 해결력이
빈약했던 까닭 같다는 것이다. 그러면서 다음과 같이 여성들에게 권하였는
데, 그것은 확고한 신념과는 관계없었고 그다지 이지적인 것 같지도 않은
견해였다.

빙긋 웃는 것이 여자의 미점이라 하오. 슬쩍 돌아서는 것이 여성의 귀
염스러운 점이라 말들 합데다. 말 아니하고 생각 없는 자를 여자답다
하오. 우리도 남과 같이 사람다운 여자가 되고 …… 웃고 싶은 대로 뱅
긋뱅긋 마음대로 웃어서 여자의 아릿다운 표정도 해봅시다. 쌀쌀스럽
고 싹 돌아서는 귀염도 부립시다. 말 없고 얌전한 여자가 됩시다. 이렇
게 우리에게는 뜨거운 정 외에 맑은 이성을 구비치 않으면 아니될 줄
알아요.
— 「잡감」, 『학지광』 제12호, 1917. 4.

『학지광』에 실린 몇 안 되는 여성의 글 가운데 특이하게도 필자 이름 끝
에 '양'이라는 의존명사를 붙인 '나혜석 양'의 「이상적 부인婦人」(1914)은 여
성운동에 관한 글 중에서도 백미라 할 만하다. 나혜석은 수원 부잣집에서
태어났으며 최초의 여성 서양화가로 유명하다. 도쿄 유학 시절에 최승구와
연인 관계였으며, 그가 일찍 사망하자 부유한 집안의 자식으로 도쿄 유학

생이었던 김우영과 결혼했다. 『학지광』 제3호에 실린 「이상적 부인」은 일
제강점기 페미니스트 투사로 활약했던 나혜석의 일면을 보여준다.

나혜석은 당시 여성의 이상형으로 정해놓았던 현모양처론을 정면에서
공박했다. 현모양처를 주장하는 것은 당시 교육자들의 장사꾼적(商賣的) 호
책好策에 불과하며, 여자를 하나의 부속물로 만들려는 교육주의라고 비판
했다. 현모양처론은 다름 아닌 당대의 이데올로기로서, 여자를 가정에 묶
어두기 위한 방책이라는 점을 적절히 지적한 것이다. 그는 왜 그것이 이데
올로기인가에 대해, 남자는 부夫요 부父라는 양부현부良父賢夫의 교육을 들
어본 적이 없다는 점을 보기로 들어 명백히 하고자 했다. 또한 습관에 구속
되어 자신의 세속적 본분만 지키려는 도덕적 부인을 이상으로 삼아서는 안
되며, 그것에서 한 걸음 더 나아가 그 이상의 것을 준비하지 않으면 안 된
다고 강조하고, 페미니스트 전사로서 고독한 투쟁을 결연히 다짐했다.

「이상적 부인」은 「잡감」보다 2년 5개월 전쯤에 쓰인 글인데 많이 다르다.
놀라운 일이지만, 꼭 놀랄 일은 아니다. 당시 남자 유학생도 남녀 관계에
관해 두 얼굴을 가진 경우가 많았고, '의식'과 '행위' 사이의 괴리도 심한 예
가 적지 않았다. 나혜석이 최승구의 연인이었다는 점, 친일파 김우영의 부
인이라는 점과 「이상적 부인」에서 드러낸 여성관 사이에도 그러한 괴리 현
상을 엿볼 수 있다. 그것은 천도교 신파 지도자로 당시는 친일적인 최린과
파리에서 가졌던 정사, 귀국 후 김우영과의 이혼, 또 이혼한 뒤에 나혜석이
보여준 이중성 또는 '연약한 여인'의 모습과도 겹쳐진다.

1910년대에 도쿄 유학생들의 상당수는 남학생이든 여학생이든 '나혜석
양'의 주장보다 그의 아호 정월의 이름으로 쓴 글에 더 끌렸을 것이다. 또
일부 신여성은 일반 서민들과는 거리가 있는 일종의 특수층을 형성하면서
근대적 자아를 갖지 못했던 친일 개화파와 같은 성격을 지니고 있었다.

임종국은 현진건의 「B사감과 러브레터」를 분석한 글에서 초기의 여학생 기숙사는 수도원이었으며, 이러한 기숙사 생활은 전제적 감금 교육이 이루어졌던 탓에 1920년대 학생들 문제의 중심이 되었다고 기술했다. 그리하여 1922년 10월에 정신여고 학생 102명은 교장과 사감의 중세적 감금 교육에 항의하여 맹휴 투쟁을 벌였다. 일제강점기 내내 여성들은 비유적으로 말하면 창살 없는 감옥에 갇혀 있는 상태에서 삼중 사중의 중노동에 시달렸다. 이런 사회에서 '정상적'인 남녀 관계나 부부 관계는 성립되기 어려웠다.

여성들이 감금 상태에 있고 중노동을 했다고 해서 남성들은 그렇지 않았냐 하면, 그러한 것도 아니었다. 남성 중심의 사회라는 것이 남성이 가족 전체의 생계를 책임지고 역시 중노동을 해야 했던 것과 이율배반 관계에 있지 않았다. 또한 부유층 등 소수를 제외하고는 여자 관계에 대해서도 자유롭지 않았는데, 특히 유가 집안인 경우 혁신유림이건 척사유림이건 가풍이 엄할수록 그 강도는 컸다. 그 경우 남자에 대한 여자의 애정관만큼이나 여자에 대한 남자의 애정관도 '특수성'을 띨 수밖에 없었음을 시사한다.

임종국은 일제강점기 소설의 사회사적 분석에서 이광수의 작중 인물과 관련해 흥미 있는 관점을 제시했다. 이광수의 소설이 그 시기에 독자들을 열광시킨 건 용감하게 연애하지 못한 이광수가 용감하지 못한 주인공만 창조했기 때문이라는 것이다. 이광수는 자신이 주장한 것과 달리 해외로부터 '수입'도, 현실에 대한 '반역'도, 근대 예술로의 '승화'도 못했고, 그런 점에서 근대인일 수 없었는데, 그러한 이광수가 창조한 주인공 문길(『사랑인가』)이나 석순옥(『사랑』)도 근대인이 아니었다. 임종국은 용감하게 연애하지 못하는 1920년대의 독자들이 문길과 석순옥 앞에서 자기 자신을 그들로 착각하고 소설로만, 환상으로만 연애하다 보니 이광수 소설이 그렇게 인기가 있었다고 지적했다.

| 내외하는 법도 |

망명자 사회에서 남녀 관계, 여성의 지위는 국내에서의 상황을 반영하는 측면과 망명자 사회의 특성으로 말미암아 발생하는 것으로 나누어 생각할 수 있다. 국내에서의 상황을 반영한다고 하더라도 망명자 사회의 경우 여건이나 상황이 다르기 때문에 국내와는 차이가 있게 마련이다.

내외하는 제도에 관해서는 허은의 증언이 관심을 끈다. 고국에 있을 때 허은 집안의 어른들은 남녀칠세부동석이라는 말 그대로 대여섯 살부터 바깥 출입을 못하게 했다. 유교적 가풍을 지닌 집에서 일반적으로 볼 수 있는 모습이었지만 임은 허씨의 경우 더욱 엄격한 편에 속했던 것 같다.

허은은 크면서 그저 일가의 집안에만 다닐 수 있었다. 추운 겨울이 끝나고 봄이 되어 화사한 날씨에 온 산에는 진달래가 지천인데도 아무 데도 나다니지 못했다. 수놓는 일, 바느질하는 일을 배우며 집안에서만 날을 보냈다. 집과 집 사이를 다니지 못하게 하니, 아래윗집에 사는 일가의 큰아기(처녀)들이 감나무 낙엽에다 먹글씨로 쓴 편지를 종들을 시켜서 주고받기도 했다. 종이가 아주 귀했기 때문에 먹물이 잘 드는 크고 넓적한 감나무 잎을 이용했던 것이다.

허은은 서간도로 와서 진두허에 살 때 딱 한 번 자신이 사는 동리 밖에 나가보았다. 이웃에 사는 열댓 살 먹은 처녀가 거기서 조그만 등 하나 너머에 있는 자기네 큰집에 가면서 같이 가자고 한 것이다. 혼자 가기가 겁이 나서 그랬을 것이다. 허은은 아무도 모르게 그 처녀를 따라가서 점심을 얻어먹고 돌아왔다. 그런데 그동안 집에서는 그를 찾느라 야단이 났다. 집에 돌아왔을 때 말도 안 하고 갔다며 몹시 야단맞았다. 그는 진두허를 뜰 때까지 다시는 대문 밖에 나가지 못하고 집안에서 살았다. 서간도에 온 망명자 가족 여성들은 만주에 오기 전에 대개 허은처럼 내외하고 살았을 것이다.

망명자 사회는 아무래도 이동하는 일이 많아 고국에 있을 때보다 상대적으로 내외하는 일이 적겠지만 기본 법도는 대체로 비슷했을 것이다.

　망명자 사회는 전통적인 도덕과 예절을 묵수하는 경향이 있었고, 그 점은 여성의 경우에 더욱 심한 편이었다. 고국에서 있었던 일이지만, 왕산 허위의 한 따님은 아버지가 순국하기 전 옥중에서 기별하여 영천에 사는 권교리 집과 혼인을 정해놓았다고 해서 그리로 시집가라는 아버지 말씀을 따라 후에 그 집을 찾아가 혼인했다. 허위 따님의 결혼 방식은 특별한 것이라 볼 수 있다. 하지만 망명자 사회에서도 혼인은 부모가 결정했고, 자식은 그것에 따르게 마련이었다.

| 망명객의 부인 |

　망명자 사회의 여성은 국내와 마찬가지로 전통적 여성의 모습을 많이 지니고 있었다. 이상룡이 서란현 소성자에 살고 있을 때 서란현 경찰들이 밀고를 받고 몰려들어 허은의 남편 이병화를 잡아갔을 때다. 이상룡의 부인이자 김대락의 누이인 할머니는 매일 심야에 정화수를 떠놓고 잡혀간 손자가 돌아오기를 축원했다. 허은은 깊은 밤에 기도하는 할머니의 정성에 감복했지만, 어둑어둑해질 때까지 일을 하다가 황량한 들길을 걸어 서둘러 왔는데 할머니 일을 도와야 하니 밤에도 잠 한번 제대로 잘 수 없었다. 이상룡의 부인은 영락없는 전통적 조선의 여인상 그대로였다.

　이회영의 후처 이은숙은 이상룡의 부인과는 다른 형태로 이회영에게 지극정성이었다. 이회영은 6형제 가운데 가장 선진적이고 개방적이어서 일찍부터 집안의 종들을 해방시켰고 다른 집 종들에게 경어를 썼으며, 특히 청상과부가 된 누이를 부친 살아계실 때 재가시켜서 항간에 시비도 많았고 비난도 크게 받았다.

혁명가 부부: 이회영과 이은숙

  필자는 이회영에 대한 이은숙의 무한한 존경심과 헌신적인 애정이 이회영의 혁명가다운 열정과 담대함, 애국·독립정신, 인격에서 우러나온 것으로 이해했다. 그런데 2023년 12월 '이은숙과 서간도 시종기'라는 주제로 학술회의가 열렸을 때 '또 하나의 요인이 있었구나' 하는 사실을 알게 되었다. 이날 조은 교수의 발표에는 최기영 교수를 통해 『황성신문』 1908년 11월 17일자 기사를 보게 되었다는 내용이 들어 있었다. 그런데 그 기사에 정말 믿기 어려운 놀라운 비밀이 있었다. 실은 이 신문 11월 15일자에 실린 **이용직의 재종손녀와 이회영이 외국의 예에 의한 혼례, 곧 서양식 혼례를 올렸다**는 내용의 기사도 내게는 뜻밖이었다. 서양식 혼례를 올렸다는 내용도 그렇고 여성이 이회영 앞에 나온 것도 그렇지만, 이은숙이 이용직의 재종손녀라는 점도 의외의 사실이었다. 나는 온건 개화 관료이자 한학에 조예가 깊은 인물들인 김윤식과 이용직에 대해 예전부터 관심이 많았다. 이용직은 나이 마흔에 이조참판, 이어서 대사성 등을 역임하다가 1900년 초 관찰사를 지냈다. 그의 장인 조병세가 자결한 을사조약 이후에는 학부대신을 두 차례 맡았으며, 1910년 병합조약에 "목이 달아나도 찬성할 수 없다"고 반대하여 조병세의 사위다운 충신이라는 칭찬을 들었는데, 조선총독부가 들어서면서 작위(자작)도 받고 중추원 고문도 지냈다. 그러더니 3·1운동 때는 김윤식과 함께 독립청원서인 「대일본장서對日本長書」를 보내, 그 일로 인해 작위와 직책을 박탈당했다. 이런 이력이 있으니, 한학에도 밝은 이용직과 김윤식에게 호감이 가는 면은 분명히 있지만 긍

이회영·이은숙의 재혼에 관한 신문 기사
『황성신문』 1908년 11월 15일(왼쪽),
17일(오른쪽).(출처: 대한민국 신문 아카
이브)

정적으로 평가하기도 쉽지 않았다. 근대사에서 김윤식·이용직은 여러 가지로 많은 생각을 갖게 하는 인물이었다. 이은숙이 이용직의 재종손녀라니!

대단히 중요한 것은 『황성신문』 11월 17일자 기사로, 그 내용이 관심을 끌었다. 그중 하나가 이회영과 이은숙의 결혼이 노소老少의 통혼이어서 기백 년 당습黨習을 혁신했다는 기사였다. 경주 이씨 이회영 집안은 소론을 대표하는 집안 중 하나였고 그의 첫째 부인 또한 소론을 대표하는 집안의 하나인 대구 서씨였는데, 노론의 명가인 한산 이씨와 혼례를 올렸다는 것은 1908년 시점에서는 상당히 의미가 있었다. 그런데 11월 17자에는 **청상재초**青孀再醮**가 화기**和氣**를 이끌어 맞이하게 하였다**는 기사가 실려 있다. 나는 '청상재초'라는 네 글자에 아주 큰 충격을 받았고, 청상재초가 화기를 이끌어 맞이하게 하였다는 기사도 충격적이었다. '초醮'라는 한자는 혼례를 가리킨다. 요즘에는 드물게 쓰는 말이지만 '초례醮禮'는 혼례를 지내는 예식이다. 젊은 나이에 명가의 여자가 두 번째 혼례를 올리다니 얼마나 놀라운 일인가! 첫 번째 결혼에서 무슨 일이 있었길래 열아홉 살 청상과부가 두 번째 혼례를 올렸을까. 명가가 아니더라도 당시에 이러한 '재초'가 있을 수 있는 일인가. 필자는 '청상재초' 네 글자를 접하면서 『신흥무관학교와 망명자들』에서 이회영·이은숙을 묘사한 것에 대해 더욱더 자신을 가질 수 있었다. 정말 놀라운 일이지만 두 분은 처음부터 혁명가로 만난 혁명가 부부로서 시대를 뛰어넘은 대단한 분들이었다.

이은숙은 목은 이색의 자손으로, 아버지 이덕규는 개화파 지식인이었다. 상처한 이회영이 만 41세일 때 무남독녀의 19세 이은숙은 1908년 상동예 배당에서 결혼했다. 이은숙은 그의 수기에서 "나는 가군을 대할 때 하늘같이 앙망하고 스승같이 모셨는지라"고 기술한 대로 이회영의 뜻을 절대적으로 따랐다.

재혼한 이회영은 독립운동 기지 건설에 심혈을 기울였다. 그리고 1910년 연말에 이회영 6형제 대소가는 압록강을 건넜다. 그때 이들의 심정을 이은숙은 이렇게 호쾌하게 썼다. "부모 나라를 버린 망명객들이 무슨 흥분이 있으리오. 그러나 상하 없이 애국심이 맹렬하고, 왜놈의 학대에서 벗어난 것만 상쾌하고, 장차 앞길을 희망하고 환희만만으로 지내……" 이은숙이 아이들 셋 등 13명을 데리고 이석영 집에서 준 강냉이로 살아가면서 어떤 고초를 겪었는지, 마적떼 습격에 이은숙과 어린것들 세 식구가 유혈이 낭자했던 모습은 앞에서 서술한 바 있다. 옥수수밥만 먹는 데 질려 있던 서너 살 또는 네댓 살 먹은 어린 이규창이 한 살 위인 사촌 규서가 아버지 이석영과 함께 쌀밥 먹는 것을 보고 규서를 묻기 위해 삽으로 땅을 판 일을 이석영이 알게 돼 매로 때리며 잘못을 빌게 했을 때, 이를 알게 된 이은숙의 심정은 어떠했을까. 홀로 남은 20대의 이은숙은 어린 딸과 이회영이 떠난 뒤 낳은 아들을 데리고 그날그날과 싸우며 남편이 돌아오기만을 기다렸다. 살아 있어도 죽은 것만 못한(生不如死) 나날을 서간도에서 수년간 보내면서 이은숙은 한마디 원망도 없이 남편이 무사하기만을 빌었다.

> 매일같이 고대하다가 일락서산에 그날이 지나면 나의 쓸쓸한 생활을 운명으로 돌리고, 위험한 지방에 가 계신 가군 무사히 지내시다가 오심을 축수하며 시일과 싸웠다.　　　　　—이은숙, 『민족운동가 아내의 수기』, 27쪽.

| 부인의 마음 |

이은숙은 연약한 규방 안주인이 아니었다. 1925년 북경에서 살 때 일제 앞잡이 김달하가 다물단에 의해 처형된 유명한 사건이 발생했다. 다물단은 1923년경 이석영의 아들 규준, 이회영의 아들 규학, 그리고 이성춘 등이 유자명과 상의하여 만든 비밀단체였다. 이회영과 신채호·김창숙은 서로 교유하면서 김달하를 동지로 알고 몇 번 만난 적이 있었다. 다물단원에 의한 김달하 암살 사건으로 이회영의 딸 규숙이 중국 공안에 끌려갔다. 이규준이 다물단원인 줄은 전혀 모르고 김달하의 집 구조에 관해 알아봐달라는 부탁을 받자 이규숙이 동창인 김달하 딸을 만나 물었던 일이 사달을 일으킨 것이었다. 이규숙은 이 문제로 끌려가서 1년 가까이 고생했다. 이 시기 이회영 식구들은 굶다 못해서 아우 집을 찾아가 머물렀는데, 그 아우 이호영도 경찰서에 끌려갔다. 엎친 데 덮친 격으로 이회영의 두 어린 손녀, 곧 아들 규학과 고종의 생질녀인 며느리 조계진의 두 딸이 격일로 성홍열에 걸려 죽고, 생후 6개월 된 이회영 아들도 세상을 떴다. 이회영 일가에게 말할 수 없이 참혹한 일이 잇달아 일어난 것이다. 게다가 딸 현숙은 늑막염에 걸려 위중한 상황이라 정신이 없었다.

김달하가 왜 죽었는지도 잘 몰랐던 이은숙은 김달하 부인에게 신세를 많이 졌던 까닭에 아들 규창을 데리고 조문을 다녀왔다. 그런데 어느 날 우체부가 김창숙의 편지를 가져왔다. "우당장 내외가 김달하 초종初終에 조상을 갔으니 앞으로 절교하겠다"는 내용이었다. 당시 북경은 살얼음판 같았다. 가만히 있다가는 이회영의 신변이 위험할 것 같아 이은숙은 품에 칼을 지닌 채 어린 아들을 데리고 신채호와 김창숙이 묵고 있는 집으로 찾아가서 아침 식사 중인 이들을 바짝 추켜잡고 따졌다.

북경 체류 시절의 이회영 1924년경 찍은 사진으로, 앞줄에 앉아 있는 왼쪽부터 김창숙, 철도청 소속의 중국 관리, 이회영이고, 뒷줄에 서 있는 왼쪽부터 손영직, 김달하이다. 이회영 뒤에 두루마기를 입은 김달하는 다물단에 의해 처형되었다.

너희 눈으로 우리 영감이 김달하 집에 조상 간 걸 보았느냐? 잘못 보는 눈 두었다가는 우리 동포 다 죽이겠다. 우리 영감의 굳세고 송죽 같은 애국지심을 망해놓으려고 하는 놈들, 김달하가 처음부터 상종한 놈들이 저희가 마음이 좋아서 누구를 물고 들어가려고 하는가? 정말 바로 말 아니하면 이 칼로 너희 두 놈을 죽이고 가겠다.

—이은숙, 『민족운동가 아내의 수기』, 48~53쪽.

신채호는 금시초문인지 대단히 난처해했고, 김창숙은 묵묵부답이었다. 얼마 후에 두 사람은 미안하게 되었으니 과히 허물치 말아달라고 하여 이 문제는 끝났다. 다음 날 이회영은 한기악으로부터 이 이야기를 전해 들었고, 이은숙은 사전에 허락을 받지 않고 간 데 대해 용서를 빌었다.

| 어머니의 마음 |

부부는 아무리 신뢰하고 존경하는 사이라 해도 서로에게 서운함이나 야속한 마음이 없을 수 없다. 더욱이 독립운동을 위해 부부가 온갖 어려움을 견뎌내고 희생하는 것은 부인으로서 참아낼 수 있지만, 그것이 자식 문제로 옮아갈 때 어머니의 마음은 다를 수도 있다.

이은숙은 1925년에 참혹한 일과 사고를 많이 겪어 이루 말할 수 없는 마음고생을 했다. 늑막염에 걸린 딸의 치료비도 구할 수 없을 만큼 굶고 지내다가, 생각다 못해 자신만은 고국에 돌아가서 생활비라도 마련해볼까 하고 귀국했다. 그 헤어짐이 두 사람의 영원한 이별이었다. 1927년은 이회영의 회갑이지만 어쩔 수 없었다.

이듬해인 1928년 이은숙은 부군에게서 온 편지를 받았다. 급한 사정으로 규숙·현숙을 천진에 있는 부녀구제원(고아원)에 보냈는데, 그 두 아이의 이름을 홍숙경·홍숙현으로 고쳤으니 편지할 때는 '구제원 홍숙경'으로 하면 받아 볼 수 있다는 내용이었다. 그리고 자신은 규창을 데리고 무전여행으로 상해를 가니 혹 돈이 마련되면 현숙이에게 부치라고 덧붙였다.

이은숙은 결혼 후 숱한 충격을 받아왔으나 이 편지를 받았을 때처럼 억장이 무너지는 듯한 심정을 가진 때도 드물었다. 이은숙은 그 편지를 보고 혼절했다. 주위의 위로를 받으며 가까스로 정신을 차린 뒤 '가군은 항상 위험한 행동을 잘하시는 분이긴 하지만, 동지들이 무슨 위험한 행동을 하여 급하게 피하신 것이거나 그렇지 않으면 상해에 무슨 일이 있어 급히 가시느라고 아이 형제를 그런 곳에다 보내신 것일 게다. 하나 상해를 어찌 무전으로 가실 것인가.'라고 생각하니 미칠 것만 같았다. 10여 일이 못 되어 남편은 다시 편지를 보냈다. "상해를 3분의 1쯤 가다가 도적을 만나 그나마 행장을 다 잃고 할 수 없이 천진으로 돌아가서 현아에게 가보니 저의 형제는 잘 있으나, 그곳 편지는 없어 몇 자 적는다"는 것이었다.

조선 후기 삼한갑족이라는 말을 듣던 명문가인데, 이역에서 두 딸을 성까지 바꾸어 구제원에 보내다니! 망국 후 압록강을 건너 서간도로 들어갈 때 워낙 식솔이 많아서 그랬다지만 6형제 집안이 100여 필의 말이 끄는 마차를 타고 들어갔는데! 항일 독립운동은 그토록 값비싼 희생을 치르게 했다. 그런데도 항일 독립운동의 투지가 조금도 꺾이지 않았던 것은 무엇 때문일까.

이은숙이 부군에게 서운함이랄까 야속하다는 심정을 드러낸 부분은 딸의 혼사 문제였다. 두 딸이 구제원에 들어간 후 더욱 다급해진 이은숙은 공장에도 나가고 남의 집에 들어가 바느질 일거리도 해주며 얼마 안 되는 돈을 부쳤는데, 천진에서 이러한 편지가 왔다.

> 규숙에게 마땅한 혼처가 생겼소. 사람이 근중斤重이 있어 보이고 믿을
> 만하여 다 결정하고, 예식은 천진 국도관에서 할 예정이오. 예식 후에
> 나는 규창이를 데리고 상해로 갈 작정이오. 할림에다 조선 사람이 신창
> 국민학교를 세우고 우리 조선인 아동을 가르치는데, 규숙 내외가 선생
> 으로 갈 것이며, 현숙은 규숙 내외에게 맡기기로 했소.
>
> —이은숙, 『민족운동가 아내의 수기』, 68쪽.

스스로 '여필종부' '가군'이라는 말을 써가면서 이회영의 뜻에 한마음이었지만 자신과 한마디 상의 없이 딸의 혼처를 정한 것에 이은숙은 마음이 상하지 않을 수 없었다. 그가 "섭섭한 심사를 어찌 다 기록하리오"라고 쓰

고는 편지할 마음이 생기지 않아 며칠이 지나서야 답신을 보냈다고 한 것은 평소 부군에게 쏟은 정성과 공손함으로 볼 때 대단히 야속하고 마음이 몹시 아팠음을 말해주는 것이 아닐까. 독립운동자의 아내도 자식의 대사에 관해서는 다른 이와 마찬가지로 아내요, 어머니였다.

> 우리 망명객의 일은 이루 말할 수 없는 수수께끼 같은지라. 한편 생각은 20이 되어가는 여식 출가시켜 제 임자 정한 게 다행이나, 어미 정리情理에 여식 혼사에 간섭도 못하고 저의 부친이 혼자 동지들과 의논하여 인륜대사를 거행한 게 섭섭한 심사를 어찌 다 기록하리오.
>
> —이은숙, 『민족운동가 아내의 수기』, 68~69쪽.

| 남편·집안과 여성의 지위 |

남편이나 부친이 척사유림이나 혁신유림, 개화파, 항일지사의 어느 한쪽에 속한다고 하여 부인이나 딸도 척사적이거나 혁신적이거나 개화파이거나 지사적일까? 아무래도 그 시기는 부친이나 남편의 영향을 크게 받았기 때문에 남편이나 부친이 어느 쪽에 속하느냐에 따라서 그 집 여성의 사회관이나 활동의 폭이 많이 달라졌을 것이다.

그러한 경향은 심지어 1920년대 조선공산당의 주요 지도자 간의 관계에서도 다르지 않았다. 박헌영의 애인이자 부인은 피아니스트 주세죽이었다. 조봉암의 애인이자 부인은 김조이였다. 임원근의 애인이자 부인은 한국의 콜론타이라고 불리던 허정숙이었다. 또 김태연(단야)의 애인은 고명자였고, 김사국의 애인이자 부인은 박원희였다. 이들 여성은 애인이 공산주의자여서 공산주의자가 된 것은 아니지만 상당 부분 애인의 영향을 받았던 것은 분명하다. 조선노농총연맹과 조선청년총동맹이 조직된 직후인 1924년 5월 조선여성동우회가 조직되었는데, 이때 주세죽·허정숙과 함께 박원희가 이 단체의 간부가 되었다. 이것은 노농총은 비록 화요파가 그 주도권을 잡았다고 하더라도 서울청년회계도 참여했고, 마찬가지로 청총은 서울청년회계가 주도 세력이었지만 화요파도 들어가 있었다는 것과 연관이 있다. 그러나 화요파가 서울청년회계를 배제하고 조선공산당을 창립하기 직전인 1925년 1월에는 화요파의 김조이·주세죽·허정숙을 중심으로 경성여자청년동맹이 조직되었다. 서울청년회계의 박원희는 그들과 갈라선 뒤 2월에 경성여자청년회를 조직했다. 부창부수는 아니었지만, 유명한 여성 공산주의자라고 해도 그들의 운명에 남편이나 애인 공산주의자가 어떠한 형태로든 적지 않은 영향을 미쳤던 것이 일제강점기의 상황이었다.

그렇지만 남편이 공산주의자거나 진보적이라고 해서 부인도 그러한 경우는 오히려 자주 볼 수 있는 현상은 아닐 것이다. 위의 경우는 대개가 처음부터 진보적인 남성과 여성이 만나서 동지 관계를 맺은 사례이다. 남편이 공산주의자라고 하더라도 부인은 '구식'인 경우가 적지 않았다. 부인은 남편으로부터도 영향을 받았지만 친정집과 시대의 영향을 더 받을 수 있었다. 또 시댁 어른들이 어떠한 사람이냐에 따라서 생활 형태가 달라질 수 있었다. 그 점은 혁신유림이나 지사의 집안도 비슷했다.

여성의 위치나 지위는 혁신유림 집안일 경우 척사유림 집안과는 다른 면이 있었다. 척사유림은 대체로 부인을 집안에서 내쫓을 수 있는 '칠거지악'을 비롯해 어려서는 부친에게, 결혼해서는 남편에게, 남편이 죽은 뒤에는 큰아들에게 종속될 것을 요구하는 '삼종지의三從之義'를 내세웠다. 이에 반해 이상룡은 일부일처가 배합하는 것은 계약으로 이루어진다고 해서 부부간의 동등권을 인정했고, 김대락은 「공리회 취지서」에서 평등의 권리는 천한 사람에게까지 미치고 자유의 종소리는 부인과 어린이에게까지 미친다고 지

이육사(1904~1944)와 이원조(1909~1955) 허은과 이육사는 사촌간이다. 허은의 고모 허길은 이황의 13대손인 이가호에게 시집가서 이육사(이원록, 사진 왼쪽)·이원조 형제 등을 낳았다. 이육사는 정의부·의열단 등에 가담하여 독립투쟁을 벌였으며, 민족의식을 일깨우는 시를 발표했다. 그의 동생 이원조는 『조선일보』 기자로 활동한 언론인이자 문학평론가였다. 프로문학을 옹호하는 평론을 다수 발표했다. 1946년 이원조는 형의 시를 묶어 『육사시집』으로 출판했다. (출처: 이육사문학관)

적했다. 그렇지만 사회주의자의 경우와 비슷하게 혁신유림이나 지사의 경우도 계몽운동이나 독립운동에 대한 자신들의 진보적 태도와는 달리 여성에 대한 태도는 개인에 따라 차이가 있고, 집안 어른의 품성에 따라 영향을 받는다는 점도 인정해야 할 것이다.

허은은 여섯 살 때까지 한글을 깨치지 못했다가 고모에게 배워서 비로소 글을 읽을 줄 알게 됐다. 고모는 이퇴계 집안으로 시집갔는데, 할머니가 돌아가신 지 3년째가 되어 대상大祥을 치를 때 한 달 동안 머물러 있었다. 고모는 문필가 6형제로 유명한 이원록(이육사)·이원조의 어머니였다. 허은은 서간도로 와서 신흥무관학교에 다니는 큰오빠가 몹시 부러워 글을 배우고 싶었지만, 계집애가 글을 배우면 못쓴다고 하여 학교에 가고 싶다는 말도 꺼내지 못했다. 주로 할아버지 때문이었다.

그런데 허은 가족의 경우 여자만 제대로 교육을 시키지 않은 것이 아니었다. 1916년 합니하 신흥무관학교에 들어가 이시영 댁에서 기식했던 큰오빠는 방학이 되어 돌아왔다가 개학이 되어 가려고 하니 할아버지가 못 가게 했다. 결국 큰오빠는 1년 만에 학교를 중단하고 농사꾼이 되었다. 둘째 오빠도 신흥무관학교에 보내달라고 졸랐지만 할아버지가 농사일 할 사람이 없다고 보내지 않았다. 그 뒤 허은이 학교 가고 싶다고 울고불고 하니 양기탁 부인이 자기 교회에 나오라고 말했다. 그래서 며칠 나갔는데, 재미를 붙일 만하니까 집안에서 알고 야단이 났다. 허은의 부친은 딸을 학교에 보내려고 입학 서류까지 다 만들었으나 할아버지가 반대하여 끝내 학교에 가지 못했다.

허은이 학교에 가지 못한 건 할아버지가 완고해서였다. 할아버지가 연로했기 때문이 큰 요인이었겠지만, 할아버지와 아버지의 성격 차이도 작용했다. 허은의 부친은 자상하고 다정해서 고향에 있을 때 딸에게 꽃신도 사다주는 등 딸을 예뻐했다. 김대락의 손부는 이미 1913년에 예배당에 갈 수 있었는데, 김대락은 허은 할아버지(1843년생)와 연배가 비슷했지만 성품이 부드러운 분이었다.

같은 망명자라도 여자에 대한 태도에서 차이가 적지 않았는데, 부인들 간의 차이는 그보다 훨씬 심했을 것이다. 이은숙처럼 매우 높은 수준의 교양을 지닌 부인도 있었지만 그렇지 않은 부인도 있었다. 이회영보다 훨씬 나이 어린 김동삼과 그의 아우 김동만 부인은 양반집 예절만 알았지 만주 땅으로 망명오고서 근 10년이 되었을 때도 중국 말 한마디를 하지 못했고 심지어 돈도 알아보지 못했다. 가정마다 특수성이 있게 마련이기는 하지만, 망명자 사회에서도 부인의 성향이나 교양에 따라 남녀 관계나 여성의 지위에 차이가 있었을 것이다.

| 여성과 교육 |

북간도의 길동기독학당은 부속으로 여자 야학과를 두었는데, 여성에 대한 교육은 상당 부분 교회당 등의 장소를 빌려 야학의 형태로 이루어졌다. 서간도건 북간도건 기독교도들은 배일 성향이 강했다. 일제는 서간도 지방에서 예수교인들이 전체 이주민의 약 20분의 1밖에 되지 않으나 배일운동이 성하다고 기록했다. 기독교 관계자들은 신흥무관학교, 부민단, 한족회에서 적극적으로 활동했다. 3·1운동에 호응하여 북간도와 서간도에서 독립시위가 여러 차례 일어났는데, 이 시위에도 기독교인들이 적극적으로 참여했다. 이 때문에 경신대학살에서 기독교인들이 많이 희생되었다. 기독교인의 배일 활동은 교육과 긴밀히 연결되어 있었다.

이주민들은 농민들이 대개 그러했듯이 한글조차 모르는 문맹자가 많았다. 그래서 곳곳에 야학당을 설치하여 남녀를 모아놓고 정신교육이나 생활지도와 함께 글을 가르쳤다. 1930년대에 국내에서 쉽게 볼 수 있던 일종의 야학운동이 1910년대에 만주에서 벌어졌던 것이다.

문제는 여성들이었다. 여자들이 부끄럽다고 나오려고 하지 않았기 때문에 야학운동꾼들은 집집마다 찾아다니며 설득해야 했는데, 쉬운 일이 아니었다. 날마다 문을 두드려 독촉해서 반강제로 나오게 했다. 이런 우여곡절을 거치며 야학에서 공부한 여자들은 점점 글에 익숙해지니 수만 리 떨어진 고향에 편지도 보낼 수 있게 되었다. 감격스러운 일이었다. 가르치는 사람이나 배우는 사람이나 서로 간에 재미를 느끼게 되면서 야학은 더욱 활발하게 퍼져 나갔다.

여성에 대한 교육은 3·1운동 이후 더욱 강조되었다. 1924년 4월에는 서간도 흥경에서 서간도여자교육회가 조직되었다. "만주 여자의 교육을 보급시키어서 대한 여자의 본능을 발휘하고, 그로부터 세계적 여자가 됨에 손색이 없도록 하자"는 것이 기본 취지였다. 별다른 활동은 없었겠지만, 이런 단체가 만들어졌다는 것은 여성에 대한 교육의 관심이 서간도 지방에서 높아졌음을 반영한다. 그것은 그만큼 서간도 지방에서 여성의 지위가 향상되고 있음을 의미할 것이다.

| 망명자·이주민 사회의 자치 규율과 여성 |

여성문제에서 망명자·이주민 사회가 국내와 다른 점은 자치 규율과 관련되어 있다. 1910년대에 망명자·이주민 사회에는 국내와 다르게 자유·평등·혁명의 이념이 퍼져 있었다. 애국정신, 민족의식, 국가와 사회에 대한 의식도 국내와 비교가 안 되는 수준이었다. 교육열도 높았다. 그렇지만 여성문제는 국내와 비교해서 얼마나 선진적이었는지 판단하기가 쉽지 않다. 자치 규율이 여성에게 요구하는 규범에 대한 평가가 쉽지 않기 때문이다.

1910년대에 서간도에는 경학사—부민단—한족회로 이어지는 자치조직이 잘 짜여져 운용되고 있었다. 이와 같이 중국 관헌과 일제의 눈을 피해 독립운동 기지 건설을 탄탄히 하면서 그것의 일환으로 자치가 잘 이루어지려면 규율이 엄할 수밖에 없었고, 지켜야 할 사항도 많을 수밖에 없었다. 『신흥학우보』 제2권 제2호에 실린 「부인계에 맛당히 배홀 것」에는 무엇을 해서는 안 된다는 주장이 많이 나온다. 부인 여자가 의복 음식이 남과 같지 못함을 견디지 못함은 도적질할 장본인이라든가, 혹 보리와 피잡밥을 먹지 못하는 자는 어떻게 해서든지 고쳐서 굶어 죽어서는 안 된다든가, 부귀를 부러워하는 것을 꾸짖는다든가, 마땅히 말하지 아니할 바를 말하고 마땅히 보지 않아야 할 바를 보는 것은 마음을 바로하고 낯빛을 바르게 함이 아니라는 지적 등은 모두 망명자·이주민 사회에서 자치를 유지하기 위해 제시한 일종의 '생활 도덕'이자 규범이었다.

서간도 자치 사회에서는 다른 지역에서 볼 수 없는 아주 엄격한 청교도적 금제 사항이 많았다. 지방공소에 두꺼운 목판을 자물쇠로 채운 감옥을 설치하고, 풍기 문란, 도박, 구타 등의 '범법 죄인'에 대해서는 태형을 가하고, 그보다 죄질이 심하면 가두었다. 법의 집행이 엄정하여 민정이 바로 세워졌다는 것은 금제 사항이 철저히 준수되었음을 의미한다. 한족회에서 내린 금주·금연령을 어기면 '초범'은 태 10대, 벌금을 3원이나 내게 하고, '삼범자'는 태 30대, 벌금을 9원이나 물게 한 것은 일반 사회에서는 상상하기도 어려운 대단히 엄한 법 집행이었다. 망명자 사회의 엄격한 금제 사항은 금주·금연 문제, 도박, 절도, 구타 등과 함께 남녀 관계에 주로 적용되었다.

서간도의 망명자·이주민 사회가 남녀문제를 아주 엄격히 하여 여성에 대한 속박이 적지 않았던 것은 그 사회를 유지하기 위해서 절대적으로 가정이 깨져서는 안 된다고 믿은 것도 주된 이유의 하나였다. 조선총독부의 한 문서는, 한국인은 바늘 가는 곳에 실이 따른다고 일컫는 바대로 만주의 여하한 산간벽지라 해도 남편은 반드시 처를 따르게 하고 처는 반드시 남편을 따라가 일찍이 서로 떨어짐이 없다고 지적했다. 그리고 그것은 중국인들이 거의 남자 홀로 이동하여 수년간 집에 돌아오지 않는 경우가 적지 않은 현상과 대조된다고 기록했다. 압록강 대안, 곧 서간도 지방으로의 이주는 특히 한일병합 때 많았는데 반드시 처자를 대동하고 갔다는 것이다.

한국인 부부가 함께 이동하는 것은 한국의 가족 관계가 중국의 가족 관계와 크게 차이 나는 부분이다. 한국인이 만주로 갈 때는 영주 가능성이 크다고 생각했기 때문에 처자도 데리고 갔겠지만, 가정에서 부인의 경제적 위치가 대단히 열악해 국내에서 독자적으로 살아가기 어려웠다는 점이 기본적으로 작용했다고 보아야 할 것이다.

망명자·이주민 사회에서 부부가 함께 다닌다는 것은 가정의 결속도가 크다는 사실을 말해주기도 하고, 남편에 대한 부인의 의존도가 그만큼 크다는 사실을 의미하기도 한다. 하지만 어느 경우든 가정의 파탄은 부부, 특히 여성의 생존을 위협한다는 점에서 막아야 했다. 더구나 바깥에서 뛰고 노래하고 달음질하는 사회와 관계가 거의 끊어진 일종의 폐쇄적 사회에서 풍기 문란으로 가정 파탄이 일어난다는 것은 그 사회의 존폐를 위협하는 일이었고, 독립운동 기지 건설운동을 위태롭게 하는 일이기도 했다.

남녀 관계를 엄격히 한 데는 망명자·이주민 사회 각 마을의 주도층이 원로든 장년이든 청년이든 청교도처럼 엄격한 윤리·도덕의식을 지니고 있었던 것도 한 요인이었다. 서간도 지방의 원로로서 부민단 초대 단장이라는 중요 위치에 있었던 허혁은 부인이 사망하자 혼자 살 수가 없어 젊은 부인을 얻었다. 금슬도 좋고 딸까지 낳았는데, 동네 주민들이 칠십 노인이 이십 대 젊은 여자를 데리고 사는 것은 좋지 않다며 억지로 떼어서 부인을 다른 곳으로 보내버렸다. 그러자 허혁도 더 이상 그 마을에 살 수 없어 바랑에 바가지 하나 달랑 차고 허위의 아들, 곧 조카들이 사는 철령허로 떠났다고 한다. 이 예화도 망명자·이주민 사회의 규범이 엄격하여 아무리 지도자나 원로라도 이를 받아들이지 않을 수 없었음을 말해준다.

주목할 점은 부민단이나 한족회 중앙 간부들이 지시해서 규범을 지키도록 한 것이 아니라 마을 또는 지역별로 자치적으로 규범을 지키게 하고 그것을 어기면 처벌했다는 사실이다. 허은은 큰집 할아버지인 허혁에 대해 다음과 같이 말했다.

만약 과부가 남의 사내 얻어서 아이 낳고 살아도 가만두지 않았다. 풍기 문란한 사람이 있으면 남녀 다 붙들어다 가두어놓고 혼을 낸다. 부모에게 불효하거나 남녀 관계에 불미한 일이 있다고 동네에서 가두어놓고 혼내주는 것을 나도 봤다. 그랬으니까 남의 나라에 가서도 그 나라 사람들 손가락질 받고 안 살았지. 떳떳하고 당당하게 살아가기 위해서는 도덕적으로 올바르게 살아가도록 지도할 수밖에 도리가 없었다. 질서와 치안도 그렇게 자치적으로 해나갔다.

— 허은, 『아직도 내 귀엔 서간도 바람소리가』, 63쪽.

남성 중심의 사회이고 아직 근대적 인간관계에 투철하지 못했던 것이 기본 요인이겠지만, 긴장된 망명자·이주민 사회에서 가정이 깨져서는 안 된다는 관념이 여성들에게 남성에 대한 복종을 요구하는 것으로 나타났다. 앞에서 언급한 「부인계에 맞당히 배홀 것」에서 남편을 공경하고 남편을 업수이 여기지 말고 남편에게 순종할 것을 거듭 이야기하면서, 비록 그 글의 필자가 직접 말하는 형태가 아니고 옛 고사를 인용하는 형태지만 "가로되 남자는 하늘이라 하니, 하늘은 가히 어기지 못하며, 남편은 가히 떠나지 못할지라"고 강조하여 망명자·이주민 사회의 자유·평등·혁명 이념을 무색하게 만든 것은 망명자·이주민 사회의 특성과 관련이 있다. 그렇지만 그것은 당대 사회와 비슷하게 망명자·이주민 사회도 한말의 일방적인 남녀 관계에서 여전히 벗어나지 못했음을 말해주는 현상이기도 했다.

1910년에 많은 남성이 여성은 혁명운동·독립운동 투사로 적합하지 않으며 소극적이고 수동적이라고 생각했다. 그와 함께 여성은 가정을 지키는 일에 전념해야 한다고 믿었다. 이러한 사고에는 김동삼 집안의 경우에서 볼 수 있듯이 남자(남편 또는 가장)가 희생되더라도 식구들은 살아남아 집안이 유지되어야 한다는 판단이 들어 있었다. 곧 독립운동·혁명운동은 남자가 맡고 가정을 이끌어가고 가족이 살아남게 하는 것은 여자의 책무라는 일종의 역할 분담이 — 실제는 지켜지기 쉽지 않겠지만 — 망명자 사회에 형성되어 있었다.

2. 여성과 독립운동

여성은 독립운동에 적극적으로 나서기도 했지만 상대적으로 자발성이 약한 경우가 많았고, 비자발적인 경우도 적지 않았다. 또한 경우에 따라 여성은 독립운동에서 '피해자'의 측면이 없지 않아 있다는 점도 간과해서는 안 될 것이다. 독립운동에 나선 사람들은 어떠한 어려움을 당하고 희생을 치르더라도 스스로 그것을 감당하겠다 결심하고 하는 것이지만, 자발성이 약하거나 비자발적인 경우에는 어려움이나 희생이 감당하기 어려울 정도로 크다고 느끼면 피해자 의식을 가질 수 있다.

독립운동 과정에서 당사자가 죽음을 당하거나 중장애자가 된 경우에 배우자나 가족이 받는 고통이 클 터인데, 그런 상황에까지 이르지 않았더라도 피해를 보았다고 생각할 수 있었다. 체포될 때 관헌의 비인간적인 행위로 관련자들이 당하는 피해가 있을 수 있고, 독립운동 때문에 가산이 소진되거나, 끌려다니고 주시받고 감시당하거나, 교육받을 수 없게 되거나 취업에 제한받는 경우는 언제 어디서든 일어날 수 있었다. 한때는 독립운동에 공명하여 열심히 함께 일하다가도 여건이 변하거나 분위기가 달라짐에 따라, 또 희생이 너무 커짐에 따라 피해의식을 가질 수도 있었다. 이러한 피해의식은 민족반역자 또는 친일파가 당사자뿐만 아니라 그 가족까지 잘 살고 좋은 교육을 받는 처지와 대비될 때 더욱더 커질 수 있었다.

여성은 독립운동에서 뒷바라지뿐만 아니라 생활의 대부분을 떠맡고 아이들 양육까지 책임져야 하는 경우가 드물지 않았다. 독립군 활동 등 독립운동은 수년 수십 년 동안 집을 비워야 하는 상황을 만들었는데, 그렇지 않더라도 생계에 관심을 가질 수 없을 때가 많았다. 남성들이 모두 독립운동 등 바깥 활동에 전념해 나가 있으면, 집안은 전적으로 여성들 책임이 된다. 만주 이역에서 도와줄 일가가 없을 경우 그 책임은 무한대가 되기도 한다. 체포되어 감옥에 가면 옥바라지도 떠맡아야 한다. 이처럼 독립운동은 여성의 엄청난 노고와 희생을 필요로 했다.

여성이 독립운동에서 늘 아쉬워하는 것이 여유 있는 사람들처럼 편안하게 살지는 못할망정 잠시라도 단란한 가정생활을 하고 싶은데 그렇게 하지 못한다는 점이었다. 단란한 가정생활은커녕 독립운동에는 항시 위험이 따르게 마련이었다. 더구나 남자가 밖에 나가 있는 경우 그것에 대한 두려움은 더 커져 언제나 긴장에서 벗어날 수 없었다. 긴장은 3·1운동 이후 독립군의 활동 등 독립운동이 활성화됨에 따라 한층 커졌고, 1931년 일제의 만주 침공 이후에는 훨씬 더 심해졌다. 남편이나 아버지가 자식의 결혼 사실도 모르고, '안사람'은 남편이 어디서 무엇을 하고 있는지도 모를 때, 남아 있는 식구들은 사는 게 사는 것 같지 않았다.

| 군자금과 불평 |

독립운동과 관련된 여성들의 불만은 수기나 증언집을 제외하면 찾아보기 어렵다. 그런데 여성의 일시적인 불만이나 일부 여성들의 불만은 독립운동에 앞장서거나 조력했던 여성들의 적극적인 삶을 감안하면서 이해할 필요가 있다. 전자를 과도하게 강조하는 것도 역사를 공정하게 보는 시각에서 이탈한 것이지만, 후자를 부각하기 위해 전자를 묵살하는 것도 독립운동사나 당대 사회사 인식에 장애가 될 수 있다.

각종 갹출금을 내도록 요구하는 것은 주민들의 불만이나 반발을 사기 쉬웠다. 하지만 서간도에서 1919년 3·1운동 이전에는 특별히 주민들의 불평을 살 일이 적었다. 가장 큰 비용이 드는 것은 신흥무관학교를 유지하는 일이었고, 소학교를 운영하는 데도 비용이 들어갔다. 이런 데 들어가는 비용은 주민들도 충분히 이해하며 공감해주었다. 주민들은 교육회 등을 통해 갹출금을 부담했고 노동 제공 등 여러 가지 활동을 했다. 감당하기 어려운 사람들에게서 강제 징수하는 일은 드물었다.

하지만 3·1운동 이후에 사정이 크게 달라졌다. 독립운동 고취나 각종 선전 활동도 늘어났으며, 특히 군사 비용은 더 큰 부담을 지웠다. 서간도의 경우 한족회 '자치 지역'에 독립단이 출현하여 한족회와 중복되면서 강제성을 띤 군자금을 갹출할 때, 그것도 횟수가 늘어날 때 불만이 일어날 수밖에 없었다. 허은의 표현에 따르면 좀 무식한 아낙네들이 "고산자 장터가 범아가리다"라고 불평하면서 독립운동 단체의 '세금' 갹출에 불만을 드러내기도 했다. 비교적 농사가 잘되어 나락 팔고 곡식 팔고 해서 돈을 쥐어보려고 할 때 무슨 단체 무슨 모임에서 가두 모금을 하니, 남자들이 야단을 치지만 일부 여성들이 불만을 털어놓았던 것이다. "일본놈 보기 싫어 만주에 왔더니, 농사 지어놓으면 군자금 한다고 다 뺏어간다"고 퍼붓는 일도 드물지 않았을 것이다. 이러한 불평은 비자발적으로 망명자를 따라온 가족이나 독립운동의 필요성을 크게 느끼지 못하는 이주민들 사이에서 어렵지 않게 볼 수 있었을 것이다.

독립운동의 열기가 약해지고 중국 관헌의 감시나 일제의 위협이 강해질수록 군자금에 대한 불만은 커가게 마련이었다. 또, 다만 강냉이 몇 말이라도 얻어먹으려고 독립운동자를 밀고하고 친일 단체에서 일하는 사람들도 생겨났다.

일가족이 망명했으나 당장 먹고살기가 힘들어 결혼 패물을 팔아야 했을 때 그 여성의 마음은 어떠했을까? 허은 일가족이 만주에 이주한 첫해에 온 동네 사람들이 풍토병에 걸려 고생을 하고 장정과 어린이 네댓 명이 사망까지 했는데, 이 때문에 기껏 개간해서 심은 곡식을 돌보지 못해 풀밭이 되어버렸다. 겨울은 다가오는데 폐농으로 먹고살 수가 없자, 망명할 때 갖고 온 옷감을 내다 팔아 좁쌀을 사다가 죽을 쑤어 먹었다. 팔아먹을 옷감마저 다 떨어지면 할 수 없이 은가락지나 비녀 등 돈 될 만한 패물까지 팔지 않을 수 없었다. 망명 바로 전해에 시집온 허은의 올케는 양식과 바꾸기 위해 시집올 때 해온 패물들이 하나하나 집안에서 나가는 것을 보고 눈물을 흘리면서 몹시 서러워했다.

| 정신장애인이 된 김동만 처 |

남편을 따라 비자발적으로 만주에 왔고, 그 뒤 독립운동 때문에 피해의식을 크게 가졌던 극단적인 예가 김동삼 아우 김동만의 처다. 이러한 사례는 해방 후 진보적 활동에 가담했던 남편이나 부모로 인해 경찰 또는 극우 반공 세력에 의해 막대한 고통과 피해를 입었을 때, 그 피해가 남편이나 부모 때문이라고 단정지으며 원망하는 경우와 유사한 면이 있다. 한국 근현대사의 비극이었다.

1910년대 초 김동삼이 안동의 청장년 수십 명을 데리고 만주로 갈 때 집안 대소가를 아우 김찬식에게 맡겼다. 김찬식은 가정을 돌보며 만주 독립운동 자금을 조달했는데, 몇 년 뒤 그 역시 식솔을 거느리고 서간도로 망명하여 삼원포에서 이주민이 다니는 삼광중학교 교장을 맡았다. 형이 이름을 바꿨듯이 그도 동만으로 개명했다.

1920년 청산리전쟁에 패배한 일제가 그에 대한 보복으로 대규모 민간인 학살을 자행할 때 서간도에는 관동군이 쳐들어왔다. 관동군이 난입한다는 소식에 삼원포 청년들은 산으로 피신했으나 수십 일 후 눈이 계속 내려 온 산을 뒤덮자 마을로 내려왔다가 40여 명이 붙잡혔다. 그중 김동만 등 12명은 삼원포에서 만리고로 가는 길 도중의 왕굴령에서 학살당했다. 집에 남아 있던 김동삼·김동만의 식구들은 여자들과 나이 어린 소년 셋만 있어 이 상황에 어찌할 바를 모르자 이해동의 조부가 김동만의 시체를 돌봐 간단히 장사를 지내고, 그 무덤 앞에 유리병을 묻어 표시를 해두었다.

졸지에 큰 변을 당한 김동만 처는 정신장애를 앓게 되었다. 그는 자기 남편이 김동삼의 '죄'를 대신해서 살해되었다 생각했고, 그 때문에 김동삼 처에게 불만이 많아서 두 사람은 한집에서 평온히 살지 못했다. 구식 여성이었던 김동만 처는 독립운동에 대한 이해가 약한 비자발적 망명자였다.

1928년경 김동만의 아들 혼사가 정해지자 부인이 그에 반대하면서 사달이 일어났다. 집안에서는 정신이상인 김동만 처를 설득하지 못한 채 혼사를 강행했다. 그러자 그는 온종일 횡설수설하면서 나무막대기를 들고 아들을 때리겠다고 따라다니며, 저녁에는 아들과 며느리를 방에 못 들어가게 하는 등 정신이상 증세가 심해져서 온 가족이 불안 속에 살아야 했다. 어떤 때는 집안의 물건들도 몰래 가져다가 버들판이나 풀밭에 내다 버렸다.

김동만 처의 모습은 애처롭기 짝이 없었지만 정신병원에 입원시킬 수도 없고, 집안 사람들도 점점 더 견디기 어려워졌다. 결국 김동삼 사촌이 그를 고향인 안동으로 보내 정양하게 하자는 제안을 내놓았고, 김동만 부인의 친정에서도 보내라는 전갈이 왔다. 그러나 노잣돈이 없었기에, 흰 광목천에다 이름을 쓰고 목적지인 고향의 명칭을 써서 저고리 등 뒤에 꿰매 하얼빈에서 한국으로 가는 화차에 태웠다. 당시는 정신병 환자를 그러한 방식으로 꼬리표를 달아 화차에 태우면 화차 승무원이 도착 정거장까지 데려다주는 관행이 있었다. 고향에는 몇 월 며칠에 하얼빈에서 그를 태운 화차가 출발했다는 소식을 알렸다. 얼마 후 김동만 처가 무사히 도착했다는 회신이 왔다. 하지만 다시 얼마 후, 김동삼 가족이 하얼빈 부근의 취원창에 살 때 호전은 됐으나 완쾌는 되지 않은 채 돌아왔다. 출가외인이기 때문이었다. 그런데 그해 며느리가 첫아들을 순산하니 손자가 귀여워서 그랬는지 정신이 차차 나아져 78세가 되는 1957년까지 살았다.

| 독립운동의 후방 기지가 없는 곳 |

유명한 독립운동자들 가운데도 그 아들이 친일 행위를 하는 경우가 간혹 있었다. 또 사위가 친일 성향의 근무지에서 일하는 경우도 있었다. 그런데 김동삼 가족이 겪었던 일은 김동삼이 항일정신·항일투쟁의 상징적 인물 가운데 한 사람이라는 점에서, 그리고 가족이 김동삼을 존경했고 반일적이었다는 점에서 한국사의 서글픈 한 단면을 보여준다.

1931년 일제가 9·18사변을 일으켜 만주를 침략한 직후 김동삼이 체포되었다. 일제의 만주 침략 이후 한국인의 환경은 더욱 어려워졌다. 만주 침략 이전에는 독립군 단체들이 이주민의 생명과 재산을 보호해주고 생활 정착에도 힘을 썼지만, 관동군이 만주를 점령하자 한국인들의 처지가 매우 위태롭게 되었다. 특히 9·18사변이 일어난 뒤 상당 기간은 혼란의 연속으로 이루 말할 수 없는 피해를 입었다. 마적이나 국민당군으로 마적화한 비적의 위협이 컸기 때문에 한국인들이 대거 도시로 몰려가 일본영사관의 '보호'를 받는 일이 발생했다. 한국인을 일본제국의 신민이라 하여 중국인보다 약간 나은 대접을 하는 등 일제의 민족분열정책이 작용했기 때문이기도 하고, 한국인 중 일부가 일제 앞잡이가 되어 못된 짓을 하고 다녔기 때문이기도 하지만, 많은 중국 사람이 한국인을 작은 왜놈(小鬼子)으로 본 탓에 마적이나 비적의 표적이 되었던 것이다.

만주사변 때 하얼빈 부근 소가하에 살았던 김동삼의 며느리 이해동 가족은 여러 차례 마적의 습격을 받았다. 한번은 아이들과 여자들만 있는데 마적이 쳐들어와서 마을 사람들 모두가 피신했다. 이해동의 시어머니는 딸과 손녀를 집 뒤 나무가래 속에 숨겨두고 며느리에게 빨리 피신하라고 성화였다. 이해동은 세 살 된 아들을 등에 업고 뛰는데 가랑비가 와서 여러 번 넘어지니 흙투성이가 되었다. 마적대가 바짝 추격해와서 이해동은 시어머니보고 죽어도 같이 죽자고 소리쳤으나, 정신이 없는 시어머니는 그냥 뛰기만 했다. 마적이 달려와 총을 겨누자 이해동은 우는 아이를 돌려 안으며 허리춤에 지녔던, 김동삼이 준 30원을 바지 밑으로 내려서 발밑에 감추었다. 마적은 몸을 뒤졌으나 끝내 빈손으로 돌아갔다. 이 일을 겪은 뒤 너무 무서워서 김동삼 가족은 하얼빈으로 피난길을 떠났다. 1931년 11월경이었다.

여러 식구가 하얼빈으로 갑자기 나오니 거처할 곳이 마땅치 않았다. 여관에서 며칠을 묵다가 일본영사관 측이 만들어놓은 수용소에 들어가게 되었다. 하얼빈 일본영사관에서는 자국 교민 및 한국인들의 생명과 재산을 보호한다는 이유로 두 곳에 피난민 수용소를 설치했다. 이해동 가족은 마가구馬家溝 비행장 수용소로 갔다.

그곳에는 천여 명의 난민들이 있었다. 비행기 창고에 돗자리를 깔아놓은 곳에서 모두 뒤섞여 잠을 잤다. 좁쌀 혹은 옥수수죽에다 소금에 절인 무김치를 나누어주었다. 불편한 것은 말할 나위도 없고, 방역이 허술하여 전염병이 돌았다. 한 달 가까이 됐을 때 이해동은 장티푸스에 걸렸다. 수용소 당국은 전염병에 걸린 사람을 더 이상 머물지 못하게 했다. 이해동이 나오니, 시어머니가 세 아이를 데리고 있을 수 없어 모두 수용소를 나왔다.

이해동 가족이 일본영사관에서 설치한 수용소에 들어간 것은 부득이한 일이었다. 김동삼이 하얼빈 일본영사관 지하실에 갇혀 있다가 국내로 이송된 일이 있지만, 일본영사관이 설치한 수용소라고 해서 들어가서는 안 된다고 하기에는 당시의 사정이 다급했고, 달리 방법도 없었다.

이 문제는 좁게 보면 만주의 상황과 관련되어 있지만 한국인 전체의 시야에서 볼 필요도 있다. 프랑스 등 서유럽의 레지스탕스나 세계 여러 지역의 민족해방운동과 달리 한국 사회에는 독립운동을 후원하고 지켜줄 후방 기지가 없었다. 독립운동자를 보호해주면서 그가 붙잡힐 것 같으면 안전한 곳으로 피신시키고, 붙잡히면 구원하며, 감옥에 들어가면 변호사를 선임하고 옥중 뒷바라지를 해주는 것도 중요하지만, 그와 동시에 그 가족을 보호하여 독립운동자들이 안심하고 활동할 수 있게끔 하는 후방 기지가 갖춰져야 독립운동이 활성화될 수 있고 장기전을 벌일 수 있다. 그런데 그러한 지원 활동이 한국 사회에는 거의 부재했다.

만주에서든 국내에서든 많은 한국인들은 일제가 의병 투쟁이나 독립운동을 무자비하게 탄압하고 학살했을 뿐만 아니라 그 가족은 물론 그들을 숨겨주고 도와준 사람들까지 혹독하게 탄압하는 것을 지켜보았다. 특히 의병 투쟁을 지원했던 마을 주민들이 학살당하고 마을 전체가 불태워져 쑥대밭이 되었던 전라도 산간 지방이나, 경신대학살 때처럼 민족주의적인 성향이 엿보인다고 하여 온 마을 주민이 학살당하고 소각되었던 북간도의 경우한동안 적막한 잿빛 지대가 되기도 했다. 일제의 통치는 면 단위까지 헌병 주재소가 설치될 정도로 주민들의 동태를 샅샅이 파악하고 감시했다. 어느 정도 기본권이 부여되고 정치적 자유가 허용되어 일정한 테두리 안에서 합법적으로 독립운동을 전개할 수 있었던 인도·필리핀 등 백인 제국주의 국가의 식민지와는 차원이 달랐다.

이러한 요인들이 작용했겠지만, 대부분의 한국인은 독립운동자의 지인이나 친척 등 소수를 제외하고는 독립운동자나 그 가족을 보호하는 일에 관심을 기울이지 않았고, 독립운동을 자기 일로 생각지 않고 방관하는 경향을 띠었다. 적지 않은 경우 독립운동자 가족은 만리 이역에 '버려진' 사람들이나 다름없었다. 따라서 독립운동자와 그 가족의 혹독한 희생만이 대를 이어가면서 계속되었다. 이 때문에도 많은 독립운동자들이 자신의 가족들만은 살아가게 하기 위해 애를 썼고, 그러한 노력의 일환으로 하얼빈 부근의 취원창처럼 독립운동자 가족의 집단 마을이 마련되기도 했다. 독립운동자와 가족을 어느 정도는 분리시켰던 것이다. 만약 이해동 가족에게 하얼빈 일본영사관에서 설치한 수용소에 들어갈 수밖에 없었던 것에 대해 책임을 묻는다면, 그 책임은 오히려 국내외의 한국인들이 져야 하지 않을까.

| 고된 노동과 빈곤 |

망명자 가족들이 1910년대에 처음 만주에 왔을 때 가장 무서웠던 것은 추위였다. 초기에는 수토병이나 풍토병 등 전염병으로 적지 않은 사람들이 목숨을 잃었고, 중국인들이 두려웠으며 마적의 습격도 불안에 떨게 했지만, 연년세세 빠지지 않고 찾아오는 서간도의 혹한은 대단히 매서웠다. 이은숙도, 허은도 서간도의 이 매서운 추위를 생생히 기억했다.

북만주 항일연군 군가에는 "삭풍 불고 큰눈 날리니 눈 쌓인 대지는 다시 얼음하늘이 되네 / 바람은 뼈를 에이고 눈은 얼굴을 때리니 손발이 동상에 찢어진다"라는 구절이 있다. 서간도에는 초가을부터 내린 눈이 녹지 않은 채 얼어붙어 온 천지가 얼음이었다. 그 얼음 위로 마차가 지나가면 바퀴와 얼음이 부딪쳐서 귀를 저리는 듯한 모진 소리가 난다. 집을 나와 길을 걸을

라치면 귀가 시리고 얼어서 뻣뻣하다는 생각만 들지 아프지도 않았다. 그러다 온기 있는 곳에 들어가면 온몸이 덜덜 떨리다가 얼었던 귀와 발이 아리기 시작했다.

중국인들은 머리에 개털 모자라도 썼지만, 한국인들은 기껏해야 명주 수건을 쓰는 정도였다. 신발은 더 문제였다. 처음에 한국인들은 산에서 피나무나 난타나무의 껍질을 벗겨다가 신을 만들어 신었는데, 겨울이 되면 그런 신발로는 동상에 걸리지 않을 수 없었다. 만주인들은 쇠가죽으로 울누라고 부르는 신을 만들어 그 안에다 풀을 두들겨 넣어 신었지만, 한국인들은 그것을 바라보기만 했다. 허은은 고향에서 아버지가 귀한 딸이라고 사다 준 가죽신이나 꽃당혜가 자꾸만 떠올랐다.

추위보다 더 심하게 여자들을 괴롭힌 것은 고된 육체노동과 빈곤이었다. 만주 여자들은 집에서 신발 만드는 일 정도만 했지만, 한국 여자들은 온갖 집안일을 다 하면서 아이들을 키우고 농사일까지 해야 했다. 남자들이 독립운동에 나가 집을 비울 경우 여자들은 모든 살림을 도맡아 책임지고 꾸려나가야 했다. 빈곤이 그림자처럼 따라다녔고, 도무지 일에서 해방되는 날이 없었다.

빈곤과 노동은 대갓집이나 명문가 출신의 여자라고 해도 예외가 없었다. 허위의 부인 왕산댁은 고향 임은에서는 큰 기와집에서 종을 부리며 잘살았지만, 만주에 망명 와서는 산비탈에 지은 토굴 같은 집에다 겨우 방 두 칸을 마련하여 아들 며느리들이 이 방 저 방 무더기로 거처했고, 손수 산전을 개간하여 농사를 지었다.

망명 전 권문세족으로 살았던 이회영 가족은 어떠했을까. 1913년에 이회영이 국내로 돌아간 뒤 혼자 남은 이은숙은 사나흘 갈이 강냉이밭 소출을 가지고 자신과 삼남매, 사위, 일꾼 내외, 학생 여섯 등 도합 열세 명이 먹고살아야 했다. 겨울을 지낼 양식도 못 되었는데 이마저 떨어지면 둘째 이석영 집에서 강냉이 두 부대를 보내주었고, 그렇게 살다가 견디다 못해 다섯째 이시영 집으로 들어갔다.

이은숙의 수기를 보면 그래도 1910년대는 지내기가 나았다. 북경에 살 때도 1920년을 전후해서는 그럭저럭 손님을 접대할 수 있었다. 동지들이 생활비 겸 사업비를 보내준 것이다. 『상록수』의 작가 심훈이 1919년 19세 소년으로 기식했을 때는 이따금 쇠고기까지 먹을 정도로 망명자로서는 더 없이 생활이 좋은 편이었다. 그러나 그 시기 북경의 생활도 편하지 않았다는 사실은―그것은 망명자들의 생활은 언제나 그럴 수밖에 없었다는 이야기이기도 한데―그가 1919년 12월 19일에 쓴 「고루鼓樓의 삼경」을 통해 짐작할 수 있다.

　　눈은 쌓이고 쌓여
　　객창을 길로 덮고
　　몽고 바람 씽씽 불어
　　왈각달각 잠 못 드는데
　　북이 운다. 종이 운다.

　　대륙의 도시 북경의 겨울밤에.
　　화로에 메췰(煤珠)도 꺼지고
　　벽에는 성에가 줄어
　　창 위에도 얼음이 깔린 듯.
　　거리에 땡그렁 소리 들리잖으니
　　호콩 장수도 그만 얼어 죽었다.

입술 꼭 깨물고

이 한 밤만 새우고 나면

집에서 돈표 든 편지나 올까.

만두 한 조각 얻어먹고

긴긴 밤을 달달 떠는데,

고루에 북이 운다.

뗑뗑 종이 운다.

『동아일보』 1936년 3월 13일자에 실린 이 글은 신채호의 부음을 접한 날에 "인자하시던 이회영의 위풍을 떠올리며" 쓴 글이어서 더욱 가슴을 울린다. 만주에서, 중국 대륙에서 십수 년 혹은 수십 년을 살아온 망명자들의 심경은 어떠했을까. 심훈은 두 달 만에야 집에서 식비가 와서 이회영의 집을 떠났다.

1920년대 중반에 들어 독립운동이 더 어려워지고 일제의 폭압은 더욱 기승을 부릴 때 단돈 몇 푼 보내주는 사람이 없었다. 한번은 이을규·정규 형제와 백정기, 정화암 등 네 사람이 이회영을 찾아와 상당 기간 머물렀는데, 함께 굶으며 고생했다. 이들은 하층 사람들이 사다 먹는 짜도미라고 하는 식용품조차 재수가 좋아야 먹을 수 있었다. 그것도 없으면 강냉이를 사다가 죽을 멀겋게 쑤어 상에 내놓아야 했는데, 그때마다 상을 들고 들어가는 이은숙은 얼굴이 화끈거리곤 했다. 한번은 서울에서 임경호가 이정열을 데리고 와 독립운동 단체와 주요 인물들에게 자금을 주었는데, 이회영에게도 약간의 돈을 내놓았다. 그러자 동지들이 이회영 집에 생활비 외에 얼마가 더 없나 하고 몰려다니며 망측하게 야단을 떨었다. 이 당시의 상황을 이은숙은 이렇게 적었다.

내 지금도 역력히 생각나느니, 그때는 정말 (이회영 노인을) 뵙기 딱하고 가엾으시지. 하루 잘해야 일중식日中食이나 하고, 그렇지 않으면 절화絶火 하기를 한 달이면 반이 넘으니 생불여사로다. 노소 없이 형용이 초췌한 중에 노인이 어찌 견디리오.

— 이은숙, 『민족운동가 아내의 수기』, 40~47쪽.

1927년 7월 정화암이 천진에 사는 이회영의 집을 들렀을 때도 사정은 나아진 것이 없었다.

남개南開에 있는 우당 이회영의 집을 찾아갔더니 식구들의 생활이 여전히 어려워 그 참상이 말이 아니었다. 끼니를 못 끓이고 굶어 누워 있었다. 학교에 다니는 규숙이의 옷까지 다 팔아서 입에 풀칠할 정도여서 누구 하나 나다니지도 못하는 형편이다.

— 정화암, 『이 조국 어디로 갈 것인가』, 자유문고, 1982, 73쪽.

| 군정서 독판 집의 궁상 |

대한제국 무관학교 출신인 이장녕은 이동녕의 사촌으로, 서간도 독립운동 기지 건설운동에 부친 이병삼과 함께 맨 처음부터 참여했고, 신흥무관학교에서 10년 남짓 군사학을 가르치다가 북로군정서 참모장으로 초빙되어 갔다. 그의 외동딸이 허은의 둘째 오빠와 1918년에 혼인을 했다. 하동 대두자에서 삼원포 쪽으로 8리 상거해 살았는데, 혼례식을 신부집에서 치르고는 신부를 데려오지 않고 그곳에 남겨두었다. 집 형편이 너무 어려웠기 때문에 한 사람이 더 오면 식구 수가 늘어나 생활이 더욱 어려워질 것을 걱정했던 탓이다. 그런데 신부 집에서 신부를 데려가라며 몇 번이고 연

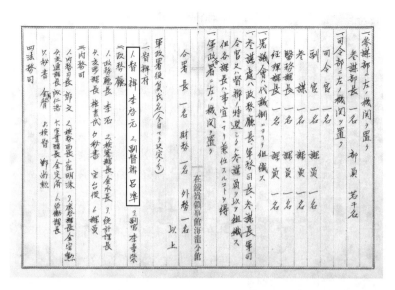

서로군정서 조직 1920년 일본 외무성에서 작성한 「불령선인 조직 변경에 관한 건」으로, 서로 군정서 조직 변경에 관한 자료이다. 독판 이계원(이상룡의 다른 이름), 부독판 여준의 이름이 보인다.(출처: 『不逞團關係雜件—朝鮮人의 部—在滿洲의 部 18』, 국사편찬위원회)

락을 해왔다. 사정은 그 집도 마찬가지여서 입 하나 덜기 위해서였다. 둘째 오빠는 1년 뒤에야 신부를 데려왔다. 옛날이야기 같지 않은가.

허은은 1922년 음력 섣달에 이상룡의 손자며느리가 되어 그 집에 갔을 때 사는 형편이 말이 아니라는 것을 금방 알았다. 먹을 것도 없는 집에 쥐구멍은 어찌 그리 많은지 쥐들이 방구석마다 구멍을 내어 흙이 방 안에 수북이 쌓여 있었다. 세 말들이 새우젓 단지 같은 것에 쌀이 보이기는 했지만, 그것도 곧 바닥났다. 그래서 동네에서 애국지사 집이라며 쌀을 모아 주거나 군정서 독판이라고 해서 수당 같은 형식으로 주는 쌀로 입에 풀칠했다. 떨어지면 또 모아서 주었다.

그렇게 살다가 화전현으로 이사갔다. 그곳에서는 한 해에 같은 동네에서

양세봉(1896~1934) 양서봉이라고도 불린다. 남만주에서 조선혁명군 사령관으로 활약했으며, 1932년 한중연합군으로 참여하여 항일무장투쟁을 전개했다. 1995년 해방 50주년을 맞이하여 요령성 무순시 신빈(옛 이름 홍경)현 왕청문소학교에 그의 흉상이 세워졌다.(출처: 양세봉장군기념사업회-Daum카페)

여덟 번이나 이사를 했다. 어느 한 집에 가서 살다보면 비가 새서 살 수가 없어서였다. 새색시지만 머릿기름이나 연지분은 생각할 여유가 없었다. 오로지 땟거리가 걱정이었고, 어떻게 하든 한 끼 한 끼를 해결해 나가야 했다. 부엌에는 빗자루도 없을 때가 많았고, 사랑에 벼룻물 떠올 유리병 하나 없을 때도 있어 그럴 때는 식기나 바가지로 물을 떠 날랐다.

고모네 집에 얹혀살 때 고모네가 방 네 개 중에서 두 개를 사용했고, 방 한 칸은 허은 가족이 기거하고, 다른 하나는 군정서 사람들이 회의하는 방으로 사용했다. 통신원들이 보따리를 싸 짊어지고 추운 날이거나 더운 날이거나 가리지 않고 밤낮으로 오갔다. '정객'들도 많이 왔다. 김동삼은 동향 일가인 시할머니를 붙들고 자주 이야기를 했다. 1930년대 남만주 일대에서 조선혁명군을 이끌고 맹활약했던 명장 양세봉도 군정서 회의에 드나들었다. 당시 옷차림은 일제의 눈을 피하기 위해 검정 두루마기 같은 중국옷을 입었는데, 독립군 관계자들은 의복은 초라했지만 모두 인물이 좋았다. 그중에서도 양세봉은 인물 잘나고 키가 커서 들어오면 집 안이 환해질 정도였다.

삼시 세끼 준비로 고초가 심한 와중에 무리를 했던지 허은이 한번은 감기에 걸려 쓰러졌다. 부뚜막 죽솥 앞에서 쓰러지는 허은을 시고모부가 지나가다 보고는 얼른 부축하여 떠메고 방에 눕혔다. 일어날 수가 없었다. 다음 날도 일어나지 못했다. 시집온 다음 해(1923) 열일곱 살 때였다.

3. 독립운동과 부부 생활

허은은 "여기 살 때가 그래도 제일 재미있었다. 온 동네가 전부 합심이 잘 되었고"라고 회고했는데, 망명자들은 서간도에서 자치하며 살던 1910년대가 그렇게 느껴졌다. 가족적인 포근한 맛이 있었다. 신흥무관학교를 중심으로 한 학생들의 활동, 주민들의 활동, 군사교육에 대한 아이들의 호기심도 활기를 돌게 했다. 주민 자치도 생기를 불어넣거나 공동체적인 마음을 갖게 했다. 8월 29일 모두 다 학교 운동장에 모여 동네에서 단체로 마련한 찰떡과 김치를 나눠 먹고 연극을 보고 울면서 "경술년 추팔월 이십구일은 / 조국의 운명이 다한 날이니 / 가슴을 치고 통곡하여라 / 자유의 새 운이 온다"는 국치일 노래를 목이 터져라 불렀다. 개천절에는 기념행사를 크게 열고 운동장이 꽉 차게 모여서 — 생일날에도 기껏해야 찰조밥이나 기장쌀로 짓는 밥이 최상의 잔치인데 — 시루떡과 찰떡을 나눠 먹으며 설탕 맛도 보았다. 그리고 "화려강산 동반도는 우리 본국이요"로 시작되는 〈애국가〉를 옛날 곡조로 불렀다.

1910년대 마지막 몇 년은 풍년이 들었다. 이북 사람들은 생활력이 강해 더 잘살았는데, 고산자 장터의 여관이나 음식점 같은 곳에 방앗간을 설치하여 메밀을 빻아 가루를 내서 국수를 뽑아냈다. 거기에 돼지고기에다 김

간도의 정초 풍경 망명자들은 이국땅에서 주민 자치와 공동체 생활을 하며 가족적인 푸근한 마음을 느꼈다. 위 사진은 간도에서 설 명절에 전통 놀이인 널뛰기를 즐기는 모습이다.

치를 썰어 넣어 먹으면 참으로 맛있었다. 이북 사람들은 이런 저런 갖가지 음식을 푸짐하게 해서 두둑이 나누어 주었다.

3·1운동 소식이 전달되면서 서간도 사람들은 새로운 세상을 만난 듯했고, 독립운동이 활기차게 전개되었다. 삼원포 고산자 일대에서는 신흥무관학교를 찾는 청년들의 모습을 흔히 볼 수 있었다.

그렇지만 그해 7~8월부터 그곳에는 긴장이 감돌았고, 1920년대 접어들어서는 참혹한 일이 잇달아 벌어졌다. 1920년 봄부터 연말까지 일제와 중국의 관헌들, 관동군이 떼를 지어 쳐들어오거나 연대 병력 규모로 침입해 습격하고 체포하고 고문하고 학살했다. 남자들은 각지로 뿔뿔이 흩어졌다. 1920년대 내내 독립군이 활동하는 지역에서는 험악한 긴장감이 감돌았다. 1931년 일제의 만주 침략이 개시되면서 독립운동자와 그 가족들은 경신년

(1920)에 이어 또다시 최악의 어려움을 맞이했다.

여기에서는 독립운동 집안의 가족 생활사를 남자 독립운동자와 그 가족들의 만남에 초점을 맞춰 이회영·이은숙 부부, 이상룡의 손자 이병화와 허은 부부, 김동삼과 그 가족으로 국한해 살펴보도록 하겠다. 그들은 장기간 떨어져 있었는데, 이는 곧 대체로 남자는 사지나 다름없는 곳에서 활동하고 있었음을 의미하고, 여자는 가사 책임자로서 또 자식들의 양육자로서 이루 다 말할 수 없는 어려움을 이겨내야 했음을 의미하는 것이었다. 그러한 삶을 통해 독립운동자 가족 생활의 긴장 강도를 엿볼 수 있을 것이다. 독립군 병사라고 해서 이들의 삶과 다를 바 있을까.

| 이은숙의 생이별 |

이은숙은 1908년에 결혼해서 1913년까지는 이회영과 어느 정도 단란한 가족생활을 할 수 있었다. 그러나 그때도 이회영이 집에서 기거하는 시간은 그다지 많지 않았다. 그 기간 중 1911년과 1912년에는 이회영이 삼원포 일대 한국인을 대표하여 이주민들의 입적 문제를 해결하기 위해 여러 차례 심양과 북경을 왕래하느라 오랫동안 집을 비웠다.

1913년 초 이회영이 국내에 들어간 뒤 이은숙은 매일같이 남편이 오기를 기다렸다. 그해 추운 가을 50~60명의 마적이 습격해 이은숙은 총알이 왼쪽 어깨를 뚫고 지나가 쓰러졌는데, 그러한 인사불성의 경황에도 아직 첫돌이 안 된 아들을 끌어안았다. 세 살 난 규숙은 방 한구석에 있었고, 이석영은 납치되었다. 이은숙은 40일간 통화에서 치료받은 뒤에도 육신을 제대로 못 움직여 누워서만 지내는데, 그 와중에 아들 규창이 화로에 엎어져 평생 동안 얼굴과 손에 흉터를 지니게 되었다.

1917년 이은숙은 국내로 들어가 이회영과 모처럼 한집 살림을 했고,

아이들과 함께한 이회영 중국 북경에서 이회영과 자녀들이 함께 찍은 사진이다. 왼쪽부터 규창, 규숙, 이회영(안고 있는 왼쪽 아기는 현숙, 오른쪽은 손녀 학진), 조카 규홍(이시영의 둘째 아들, 훗날 규열로 개명)이다. 1920년에 찍은 사진으로 추정된다.(출처: 이회영기념관)

1919년 부부가 따로따로 북경에 온 뒤 1925년까지 함께 살았다. 그러나 더 이상 굶으며 생불처럼 살 수 없어서 생활비라도 마련해 보내려고 북경을 떠난 것이 부부의 영원한 이별이 될 줄은 꿈에도 상상하지 못했다. 북경을 떠난 다음 해에 실질적으로 유복자가 될 막내아들을 낳고 일자리를 구했지만 한 달에도 서너 차례씩 찾아오는 경찰에게 시달림을 받았고, 종종 경찰서로 끌려갔다. 경찰은 북경으로 돈 부친 것을 캐물으며 못살게 굴었다.

이회영의 회갑(1927)도 지나고 막내아들이 서너 살이 되었을 때 이은숙은 험하고 거친 일을 하며 기구하게 살았다. 처음에는 공장에 나갔다. 그러나 혼자 남은 친정아버지를 받드는 일 때문에 수삼 삭 다니다가 그만두었다. 그러고 나서 하게 된 일이 바느질이었다. 그가 방 얻어 살고 있는 지역에 유곽이 많았는데, 한 유곽의 포주인 여자가 자신이 거느리고 있는 여자들과 식구들의 옷을 도맡아 해달라는 것이었다. 그날부터 빨래를 하고 잘만져 옷을 지어주면 여자 저고리는 30전, 치마는 10전을 주었다. 돈은 받는 즉시 부쳤다.

그러나 경찰에서 유곽을 금지하는 바람에 이은숙은 또다시 실업자가 되었다. 그 뒤 침모를 구한다는 이야기를 들었다. 유곽의 바느질감 다듬는 일하고도 또 달라 이제는 남의 집에 일하는 사람으로 곁방살이를 가야 하는 것이었다. 마음이 괴이하고 한심하기 짝이 없어 심중이 산란했지만 어쩔 수 없어 그 집에 들어가서 1년 동안 침모 노릇을 했는데, 그때의 심정을 "내가 양반인데 곤란해서 여기 와 있다는 마음이 가득하였다"고 기록했다. 표현을 부드럽게 돌려서 했지만, 이 한마디에서 그의 자존심이 얼마나 큰 상처를 받았는가를 짐작할 수 있다.

그 뒤 이은숙은 일가 집으로 들어갔다. 그즈음 그는 이준의 부인 이일정 집에 가끔 갔다. 피차 혁명가족이라 사정은 매일반이었다. 그 부인이 연락하면 가서 침선도 같이 하고 다정히 지내는 것이 퍽 마음을 편케 했다. 얼마 지나지 않아 일제의 만주 침략이 일어났다. 그 다음 해에 상해에서 부군의 편지가 왔다. 새 땅으로 가서 안정이 되면 편지하겠다는 몇 자뿐이었는데, 지금 떠나니 당장 편지는 하지 말라 했다. 어찌된 일인지 놀라고 궁금하여 이정규에게 편지를 보이며 물으니까 "아마 만주는 못 오신 것이고 남경으로 가시는 모양이오"라고 같이 궁금해했다. 그것이 마지막 편지였다.

| 허은의 남편 6년 만에 나타나다 |

허은 역시 만주를 떠날 때까지 남편과 함께 지낸 날이 얼마 되지 않았다.

그는 열여섯이던 1922년 섣달 스무이튿날 한 살 위인 이병화(이상룡의 손자)와 혼례를 올렸다. 허위의 막내아들 허국이 이상룡의 셋째 손녀와 혼인했는데, 재종숙인 그 허국이 중매를 한 것이다. 허은은 흑룡강성 영안현 철령허에 살았으며, 시집은 화전현 완령허로 2,800리쯤 떨어진 곳이었다. 부산에서 신의주쯤 되는 거리였다. 시집까지 기차와 마차를 계속 갈아타고 가면 꼬박 열이틀 걸렸다.

결혼하고 얼마 후 남편은 결혼 전(1921)에 입학했던 신흥무관학교에 다니기 위해 합니하에 갔다. 그러고는 6월에 잠깐 와 있다가 다시 갔는데, 쌀밥 한번 못해줬다. 첫아이 낳은 지 한 달이 됐을 때 잠깐 보고 훌쩍 떠난 뒤로 6년 동안 한 번도 안 나타났다. 신흥무관학교 다닐 때 독립운동 '바람'이 들었던 것이다.

허은은 6년 동안 시조부모, 시부모 네 분 조석 봉양하고 사랑 손님들 뒤치다꺼리하느라고 다른 일에는 신경 쓰기도 어려웠다. 어디 가서 죽었겠지 살았다고는 생각하지 않고 살았다. 늘 위험한 일만 하고 다니니 왜병에게 잡혀가 죽었거니 하고 살았는데, 6년 만에 북간도 왕청현에 나타났다는 소문이 들렸다. 그리고 석 달 후 눈앞에 나타났는데 "이 사람이 남편인가 보다" 싶었다. 공산청년동맹원으로 일했다고 말하더니, 사나흘 묵은 뒤 훌쩍 떠나버렸다. 바쁘다는 것이었다.

그 후 어느 날 밤중에 또 한번 왔다. 그날은 사랑에서 밤늦도록 달그락거리는 소리가 났다. 다음 날 남편은 목총을 보여주면서 그것을 깨끗이 닦느라고 잠을 안 잤다고 말했다. 그러고는 금방 가버렸다. 이렇게 드문드문 나타나서는 아이를 하나씩 만들었다.

이병화는 1920년대 후반기 1930년대 초에 농민동맹과 청년동맹 간부로 활동하면서, 리리싼李立三의 과격 노선에 따라 농민 폭동을 조직하기에 바

빠 집에 머물 수가 없었다. 그러나 이병화에게 '운동'하는 사람은 가정을 생각하지 말아야 한다는 '남성 중심의 사고'도 있지 않았을까. 봉건적 이데올로기를 맹렬히 비판하고 과격 사회주의자로서 폭동을 일으켰던 진보적 청년이었지만, 이병화가 부인을 대하는 태도에서 얼마간 유교적 가풍을 엿볼 수 있을 것 같다.

| 시아버지를 세 번밖에 못 본 김동삼 며느리 |

김동삼의 큰며느리 이해동은 1922년에 결혼한 후 시아버지를 꼭 세 번 뵈었다. 그런데 그것도 시어머니보다는 많이 만난 셈이었다. 시어머니는 큰아들이 결혼한 다음 해에 남편을 한 번 보고는 영원히 상면하지 못했다. 도대체 이렇게까지 긴장된 삶을 살지 않으면 안 되었던가 하는 생각이 들 정도였다.

안동에서 협동학교를 운영할 때 이해동의 부친 이원일은 김동삼과 가까운 사이였다. 그는 김동삼이 망명한 시기와 비슷한 1911년 초에 안동을 떠나 서간도로 왔는데, 1904년생인 이해동이 열여섯 살 때부터 혼삿말이 오갔다. 다행히 혼인은 이해동이 마음에 품었던 동갑내기 총각과 하게 되었다. 김동삼의 맏아들 김정묵은 고향에 있을 때 외갓집에서 본 적 있었고, 서간도에 와서도 그 집 소식은 듣고 있었다. 그러나 김정묵과의 혼사는 뜻밖의 참사로 미루어졌다. 가난한 집일수록 딸자식을 약혼시키면 이내 결혼시켰지만, 김동삼의 아우 김동만이 경신대학살 때 참변을 당했기 때문이었다. 이때 김동삼은 삼원포에 하룻저녁 왔다 갔으면서도 며느리감을 만나지는 않았다.

경신대학살과 그 이후 벌어진 사건들로 서간도에서 독립운동자 가족들이 계속 생명에 위협을 당하자 김동삼 가족과 이원일 가족은 북간도로 이사하기로 결정했다. 그래서 결혼식을 간단히라도 올리지 않을 수 없었다. 수천 리 길을 떠나는데, 예식을 올리지 않은 처녀 총각이 함께 가는 것은 예절에 맞지 않는다고 생각했기 때문이었다. 그저 머리 올리고 비녀 꽂는 간단한 결혼식이었지만 시아버지인 김동삼은 그러한 결혼식이 있는지도 몰랐고, 가족은 가족대로 김동삼의 행방조차 알지 못했다.

이 당시 김동삼은 상해에 있었다. 1923년 초 상해에서는 일제강점기 동안 단 한 번밖에 없었던 역사적인 회의가 열렸다. 만주, 러시아, 중국 관내, 국내, 미주 등 국내외의 독립운동 단체 대표들이 한자리에 모여 그때까지의 독립운동과 관련된 중요 문제(예컨대 이승만의 위임통치 청원, 레닌 정부가 준 자금 등)를 논의하고, 앞으로의 독립운동 노선과 방안 등을 숙의하며, 상해대한민국임시정부의 존폐 문제 등을 결정하는 회의였다. 일제강점기에 만주, 러시아, 중국 관내, 국내, 미주를 다 망라하여 국내외의 독립운동 단체 대표들이 한자리에 모인 것은 이 국민대표회뿐이었다.

국민대표회 의장은 서간도 독립운동 단체를 대표해서 온 김동삼이, 부의장은 미주 독립운동과 관계있는 안창호 및 러시아 지역 독립운동과 관계있는 윤해가 맡았다. 김동삼이 의장에 선출된 것은 만주 지역을 의식했다고 볼 수 있는데, 1910년대 이래 서간도 지역의 독립운동 비중을 고려하고 서간도 지역 독립운동 관계자가 분열된 독립운동 전선을 묶어내는 데 중요한 역할을 할 수 있을 것이라는 기대가 동시에 평가된 것이었다.

김동삼 가족이 흑룡강성 영안현 영고탑 부근에 있는 주가툰으로 이사온 지 두 달 남짓 된 1923년 봄, 한창 농사 준비를 바삐 서두르고 있는데 저녁에 뜻밖에도 감동삼이 아무 기별 없이 찾아왔다. 1923년 5월 상해임시정부를 부정하는 윤해 등의 창조파와 그것을 개조하자는 안창호 등의 개조파로 분열되어 국민대표회가 더 이상 일을 하기가 어렵게 되었을 즈음이었다.

이해동이 시아버지를 직접 상면하기는 그때가 처음이었다.

김동삼은 주가툰에서 이틀 낮 사흘 밤을 보냈다. 그는 떠나기 전날 밤 며느리를 따로 불렀다. 이해동의 살림 솜씨를 칭찬하면서 마음도 착하다고 치하하고, 시어머니와 시숙모가 세상 물정을 모르니 더욱 힘들 것이라고 위로하며 어린 시동생(김동삼의 둘째 아들과 김동만의 외아들)들이 커서 성가할 때까지 맏며느리로서 고생을 참아달라고 당부했다. 가장의 책임을 다하지 못해 미안하다는 마음이 곳곳에 묻어 나왔다. 마지막으로 김동삼은 며느리에게 몸조심을 당부하면서 사가지고 온 세루치맛감 두 벌과 지폐 50원을 내놓았다. 옷감은 치마를 해서 나들이할 때 입고 돈은 옷을 해 입든지 마음대로 하라는 말씀이었다.

50원이면 쌀 10포대를 살 수 있는 큰돈이었다. 이 돈을 아끼고 아껴 이해동은 시아버지가 경성형무소(해방 후 마포형무소로 개칭)에서 1937년 59세로 옥사하기 직전 전보를 보내왔을 때, 남편과 시동생이 위독한 아버지를 만나러 가는데 사용할 노잣돈으로 주었다. 또 그 돈의 일부를 가지고 버들상자 두 개를 사서 세루치마 두 벌 중 한 벌을 넣어두어 소중히 보관했는데, 8·15해방 얼마 뒤 벌어진 중국공산당 정부의 청산운동에 걸려서 상자째 몰수당하고 말았다.

새벽에 김동삼의 그림자는 바람처럼 사라졌다. 시어머니로서는 마지막 상면이었고, 이해동은 첫 상면이었는데 가장 오랜 시간의 만남이었다. 김동삼이 주가툰을 떠나고 얼마 후 시어머니가 해산을 했다. 여자아이였다. 이렇게 해서 태어난 딸이 이해동과 함께 1989년 서울에 왔다.

이해동이 두 번째로 김동삼을 만난 것은 안중근의 이토 히로부미伊藤博文 암살 계획과 깊이 관련되어 망명자들이 잘 기억하고 있는, 하얼빈에서 장춘 쪽으로 100km쯤 떨어진 채가구 역에서였다. 1928년 여름이었다. 이때 남편과 시어머니는 소가하에 살고 있었다. 시오촌이 곧 출산할 이해동을 편안하게 해주기 위해 남편과 시어머니를 잠시 분가하게 했던 것이다. 이해동은 첫아이로 아들을 출산했는데, 5년 동안 행방을 알 수 없었던 시아버지가 첫 손자를 봤다는 것을 어떻게 알았는지 찾아왔다.

시아버지는 손자 이름을 오래오래 살라는 뜻으로 장생이라고 지어주었다. 첫 손자를 보고 좋아하던 김동삼은 하루를 쉬고 그 이튿날 아침에 떠났다. 소가하에 계시는 시어머니께 들러보시라고 권했으나 시아버지는 그냥 어디론지 가버렸다.

이해동이 시아버지를 마지막으로 만난 것은 1931년 하얼빈 일본영사관에서였다. 김동삼은 1923년 국민대표회가 열리기 전에도 상해임시정부의 각원 취임을 요청받았고, 1925년 이상룡이 국무령에 취임했을 때나 그 이듬해에 홍진이 국무령에 취임했을 때도 국무원 취임을 요청받았다. 그러나 상해임시정부에 대한 정의부의 부정적 시각도 고려하지 않을 수 없었고, 무엇보다도 만주에서 독립운동에 전념하기 위해 모두 거부했다.

정의부 간부로 활동했던 김동삼은 1927년 만주에서 유일당운동이 전개될 때 수년 동안 그 일에 전력을 기울여 혁신의회 의장, 민족유일당재만책진회 중앙집행위원장 등을 역임했다. 1929년 11월에는 길림성 독군서督軍署와 교섭하여 한중 합작운동을 벌였다. 1931년 9월 일제가 만주를 침략하자 이해동의 부친 이원일과 함께 북만주에 갔는데 10월 초 정인호 집에서 투숙하던 중 한 시간도 못 되어 영사관 형사들이 들이닥쳐 체포되었다.

아들 형제 내외, 조카 내외, 아홉 살 된 딸 등 일곱 사람이 하얼빈 역전에서 남쪽으로 약간 떨어져 있는 일본영사관으로 면회를 갔다. 신의주로 압송하기 직전에 면회를 시켜준 것이다. 시어머니는 집에 남아 손자 손녀를 돌보았다. 영사관은 현대식 3층 양옥 건물로, 유치장과 보일러실이 있는 1층의

김동삼 가족사진 1931년 하얼빈에서 김동삼이 일제 경찰에 체포된 뒤 국내로 압송되어 옥고를 치를 때, 만주에 있는 가족은 여비가 없어 면회를 갈 수 없었고 그 대신 가족사진을 찍어 보냈다. 앞줄 왼쪽부터 큰손자 장생, 큰며느리 이해동(안고 있는 아기는 둘째 손자 중생), 큰손녀 덕숙, 아내 박순부(안고 있는 아기는 용묵의 딸 귀생), 딸 영애, 둘째 며느리이고, 뒷줄 왼쪽은 장남 정묵, 오른쪽은 차남 용묵이다.

반지하실은 숱한 독립운동자가 투옥되어 고문당했던 악명 높은 곳이었다. 시아버지는 유치장에서 단식하여 항문에다 영양주사를 투입하고 있다고 했다.

족쇄를 끌고 면회실로 온 시아버지는 유치장에서 얼마나 고초를 당했는지 피골이 상접했다. 쉰이 약간 넘었는데, 정신만은 흐리지 않아 정기 어린 눈으로 바라보며, "왜 울기만 하는 거냐. 시간이 바쁘니 이야기라도 해야지"라고 말했다. 김동삼은 그 자리에서 처음으로 둘째며느리와 조카며느리

한테 인사를 받았다. 그러고는 거친 큰 손으로 처음 보는 딸의 손을 어루만
져주며, 오래오래 딸의 모습을 보았다. 슬픔과 눈물 속에서 면회 같지도 않
은 면회를 끝냈다. 시아버지와의 마지막 상면은 이렇게 끝났다.

이해동은 친정아버지 이원일 면회도 같은 장소에서 했다. 역시 아버지
말씀이 귀에 들리지 않았고, 어떻게 영사관 문을 나왔는지도 알 수 없었다.
그것이 마지막이었다. 아버지는 3년 징역형을 받고 평양형무소에서 복역
했다.

독립운동자 가족들은 남편과 아버지를 어떻게 생각했고, 자신의 일생에
대해서는 뭐라고 평가했을까. 아들 내외와 딸이 면회를 가고 혼자 남아서
손자 손녀를 돌봐야 했던 김동삼 부인 박순부(1882~1950)는 그때 무엇을 생
각하고 있었을까. 남편을 1923년에 마지막으로 보았고, 이제 신의주로 압
송되면 마지막일 수도 있음을 잘 알았을 터인데.

김동삼은 태어나 처음 보는 아홉 살짜리 딸의 손을 어루만지며 무슨 생
각을 했을까. 세상 물정에 어둡고 무뚝뚝한 부인이지만, 아내와 마지막 인
사마저 나누지 못한 것에 대해서는 어떻게 느꼈을까. 노예 상태의 한국인
모두가 겪어야 할 고통으로 생각했을까. 그렇지 않으면 아무리 당당하고
뜻있는 인생이고 항상 인민의 자유와 평등을 위해 고통이나 희생을 감수할
자세가 되어 있다 해도 가족에게만은 미안한 마음에 한없이 가슴이 미어지
고 아팠을까.

'만주의 호랑이'로 불린 김동삼은 자신은 언제든지 목숨을 바칠 각오가
되어 있지만 가족은 살아남기를 바랐다. 동생 김동만이 학살당하자 고향에
서 사촌을 오게 하여 가족을 돌보게 한 것도 그러한 이유에서였다. 그는 맏
손자 이름을 장생이라고 지어주었는데, 가족은 오래오래 살아 언젠가 광명
한 자유천지에서 행복하게 살기를 염원하지 않았을까.

4. 독립운동자 아내의 통한

비자발적 성격이 강한 망명자 가족의 경우에는 독립운동을 원망도 했겠지만, 이은숙이건 허은이건 이해동이건 독립운동자의 아내나 며느리는 자신의 남편이나 시아버지가 독립운동을 한 것에 긍지를 가지고 자랑스러워했다. 그렇지 않았다면 이들의 회고록이나 증언 어딘가에 부조화나 위선이 드러나게 마련이고, 또 토로하고 싶은, 맺히고 맺힌 원망의 말들이 숨어 있음직한데 전혀 보이지 않는다.

그렇지만 이들이 자신의 생애를 긍정적으로만 본 것은 아니었다. 너무나 심한 고통, 엄청난 시련을 겪은 것에 대해 무언가 억울하다는 생각이 들고 항변하고 싶다는 마음이 회고록이나 증언 곳곳에 나타난다. 거기에는 남들처럼 편안하고 단란한 가정생활을 하지 못했다는 점에 대한 불만이 은연중에 들어 있다. 또 거기에는 해방이 되었는데도 분단이 되고, 나라 꼴이 말이 아니고, 친일파는 일제 때 못지않게, 아니 오히려 그때보다 더욱 득세하는 세상이 되어, 그렇게 엄청난 희생과 고통 속에 온갖 어려움을 무릅쓰고 독립투쟁을 벌인 것이 무위 또는 허사가 된 것이 아닌가 하는 비감이 어려 있기도 하다. 무엇보다 애국자가 대접받지 못하고, 독립운동자의 자식들이 공부도 못 하여 어렵게 살고 푸대접받는 것을 피부로 느끼는 데서 그러한 불만은 한층 커지는 것 같다.

| 독립운동자 가족의 끝없는 시련 |

그런데 놓치지 말아야 할 점은 이회영이 일제 관헌에 잡혀 고문으로 서거하고, 김동삼이 옥사하고, 이상룡이 우환 중에 별세했다고 해서 이은숙·이해동·허은을 비롯한 그들 가족의 고통이나 어려움이 줄어들지는 않았다는 것이다.

이해동은 김동삼이 체포된 후 마적 때문에 고생하고 난민으로 어려움을 겪었어도 1936년경 정의부가 독립운동자들의 후방 기지로 건설한 하얼빈 부근의 취원창에서 일제가 패망할 때까지 그래도 편안하게 산 편이었다. 그러나 중화인민공화국 정부가 들어선 뒤 토지개혁이 실시되었을 때, 취원 창에서 상점 일 때문에 두 답밖에 안 되는 자작지를 고용 일꾼을 구해 경작 했다고 해서 반동으로 몰리는 바람에 곡식 종자부터 이불과 입던 옷, 부엌 살림 도구까지 거의 전부 몰수당했다. 이해동의 남편은 밧줄로 묶인 채 천 장에 매달려 기절할 때까지 맞아서 초죽음 상태가 되었다. 다음 해에 성분 분석에서 착오를 범했다며 부농에서 중농으로 내려주었지만, 토지 등 빼앗 긴 재산은 되찾을 수 없었다. 그뿐만 아니라 매를 맞은 남편은 그 뒤 2년도 못 되어 죽었고, 그해 가을에는 김동삼의 부인 박순부가 눈을 감았다.

허은은 1932년 시할아버지가 서거하여 국내에 들어올 때도 비적들로 인 해 목숨이 경각에 처하는 위기를 맞는 등 형언할 수 없는 어려움을 겪었고, 국내에 돌아와서는 일본 형사들에게 들볶였다. 조상의 산소 비문에 단기檀 紀를 썼다고 해서 그 비석의 글자들도 쪼아 없애야 했다. 그뿐만 아니라 대 구경찰서와 안동경찰서에는 이대용(이병화의 다른 이름)의 방 한 칸이 따로 만들어져 있다는 이야기가 돌 만큼, 남편은 국내와 만주를 돌아다니며 활 동하여 수시로 감옥을 들락거렸다. 감옥에서 나오면 혼자 바로 서지도 못 했다. 고문으로 몸이 말을 듣지 않았던 것이다. 그런데도 온다 간다 말 없 이 어디론가 다시 사라지곤 했다. 남편은 해방되기 열흘 전에도 붙잡혀갔 다가 해방된 다음 날 나왔다.

1942년 9월에는 시아버지 이준형이 유시遺詩와 유서를 남기고 동맥을 끊 어 선혈을 온몸에 적시며 자결하여 온 집안을 놀라게 했다. 남편은 만주에

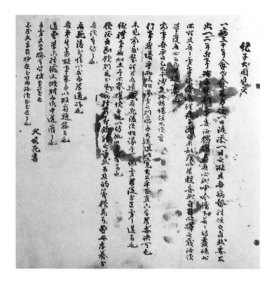

이준형의 유서

만주에서 부친 이상룡의 서거 후 유고를 가지고 귀국하여 『석주유고』 정리를 마친 뒤 "일제 치하에서 하루를 더 사는 것은 하루의 치욕을 보탤 뿐이다"라는 유서를 남기고 자결했다. 유서에 선혈 자국이 생생하다.(출처: 국무령이상룡기념사업회)

가고 없을 때였다. 시국이 당신 뜻대로 되지 않고 계속 악화돼 싱가포르가 결국 일제에 함락당하여 침략자들이 승승장구했던 것이 한 원인이었다. 피에 젖은 유서에는 하늘나라 아버님 모시러 따라가 나라를 지키겠다는 간절한 구절이 들어 있었다.

해방 이후에도 위기와 어려움은 계속되었다. 이병화는 사회주의 활동을 멈추지 않았다. 그러다가 1950년 9·28수복 때 그는 좌익과 손을 끊고 가족을 이끌고서 피란길에 나섰다. 그가 겪은 전쟁은 그 자신이 구현하려던 세계와는 거리가 멀었고, 활동하는 사람들 또한 자신이 생각했던 사람들이 아니었다. 충남 아산군에 친구가 사는 곳을 찾아가 그곳에서 이춘원이라는 이름으로 바꾸고 한문을 가르쳤다. 그때 그는 칠순 노인처럼 완전히 백발

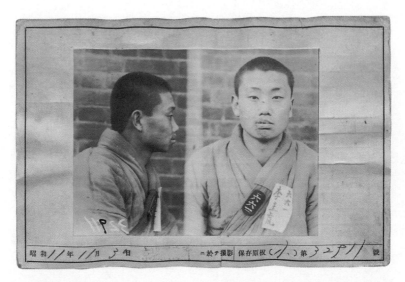

이규창(1913~2005) 이회영의 셋째 아들 이규창(이규호)은 남화한인청년연맹의 행동 단체인 흑색공포단에 가담하여 일제 요인과 친일 인사를 처단하는 등의 항일 활동을 전개했다. 1935년 친일파 이용로 암살에 가담하여 체포되었다. 사진은 1936년 11월에 촬영되어 일제 감시대상 인물카드에 기재된 것이다.(출처: 국사편찬위원회)

이었다. 짧은 인생이지만 너무나 길게 살았기 때문이 아니었을까. 1952년 그는 병세가 위중해지면서 파란에 찬 생을 마감했다(1906~1952).

　이은숙은 남편이 대련경찰서에서 고문으로 사망하고 3년 후인 1935년 봄, 아들 규창이 일본영사관 경찰에 체포된 사실을 알았다. 이규창은 백정기·엄순봉(엄형순)·정화암 등과 남화한인청년연맹에 가입하여 백정기·이강훈 등의 아리요시 아키라有吉明 주중일본공사 암살 기도 사건 및 엄순봉의 상해거류민회 회장 이용로 살해 사건(이용로는 이회영이 대련에서 체포될 때 일제 기관에 정보를 제공한 것으로 알려졌다)에 관련되었는데, 후자의 사건으로 중국 경찰에 체포되어 일본영사관 경찰에 넘겨진 것이었다. 중국에 있는 장자 규룡으로부터 규창의 소식이 온 날부터 종로경찰서 경찰들이 이은숙을 찾아와 수색을 하고 경찰서로 끌고 가 여러 가지를 물었다. 일본 경찰은 어린 딸까지 끌고 가서 심문했다. 경찰서에 드나들기를 두 달쯤 했을 때 규창이 이송되어 왔다.

이규창은 1935년 음력 7월에 검사국으로 넘어갔고, 다음 해 음력 정월에 공판이 열렸다. 선고 공판에서 엄순봉은 구형 그대로 사형을, 이규창은 무기형에서 대폭 깎여 13년 형을 선고받았다. 상고심에서도 마찬가지였다.

이은숙은 감바지 침선 등을 해주고 조반석죽으로 살면서 옥바라지를 했다. 그러던 어느 날 면회장에 가니 간수가 "인쇄 공장에서 불온 격문을 박은 사단이 일어나서 당신 아들 규창이도 공모하였다 하여, …… 다시 공판을 받게 되어 서대문형무소로 갔습니다"라고 말했다. 이규창은 1939년 8월 경성지방법원에서 출판법 위반으로 10월 징역형을 추가로 받고, 광주형무소로 전감되었다가 해방이 되고서야 석방됐다.

이은숙은 1940년 딸들이 있는 장춘으로 가서 하숙을 치며 근근이 살았다. 1945년 8월 전쟁이 최후 단계에 이르렀을 때 조선인은 모두 한국으로 들어가고 있었는데, 만선일보사 업무부장인 현숙 남편이 제 댁을 데리고 연길로 갔다. 8월 14일 자정에 신경新京, 곧 장춘을 떠날 때부터 이은숙은 1년 동안 국내로 들어오려고 무한히 애를 썼으나 들어오지 못한 채 아수라장이나 다름없는 만주 곳곳을 전전하고 다니면서 목숨을 부지해야 했다. 기차는 가다가 멈춰 서기도 하고 도로 돌아가기도 했다. 1946년 음력 5월 초에는 힘들게 다시 합류한 딸 현숙, 그리고 현숙의 아이까지 죽었다.

그해 늦여름 죽을 고비를 몇 번이나 넘긴 끝에 두만강을 넘어 청진에 도착했고, 이후 평양을 거쳐서 38선을 넘어 토성에 이르렀다. 미군 트럭을 타고 서울에 와서 이튿날 이시영이 머물고 있는 곳을 찾아갔다. 이규창 등 식구들이 그곳에 있었다. 이규창은, 정의부 의용군 중대장으로 활약하다가 무기징역을 선고받고 옥중 생활을 하던 항일투사 정이형鄭伊衡이 해방을 맞아 19년 8개월 만에 출옥하자, 그의 딸 문경과 1947년에 결혼했다. 감옥에서 규창을 눈여겨본 정이형이 짝을 지어준 것이다.

| 망명 20년간의 불행 |

이은숙·허은·이해동 세 사람 중에서 독립운동과 관련해 자신의 생애를 되돌아보며 비교적 회한을 적게 이야기한 사람이 이해동이다. 중화인민공화국 아래서 1980년대까지 살았기 때문일까. 이해동은 만주로 일가족이 망명한 후 만주사변을 전후한 시기에 이르는 약 20년간의 불행을 이렇게 정리했다.

> 물질생활의 곤란과 심리상의 불안은 그만두고라도 도만 초기 희생도 엄청났다. 서간도에서 친정집 숙부 삼남매의 죽음, 시삼촌의 피살, 아버님과 친정아버지의 옥고, 시숙모의 정신병, 친정집 조모의 화병으로 인한 죽음, 그리고 시오촌의 다리 병신, 이상 말한 것이 20년 우리집의 불행한 역사다. 이런 엄청난 희생과 불행은 망국민의 이국땅 생활에서만 있을 수 있고, 독립투사의 가족으로만 치러지는 운명으로 생각한다.
>
> ―이해동, 『만주 생활 77년』, 89쪽.

친정집 숙부 삼남매의 죽음이란 1911년 서간도로 망명했을 때 첫해 농사가 흉년이 들고 추위가 풀리면서 풍토병이라는 질병까지 유행하여 20세 청년인 숙부가 사망하고, 그 뒤 1년도 안 되어 10여 세 꽃다운 나이의 두 고모까지 목숨을 잃은 일을 말한다. 조모는 아들 이원일이 체포되자 마음이 상하여 병환을 앓다가 사망했다. 시오촌 김장식은 시삼촌 김동만이 학살되어 가족을 돌볼 사람이 없자 김동삼이 고향에 연락하여 삼원포로 오게 한 김동삼의 사촌동생이다.

김장식은 김동삼을 대신해 10여 년 동안 숱한 고생을 치르면서 조카들을 결혼시키는 등 김동삼 가족을 자신의 가족처럼 돌봤다. 그러던 그가 하얼빈 부근에서 마적을 만나 왼쪽 다리에 총알 관통상을 입었다. 하얼빈 병원에서 치료를 했지만 결국 톱으로 무릎 아래 다리를 잘라내어 집 아이들이 절뚝 할배라고 부르게 되었다.

| "모두가 몽환이로다" |

이은숙은 수기에 자신의 생애와 관련해 꿈(夢)이라는 말을 종종 쓴다. 이 수기(회고록 초판본 『민족운동가 아내의 수기: 서간도 시종기』)의 안표지 뒷면에는 "이영구(이은숙의 다른 이름)의 과거나 현재는 모두가 몽환이라"고 쓰여 있다. 또한 맨 마지막 페이지에는 "이영구의 과거지사는 말할 수도 없는 파란 중, 부지扶持한 게 모두 다 몽환이로다"라는 구절이 들어 있다. 다음과 같은 구절도 있다.

- 과거를 돌이켜보면 가군을 따라 해외, 국내를 온갖 고통을 겪으며 돌아다니던 생각 모두가 일장춘몽이로다.
- 이같이 되는 줄(이회영의 고문 사망) 알았더라면, 여비만이라도 주선하여 (중국에) 갔더라면, 우리 규동이 저의 부친 승안承顔하고 모시고 지냈으면 이런 유한은 없었을 것이고, 또 이런 변은 말리고 못 하시게 했을지도 모를 일이거늘, 지금도 생각하면 여취여광如醉如狂이로다.
- 시운이 불길하여 경술년 한일합방된 뒤에 만주로 이사하여 여러 동기가 일실一室에 모여 지내며 60~70명 권솔이 송구산란하건만은,

가군이 시시로 설유하시되 '역경을 당할 때는 만사를 잘 참고 지내라'고 말씀하신 것이 지금 와서 다 몽중사夢中事가 되고 말았으니 어찌 비감치 아니하리오.

이은숙(1889~1979) 말년에 독립운동사의 귀한 기록인 『민족운동가 아내의 수기: 서간도 시종기』(2017년판 일조각에서 펴낸 제목은 『서간도 시종기: 우당 이회영의 아내 이은숙 회고록』)를 1974년에 펴냈다.(출처: 이회영기념관)

이은숙은 이회영을 따라 신흥무관학교에 관계된 일이건 무정부주의 활동이건 성심성의 노력을 기울였고, 부군의 독립운동에 되도록 한마디도 어려움을 토로하지 않으려고 마음을 써서 남편이 최대한 활동을 잘할 수 있도록 언제나 세심한 배려를 아끼지 않았다.

'몽환', '몽중사', '일장춘몽', '여취여광' 등의 표현이 보이는 것은 이은숙이 걸어온 길이 상상할 수 없을 만큼 너무 험난했기 때문이었다. 무남독녀로 귀하게 자란 부인이 한국에서 손꼽히는 명가에 시집와서 그렇게 험한 역정을 살아가리라고는 꿈에도 생각하지 못했을 것이다. 서간도에서 '왜놈 못지않게 매섭다'는 추위에 시달리며, 마적의 습격으로 자식들과 함께 떼죽음을 당할 뻔했던 일, 끼니로 먹을 옥수수조차 없어 다섯째 시숙집으로 가서 살았던 일, 생불여사처럼 살다가 고국에 들어가는 셋째 동서를 무조건 따라나서 1917년 봉천에 이르렀을 때 이회영에게 국내로 들어가겠다고 기별했던 일, 3·1운동 이후 북경에 가서 어렵게 살았던 일들이 꿈처럼 비쳐졌을 것이다.

후손과 함께한 이은숙 1971년 8월 8일 이은숙의 여든세 번째 생일에 아들딸 며느리 손주들과 함께 찍은 사진이다. 사진 왼쪽부터 앞뒷줄 구분 없이 얼굴 위치 순서대로 변봉섭(이규동 아내), 이종철(이규창 아들), 정문경(이규창 아내), 이종걸(이규동 아들), 이황연(이규창 아들), 이황년 앞 꼬마는 이종현(이규동 아들), 이규창, 이은숙, ○○○, 이규숙, 이종광(이규창 아들), 이주원(이규동 딸), 이규동이다.(출처: 이회영기념관)

'몽환', '몽중사' 등의 표현은 독립운동하면서 겪은 파란에 찬 생애와도 관련되겠지만 가정을 오랫동안 단란하게 꾸려보지 못한 것에 맺힌 한이자 개탄이기도 했다. 또한 남편이 충분히 뜻을 펴지 못하고 고문으로 서거한 것에 대한 아픔과 남편에 대한 사모의 마음이 들어 있다. 그와 함께 가정다운 가정을 거의 가져보지 못한 데 대한 애끓는 마음이 담겨 있다.

1919년 북경으로 간 이은숙은 한동안 어느 때보다도 남편과 같이 지내는 시간이 많았지만, 힘든 생활로 치면 다른 때보다 더하면 더했지 못하지 않았다. 이회영이 뜻하지 않게 서거한 1932년 음력 12월에 쓴 이은숙의 애절한 사부가思夫歌는 다음과 같이 이어진다.

> 가군이 북경으로 돌아와서 3천 리 타향에서 부부 상봉하고, 인해서 살
> 림을 시작하게 되니 든든하고 반갑기가 세상에 저 한 사람인 듯하였지
> 요. 연약한 체질에 피로도 돌아보지 않고 사랑에 계시는 가군 동지 수
> 삼십 명의 조석 식사를 날마다 접대하는데, 혹시나 결례가 있어서 빈객
> 들의 마음이 불편할까, 가군에게 불명예를 불러올까 조심하고 지낸 것
> 이 가군만 위할 뿐 아니라 가군의 동지들도 위한 것이올시다.
>
> ─이은숙, 『민족운동가 아내의 수기』, 83~84쪽.

| 독립운동자 부인의 통한과 비애 |

허은은 1932년 이상룡 서거 후 고국에 돌아오자 갖가지 상념이 떠올랐다.
고국에서는 해본 적 없던 아버지 농사일을 어린 나이에 시중 들며 고추 꼭
지나 따다가 결혼했고, 그 이후에도 풍진 난리 속에 동서 분간도 못하면서
일만 했던 젊은 시절이었다. 특히 교육을 제대로 받지 못한 것이 한이었다.
한 기자가 찾아갔을 때 허은이 한 이야기는 더욱더 비통하고 허망함마저
든다.

> 임은댁(허은)은 감히 남부끄러워 이 노래(독립군가)를 어디서고 불러보
> 지를 못했다. 왜냐하면 '역사'를 모르는 사람들은 '남의 종가 자손들이
> 좋은 집 두고 뭣 때문에 타국에 가 고생하며 그 좋은 재산 다 털어먹었
> 는가' 하고 눈에 보이게 힐책하기 때문이다.
>
> ─최영주, 「석주 이상룡 서간도 시말기: 손부 허은 여사에게 듣는다」,
>
> 『정경문화』 1985. 8, 267쪽.

허은(1907~1997)
만주 망명 생활과 독립운동자들의 이
야기를 담아낸 『아직도 내 귀엔 서간
도 바람 소리가』라는 구술 회고록을
1995년(2010년에 민족문제연구소에서 개
정판을 펴냄)에 펴냈다.(출처: 국무령이상
룡기념사업회)

    압록강을 건너 서울역에 도착하여 그때까지 같이 행동해온 이진산 가족
과 헤어질 때, 한여름인데도 불구하고 허은의 마음은 춥고 떨렸다.

> 압록강을 건너 서울역에 떨어졌을 때 우리들 행색은 말이 아니었다. 외
> 모도 초라하기 그지없었지만, 마음이 더 춥고 떨렸다. 그렇게 이역만리
> 남의 땅에서 고국을 위해 애쓰고 투신했건만, 귀환 동포를 따뜻하게 맞
> 아주는 손길은 없었다. 앞으로 살아갈 길이 막막했다. 무작정 고향 집
> 으로 향하는 수밖에 없었다.
>
>   —허은, 『아직도 내 귀엔 서간도 바람소리가』, 176~177쪽.

고성 이씨 종부가 되어 스물여섯 나이로 고향에 돌아왔을 때 "이루 말할 수 없는 통한이 뼈에 사무쳤다"고 토로한 것은 무엇 때문이었을까.

> 나라의 운명은 조금도 더 나아진 것이 없는 듯했다. 친정도 시가도 양쪽 집안은 거의 몰락하다시피 되어 있었다. 양가 일쩍 솔가하여 만주벌판에서 오로지 항일투쟁에만 매달렸으니 그럴 수밖에 없었다. …… 목숨을 항상 내놓고 다녔으니 살아 있는 것만 해도 기적에 가깝다. 애 어른 없이 그 허허벌판 황야에 묻힌 사람은 또 얼마나 많은데. …… 불모지에 잡초처럼 살았지.
> — 허은, 위의 책, 175~176쪽.

이루 말할 수 없는 통한이 뼈에 사무쳤다고 한 것은 양가가 몰락했기 때문만이 아니었다. 한국인 모두가 몰락했다면 그것은 통한이 될 수 없었다. 그것에 뚜렷이 대비되는, 있을 수 없는 현상이 막강하게 존재했던 것이다.

> 그때 친일한 사람들의 후손은 호의호식하며 좋은 학교에서 최신식 공부도 많이 했더라. 그들은 일본·미국 등에서 외국 유학도 하는 특권을 많이 누리고. 그러니 그들은 훌륭하게 성공할 수밖에.
> — 허은, 위의 책, 176쪽.

허은은 1972년 66세에 자신의 일생을 3·4조, 4·4조의 가사로 쓰고 「회상」이라 제목을 붙였다. 이 가사에도 허망함과 억울함이 짙게 배어 있다. 거기에는 이은숙이나 이해동과 마찬가지로 단란한 가정을 꾸리며 살지 못하고 전란과 풍진 속에서 두 아들을 잃은 데 대한 아내로서 어머니로서의 회한, 그리고 남은 자식들만은 웃으며 행복하게 살았으면 하는 비원이 서려 있다. 「회상」의 마지막 구절은 다음과 같다.

내 나이 66이니 / 인생이 무상이요 / 덧없는 세월이라

과거 현재 미래사가 / 다 모다 허황하다

억울한 이 심중에 / 쌓이고 무졌으나

못 배운 이 식견이 / 만분지일 형언하랴

너의 형제 성취하여 / 가정을 이룬 후는

추소명월秋沼明月 다시 돋고 / 춘화 다시 만발한 듯 / 희희호호 즐기고서

영원히 가는 날에 / 멍든 흉금 풀리려나

—허은, 위의 책, 244쪽.

무면도강

재가 되어 뿌려지다

1. 시사여귀視死如歸의 심정으로

독립운동 기지 건설론자들 가운데 주도적인 역할을 했던 몇 사람은 서거했을 때 화장되었다. 한국인은 유난스러울 정도로 장례를 엄수하고 분묘를 숭상하기 때문에 압록강 대안으로 이주한 사람들도 유해만은 반드시 고향에 모시고 와서 매장하는 것이 일반적인 예라고 조선총독부의 한 문서가 지적할 정도였지만, 그들의 시신은 재가 되어 산화되었다.

여러 독립운동자가 독립운동 기지를 건설하기 위해 처음 압록강을 건널 때는 결단코 헛되이 맨몸으로 돌아가서는 안 된다고 다짐했고, 또 수십 년간 독립운동을 했는데 차마 맨몸으로 고향에 돌아갈 수 없어 만주에서 마지막 생을 어렵게 이어가기도 했다. 그리하여 임종을 맞아 자신의 시신을 불태우라고 유언한 독립운동자도 있었고, 광복이 되기 전까지는 자신의 시신을 고향에 묻지 말라고 유언한 독립운동자도 있었다. 비루하게 살기를 거부하고 떳떳이 생을 마감할 곳을 찾았던 독립운동자들이 노인이건 젊은

이건 적지 않았다. 가족과 함께 고국으로 돌아오려다가 역 앞에서 되돌아선 독립운동자도 있었다. 그런가 하면 고문으로 불의의 죽음을 당하거나 옥사한 뒤 그 시신이 재가 되어 허공에 뿌려진 경우도 있었다. 그들은 간간이 초 패왕 항우가 해하 전투에서 유방의 군대에 패하여 쫓기는 신세가 되었을 때 면목이 없어 자신의 근거지였던 강동에 되돌아갈 수 없다고 말하고 자결한 일에서 유래한 무면도강無面渡江의 고사를 말하곤 했다.

1) 이상설(1870~1917)

을사조약 강제 체결 이후 이회영·이동녕과 함께 용정에 서전서숙을 건립하는 등 국권회복운동과 독립운동 기지 건설운동을 끊임없이 전개해 나갔으며, 1914년에는 대한광복군정부를, 1915년에는 신한혁명당을 조직하고 일제와의 교전단체로 인정받기 위한 활동을 모색했던 이상설은 1916년 초부터 시베리아에서 병석에 눕게 되었다.

1917년 3월 2일 쌀쌀한 겨울바람이 부는 러시아 땅 니콜스크(쌍성자, 우수리스크)에서 임종을 맞으면서 그는 "내 조국의 독립을 이루지 못하고 죽으니, 어찌 죽은 영혼인들 고국땅을 감히 밟으랴. 내 죽거든 화장하여 재를 시베리아 벌판에 날리라.

이상설 유허비 러시아 우수리스크 라즈돌나야(솔빈강, 수분하) 강가에 이상설의 유허비가 세워져 있다.

그리고 조국의 독립이 오기 전에는 제사를 지내지 말라"고 유언했다. 이동녕·조용철·백순·조완구 등이 곁에서 임종을 지켜봤다. 향년 47세였다.

부인과 자식 등 유족과 지인들은 이상설의 뜻을 받들어 화장한 뒤 제사도 지내지 못하다가 1945년 해방 후 처음으로 제사를 지냈다고 한다. 그러나 그 제사도 오래가지 못했다. 그의 직계 유족이 한국전쟁의 와중에 납치 또는 사망하여 제사를 받들 사람이 없었던 것이다.

2) 이회영(1867~1932)

이회영은 언제부터인가, 아마도 회갑을 맞은 1927년 이후로 보이는데, 자신이 죽어야 할 곳에서 죽는 것이 큰 다행이라 생각하고 마땅히 어디서 죽을 것인가(死得基所)를 심사숙고했던 것 같다. 그는 그 장소가 자신이 큰 포부를 품고 압록강을 건너 독립운동 기지 건설운동을 벌였던 만주여야 한다고 생각했다.

이회영이 만주로 다시 갈 계획을 구체화한 것은 1929년이었다. 중국에서 한국인 무정부주의운동은 1926~1927년경부터 활기를 띠었다. 1928년 7월 남경에서는 한국·중국·필리핀·대만·일본·베트남 등의 무정부주의자들이 모여 동방무정부주의자대회를 개최했다. 이때 이회영은 「한국의 독립운동과 무정부운동」이라고 제목을 붙인 논문을 그 대회에 보냈다. 이 글에서 그는 한국의 무정부주의운동은 곧 진정한 독립운동이고, 한국에서 진정한 해방운동, 곧 무정부주의운동은 독립운동이라고 주장하며, 각국의 무정부주의자들이 한국의 독립운동을 적극 성원해줄 것을 촉구했다. 이 글은 이 대회에서 결의안으로 채택되었다고 한다.

이회영은 같은 해 8월 재중국 조선무정부공산주의자연맹의 기관지로

이회영, 〈묵란〉 (출처: 이회영기념관)　　　　이하응, 〈묵란도십곡병〉 (출처: 국립중앙박물관)

『탈환』이 상해에서 발간되자 축시를 보냈다. 뒤이어 나온 동방무정부주의 자연맹의 기관지 『동방』 창간호에는 묵란을 쳐서 보냈다. 그의 묵란은 대원군의 그것에 견줘지며 높은 품격으로 정평이 났다. 그는 1925년에 10폭의 난을 치기도 했다.

| 무정부주의자들의 환희와 악몽 |

1930년 무렵은 이회영과 재중국 한국인 무정부주의자들에게 환희와 악몽이 교차한, 기복이 심한 해였다. 그해 4월에 생각지도 않게 신현상·최석영이 국내에서 상당히 큰 규모의 자금을 마련해 왔다. 국내 호서은행 본점과 지점에서 양곡 거래 자금으로 전후 15차에 걸쳐 5만 8천 원의 거금을 빼내 탈출한 것이다. 김구도 이 자금을 같이 쓰자고 제의했다.

일을 할 수 있게 된 무정부주의자들은 북경에서 재중국 무정부주의자 전체 회의를 소집했다. 남북 만주, 상해, 복건 등지에서 이회영을 비롯해 이을규·김종진·정화암·백정기·김성수 등 20여 명이 모였다. 그러나 운동방안에 대해 각 지역마다 의견이 달라서 모아지지 않자, 이회영이 만주에 총력을 집중하고 상해·복건·북경에는 연락원을 두어 상호 연락하고 호응할 것을 제의하여 그것으로 결의되었다.

그런데 호서은행 거금 탈취범 체포에 혈안이 된 일제 관헌이 북경 위수사령부를 움직여 회의 장소를 급습함으로써 10여 명이 구금되었다. 마침 천진에 가 있어 잡히지 않은 이회영은 군벌의 막료들과 친분이 있는 유서柳絮(유기석)와 함께 동지들 석방에 백방으로 노력하여 수일 후 대다수가 석방되었다. 그러나 신현상과 최석영은 일제 관헌에 인도되었고, 금쪽같이 귀중한 자금도 일제 관헌에게 빼앗겼다. 그야말로 한여름 밤의 몽중사 같았는데, 이 일로 각지에서 적지 않은 비난을 듣게 되었다. 엎친 데 덮친 격으로 이을규가 천진에서 기선을 탔다가 선상에서 일제 관헌에 붙잡혀 이회영의 생활을 위협했다.

| 중국 은행 습격 |

이회영 등 일고여덟의 무정부주의자들은 1930년 11월 초 천진에 있는 이회영의 거처에서 계속 모임을 갖고 자금 염출 방안을 논의한 끝에 은행(銀號)을 털자는 쪽으로 의견을 모아갔다. 이때 은행 습격에 대해 이회영이 크게 고민했다고 이정규는 적었다.

젊은 동지들은 중일 합작의 정실은호正實銀號라는 곳을 목표로 정하여 구체적인 계획을 세웠다. 며칠 동안 고민하던 이회영도 중론에 따라 양보하지 않을 수 없었다. 서로 나서겠다고 하여 할 수 없이 투표로 김성수·장기준 등 4명을 뽑았다. 정화암은 후견인으로 뒤따라갔다.

12월 초 은행 습격은 성공했다. 기대한 만큼에는 미치지 못했으나, 중국 돈 3천 원과 일본 돈 몇백 원으로 적은 돈이 아니었다. 천진에서 발간되는 신문에는 '희대의 백주 강도단'으로 보도되었는데, 당국은 끝내 범인을 알아내지 못했다.

천진에서 더 이상 머물 수 없게 된 이회영 일행은 북만과 상해로 떠나기로 했다. 이회영은 북만행을 고집했으나, 동지들이 16세인 규창의 교육을 내세워 상해로 가도록 권했다. 이제 동지들과 헤어져야 할 시간이 되었는데, 그런 와중에 동지들이 이회영의 딸 규숙과 장기준의 혼사를 제의했고, 이에 이회영은 부인과 상의하지 않은 채 찬성하여 이은숙의 불만을 사게 되었다는 것은 앞에서 이야기한 대로다.

이회영의 가족은 여기에서도 헤어지게 되었다. 그는 규창을 데리고 상해로, 이규숙은 동생 현숙을 데리고 남편과 백정기·정화암 등 여러 동지를 따라 흑룡강성 해림으로 떠났다.

상해로 온 이회영은 오랜만에 아들과 아우 이시영 부자를 만났다. 이동녕·조성환·김구·조완구 등 옛 동지들과도 만났으나, 노선이 다르다 보니 서먹서먹했다. 이시영도 그랬지만 이동녕과는 오랜 동안 사생을 같이한 동지였는데.

| 흑색공포단 |

1931년은 이회영에게 충격과 활기의 한 해였다. 북만에서는 1930년 1월 김좌진이 암살당한 데 이어 1931년 7월에 31세의 젊은 나이인 재만 무정부주의자연맹 위원장 김종진 등 여러 무정부주의자들이 공산주의자들에게 살해되었다. 백정기 등은 북만주에서 돌아왔으나, 이규숙 부부는 계속 그곳에 머물렀다.

1931년 일제의 9·18만주침략으로 만주에서 독립군 활동은 점차 빨치산 투쟁 중심으로 바뀌어갔다. 그와 함께 만주에 있었던 일부 민족주의자들이 중국 관내(산해관 안쪽)로 들어왔다. 만주에서 민족해방운동 전선의 틀이 크게 변화한 것이다. 만주사변은 독립운동자들이 오랫동안 바라마지 않던 중일전쟁 발발의 전초전으로 이해되었기 때문에 중국 관내 독립운동에 활기를 불어넣었다. 그렇지만 일제의 만주 침략으로 그곳에 남아 있던 일부 독립운동 세력은 어느 때보다 생존 자체의 위기에 봉착했고, 일제의 승승장구로 좌절하거나 실의에 빠진 독립운동자들도 적지 않았다.

9월 18일 만주사변이 발발하자 이미 1930년 4월 20일에 조직되었던 남화한인청년연맹(남화연맹)은 활기를 띠기 시작했다. 김원봉이 이끈 의열단, 김구의 한인애국단과 비슷하게 테러 활동을 많이 전개한 남화연맹은 일제의 만주 침략 이후 맹렬히 활동했다. 만주사변 발발 직후 만주에서 백정기·정화암·이달·이강훈 등이 상해로 온 것은 그러한 활기를 촉진한 매개가 되었지만, 그에 못지않게 중요한 점은 일제의 만주 침략으로 중국 사회가 들끓게 되었다는 사실이다.

중국인 무정부주의자 왕야차오王亞樵·화쿤스華均實 등은 이회영 등을 찾아와 항일투쟁 방략을 논의했다. 10월 중국인·한국인·일본인 무정부주의자들은 상해 프랑스 조계 내에서 연장자인 이회영을 의장으로 모시고 모임을 가져 항일구국연맹을 결성했다. 이회영은 기획위원이 되었다.

항일구국연맹은 행동대로 흑색공포단을 조직했다. 이들은 적 군경기관 및 수송기관의 조사, 파괴, 적 요인 암살, 중국 친일분자 숙청과 배일 선전 활동을 위한 문화기관 동원 계획을 세웠다. 그리하여 먼저, 대일 연약외교를 폈던 장제스蔣介石 정부의 외교부장 왕징웨이汪精衛를 상해에서 암살하고자 화쿤스 등이 기도했으나, 그 부관을 죽이는 데 그치고 말았다. 천진항에 있는 적의 수송 기선과 천진 일본영사관에는 백정기·원심창 등이 폭탄을 투하했다. 복건성 하문에 있는 일본영사관에도 폭탄을 터뜨렸다. 이회영과 정화암은 행동대를 지휘했고, 왕야차오는 재정과 무기 공급의 책임을 맡았다.

왕야차오는 아나키스트라고는 하지만 국민당의 후한민胡漢民·바이충시白崇禧·리쭝런李宗仁 등이 배경인 국민당군 19로군과 깊은 관계를 갖고 있는 정치적 인물이었다. 1932년 2월 상해사변이 일어났을 때 19로군과 장제스의 남경 정부 사이에 균열이 생겼다. 왕야차오는 경계를 게을리하지 않으면서 정화암 등에게 장제스 암살을 제의했으나 뜻대로 되지 않았다. 1932년 5월 장제스 정권에 쫓겨 왕야차오·화쿤스 등은 부득이 홍콩으로 피신하게 되었다.

왕야차오 등이 피신하기 직전인 1932년 4월 29일 윤봉길이 상해 홍구虹口

공원에서 폭탄을 투척하여 일본 육군 대장 시라카와 요시노리白川義則 등을 죽게 한 사건은 중국 관내의 독립운동에 활기를 불어넣었고, 중국 인민과 대일 연약외교를 펴온 장제스 정부에 충격을 주었다. 장제스 정부는 김구 쪽과 김원봉 쪽을 재정적으로 지원하기 시작했다. 이회영도 자극을 받았을 것이다.

| 시사여귀의 심정으로 만주로 |

항일구국연맹이 무력해지자 이회영과 정화암은 1932년 9월 중국 무정부주의운동의 원로인 우즈후이吳雉暉와 리스쩡李石曾 등을 찾았다. 우즈후이와 리스쩡 두 원로는 만주에서 한일 공동전선을 펴게 된다면 중국 정부로서는 재만 한국인에 대한 자치구를 인정해야 하지 않겠느냐고 피력했다. 그리고 장쉐량張學良에게 연락하여 경비와 무기 등의 조달 문제를 알아보고, 또한 장쉐량의 심복으로 만주에 남아 있는 자들에게 비밀 연락을 하는 일을 알선하겠다고 말했다. 이회영에게는 반가운 이야기였다.

10월경 이회영은 항주로 이시영을 찾아가 수일 묵으면서 여러 가지 이야기를 나눴다. 김구·이동녕·김사집 등도 만났다. 그리고 상해로 돌아와 백정기·원심창·박기성·정화암·유자명 등과 상의했다.

이회영은 주위의 만류도 뿌리치고 만주행을 결심했다. 그는 제2의 고향으로 지리에 익숙한 곳이자 친분이 있는 내외국 사람들도 적지 않은 만주에 시급히 연락의 근거지를 만들고, 정보를 수집하며, 사위 장기준을 앞세워 지하조직망을 만들겠다고 밝혔다. 이와 같이 자신이 먼저 가서 전에 못다 한 독립운동의 기초를 닦아놓으면 젊은 동지들이 제2진 제3진으로 들어와 활동할 수 있다는 것이었다. 이회영은 관동군 사령관 무토 아키라武藤章가 온다는 소식을 들었을 때라 그를 암살할 계획을 세우겠다고 말했다. 그

때까지 젊은이들이 일선에 나섰는데 이제 자신이 나설 때가 되었다는 주장이었다.

이회영이 만주행을 결심한 데는 그의 독립운동 역정 및 만주와의 밀접한 관계도 작용했을 것이다. 그는 이석영과 함께 신흥무관학교 설립에 크게 기여하고 헌신했는데, 3·1운동 이후에도 신흥무관학교 졸업생들과 북경 등지에서 접촉했다. 1920년대 초 만주에서 활동하는 신흥무관학교 졸업생, 서로군정서, 통의부 등과 연락을 취하고 있었던 것이다.[1]

위험하니 가지 말라고 동지들이 만류했는데도 사지인 줄 알면서 이회영이 제2의 만주행 결의를 굽히지 않은 것은 '지사는 죽어야 할 곳을 잘 찾아야 한다'는 그의 신조에서 나왔다고 볼 수 있다. 그는 동지들에게 자주 이런 말을 했다.

> 인생으로 이 세상에 나서 누구나 자기의 소기所期하는 목적이 있다. 이 목적을 달성한다면 그보다 더한 행幸은 없을 것이다. 그러나 그 목적을 달성하지 못하였어도 그 목적의 달성을 위하여 노력하다가, 그러니까 남이 보아서 불행하다 할는지는 모르나, 죽을 곳을 얻는 것(死得基所)이 옛부터 행으로 쳤던 것이다.　　　　—이정규, 『우관문존』, 64~65쪽.

그는 여러 동지들이 '죽음을 두려워하지 않고 고향에 돌아가듯이 생각하는(視死如歸)' 담담한 심정으로 사지에 서슴지 않고 들어가 활동했는데, 예순을 넘어 일흔이 얼마 남지 않은 자신이 안전한 곳에서 죽기를 기다리는 것은 동지들한테 부담만 지우는 일이라고 역설했다. 그러면서 자신이 만주행 제1진의 자격이 있다고 설명했다. 늙은이가 허수룩하게 빈한한 차림을 하고 가족을 찾아간다는데 무엇을 의심할 것이며, 뒤져본들 무슨 증거가 나오겠냐고 하면서 자신의 만주행을 관철했다.

정화암은 이회영이 만주행을 강행한 데는 혈육이 그리웠기 때문일 수도 있다고 말했다. 이회영은 백정기 등과 1931년 만주에서 빠져나왔을 적에 사위와 두 딸이 함께 오지 않은 것을 서운해했고, 노인으로서 고독을 느끼는 것 같았다고 기술했다.

유자명·백정기 등 동지들은 만주는 대단히 위험한 곳이 되었으니 아무리 절친한 사람에게라도 만주 간다는 것을 절대로 말하지 말고 극비리에 떠나야 한다고 당부했다. 그러나 이회영은 이번 장도가 마지막이 될지도 모르는데 다른 사람은 몰라도 이석영한테야 어찌 작별을 않고 갈 수가 있겠느냐 하면서 이규창을 데리고 인사드리러 갔다. 이석영은 그와 가장 가깝고 그의 독립운동 기지 건설 계획의 포부를 듣고서 엄청나게 많은 전 재산을 처분하여 신흥무관학교 건립 등 독립운동에 모두 희사하고 노경에 외지에서 무척이나 신고를 겪고 있는 터였다. 만주로 간다고 하니 이석영이 어느 방향이냐고 물었고, 그래서 행선지를 이야기했다. 그 자리에는 임시정부 임시의정원 의원을 역임한 연병호의 조카이자 엄항섭의 처남인 연충렬, 이석영의 차남으로 이규창보다 한 살 위인(1912년생) 규서가 있었다. 둘다 전혀 의심을 살 수 있는 사람이 아니었다.

이회영은 부인 이은숙에게 지금 새 곳으로 떠나니 답장을 하지 말라고 하면서, 그곳에 가서 안정이 되면 편지하겠다는 내용의 짤막한 서한을 보냈다. 그리고 유자명으로부터 리스쩡 등이 만주 각처에 연락할 곳을 알려준 것과 사무 처리 등에 관한 이야기를 다 듣고, 자식 규학에게도 작별을 고했다. 1932년 11월 초 달빛이 환한 밤에 이규창은 황포강 부두로 부친을 모시고 가 상선에 태워드렸다.

| 불굴의 노 투사, 한줌 재가 되다 |

이은숙이 10월 상순에 남편의 짤막한 편지를 받고 불안해하고 있는데, 11월 16일 신경에 있는 이규숙에게서 "오늘 영사관에서 저에게 조사를 하러 왔는데, 아마 아버님께서 저에게로 오시다가 대련수상大連水上경찰에 피착被捉된 것 같으니, 어머님께 조사가 오거든 다른 말씀 마시고 딸이 신경서 산다고만 하세요"라고 쓴 편지를 받았다. 그런데 10월 18일자 『만주일보』는 이회영이 목매 자살했다고 보도했다. 한 신문은 제호를 '대련수상서大連水上署 유치 중 괴怪! 액사縊死한 노인'이라 크게 뽑고, 그 옆에 부제副題 크기의 글씨로 '○○운동의 중대 인물'이라고 하여 네모로 둘러싸 눈에 띄는 기사를 실었다.

지난 17일 새벽 대련수상서 유치장에서 취조 중의 조선 노인 한 명이 감방 창살에 빨랫줄로 목을 매어 자살한 사건이 돌발하여 그날 아침부터 대련수상서는 당황한 빛을 띠어 긴장한 공기에 싸여 있다. 지난 5일 상해로부터 입항한 영국 배 남창호를 수상서에서 임검할 제 수상서 고등계 도코지마床島 특무가 거동이 수상한 4등 선객 한 명을 발견하고 그의 주소 씨명을 물었다. 그는 산동성 제남濟南 사람의 양楊이라는 중국인이라고 하므로 동同 특무는 그의 언어 행동이 중국인으로 간주하기 어려운 데다가 얼마 전부터 상해 천진 방면의 불온 조선인의 책동을 엄하게 하여오던 끝이므로, 즉시 본서로 인치하여 엄중 취조한 결과, 그는 조선 경북 출생의 이환광(67)이라고 자칭하고 중국 각지를 굴러다니며 ○○청년당 기타 불온 조선인과 내왕하던 사실도 있는 것 같아서 중요 인물로 간주하고 계속 취조를 엄중히 하였다. 그 후 취조에도 여전히 중국 내지의 친구들을 방문하였을 뿐이라고 하고, 그 밖에는

대련수상경찰서 자리 이회영은 대련 항구에서 일본 경찰에 체포되었다. 이 건물은 이회영을 체포하여 감금, 고문했던 대련수상경찰서가 있었던 곳이다.

함구불언하였다. 그래서 16일 밤에도 때마침 후쿠다福田 고등계 주임이 당직이었으므로 오후 11시까지 취조한 후 제2호 유치장에 구금하였던 바, 17일 오전 5시 20분경 드디어 전기前記와 같이 자살을 한 것이다.

— 『중앙일보』 1932. 11. 21.

20일 대련 관동청 경무국에서는 모 신문사의 전화 질문에, 목매 자살했다는 『만주일보』 기사는 오보로 생각하며 자살은 없었고 이환광도 이회영도 실제 이름이 아니라며 부인 일색의 답변을 했다.

위 신문 기사는 명백히 사실과 다른 부분이 여러 군데 있다. 우선 지적할 것은 관동청 경무국이나 수상서에서는 11월 16일이나 그 이전에 이회영의 신원을 파악하여 그것을 딸 규숙에게 알려주었는데도 외부에는 신원을 모

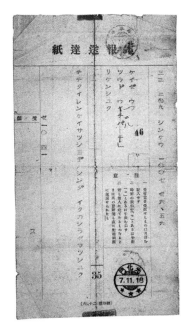

이회영 사망 전보
이규숙이 신경(장춘)에서 "아버님이 대련경찰서에서 돌아가셨음. 갈 것인지 통지 바람."이라고 써서 보낸 전보이다.(출처: 이회영기념관)

른다고 잡아뗐다. 이회영의 사망은 규숙이 어머니와 오빠 규룡 등에게 전하여 신문사에서 역추적하는 방식으로 알려졌다.

고등계 형사가 영국 배 남창호에서 거동이 수상한 사람을 심문하다가 한국인이라는 사실을 알았다는 것도 신빙성이 없다. 일제 관헌은 이미 이회영이 상해에서 대련으로 가는 배를 타고 있었다는 사실을 알고 있었다. 아마 이규숙에게 간다는 것까지도 알고 있었을 가능성이 있다. 이회영이 자결했다는 주장도 신뢰하기 어렵다. 이 부분에 대한 기술은 대개가 비슷한데 이규창은 다음과 같이 썼다.

규숙 누님이 급히 대련경찰서로 가 그놈들에게 사정을 문의하니, 폐일언하고 자결하였으니 화장해서 유해를 가져가라고 위협 공갈까지 하

며, 강제로 시체를 대강 보이고, 중국 의복 대포大袍(타파오)·모자·신발

만을 갖게 하고 안면을 확인시키고 화장해버렸다. 안면을 확인할 때 선

혈이 낭자하였고 대포에 선혈이 많이 묻었었다고 하였다. 왜놈들이 노

인을 때려서 사망케 하고 자결했다고 허위 보도하였기 때문에 …….

— 이규창, 『운명의 여신』, 181쪽.

그 뒤 『중앙일보』(사장 여운형)는 1932년 11월 24일 '우당 이李 노인의 서

거는 사실로 판명'되었다고 4단 크기의 기사를 이회영의 약력과 함께 냈다.

이 신문은 이회영이 누차 경찰의 취조를 당하면서도 한마디 진술과 답변이

없었으며, 사상적으로 불굴 침착한 점에는 취조하는 계원들도 놀랐다고 보

도했다. 약력에 "해아海牙(헤이그) 밀사 음모, 상동예배당 중심 클럽을 안태

국·이동녕·전덕기와 조직"이라고 쓰여 있는 것도 관심을 끈다.

이은숙은 11월 18일 신경으로부터 이회영이 서거했다는 전보를 받았다.

그리하여 18일 당주동 시외가에서 시신도 없는 초종初終을 치르게 되었다.

그날부터 이득년·유진태·이정규·김현국·곽종무·소완규·이기환·홍증

식·박돈서·유창환·신석우·서승효·여운형·여운일 등이 찾아왔다.

이규숙은 대련에서 자신을 만나고자 하는 신문 지국장들과 회견을 하려

고 했으나 일제 관헌의 제지로 하지 못했다. 그리고 강압에 의해 11월 19

일 화장을 한 뒤 22일에 신경으로 모시고 갔다가 규룡과 함께 11월 28일

아침 5시 어둑한 시간에 장단에 도착했다. 박돈서·홍증식·신석우는 평양

까지 마중을 갔고, 여운형·장덕수·변영태·김철중·서승효 등 각계 인사가

장단으로 왔다. 날이 밝으면서 사처내라는 강변 모래사장에 조전弔奠을 진

설하고 모두 슬피 통곡했다. 유해는 개풍군 선영에 안치되었다.

중국에 있는 이회영 동지들은 그의 만주행을 밀고한 밀정을 찾기 시작

했다. 임시정부의 안공근이 찾아낸 정보에 따르면, 이회영이 이석영에게 작별 인사를 할 때 곁에 있었던 연충렬과 이규서가 범인이었다. 상해거류민회 회장 이용로가 빈곤한 청년들을 금전 등으로 유혹하여 구렁텅이로 끌고 간 것이다. 만주에서 태어나 자랐다고 해도 유년 시절을 편안히 보냈기 때문에 이규서는 한층 더 궁핍에 마음이 약했을 것이다.

1933년 이규창이, 합니하에서 태어나 같이 자란 이규서와 연충렬 두 사람을 유자명이 교편을 잡고 있는 남상입달농촌학원南翔立達農村學園에 가도록 유도했고, 백정기·엄순봉 등이 두 사람으로부터 자백을 받아내고 처단했다. 이규창이 규서의 형 규준과 함께 변절한 한국인이나 밀정 등을 처단하는 다물단원으로 활동했던 둘째 형 규학에게 두 청년의 행위가 사실로 판명되어 조치했다고 이야기하니, 규학은 낙루하며 장탄식만 했다.

3) 이석영(1855~1934)

여기에 쓰는 이석영 관련 내용은 거의 전적으로 이관직의 기록에 의존했다. 1936년 중국 관내에서 발간된 『한민韓民』 3호에서 한 기자는 신흥무관학교의 유일한 공로자는 이석영이라고 평한 바 있다. 이석영은 영의정 이유원의 양자로 들어가 한때 부유하고 호화로운 생활을 했으나, 이회영의 서간도 독립운동 기지 건설 제안에 흔쾌히 동의하여 서울 근교 양주군 일대의 엄청난 재산을 처분하여 신흥무관학교의 건립과 유지에 전부 사용하도록 내놓았다. 그뿐만 아니라 많은 지사들을 뒷바라지하였다. 이동녕에게는 집과 땅을 사주는 등 그의 만주 생활비를 전담하다시피 했다. 한말 이래 이회영이 공익을 위한 자금을 요청하면, 많고 적음을 따지지 않고 제공했다. 한말에 큰 재산을 가진 권문세족이 많았지만 독립운동에 거금을 내놓은 사람은 이석영이 유일했다.

이석영은 충절인忠節人으로서, 일제가 한국을 강점하매 이회영과 한마음 한뜻이 되어 대의를 지키는 데 한 치도 어긋남이 없었다. 그는 곧잘 전국시대 제齊나라 사람 노중련魯仲連을 높이 평가했다. 노중련은 조趙와 위魏의 왕에게 진왕秦王이 제帝를 칭하려 하는 것을 반대하도록 주장했던 의로운 선비였는데, 후에 일이 뜻대로 되지 않자 동해에 와서 달을 즐기며 높은 절개를 지켰다고 한다. 의로운 선비를 높이 평가한 이석영답게 그 자신도 전재산을 독립운동에 내놨기 때문에 만주에 온 지 얼마 되지 않아서부터 곤궁하게 살았다.

서간도 합니하에서 그의 재산은 공적 사적으로 모두 소비되었다. 1920년 봄부터 그해 연말까지 일제 관헌과 관동군이 침입하여 탄압과 대규모 학살을 자행하자 이석영은 다른 지사, 활동가들과 함께 합니하를 뜨지 않을 수 없었다. 봉천·천진·북경·상해로 부평초처럼 떠돌아다녔으나 그를 돌보는 이는 거의 없었다. 다물단을 이끌었던 장남 규준이 북경 부근의 석가장에서 요절하여(1897~1928 추정) 그의 신세는 한층 악화되었다. 고령에 간난신고에서 헤어나지 못했던 이석영이 중병에 걸리자 막냇동생 호영이 봉천으로 달려와 그를 모시고 가 국내 병원에 입원시켰다. 병이 회복되어 아우 집에서 휴양하고 있을 때 이석영은 아우에게 이렇게 하소연했다.

내가 전에 나라를 떠날 때는 고국 강산을 다시 보지 못할 줄로 생각하였다가 오늘에 와서 의외로 귀국하게 되어 강산을 다시 보니 실로 희비가 교감하는구나. 지난날 내가 천하의 선비 노중련의 높은 의기를 품고 나라를 떠났었는데, 이제 인간고人間苦로 인하여 큰 뜻을 바꾼다면 어찌 부끄럽지 않겠는가, 나는 중국으로 다시 나가고자 하니 나의 뜻을 이해하고 차비를 대다오.

그러나 이석영은 거절의 답변을 들었다.

> 형님께서는 한강 후미진 곳에 종적을 숨기고 은거하셔서 세상의 시비
> 와 영고榮枯를 불문하시고 세상 밖의 한가한 몸이 되어 조용히 노년을
> 지내시면 이 또한 의사의 높은 뜻인 줄로 생각하오니, 나라를 떠나겠다
> 는 말씀을 다시는 하지 말아주십시오. 형님께서는 팔순 고령이신데 또
> 다시 중국에 가시면 만고풍상을 어떻게 견뎌내시겠습니까? 차비는 절
> 대로 드릴 수 없습니다.

이석영은 어쩌지 못하고 침울하게 나날을 보내다가 금강산을 탐승하고
자 하니 여비를 얼마쯤 달라고 했다. 그는 아우로부터 500금을 받아서 봉
천행 기차를 탔고, 상해까지 갔다. 그곳에서 유리 표박하는 생활을 했는데,
초췌한 늙은 모습은 보고 들을 수 없을 지경이었다. 기아선상에서 두부 비
지로 연명하다가 세상을 하직했다.

그의 말년을 한층 비극적으로 만든 것은 굶주림만이 아니었다. 그가 가
장 신뢰하고 마음이 통했던, 그래서 엄청난 전 재산을 처분하여 압록강을
건너게 하는 데 결정적 역할을 하게 한 넷째 아우 회영을 사지로 몰아넣게
한 이가 빈곤 때문에 유혹에 넘어간 자신의 하나 남은, 곁에 있는 아들이었
다. 그는 57세에 얻은 규서가 죽은 그날까지 사촌들과 함께 열심히 독립운
동을 하고 있는 줄로 믿고 있었다. 이규창이 규서 등을 데리고 나갈 때도
독립운동 문제를 상의하자고 했던 것이다. 그런데 그 아들이 조카가 포함
된 남화한인청년연맹원들에게 처단되었음을 알았을 때, 고결한 선비의 뜻

이석영광장과 REMEMBER 1910 남양주 지역 출신의 이석영을 비롯해 그 6형제를 기억하고 추모하는 공간으로, 경기도 남양주시 금곡동에 소재한다. 서울 종로구에 있는 이회영기념 관과 함께 이석영·이회영 6형제의 독립정신과 노블레스 오블리주 정신을 기리고 있다.(출처: 남양주시청)

을 지고의 가치로 알았던 이석영의 심정은 과연 어떠했을까. 가슴이 찢어질 듯했다는 말로도 충분하지 않은 것 같다. 그토록 처절한 고통을 팔순 노인에게 안겨주다니! 한때, 이규서의 죽음으로 이석영의 자손은 끊긴 것으로 잘못 알려졌다. 그러나 이규준은 세 딸을 두었고 큰딸은 1929년 상해에서 안창호의 주례로 혼인식을 가졌다. 세 딸 모두 자녀를 두었다.

『한민』 3호에 실린 기사에서 이석영이 2년 전에 상해에서 굶어 죽었다고 했으니, 1934년경에 서거한 것으로 추측된다. 김구는 그의 서거 소식을 듣고 동지들에게서 수백 금의 돈을 모아 장례비로 내놓았다.

| 백세청풍百世淸風 만고의인萬古義人 |

조정과 선비들로부터 현사 대부賢士大夫라는 평을 들었던 이석영의 사고는 이회영과 달리 중세적인 것으로 볼 수도 있다. 또한 오늘날처럼 편안하게 살려고만 하는 풍조에서는 그의 행적이 도저히 이해하기 힘들 뿐만 아니라 상상하기도 어려울 것이다. 사고방식이나 행적이 근대적이지 못하다고 해서 이석영의 삶이 훼손되는 것은 아니다. 더군다나 이석영과 같은 삶을 산 사람이 드문 한국 사회에서 그의 생은 분명히 존경할 가치가 있다. 천품이 온후하다고 알려진 그는 큰 것을 볼 줄 알았고, 인간 세상에 이렇게 사는 삶도 있을 수 있다는 예를 보여주었다. 이완용·송병준 등 이석영 못지않게 재산이 많았던 동시대 권문들의 부귀도 아침 이슬처럼 사라지고 남은 것은 더러운 이름밖에 더 있는가. 아우 회영은 싸우다 죽을 만한 곳을 찾아 만주로 떠났고, 형 석영은 망국의 대부는 이국에서 굶어 죽음으로써 대의를 지켜야 한다고 믿었다. 이상재는 이들 6형제에 대하여 다음과 같이 평했다.

> 동서 역사상에 나라가 망할 때 망명한 충신 의사가 비백비천非百非千이지만, 우당 군과 같이 6형제 가족 40여 인이 한마음으로 결의하고 일제 거국한 사실은 예전에도 지금에도 없는 일이다. 그 미거美擧를 두고 볼 때 우당은 이른바 유시형有是兄이요, 유시제有是弟로구나. 진실로 6인의 절의는 백세청풍이 되고, 우리 동포의 절호 모범이 되리라 믿는다.
> ─이상재, 「전무후무한 백세청풍의 절의」, 『우당 이회영 약전』, 을유문화사, 1985, 183쪽.

우당 6형제의 고초나 말년을 비극적으로 보는 눈도 적지 않다. 이석영은 '고절'을 지키기 위해서, 이회영은 적극 항일투쟁으로 최후를 마감하기 위해 결단을 내려 죽을 곳을 찾았지만, 적지 않은 일반 사람들에게 그들의 죽음은 비극으로 보였다.

여러 형제의 죽음 가운데서도 특히 막내인 여섯째의 죽음은 처절했다.

맏형 건영은 1926년 장남 규룡(우당의 장남으로 양자로 들어감)과 함께 국내로 돌아와 경기도 장단에 살았으며, 둘째보다 오래 살았다(1853~1940). 셋째 철영은 환갑 이듬해인 1924년에 세 아들을 데리고 귀국하여 장단에서 살다가 다음 해에 서거했다(1863~1925). 막내 호영은 둘째 형의 중국행을 만류하다가 그 자신도 다시 중국으로 들어갔다. 그러한 그가 1933년 북경에서 두 아들 규황, 규린과 함께 아무런 자취도 남기지 않고 서거했다(1875~1933). 호영은 다물단 단원이기도 했는데, 넷째 형 회영의 죽음과 그 죽음에 따른 조카 규서의 죽음으로 너무 큰 충격을 받았기 때문에 두 아들과 함께 목숨을 끊은 것일까. 막내 집안은 삼부자의 죽음으로 자손이 완전히 끊어졌다.

4) 이시영(1869~1953)

우당 6형제 중 해방 후까지 살았던 이는 다섯째 이시영 한 사람이었다. 한말에 고위직에 있었던 그는 초대 부통령도 역임했다.

1910년 말 압록강을 건너 만주 삼원포 추가가로 갔던 6형제 중 유일한 생존자이자 중경임시정부 국무위원으로서 이시영은 1945년 11월 23일 미군 수송기로 중경임시정부 주석 김구, 부주석 김규식과 함께 임시정부 요인 환국 제1진으로 김포 비행장에 도착했다. 당시 이시영은 76세로 독립운동 지도자 중 최고령에 속했다.

이시영 등은 신흥무관학교 부활위원회를 조직하고 1947년에 신흥전문학원을 설립했다. 신흥전문학원은 1949년에 신흥대학으로 발돋움했으나(초대학장 이규봉, 이시영의 장남), 한국전쟁이 발발한 후 부산 피란지에서 운영진이 바뀌더니 경희대학교가 되고 말았다.

이시영(1869~1953) 1948년 7월 20일 제헌국회에서 실시된 정·부통령 선거에서 이시영이 초대 부통령에 선출된 뒤 7월 24일에 취임 연설을 하는 모습이다.

1948년 5·10 남한 총선거가 치러지고, 7월 17일 헌법이 공포된 직후 정·부통령 선거에 들어갔다. 이시영은 대통령에 이승만, 부통령에 김구, 국무총리에 조소앙이 되어야 한다고 생각했다. 그는 중경임시정부 요인으로 귀국 직후에는 김구 쪽에 가까웠으나 차츰 거리가 생겼고, 이승만 쪽에서 생활비를 대주다시피하면서 그쪽으로 기울었다고 한다. 그렇지만 새 정부의 정·부통령은 국민의 폭넓은 지지가 필요하다고 생각하여 자신은 그 자리를 사양하고 김구를 내세웠던 것이다.

7월 20일 제헌국회에서 실시된 정·부통령 선거에서 독립촉성국민회와 한민당은 상징적인 인물로 무난하다고 생각한 이시영을 부통령으로 선출하고자 했다. 중도민족주의적 성향의 무소속구락부는 부통령에 김구, 국무총리에 조소앙이 되어야 한다고 판단하여(이들 일부는 대통령으로 한때 서재필을 추대했다) 김구 자신의 반대에도 불구하고 그를 부통령으로 선출하고자 했다. 이승만은 엉뚱하게도 북에 억류되어 있는 조만식이 부통령이 되어야 한다고 주장했다. 선거 결과는 뻔했다. 1차에서 재석 198명 중 이시영 113표, 김구 65표, 조만식 10표가 나와 어느 누구도 당선 득표수인 3분의 2를 충족하지 못했다. 그리하여 2차 투표에서 133표를 얻은 이시영이 부통령에 선출되었다(이때 김구는 62표를 얻었다).

| 국민에게 고함 |

이승만과 이시영은 초대 내각을 구성할 때부터 불화했다. 이시영은 이승만이 자신의 의견을 듣지 않고 독단적으로 국무위원을 임명한 데 반발했다. 분단 등 민족적 위기에 거국내각을 구성하여 원만한 정부를 수립해야 한다는 제안을 무시하고 내각을 이승만 측근으로 채워 편파적으로 구성한 것이다. 이승만이 이시영의 저택을 내방하여 회유하려고 하자, 이시영은 그의 내방 직전에 돌연 수원으로 내려갔다. 신문에는 이시영이 부통령직 사의를 표명할지도 모른다는 기사가 실렸다. 그 뒤에도 이시영과 이승만은 여러 차례 견해 차이를 보였다.

이시영과 이승만의 불화는 한국전쟁 중에 극도로 심해졌다. 1951년 2월 거창양민학살 사건이 벌어진 뒤, '지당장관' '낙루장관'으로 알려진 신성모 국방부장관은 3월 30일 국회에서, 700여 명의 주민이 학살되었는데도 "187명이 공비들에게 협력했기 때문에 처형하였다"고 허위 보고했다. 이승만 또한 공보처를 통해 4월 24일 신성모의 보고와 비슷한 내용의 담화를 발표했다.

거창양민학살 사건 이상으로 이시영 부통령을 격분케 한 사건이 국민방위군 사건이었다. 1950년 12월에서 1951년 초까지 국민방위군이 남하할 때 수만 명이 아사·동사한 것으로 알려졌는데, 엎친 데 덮친 격으로 방위군 간부들이 예산을 횡령하여 일부를 친여 정치세력에게 상납하는 등 방위군 부정 사건까지 터졌다. 그러나 재판에 회부된 방위군 간부들은 5월 초 경형을 선고받았을 뿐이었다.

이시영 부통령은 더 이상 좌시할 수 없었다. 그는 5월 9일 「국민에게 고함」이라는 글을 발표하고 국회에 부통령직 사임서를 제출했다. 이시영의 사임서 제출로 여론이 한층 격앙되자 미봉책으로는 사태를 수습할 수 없게 된 이승만이 이기붕을 국방부장관에 임명했다. 신임 이 장관은 국민방위군 재판부를 새로 구성했고, 7월 국민방위군 사령관 김윤근 등 5명이 사형선고를 받고 형이 집행되었다. 거창양민학살 사건도 7월에 군법회의가 열렸다. 이시영이 이승만의 실정, 무능, 부패를 맹렬히 비판한 「국민에게 고함」에서 언급한 '시위소찬尸位素餐(직책을 다하지 못하면서 한갓 자리만 차지하고 녹만 받는 일)'은 널리 사람들 입에 오르내렸다.

부통령을 사임한 이시영은 1952년 이승만이 장기 집권을 도모하면서 일어난 부산정치파동 때 김창숙, 민국당과 함께 반독재 투쟁에 나섰다. 그해 발췌개헌안이 기립 표결로 통과되자, 대통령 후보로 출마한 조봉암과 숙적 관계인 민국당의 권유로 83세의 고령인데도 대통령 후보로 나서기도 했다.

이시영은 1953년 4월 17일 2개월의 병고 끝에 84세로 서거했다. 4월 24일 국민장이 거행되고 정릉에 안장되었다가 1964년 수유리 묘소로 이장되었다.

2. 인생은 다할 때가 있는 것

1) 이상룡(1858~1932)

1931년 일제의 9·18만주침략은 독립군의 활동에 큰 변화를 요구했다. 만주의 독립운동자들은 남아서 계속 투쟁할 것이냐, 싸우면서 산해관 안, 곧 중국 관내로 활동 근거지를 옮길 것이냐의 갈림길에 서게 되었다. 그즈음에 많은 독립운동자들이 희생되었다. 9·18사변 발발 직후 김동삼이 피체되었다. 다음 해인 1932년에는 이회영이 대련에서 서거했는데, 그해에 이회영·김동삼과 함께 신흥무관학교를 설립하고 키우는 데 전심전력을 기울였던 이상룡·여준·이장녕도 서거했다. 서간도 독립운동 기지 건설운동에서 중요한 위치에 있던 인물들이 일제의 만주 침략 다음 해에 서거한 것은 우연의 일치일까. 그렇지는 않을 것이다.

이장녕은 일제가 9·18사변을 일으키자 홍진·지청천·황학수·신숙 등과 함께 일제와 싸울 계획을 세우고 중국 관내로 이동하려고 했는데, 1932년 1월 24일 일제의 사주를 받은 중국 토비에게 살해되었다. 향년 51세였다 (1881~1932).

여준의 죽음에 대해서는 이설이 있다. 『대한민국 독립운동공훈사』에는 중국군에게 모진 매를 맞고 장백산록에서 요양하다가 별세한 것으로 기록되어 있다.

허은은 여준의 서거에 대해 두 가지 설을 소개했다. 하나는 이상룡이 들은 얘기로, 오상현에서 여준과 이장녕이 중국 군벌에게 총살당했다는 것이다. 허은은 그보다는 나중에 자신이 들은 이야기를 더 신뢰했다. 여준의 아들은 허은의 남편 이병화와 동갑이었는데, 중국군이 그 아들을 잡아가자

"저거 하나밖에 없는 것 죽이면 나도 죽는다"고 소리치며 집에 불을 질러 안팎 노인이 다 불에 타 죽었다는 것이다. 시당 여준은 장가간 첫날밤 처음 본 색시가 바보 같아서 돌아 나오려다가 그래도 영 버려버리면 안 될 것 같아 하룻밤 잔 것이 아들을 갖게 된 연유였다고 한다. 여운달이라는 이름의 그 아들은 어머니를 닮았는지 귀도 약간 먹고 좀 모자라서 돌아보지 않았는데, 나중에 여준은 부인과 아들을 불러들여 함께 살았다. 여준은 1906년 북간도에 서전서숙이 세워졌을 때부터 교사로 활동하며 민족운동을 전개하여 신흥무관학교 학생들에게도 여러 가지로 인상이 깊이 남아 있었다. 이회영보다 다섯 살 위니, 70세에 서거했다(1862~1932).

이상룡은 일제의 만주 침략에 울분을 금치 못하였고 실의에 빠지기도 한 것 같다. 이준형은 장춘·길림이 일본군에 함락당할 때 마침 한인 지사들이 길림에서 회의를 하다가 이 변을 듣고 흩어지자 부친이 답답하고 근심하고 분개하여 잠을 자지 못하는 병환을 얻어 병상에 눕게 되었다고 기술했다.

이상룡이 분개하고 답답해했던 데는 중국 퇴병退兵들의 행패도 심각했기 때문이었다. 그들은 길림성 등이 함락되자 일본군에 쫓기면서도 전보다 더 기승을 부리며 횡포한 짓을 하였다. 한번은 퇴병들이 허은의 목에 총을 겨누고 돈을 내놓으로고 했다. 이준형이 며느리를 끌어안고 "죽어도 같이 죽어야지, 너만 죽일 수 없다"고 소리칠 때 위기감을 느낀 허은은 허리춤에 숨겨두었던 은다양이라는 돈을 내놓았다. 20원이라는 큰돈이었다. 퇴병들이 시아버지를 몽둥이로 치자 허은은 두말 않고 길림 관표(당시 통용되던 화폐)를 묻어두었던 말똥동이를 파내서 다 갖다주었다.

이병화도 죽을 뻔했다. 추석 때 수백의 퇴병들이 들이닥쳐, 다가오는 추위를 막기 위해 사다리 위에서 토담에 흙을 바르던 이병화를 끌어내고는 목을 천장 대들보에다 매달았다. 그러고는 "너희가 왜 일본을 끌어들여 우리나라를 뺏기게 하느냐" "우리도 너희들을 죽이겠다"고 소리를 질렀다. 아찔한 순간이었다. 그때 금테 두른 안경을 쓴 사람이 쫓아와 "이 집은 그러지 말라. 조선 독립운동 하는 집이니 우리가 해칠 수 없다"고 말하여 겨우 군인들이 풀어줘서 위기를 모면했다. 하마터면 꼼짝없이 죽을 뻔했다.

| 여준·이장녕 죽음의 충격 |

이상룡을 병상에 눕게 하고 운명을 재촉한 것은 여준과 이장녕이 살해당했다는 소식이었다고 손자며느리 허은이 말했는데, 이는 거의 사실 그대로일 것이다. 이장녕은 신흥무관학교를 설립했을 때부터 같이 일했다. 여준은 오산학교에 있다가 약간 늦게 오기는 했지만 자신의 후임으로 신흥무관학교 교장을 맡았고, 서로군정서에서는 독판과 부독판의 지위에 있으면서 둘도 없는 동지로 지냈다. 그러한 동지가 살해당했으니 큰 충격이 아닐 수 없었다.

독립운동 기지 건설운동자들은 일본이 중국, 러시아 또는 미국과 전쟁을 일으키기를 고대해 마지않았다. 그러나 제1차 세계대전에서 그러한 기대가 실현되지 않자 제2군영으로 백서농장을 건설했다. 3·1운동 이후 서간도 지방에서 분위기가 격앙되면서 직접 투쟁을 전개하자는 목소리가 높아졌을 때 이상룡 등은 신중론을 폈다. 1921~1922년 이후 이상룡·여준 등은 장기적 전망 속에 둔전제를 계획했고, 그것의 일환으로 검성학장을 설립했다.

만주사변이 일어난 것은 그토록 기다려왔던 일본과 중국이 앞이 보이지 않는 끝없는 전쟁으로 말려 들어가는 시작으로 볼 수 있었다. 그러나 만주에서는 관동군이 득세하고 있었고, 독립운동자들은 생존의 위기에 몰리게 되었다. 이러한 상황에서 둘도 없는 동지이자 후배인 여준과 이장녕이 비극적으로 죽은 것에 대해 이상룡이 억장이 무너지는 것 같은 심리적 타격을 받았으리라는 점은 충분히 가늠된다.

그들의 죽음은 그 자신이 압록강을 건널 때의 포부가 무너지는 것과 같았을 것이다. 독립은 더 멀게 느껴지고 일제는 승승장구하니, 참으로 답답하고 분개하지 않을 수 없었으리라. 여준도 일흔 노인이었지만, 이상룡은 여준보다 4년 위였다. 고령의 나이로 젊은이들처럼 현장에 나가 앞장서서 독립투쟁을 전개한다는 것은 어려운 일이었다. 그는 여준과 이장녕이 살해당했다는 소식에 이제는 자신도 죽을 때가 되었다고 생각하지 않았을까.

여준·이장녕의 소식을 접한 이후 이상룡은 곡기를 끊고 냉수만 들었다. 손자며느리가 미음을 한 공기 끓여서 아무리 권해도 조금도 들지 않았다. 이렇게 되니 집안사람 모두가 제정신이 아니었다.

가족들은 같은 동네에 사는 중국인 유지 장유청에게 할아버지의 우환이 날로 깊고 중국 군인들의 작폐는 심해지니 피신할 곳을 주선해달라고 부탁했다. 그리하여 산중에 숯 굽는 집을 소개받아 갔다. 이상룡은 그곳에서 논 옆의 못에 낚시를 드리웠다가 날이 어둑해져서야 돌아왔다. 한 달이 지나도 병환에 차도는 보이지 않는데, 만약 일을 당하면 사람들이 찾아오는 것이 문제였다. 할 수 없이 산에서 다시 집으로 모시고 내려온 지 닷새 만에 이상룡은 별세했다.

| '변장운동'에 맺힌 한 |

이상룡이 병중이라는 소식을 듣고 안동에서 기독교 장로인 아우 이상동이 왔다. 그는 문중에서 이상룡 가족이 귀국할 여비 등 300원을 마련해주어 환국을 권하러 온 것이다. 이상동이 형의 손을 잡고 "이렇게 고생하실 줄 알았으면 왜 여기 나왔겠습니까?" 하면서 귀국을 권하자, 이상룡은 손을 획 뿌리치면서 이렇게 말했다. "나 죽기 전에는 여기를 못 떠난다. 일을 이

이상룡의 유품 왼쪽은 김규식이 이상룡에게 선물한 지팡이(석주용장)이고, 오른쪽은 이상룡이 만주에서 활동했을 당시 문서 작성에 사용했던 벼루인 매화연이다.

렇게 벌여놓고 나만 들어갈 수 없다. 씨나 떨어뜨리게 나 죽고나거든 남은 가족들은 들어가게 하겠다."

이상룡다운 대답이었다. 하얼빈에 사는 둘째 아우 봉희도 왔다. 역시 귀국을 간곡히 권했으나, 안 간다는 말뿐이었다. 그는 아우들에게 담담하게 자신의 심사를 토로했다.

> 인생은 다할 때가 있는 것이니 무슨 개의할 것이 있겠는가. 다만 피에 맺힌 한을 풀지 못하였으니, 장차 어떻게 선조의 영혼에게 사죄하겠는가.

이진산이 와서 "국사가 참으로 어려운데, 선생은 어떻게 가르쳐주시렵니까" 하고 물었다. 이상룡은 군들은 외세 때문에 스스로 기운을 잃지 말고 더욱더 힘써 노력하여 노부老夫가 죽음에 임해서 바라는 바를 저버리지 말아달라고 당부했다. 일제가 만주를 침략하면서 승승장구하는 기세를 보이고 있지만, 그러한 것에 의기소침하지 말고 투지를 더욱 키워 잘 싸워달라는 유언이었다. 그는 아들 준형에게 "내가 항상 중국복을 입고 있는 것은 그 중국에 동정을 얻기 위한 것이었지 좋아서 입은 것은 아니다"라는 말도 했다.

1911년 압록강을 건너 서간도에 올 때까지의 과정을 쓴 「서사록西徙錄」에서 기자가 동래하여 단군이 피신했다는 주장을 논박하여, 단군의 혈통이 북부여·동부여·졸본부여 등으로 3천 년간 끊임없이 이어져왔는데, 한국의 사가들이 견식이 없어 망령되게 노예근성으로 중국의 거국지신去國之臣을 대동방의 창업지조로 둔갑시켜 사당을 세우고 묘를 수리하여 모신 지가 오래되었다고 비판했다. 그러한 그가 서간도로 온 이후에는 그 지역을 독립운동의 근거지로 만들고자 하루속히 변장운동으로 '중국인화' 되어야겠다고 판단하고, 언어를 익히고 의복도 바꾸었을 뿐만 아니라 역사까지도 변작한 바 있다. 그리하여 중국 관리들에게 보낸 글에서 기자동래설을 적극적으로 평가해주고, 중국은 원조遠祖의 나라이며 한국은 근조近祖의 나라라고도 썼다. 나아가 중화와 조선이 강역은 비록 다르나 기성箕聖(기자)이 동쪽으로 온 이래 관계가 자별했으며, 2천만 한국인이 중국인의 전설상 조상인 황제黃帝로부터 같이 나왔으니 중국은 우리의 종국宗國이라고 견강부회까지 하면서, 한국인을 중국인과 같이 입적시켜 토지 등을 매매할 수 있게 해달라고 요청했다.

임종을 맞아 아들에게 "내가 항상 중국복을 입고 있는 것은 중국의 동정을 얻기 위함이었지 좋아서 입은 것이 아니다"라고 토로한 것은, 자주적 기상이 유난히 강했던 이상룡이 독립운동을 위하여 그것을 꾹 누르고 얼마나 참아왔으며, 그리하여 그 부분이 수십 년간 얼마나 가슴에 깊이 맺혀 있었는지를 뚜렷이 알려준다. 더군다나 역사는 국민의 정신을 기르는 것이라고 누차 강조하면서 신흥무관학교 등에서 역사를 가르쳐온 인물이 중국인 관리에게 그러한 자신의 역사관에 정면 배치되는 주장을 내세우면서 절실히 필요했던 동등 대우를 요구했을 때 그의 가슴에 맺힌 것이 얼마나 크고 답답했을까는 충분히 짐작할 수 있다.

이상룡이 아들 손자 등 가족들 앞에서 한 유언은 다음과 같다.

> 국토를 회복하기 전에는 내 해골을 고국에 싣고 들어가서는 안 되니, 우선 이곳에 묻어두고서 기다리도록 하라.

이진산은 이상룡이 임종할 때 대성통곡했다.

> 선생님, 선생님! 광복사업은 누구에게 맡기고 가십니까? 통화현, 회인현, 영춘원 양쪽 70리 높은 재를 넘으실 때 기력이 좋으시어 독립사업 꼭 성공하리라 믿었습니다.

석주 이상룡은 1932년 음력 5월 12일, 양력으로 6월 15일에 길림성 서란현에서 서거했다. 향년 74세였다.

| 지켜지지 못할 뻔한 유언 |

이상룡의 유언은 지켜지지 못할 뻔했다. 가족들은 유해를 모시고 귀국하여 안동에서 장사를 치르려고 관을 짠 뒤 입관하여 조그마한 산봉우리에 가매장했다. 초종을 치르는데 외상으로 수의를 장만했다. 세상이 어지럽고 무섭다 보니 문상객도 밤에만 왔다.

임종 엿새 후 이준형 가족은 환국을 서둘렀다. 일행은 70여 명이었다. 함께 따라서 귀국하겠다는 동네 사람들이 합류했기 때문이다. 긴 행렬을 들킬까봐 망을 보며 가는데, 수백 명의 중국인 퇴병이 나타나 더 이상 못 가게 가로막았다. 그들은 "일본인을 왜 끌어들였느냐"며 관을 뜯으려 했다. 죽은 시체도 거짓말이고 관 속에 돈이 있다는 것이었다. 돈 될 만한 것을 주면서 사정했지만 듣지 않아 할 수 없이 집으로 되돌아왔다.

가족들은 광복된 조국 땅에 다시 모시기를 기약하면서 초상을 치렀다. 놋그릇·쟁반·접시 등 생활용품 14점도 산소 앞에 묻어드렸다. 저세상에서도 살 수 있도록 생활 용구를 같이 묻어주는 중국 풍습을 따른 것이었다.

이병화가 보름간 묘를 지키며 시묘살이를 했다. 허은은 독립 전에는 한국에 결코 안 들어가겠다는 어른의 관을 모시고 나갔다가 쫓겨서 도로 돌아와 그곳 땅에 묻히는 것을 보고 '이 어른 무슨 영靈이 있기는 있는 모양이야'라고 생각했다고 한다.

다시 귀국하는데 그만 서류들을 묶은 상자들을 가져오지 못했다. 귀중한 역사적 자료가 사라진 것이다. 다만 이준형이 삼복더위에도 이상룡의 글을 모아놓은 원고인 책 두 권을 가슴에 품고 가지고 왔다. 그것을 대단히 뛰어난 기억력을 지닌 이준형이 필사를 해두었고 1973년 고려대학교에서 『석주유고石洲遺稿』라는 제목을 붙여 영인본으로 출판했다(권두 화보 참조).

이준형 가족 등 일행 약 70명은 전과 비슷하게 패잔병을 만날지 몰라 낮에는 풀숲에 숨죽이고 있다가 밤에만 망을 보면서 길림을 향해 걸었다. 이병화는 할머니를 업고, 허은은 둘째 아들을 업고, 걷기가 무척이나 힘든 밤길을 밤새도록 걸었다. 사흘 동안 걸어 길림 삼가자에 도착하여 정신없이 너댓새 동안 누워 지내다가 다시 일어났다.

중국 땅을 마지막 밟는 순간이 임박했을 때 이상룡 부인은 무면도강의 이 길을 어찌 가겠느냐고 비통해했다. 허은은 고향을 등지고 강 건너 갈 때도 체면이 없더니, 광복 성공 못하고 돌아가신 어른 유해도 못 모시고 다시

강을 건너게 되니 체면이 정말 말이 아니라고 느꼈다. 일제의 등쌀에 못 이겨 허은 일가는 1915년 고향을 뜰 때 밤중에 도망치듯이 마을을 등졌었다.

이상룡의 둘째 아우 이봉희는 삼가자까지 함께 와서 돌봐주었는데, 신경(新京, 장춘長春)역에서 하얼빈으로 되돌아갔다. 이 세상에서 살아 다시 만날 것 같지 않다고 말하며 자꾸만 되돌아보았는데, 실제 그렇게 되었다. 그는 이상룡 별세 5년 후에 서거했다(1868~1937).

이준형 일행은 계속 기차를 타고 길림에서 신경을 거쳐 봉천으로, 그곳을 지나 압록강을 건너고 신의주를 거쳐 서울에 도착했다. 서울에 온 지 사흘 만인 음력 6월 16일 삼복염천에 고향으로 떠났다. 종중 문장門長은 대전까지, 종중 어른은 김천까지, 청년들은 예천까지 마중 나왔다. 안동역에는 100여 명의 족친이 기다리고 있었다. 이준형 일행의 서울 도착 소식을 일본 경찰이 알려주어 마중 나온 것이었다.

안동 임청각에서 제구를 제사상에 배설하고 상복을 갖춰 입고 반혼返魂 제사를 올렸다. 이상룡의 허위虛位를 모셔놓고 모두 다 슬피 울었다. 피차 깊은 원한들이 쌓여 있어서 큰소리로 통곡했다.

이상룡의 유해는 1937년 이봉희의 아들 광민이 하얼빈 부근 취원창으로 이장하여 표석을 세웠다. 그곳에는 이광민의 부친, 이상룡의 오촌인 이승화의 묘도 함께 있었다. 이들 세 명의 유해에 이광민의 유해까지 더하여 4구의 유해가 1990년 대전 국립묘지에 묻혔다. 이후 이상룡은 1996년 서울 동작구 국립묘지 임시정부 요인 묘역에 안장되었다.

2) 김동삼(1878~1937)

1931년 일제의 만주 침략 얼마 후 피체되어 하얼빈 영사관 면회실에서

김동삼 1931년에 체포되어 국내로 압송된 뒤 1936년 경성형무소에서 촬영된 모습이다. 서거하기 1년 전이다.(출처: 국사편찬위원회)

가족들과 마지막 상면을 한 김동삼은 10년형을 선고받고 서울 마포형무소에서 복역 중이던 1933년 가을, 한 장의 가족사진을 받았다. 김동삼이 형무소에서 가족의 안부와 새로 출생한 손자에 대한 애정 어린 편지를 보내자, 여비가 없어 서울로 면회를 갈 수 없는 형편이었기 때문에 가족사진을 찍어 보냈던 것이다. 김동삼의 부인, 아들 형제 내외와 영고탑에서 출생한 딸, 큰아들이 낳은 삼남매와 둘째 아들이 낳은 딸 등 열 명이 함께 찍은 사진이었다.(이 책 385쪽 사진 참조) 김동삼이 빠져 있지만, 김동삼 가족이 처음이자 마지막으로 찍은 가족사진이었다. 이 사진과 함께 큰아들의 둘째 아들과 작은아들의 딸 이름도 지어달라는 부탁에 중생, 귀생이라는 이름을 지어 보냈다. 큰손자의 이름인 장생도 그러했지만, 간난신고를 겪으며 형극의 길만 걸어온 김동삼으로서는 손자 손녀들만이라도 오래도록 귀염받

고 잘살라고 그와 같이 이름 붙여준 것이다. 일송一松이라는 호답게 한 번
도 쉬거나 외눈을 팔지 않고 꿋꿋하게 살았고 '만주의 호랑이'라는 별명이
붙은 독립투사 김동삼이지만, 가족에 대한 애정만은, 그리고 그 가족들이
평화롭게 잘살았으면 하는 소망만은 여느 아버지와 똑같은 마음이었다.

가족사진을 김동삼에게 보낸 다음 해 이해동 가족은 취원창으로 이사하
여 비교적 안온한 생활을 보냈으나, 1945년 해방 전후와 중공의 청산운동
등 연이은 난리를 겪으며 그 사진을 잃어버렸다. 그런데 1987년 독립기념
관 개관식에 참석한 김동삼의 손자 김중생은 그 귀중한 사진을 안동 외갓
집에서 50년 동안 보관해온 것을 알게 되었다.

김동삼은 체포된 이후 일본 경찰의 혹독한 문초에 항의하여 단식투쟁을
오랫동안 계속하면서 의식을 여러 번 잃었다. 경성형무소에서 함께 옥고를
치른 제2차 조선공산당의 책임비서였던 김철수에 따르면, 외부와 연락하
다가 발각되어 지독한 '징벌'을 당하면 김동삼을 중심으로 단식투쟁하면서
맞섰다고 한다. 간수들이 기진한 죄수들을 끌어내며 단식을 그만두라고 통
사정하면 그들은 한결같이 중죄수이기 때문에 용수를 쓰고 있는 김동삼을
가리키면서 저분의 처분을 받아야 한다고 말했다. 결국 형무소장이 나와
김동삼에게 사죄를 해야 단식이 끝났다는 것이다.

1937년 음력 3월 3일, 양력 4월 13일 김동삼은 감옥에서 운명했다. 향년
59세였다. 병이 위중하다는 전보를 받았을 때 큰아들은 노잣돈이 없어 곧
뒤에 따라가기로 하고, 먼저 둘째 아들이 이해동에게서 받은 돈—김동삼
이 큰며느리를 처음 만났을 때 주었던 돈으로, 이해동은 그 돈의 일부를 그
때까지 간직해두었다—을 가지고 달려갔으나, 그 전날 서거했다는 소식을
듣게 되었다.

한용운이 형무소를 찾아가 여러 번 요청한 끝에 시신을 인수하여 자신이

머물고 있는 심우장에서 5일장을 치렀다. 조헌영·조지훈 부자, 여운형·이원혁·홍명희·방응모·김혁·이병홍·이극로·이인·박광·국수열·서정희·정노식·김적음·김항규·김진우·양근환·허헌·허영호·박이고봉 등이 문상을 왔다.

김동삼의 유언은 두 가지가 전해온다. 하나는 『대한민국 독립운동공훈사』에 실려 있는 다음과 같은 유언이다.

"내가 조국에 끼친 바 없으니 죽은 뒤 유해나마 적賊 치하에 매장치 말고 화장하여 강산에 뿌려달라."

다른 하나는 이해동의 책에 이렇게 쓰여 있다.

"나라 없는 몸 무덤은 있어 무엇하느냐. 내 죽거든 불살라 강물에 띄워라. 혼이라도 바다를 떠돌면서 왜적이 망하고 조국이 광복되는 날을 지켜보리라."

김동삼의 시신은 화장 후 한강에 뿌려졌다.

미주

들어가는 글: 독립운동 기지 건설운동과 신흥무관학교

1 실력 양성에 치중하던 안창호는 3·1운동 후의 독립운동에서도 중요한 역할을 한다. 그
   때도 그는 독립운동의 준비를 역설하고(준비론), 무실역행(務實力行)·의식개조의 흥사
   단 활동을 병행했다. 흥사단 원동(극동) 지부의 최초 단우(團友)인 이광수의 수양동맹
   회–수양동우회는 흥사단의 국내판이라고 볼 수 있다.

1장. 무장투쟁의 땅을 찾아서

1 을사조약이 강제 체결되기 얼마 전 이회영·이시영의 조카와 박제순의 딸이 약혼했는
   데, 이 조약에 박제순이 동의하자 이시영은 곧바로 파혼시키고 박제순과 절교했다(박창
   화, 『성재 이시영 소전(小傳)』, 을유문화사, 1984, 32쪽).
2 김구도 이 모습을 목도했다(윤병석, 『이상설전』, 일조각, 1998, 39~46쪽; 이관직, 「우당
   이회영 실기」, 『우당 이회영 약전』, 을유문화사, 1985, 124~127쪽). 이때 이회영과 이동
   녕, 이상재 등도 종로에서 학생과 군중을 모아 국민의 분기를 촉구했다. 이회영은 가재
   를 팔아 자금을 마련하고 나인영·기산도 등과 연락해 5적 암살을 꾀했다(이정규, 「우당
   이회영 선생 약전」, 『우관문존(又觀文存)』, 삼화인쇄출판부, 1974, 27쪽; 김석영, 『선구
   자 이동녕 일대기』, 을유문화사, 1979, 119~121쪽 참조).
3 윤병석, 『이상설전』, 일조각, 1998, 12~13, 25, 38, 53, 63~64쪽. 이와 함께 「이상설 선생
   의 생애와 독립운동」, 『나라사랑 20—보재 이상설 선생 특집호』, 정음사, 1975 참조.
4 김 상궁이 아니라 이회영과 가까운 내시 안호영이 통로 역할을 했다는 기록도 있다. 이
   회영의 아들 이규창은 부친이 공작하는 데 대원군의 사위 조정구와 그의 차남 조남익이
   안호영과 함께 관계했다고 주장했다(이규창, 『운명의 여신(餘燼)』, 보연각, 1992, 24~25
   쪽). 조정구의 딸이자 고종의 생질녀인 조계진은 이회영의 며느리가 되었다(이규학의

처). 『이상설전』(윤병석, 일조각, 1998, 61쪽)에는 헤이그 밀사 파견과 관련된 여러 다른 설이 있으나 전후 관계를 분석해볼 때 신뢰하기가 어렵다.

5 이회영의 부인 이은숙이 쓴 수기(『민족운동가 아내의 수기: 서간도 시종기』, 정음사, 1974)에는 1908년 3월 이전으로 기술되어 있다.

6 이은숙의 수기(『민족운동가 아내의 수기』, 15~16쪽)에는 '7월 보름께'로 되어 있는데, 이는 음력인 듯하다. 1910년 음력 7월 15일은 양력으로 8월 19일이었다. 이동녕의 증언을 참고하여 쓴 것으로 보이는 한 기록에는 이동녕이 7월에 서간도로 떠난 것으로 되어 있다. 이회영 일행은 한일합병조약이 조인된 8월 22일을 전후하여 떠났을 것이다.

7 이은숙은 이회영이 음력 8월 회초간(晦初間) 돌아와 여러 형제분이 합심하여 만주 갈 준비를 했는데 비밀리에 전답과 가옥, 부동산을 여러 집이 일시에 방매하느라 "이 얼마나 극난(極難)하리오"라고 기술했다(16쪽). 거대한 재산을 은밀히 처분하는데 두세 달 남짓 걸렸을 것이라고 보면 이회영 형제들의 회의는 9월이나 10월에 열렸을 것이다.

8 이은숙의 수기에 나오는(17쪽) 12월 30일은 음력일 수도 있다. 이날을 양력으로 환산하면 1911년 1월 30일이다. 이은숙은 이 시기 거의 대부분 음력을 사용했으며, 박창화도 이회영 6형제 대소가가 음력 12월경에 떠났다고 썼다(『성재 이시영 소전』, 을유문화사, 1984, 42쪽). 그런데 이관직의 글(「우당 이회영 실기」, 147쪽)에는 1910년 12월로, 이정규의 글(「우당 이회영 선생 약전」, 32쪽)에는 경술 말년에 도만(渡滿)의 장도에 올랐다고 기술되어 있어 양력일 가능성이 더 크다. 한편, 이상철이 쓴 「성재 이시영 편」에서는 (홍자출판사 편집부 편, 『정계야화』, 1969, 405쪽) 이회영 6형제가 12월 13일에 서울을 떠난 것으로 기술되어 있다. 이시영은 1934년에 쓴 글에서 "경술(1910년) 겨울에 본인은 동북지방에 도착했다"고 회고했다(『감시만어(感時漫語)』, 일조각, 1983, 93쪽).

9 채근식의 저서(『무장독립운동비사』, 대한민국 공보처, 1949)에는 1909년 겨울에 이회영 형제들과 주진수가 압록강을 건넌 것으로 되어 있는데(47~48쪽), 주진수는 향리의 가산을 팔아 가족만 먼저 떠나보낸 뒤 곧이어 출발하려다가 이상룡이 고국을 떠날 때 일제에 체포되었다(「안악사건·신민회사건 판결문」, 『한국학보』 8, 1977, 236쪽 참조).

10 이동언, 「일송 김동삼 연구」, 『한국독립운동사연구』 7, 한국독립운동사연구소, 1993, 124~125, 127쪽.

11 이태형이 쓴 「김형식 약전」(원고본)에 나오는 이야기다. 김형식의 사위인 이태형은 1907년 안동에서 태어나 1913년 조모·부모와 함께 만주에 왔다. 그는 1915년경 합니하 신흥무관학교 부근인 마록구로 와서 1919년까지 살았기 때문에 신흥무관학교에 관해 생생하게 기억했다(박도, 『민족 반역이 죄가 되지 않는 나라』, 우리문학사, 2000, 268~269쪽).

12 한 연구에 따르면 전국에서 순국한 인사들이 1910년 이전에 10명, 1910년대에 56명이었는데, 이 가운데 안동 인사가 1910년 이전 1명, 1910년대에 9명이었다(김희곤, 『안동

의 독립운동사』, 안동시, 1999, 111, 132, 137쪽 참조).

13 이원일의 딸이자 김동삼의 맏며느리인 이해동은 부친이 협동학교에 다녔으며 김동삼·유인식과 가까웠는데 협동학교 폐교 사건(날짜로 보아 김기수 등의 살해 사건을 가리키는 것으로 추측됨)으로 인해 고향에 더는 있을 수 없어 떠났을 것이라고 회고했다(이해동, 『만주 생활 77년』, 명지출판사, 1990, 29쪽). 김대락의 아들 김형식은 삭발했다가 이 사건 때 다시 상투를 틀었다고 하여 살해당하지 않았다고 한다(김희곤, 위의 책, 115~117쪽). 1911년에 배출된 제1회 협동학교 졸업생 사진에는 양복 입은 김동삼의 모습이 보인다.

2장. 꿈과 눈물의 터전 '서간도'

1 김철, 「식민지기의 인구와 경제」, 최원규 편, 『일제말기 파시즘과 한국사회』, 청아출판사, 1988, 118쪽.

2 한영우, 「제3장. 1910년대 이상룡·김교헌의 민족주의 역사 서술」, 『한국민족주의역사학』, 일조각, 1994, 88·91·98·128~129쪽. 이와 함께 같은 책, 「제4장. 1910년대 박은식의 민족주의 사학」 참조.

3 이회영 등이 삼원포 일대를 독립운동 기지로 정할 때 안명근의 조언이 작용했다는 증언이 있는데, 이에 대해서는 안천, 『신흥무관학교』, 교육과학사, 1996, 135쪽 참조.

4 이것은 이은숙의 기록이고, 이규창은 당국에도 연락을 해놓긴 했는데 마적떼가 이석영이 귀족 신분임에도 독립운동하러 왔다는 사실을 안 뒤 그를 존경해서 풀어준 것으로 서술했다(이규창, 『운명의 여신(餘燼)』, 보연각, 1992, 18쪽).

5 자오얼펑(趙爾豊)은 사천성 총독이었는데 1911년 9월 국유화에 반대하는 반란이 발생하여 민중의 손에 처형되었다[J. チェン(陳志讓) 著, 守川正道 譯, 『袁世凱と近代中國』, 日本 東京, 岩波書店, 1980, 121~122, 131쪽].

6 김정기, 「청의 원세개 파견과 조선군사정책」, 『역사비평』 54, 2001 봄, 389~392쪽.

7 김춘선, 「북간도지역 한인사회의 형성 연구」, 국민대 국사학과 박사학위논문, 1999, 156~171쪽.

8 김상기·채영국, 「남만주에서의 한국독립운동」, 한국독립유공자협회 엮음, 『중국동북지역 한국독립운동사』, 집문당, 1997, 215쪽.

9 '한국인은 중국이 일본을 방어하는 데 선봉 역할을 한다'는 주장은 다른 지역의 독립운동자도 내세웠다. 중국과 한국은 수천 년간 순치보거(脣齒輔車)의 관계에 있고 한국이 독립하면 일제의 만주정책은 와해할 것이므로 중국은 한국인의 민족운동을 도와주어야 한다는 것이었다.

10 동변도(서간도)의 소작료는 대개 3:7이었고, 2:8도 있었다는 기록도 있다(일초, 「남만 반일민족운동의 거두 리상룡」, 『중국조선민족발자취총서 1—개척』, 중국 북경 민족출판사, 1999, 701쪽).

11 신주백, 「만주지역 한인의 민족운동 연구(1925~1940)」, 성균관대 사학과 박사학위논문, 1996, 45~51쪽.

12 조선총독부 문서에 이시영이 언급된 것은 그가 이 지역에서 한말에 가장 고위직에 있었기 때문일 것이다.

13 경찰 기록에 따르면 김형식·이봉희·이준형 등이 안동 사람들에게 이주를 권고하여 경북 북부지역에서 1911년에 2,500여 명이 이주했으며, 1920년대 말에는 25,000명에 달했다고 한다(김희곤, 앞의 책, 194~195쪽). 이해동의 부친 이원일 일가의 경우 이들이 만주로 가기를 전후해서 도착한 이주민이 20여 호였는데, 그중 절반가량이 이원일과 본관이 같은 진성 이씨였다고 한다(이해동, 앞의 책, 33쪽).

3장. 백만 배의 뜻, 백만 배의 힘

1 이은숙은 여준이 오산학교를 그만둔 뒤 1912년에 큰형님 가족과 함께 합니하에 왔다고 기술했다(이은숙, 앞의 책, 24~25쪽). 여준은 이 시기에 서간도에 있지 않았지만, 오래된 동지이며 곧 올 것이라 믿었기에 경학사 발기인 명단에 넣었을 수 있다.

2 최영주, 「석주 이상룡 서간도 시말기—손부 허은 여사에게 듣는다」, 『정경문화』 1985. 8, 275쪽.

3 허영백(허식)의 『서간도 실록』(1965)에는 부민단이 부민회로 바뀌었다고 기술되어 있다. 또한 신흥무관학교 재정과 관련하여 부민회와 주민들이 교육회를 설립했다고 기술되어 있다.

4 박창화는 1912년(1911년의 오기) 봄 이시영이 촌락 한 모퉁이에 있는 낡은 창고에서 아동교육을 시작했는데 동네 유지들이 옥수수 창고인 넓은 곳으로 가라고 해서 그리로 옮겨 아동교육과 청장년 군사훈련을 했다고 기술했다(박창화, 『성재 이시영 소전(小傳)』, 을유문화사, 1984. 41쪽).

5 일기자(一記者)는 1936년 『한민(韓民)』(제3호, 1936. 5. 25)에 쓴 글(「서간도 초기 이주와 신흥학교 시대 회고기」)에서 신흥학교 유일의 공로자인 이석영이 2년 전 상해에서 굶어 죽었다고 기록했다.

6 이동녕·이시영 등이 노령과 봉천 등으로 떠난 후 윤기섭·김창환 등이 주민들에게 구걸하다시피 하여 근근이 학교를 유지했다는 기록도 있다(채근식, 『무장독립운동비사』, 49쪽; 애국동지원호회 편, 『한국독립운동사』, 256쪽).

7 여준과 이탁을 중심으로 조직되어 각 지방에서 재정을 갹출했다고 한다(채근식, 위의 책 49쪽).

8 원병상의 글에는 이달(李達)로 나오지만, 김대락, 『백하일기―서정록』 No. 61 등 다른 글에서는 모두 김달(金達)로 나온다.

9 지복영, 『역사의 수레를 끌고 밀며』, 문학과 지성사, 1995, 25쪽.

10 이태형, 「김형식 약전」(원고본), 2000, 3~4쪽. 교원이 전부 신흥학우단이었다는 기록도 있다(김준엽·김창순, 『한국공산주의운동사 4』, 고려대학교 출판부, 1974, 48쪽).

11 이 학교에서 이동녕의 장자 이의직이 순직했다.

12 신흥무관학교기념사업회에서 펴낸 『원병상 회고록』 「해제」(이용창 집필)에는 「새쇼식: 학우단의 부흥」, 『배달공론』 창간호(1923. 9. 1)에 의거해 신흥무관학교가 폐지될 때까지 700여 명의 단원이 활동했던 것으로 알려져 있다고 기술되어 있다(신흥무관학교기념사업회 엮음, 『원병상 회고록』, 2023, 45쪽).

13 중국 흥경현 공서(公署) 당안(공문서)에는 '백운산장(白雲山庄)', '백설산장(白雪山庄)'으로도 나와 있다.

14 박도, 『민족 반역이 죄가 되지 않는 나라』, 우리문학사, 2000, 271쪽.

15 윤병석, 「서로군정서와 대한독립단」, 『한국독립운동사』 1, 한국일보사, 1987, 158~159쪽.

16 『독립신문』 1919년 11월 1일자에는 한족회가 조직된 후에 시사연구부를 두어 시세에 대해 공구했다는 기사가 있다.

4장. 독립운동의 불꽃, 만주 벌판에 타오르다

1 한 자료에는 3월 12일에 통화현 금두복락(金斗伏洛: '금두화락金斗伙洛'의 오기로 보임)에 있는 예수교회에서 약 400명이 독립시위를 벌여 20일까지 계속되었으며, 3월 17일에는 삼원포 부근 학생 및 부민단원 약 1천 명이 본국에 들어가서 만세 시위를 벌이려다 이시영의 권유로 중지되었다고 쓰여 있는데(국사편찬위원회 편, 『한국독립운동사』 3, 1967, 152~157쪽), 후자의 서술은 신빙성이 약하다.

2 일제의 한 자료에는 독립단이 1919년 4월 13일 삼원포에서 발회식을 가졌는데, 600~700명의 장정이 참여했으며, 현금이 3만 원이나 된다고 기술되어 있다(「다이쇼 9년 4월 22일 조특보(朝特報) 제23호」, 『조선독립운동』 2, 923쪽).

3 통화현 7도구의 쾌대무자(快大茂子)는 '쾌대모자(快大帽子)'(채근식, 『무장독립운동비사』, 대한민국 공보처, 1949, 53쪽), '쾌당모자(快當帽子)'(조선군참모부, 「다이쇼 9년 4월 22일 조특보 제23호」, 926~927쪽 지도)로도 나온다. 김학규는 1941년에 쓴 글에서

분교가 셋 있다고 주장했다(김학규, 「삼십년래한국혁명운동재중국동북(三十年來韓國革命運動在中國東北)」, 한국광복군총사령부정훈처 편행, 『광복』, 제1권 제2기(1941. 3. 20), 한국독립운동사연구소 한국독립운동사자료총서 제1집 『광복』, 1987, 20쪽). 다른 하나는 추가가 신흥학교를 가리킬 것이다.

4 이 외에 애국동지원호회 편, 『한국독립운동사』, 1956, 256쪽; 김승학 편저, 『한국독립사』, 독립문화사, 1965, 333쪽; 김준엽·김창순, 『한국공산주의운동사 4』, 고려대학교 출판부, 1974, 47쪽. 채근식의 저서에는 1920년 5월 3일로, 김준엽·김창순의 저서에는 1920년 5월로 기술했는데, 1920년은 1919년의 착각으로 봐야 할 것이다. 또 고산자로 신흥무관학교 본교를 옮겼을 때는 아직 서로군정서가 없었고 군정부가 있었다.

5 원병상, 「신흥무관학교」, 『독립운동사자료집』 10, 1976, 33~35쪽에는 그가 기억하는 신흥무관학교 동지들 147명의 이름과 출신지가 적혀 있다. 박환, 『만주한인민족운동사연구』, 일조각, 1991, 355~365쪽에는 301명의 신흥무관학교 졸업생 명단이 기재되어 있다.

6 「조선총독부 기록 제1254호 보민회의 경과」(『독립운동사』 3, 664쪽); 윤병석, 「서북간도 한인사회와 독립군 승첩」, 『국외 한인사회와 민족운동』, 66쪽. 조선총독부 기록에는 우에다대가 5월 13일부터 활동했다고 쓰여 있지만, 『독립신문』의 보도가 정확하다면 이미 5월 10일 한족회 중앙본부가 습격당했고 이 피습은 그들의 소행이 거의 틀림없으므로 본문에서는 '5월 10일경부터'라고 기술했다.

7 이강훈, 『민족해방운동과 나 ─ 청뢰 이강훈 자서전』, 제삼기획, 1994, 104쪽.

8 김춘선, 「발로 쓴 청산리전쟁의 역사적 진실」, 『역사비평』 52, 2000년 가을, 273~277쪽.

9 중국 측의 기록을 보면 『길장일보(吉長日報)』 1920년 11월 7일자에는 2천여 명으로, 1921년 5월 5일 연길도윤이 외교총장에게 보고한 공문에는 화민(華民) 622명, 간민(墾民) 320명이 피살되었다고 쓰여 있다. 후자의 공문은 축소되었을 것이다(김춘선, 「경신참변 연구 ─ 한인사회와 관련지어」, 『한국사연구』 111, 2000, 163쪽). 북간도참변의 구체적 피해 상황은 김춘선, 같은 글, 152~157쪽에 있는 일람표를 참조할 것.

10 이병화의 연보에는 15세 때인 1921년에 신흥무관학교를 다니며 재만 농민운동에 투신한 것으로 기록되어 있다(석주선생기념사업회 편, 『소파유고』, 1996, 228쪽).

11 원시희, 「교하의 검성중학」, 『중국조선민족발자취총서 2 ─ 불씨』, 중국 북경 민족출판사, 1995, 726~727쪽.

5장. 땅에다 씨를 뿌리듯이

1 박찬승, 「한말·일제시기 사회진화론의 성격과 영향」 『역사비평』 32, 1996 봄, 347쪽.
2 조경란, 「진화론의 중국적 수용과 역사 인식의 전환」, 성균관대 동양철학과 박사학위논문, 1995, 134쪽.
3 조경란, 「진화론의 중국적 수용과 역사 인식의 전환」, 성균관대 동양철학과 박사학위논문, 1995, 143쪽.

무면도강: 재가 되어 뿌려지다

1 이회영과 신흥무관학교 졸업생, 통의부 및 김좌진 등 독립군 관계자들의 연락은 백순이 북경과 만주를 내왕하면서 중간 역할을 맡았다고 한다(이규창, 『운명의 여신(餘燼)』, 39쪽). 1920년 임경호가 국내에서 자금을 가지고 와 이회영에게 전했는데, 그 자금의 일부가 군정서로 갔던 것으로 보인다(이은숙, 『민족운동가 아내의 수기』, 42쪽 참조).

참고문헌

자료

『신흥교우보』 제2호, 중화민국 2년(1913). 9. 15.

『신흥학우보』 제2권 제2호, 기원 4250(1917). 1. 13. (『한국독립운동사연구 5』, 독립기념관
　　한국독립운동사연구소, 1991 수록. 이하 독립기념관 한국독립운동사연구소에서
　　독립기념관은 생략)

『신흥학우보』 제2권 제10호, 1918. 7. 15.

이상룡, 『석주유고(石洲遺稿)』, 고려대학교출판부, 1973.

　　「만주기사(滿洲紀事)」; 「여장동진(與杖東鎭)」; 「답김백하(答金白下)」; 「여김백하(與
　　金白下)」; 「답서백포(答徐白圃)」; 「여여시당(與呂時堂)」; 「여신흥강습소(與新興講習
　　所)」; 「여중화민국관신상학계제군(與中華民國官紳商學界諸君)」; 「여회인현한교공
　　회회장손병헌(與懷仁縣韓僑公會會長孫昺憲)」; 「답마록구농장제군(答馬鹿溝農庄諸
　　君)」; 「답김좌진(答金佐鎭)」; 「중화민국국회제의서(中華民國國會提議書)」; 「정유하
　　현지사청입적문(呈柳河縣知事請入籍文)」; 「정유하현지사문(呈柳河縣知事文)」; 「경
　　고남만주교거동포문(敬告南滿洲僑居同胞文)」; 「가족단서(家族團序)」; 「합군집설(合
　　群輯說)」; 「격치집설(格致輯說)」; 「진화집설(進化輯說)」; 「자신계취지서(自新稧趣
　　旨書)」; 「존화양이변(尊華攘夷辨)」; 「여길림총독필화(與吉林總督筆話)」; 「중동양국지
　　리역사지관계(中東兩國地理歷史之關係)」; 「조선실세지원인(朝鮮失勢之原因)」; 「한
　　일합방후한민지상태급중사한교지정형(韓日合邦後韓民之狀態及中士韓僑之情形)」;
　　「중국지대우한교(中國之待遇韓僑)」; 「한교지소구어중국(韓僑之所求於中國)」; 「한
　　교소청청불청지이해(韓僑所請聽不聽之利害)」; 「조선평양확유기자묘우유정전제(朝
　　鮮平壤確有箕子墓又有丁田制)」; 「대한협회안동지회취지서(大韓協會安東支會趣旨

書)」;「답안도산(答安島山)」;「연계여유일기(燕薊旅遊日記)」;「서사록(西徙錄)」;「경학사취지서(耕學社趣旨書)」.

「경학사 설립 취지문」(원문, 역문), 『우당 이회영 약전』, 을유문화사, 1985.

석주이상룡기념사업회 편, 『석주유고 후집』, 1996.

_____ , 『동구유고(東邱遺稿)』, 1996.

_____ , 『소파유고(小坡遺稿)』, 1996.

김대락, 『서정록(西征錄)』, (음)1911;『임자록』, (음)1912;『계축록』, (음)1913. 이상 세 책을 『백하일기(白下日記)』로 통칭함(고려대학교 중앙도서관 소장).

김형식, 『선고유고(先考遺稿)』(김형식의 사위 이태형이 보관).

양기탁이 안창호에게 보낸 서한. (1) 만주 임거진(林居鎭)에서 1915년 11월 26일. (2) 만주 봉천성(奉天省) 유하현(柳河縣) 제3구 고산자가(孤山子街)에서 1916년 음 10월 17일. (3) 만주 봉천성 유하현 고산자에서 1917년 음 4월 24일. (4) (3)과 비슷한 시기이나 날짜 미상 등 4통(도산안창호선생전집 편찬위원회 편, 『도산안창호전집』 제2권 서한 2 수록)

이탁이 안창호에게 보낸 서한. 만주 유하현 제3구 고산자에서(도산안창호선생전집 편찬위원회 편, 『도산 안창호전집』 제2권 서한 2 수록)

이회영 편지 13통 20장(대개는 1931년으로 추정되나 시기를 알 수 없는 것도 있음).

이규숙이 1932년 11월 18일 부친 사망과 관련해 서울로 보낸 전보 3통.

『독립』;『독립신문』(영인본).

국사편찬위원회 편, 『일제침략사 한국36년사』 1~7(1-1966, 2-1967, 3-1968, 4-1969, 5-1970, 6-1971, 7-1972).

_____ , 『한국독립운동사』 1~3(1-1965, 2-1966, 3-1967).

_____ , 『한국독립운동사 자료』 3, 1968.

_____ , 『자료 대한민국사』 1·7, 1968·1974.

독립운동사편찬위원회 편, 『독립운동사 자료집』 10·11, 1976.

독립기념관 제공 자료

「봉천동변도윤 겸 안동교섭원 공서칙(奉天東邊道尹兼安東交涉員公署飭) 제53호(1915. 8. 10)」(중국 길림성 통화현 당안관(檔案館) 소장).

「신흥무관학교학우단규약(新興武官學校學友團規約)」(1947년 작성 추정).

국가보훈처 제공 자료(주로 중국 당안관 소장으로 추정되나 일본 자료도 있음)

「서리봉천민정사사사(署理奉天民政司司使) 서리봉천교섭사사사(署理奉天交涉司司使)가
　　동삼성총독에게 보고한 보고서」(1911. 12. 28)
「통화현 거민 이회영·이계동이 동삼성총독 겸 삼성(三省)장군 봉천 순무사에게 올린 청원
　　서」(1912. 3)
「통화현 거민 이회영·이계동이 동삼성 도독에게 올린 청원서」(1912. 4. 1)
「한민(韓民) 이회영 등이 통화 및 유하현에서 토지매매계약서를 반급(頒給)하도록 허락해
　　줄 것을 요구한 청원서에 대한 답복서(答覆書)」(1912. 4. 2)
「교민 이회영 등이 청원서를 올려 통화현에서 토지임대(租地)를 허용하지 않은 이유를 물
　　은 건에 대한 비답」(1912. 4. 4)
「신적(新籍) 교민 대표 이계동·이회영 청원서」(1912. 6)
「통화 유하현 등 입적(入籍) 한민대표 이계동·이회영이 동삼성 도독에게 올린 청원서」
　　(1912. 6. 10. 음 4. 25)
「신적 교민대표 이계동·이회영이 독수부(督帥府)에 올린 청원서」(1912. 6. 16. 음 5. 2)
「봉천부 지부(知府)가 올린 보고서」(1912. 7. 16. 음 6. 3)
「한교(韓僑) 이회영 등이 입적증명서를 확인한 후 가옥과 토지 구입의 허락을 청원한 건」
　　(1912. 7)
「신적민(新籍民) 대표 이회영·이계동이 올린 청원서」(1912. 7)
「동삼성총독 조(趙), 교섭과 참사(交涉科參事) 부강(傅彊), 교섭과일등조리원(交涉科一等助
　　理員) 사득상(謝得相)이 이회영 등의 청원서에 내린 비답」(날짜 미상)
「명령」 등, 1922년 음력 윤5월 10일 의용대 총지휘관 김창환 등의 명령 7통.
「다이쇼(大正) 11년 8월 4일 고경(高警) 제2475호 재 북경 불령선인의 보황당 조직설에 관한
　　건. 부(附) 대한독립단 이회영·김창숙 등의 〈송일본정부서(送日本政府書)〉 1922.
　　7.」
조선주차헌병대사령부, 「秘?? 0826호 다이쇼 원년 11월 재외 불령선인 언동, 압록강 대안
　　(서간도 지방)」.
일본 외무성, 「自다이쇼 11년 10월 1일 至12월 31일 불령단 관계 잡건(不逞團關係雜件),
　　조선인의 부(部), 재(在) 만주 34」(일본 통화 영사 분관에서 작성).
「다이쇼 11년 2월 24일 기밀 제8호 안동영사(安東領事)가 외무대신에게 보낸 보고서 다이
　　쇼 10년 관내에서의 주된 불령선인 정황」

일본 자료

「안악사건·신민회사건 판결문」, 『한국학보』 8, 1977 가을.

「안창호 신문조서」, 조선총독부 고등법원 검사국 사상부 편, 『조선사상운동조사자료』 2, 1933.

조선총독부 고등법원 검사국 사상부 편, 『사상휘보』 제20호, 1939. 9.

경상북도 경찰부, 『고등경찰요사』, 1934.

조선총독부, 「국경지방 시찰 복명서」 1~3, 『백산학보』 9~11(1970. 12; 1971. 6; 1971. 12)

「조선인 개황(槪況) 제1장 노령(露領) 포염(浦鹽) 지나령(支那領) 간도지방의 정황」, 『일제 침략하 한국36년사』 2, 1967.

「서간도 방면 운동 일람」, 『한국독립운동사』 3, 1967.

조선군참모부, 「다이쇼 9년 4월 22일 조특보(朝特報) 제23호 압록강 대안 방면에 있어서의 독립운동의 개요」, 『한국독립운동사』 3, 1967.

「自 다이쇼 3년 3월 至 다이쇼 7년 5월 조선인의 해외이주 및 조선인의 상태 취조의 건」 (일본 외무성 사료관 소장, 윤병석, 『국외 한인사회와 민족운동』, 일조각, 1990, 35~38쪽 수록).

「메이지(明治) 45년 7월 5일 조헌기(朝憲機) 제894호 압록강 대안 이주 선인 이동녕의 행동에 관한 첩보」, 『한국독립운동사』 2, 1968.

「조헌기(朝憲機) 제989호 압록강 회인현(懷仁縣) 부근의 이주 조선인에 관한 건」, 『일제침략하 한국36년사』 1, 1966.

「다이쇼 8년 12월 3일 조특보 제79호 조선군참모부 기밀문서」, 『독립운동사자료집』 10, 1976.

조선군참모부, 「간도출병 전말」, 『독립운동사자료집』 10, 1976.

「다이쇼 10년 형공(刑公) 제○호」, 『독립운동사자료집』 10, 1976.

「다이쇼 11년 형상(刑上) 제6호 판결」, 『독립운동사자료집』 10, 1976.

「조선군참모부 기밀문서」, 『독립운동사자료집』 10, 1976.

「조선총독부 보존문서」, 『독립운동사자료집』 10, 1976.

「독립군 관계 재판기록」, 『독립운동사자료집』 10, 1976.

「의거전말」, 고경문서(高警文書), 다이쇼 9년 2월 25일 고경 제5070, 『독립운동사자료집』 11, 1976.

김정명 편, 『조선독립운동』 1~3 및 제1권 분책, 日本 東京: 原書房, 1967.

　　　　「다이쇼 8년 3월 19일 조헌기(朝憲機) 제147호 압록강 방면 지나령 정황 휘보」, 『조선독립운동』 2.

　　　　「다이쇼 8년 4월 18일 소밀(騷密) 제391호 독립운동에 관한 건(국외 제37호)」,

『조선독립운동』 2.

「다이쇼 8년 4월 26일 소밀 제964호 독립운동에 관한 건(국외 제51 報)」, 『조선
　　　독립운동』 2.

「다이쇼 8년 5월 21일 소밀 제2764호 독립운동에 관한 건(국외일보國外日報
　　　제73호)」, 『조선독립운동』 2.

「다이쇼 8년 5월 29일 소밀 제 3266호 독립운동에 관한 건(國外日報 제78호)」,
　　　『조선독립운동』 2.

조선군참모부, 「다이쇼 8년 8월 12일 조특보 제33호 압록강 대안 방면 독립운동과 일지
　　　(日支) 관민과의 관계」, 『조선독립운동』 2.

「다이쇼 8년 9월 16일 조특보 제45호 압록강 대안 방면 이주 조선인의 생활 상
　　　태 보고의 건」, 『조선독립운동』 2.

「다이쇼 8년 9월 20일 조특보 제49호 통화 및 유하 방면의 정황」, 『조선독립운
　　　동』 2.

「다이쇼 8년 10월 2일 고경(高警) 제28072호 불령선인 검거의 건」, 『조선독립운동』 2.

「다이쇼 8년 10월 10일 고경 제28810호 국외정보」, 『조선독립운동』 2.

「다이쇼 8년 10월 13일 고경 제28814호 국외정보」, 『조선독립운동』 2.

「다이쇼 8년 10월 15일 고경 제29301호 국외정보」, 『조선독립운동』 2.

「다이쇼 8년 10월 16일 고경 제29411호 국외정보」, 『조선독립운동』 2.

「다이쇼 8년 10월 16일 고경 제29412호 국외정보」, 『조선독립운동』 2.

「다이쇼 8년 10월 29일 고경 제30745호 국외정보」, 『조선독립운동』 2.

조선군참모부, 「다이쇼 8년 10월 29일 조특보 제66호 통화(通化) 집안(輯安) 환인(桓仁)
　　　관전(寬甸) 각 현하(縣下)에서 배일운동 최근의 정황」, 『조선독립운동』 2.

「다이쇼 8년 11월 10일 조특보 제74호 통화 및 유하현 방면의 정황」, 『조선독
　　　립운동』 2.

「다이쇼 8년 11월 13일 조특보 제75호 삼원포(三源浦) 독립단 본부의 정황」,
　　　『조선독립운동』 2.

「다이쇼 8년 11월 17일 고경 제32498호 국외정보」, 『조선독립운동』 2.

「다이쇼 9년 1월 9일 조특보 제1호 간도 및 통구 방면 최근의 정황」, 『조선독립운동』 3.

조선군참모부, 「다이쇼 9년 1월 10일 조특보 제2호 선내외(鮮內外) 일반 상황(12. 1~12.
　　　31)」, 『조선독립운동』 제1권 분책.

「다이쇼 9년 3월 6일 조특보 제13호 自 2월 1일 至 2월 29일 선내외 일반 상
　　　황」, 『조선독립운동』 제1권 분책.

＿＿＿＿＿＿, 「다이쇼 9년 3월 16일 조특보 제15호 3월 상순 한족회 및 독립단의 상황」,
　　　「조선독립운동』 2.

「다이쇼 9년 4월 5일 조특보 제19호 통구 방면 일반 상황」,『조선독립운동』 2.

「다이쇼 9년 4월 22일 조특보 제23호 自 다이쇼 8년 3월 至 다이쇼 9년 3월 압록강
　　　대안 방면 독립운동 개요」,『조선독립운동』 2.

「다이쇼 9년 5월 8일 조특보 제25호 홍경현 선인(鮮人) 상태」,『조선독립운동』 2.

「다이쇼 9년 8월 9일 고경 제23793호 국외정보 유하현 지방 불령선인단 조직변경에 관한
　　　건」,『조선독립운동』 2.

「다이쇼 10년 1월 29일 고경 제1007호 국외정보 대한군정서의 일지에 관한 건」,『조선독
　　　립운동』 2.

　　　　　　, 「다이쇼 10년 8월 28일 朝特報 제17호 압록강 대안 지방 불령선인 정황」,
　　　『조선독립운동』 2.

강덕상 편,『현대사자료』 27, 東京: みすず書房, 1970.

조선주차헌병대사령부,「재외 조선인 경영 각 학교 서당 일람표」(다이쇼 5년 12월 調),『현
　　　대사자료』 27.

조선총독부,「군대 출동 후 간동 불령선인 단체의 상황」(1920년 1월), 김정주 편,『조선통
　　　치사료』 8, 한국사료연구소, 1971.

김정주 편,『조선통치사료』 2·8, 한국사료연구소, 1970·1971.

조선총독부 경무국,「재외 불령선인의 근정(近情)」, 1921(『조선통치사료』 8, 한국사료연구
　　　소, 1971).

대만 자료

趙中孚·張存武·胡春惠 主編,『近代中韓關係史資料彙編』 1~5冊, 臺灣 臺北 國史館, 1987.

수기·회고·전기·기록·기사 등

강용권,『죽은자의 숨결 산자의 발길 만주항일유적지 답사』 상·하, 장산, 1996.

계봉우,『북우계봉우자료집(北愚桂奉瑀資料集)』 1~2, 한국독립운동사연구소, 1996.

계인상,「구각(舊殼)을 버서요!」 (1),『학지광』 18.

고주,「공화국의 멸망」,『학지광』 5(1915. 5)

곽종석 등,「유교도가 파리강화회의에 보내는 글(儒敎徒로 巴黎和會書, 일명 '파리장서')」,
　　　『한국현대명논설집』『신동아』 1972. 1. 별책부록.

권상규,「행장」,『석주유고』, 고려대학교출판부, 1973.

권오돈,「보재선생과 독립운동」,『나라사랑 20─보재 이상설 선생 특집호』, 정음사, 1975.

김구, 『백범일지』, 국사원, 1947.

김두찬, 「오광선 장군」, 『신동아』 1971. 2.

김석영, 『선구자 이동녕 일대기』, 을유문화사, 1979.

김승학 편저, 『한국독립사』, 독립문화사, 1965.

김을한 편저, 『월남 이상재 일대기』, 정음사, 1985.

김학규, 「삼십년래한국혁명운동재중국동북(三十年來韓國革命運動在中國東北)」, 한국광복
　　　군 총사령부 정훈처 편행(編行), 『광복』 제1권 제2기(1941. 3. 20)(한국독립운동사
　　　연구소, 『한국독립운동사자료총서 1 ―광복』, 1987 수록)

　　　「삼십년래한국혁명운동재중국동북」(속), 『광복』 제1권 제3기(1941. 5. 20)(위의 책
　　　　수록)

＿＿＿, 「백파 자서전」, 『한국독립운동사연구』 2, 한국독립운동사연구소, 1988.

나혜석, 「이상적 부인」, 『학지광』 3(1914. 12).

나카노 기요스케(中野淸助), 「천락각서(天樂覺書)」, 『독립운동사자료집』 10, 1976.

님 웨일즈 지음, 조우화 옮김, 『아리랑』, 동녘, 1984.

동호, 「역사를 빛냅세다」, 『신흥학우보』 제2권 제2호(1917. 1. 13).

리영일, 「리동휘 성재선생」, 『성재 이동휘 전집』 상, 한국독립운동사연구소, 1998.

민충식, 「연해주 시절의 이상설 선생」, 『나라사랑 20 ―보재 이상설 선생 특집호』, 정음사,
　　　1975.

박도, 『민족 반역이 죄가 되지 않는 나라』, 우리문학사, 2000.

박영석, 『한 독립군 병사의 항일전투 ―북로군정서 병사 이우석의 사례』, 박영사, 1984.

박은식, 「몽배 금태조(夢拜金太祖)」, 『일정하의 금서 33권』, 『신동아』 1977. 1. 별책부록.

＿＿＿, 「흥학설(興學說)」, 이만열 편, 『박은식』, 한길사, 1980.

　　　「유교구신론」, 『박은식』, 한길사, 1980.

＿＿＿, 「한국통사 서언(韓國痛史緒言)」, 이기백 편, 『역대한국사론선(歷代韓國史論選)』, 새
　　　문사, 1993.

박창화, 『성재 이시영 소전(小傳)』, 을유문화사, 1984.

박태원, 『약산과 의열단』, 백양당, 1947.

박환, 『만주지역 항일독립운동 답사기』, 국학자료원, 2001.

변수진, 「불만족」, 『신흥학우보』 제2권 제2호(1917. 1. 13).

송건호, 『의열단』, 창작과비평사, 1985.

송진우, 「사상개혁론」, 『학지광』 5,(1915. 5).

신규식, 「한국혼」, 『한국현대명논설집』 『신동아』 1972. 1. 별책부록.

신채호, 「독사신론」, 『단재 신채호 전집』 상(개정판 ―이하 모두 개정판임), 형설출판사,
　　　1979.

「꿈하늘」, 『단재 신채호 전집』 하.

「대한의 희망」, 『단재 신채호 전집』 하.

「신교육(情育)과 애국」, 『단재 신채호 전집』 하.

「도덕」, 『단재 신채호 전집』 하.

「이해」, 『단재 신채호 전집』 하.

「동화의 비관」, 『단재 신채호 전집』 별집, 형설출판사, 1979.

「20세기 신국민」, 『단재 신채호 전집』 별집.

_____, 「이태리 건국 삼걸전 서론」, 이기백 편, 『역대한국사론선』, 새문사, 1993.

심훈, 「인자하시던 그 위풍」(『동아일보』 1936. 3. 13), 『우당 이회영 약전』, 을유문화사, 1985.

안국선, 「금수회의록」, 『애국정신 (외)』, 을유문화사, 1969.

「애국정신」, 『애국정신 (외)』, 을유문화사, 1969.

여운홍, 『몽양 여운형』, 청하각, 1967.

원병상, 「신흥무관학교」, 『독립운동사자료집』 10, 1976.

원의상, 「신흥무관학교」, 『신동아』 1969. 6.【이용창에 따르면, 어렸을 적 이름은 원기환이었으나 성인이 된 후 원의상으로 개명했다. 만주 시절에는 원병상으로 널리 알려졌다. 1946년 이후 원의상을 본명으로 하고 원병상을 병기했다. 1958년 법원에서 원기환을 원의상으로 개명하는 정식 허가를 받았다.】

유인석, 「소의신편(昭義新編)」, 『일정하의 금서 33권』 『신동아』 1977. 1. 별책부록.

유자명, 『한 혁명자의 회억록』(『한국독립운동사자료총서』 14, 한국독립운동사연구소, 1999).

윤석오, 「경무대 사계」, 『남기고 싶은 이야기들』, 중앙일보·동양방송, 1977.

이강훈, 『무장독립운동사』, 서문당, 1975.

_____, 『민족해방운동과 나―청뢰 이강훈 자서전』, 제삼기획, 1994.

이광수, 「민족개조론」, 『개벽』 1922. 5.

_____, 「도산 안창호」, 『이광수전집』 13, 삼중당, 1963.

이관직, 「우당 이회영 실기(實記)」, 『우당 이회영 약전』, 을유문화사, 1985.

이규창, 『운명의 여신(餘燼)』, 보련각, 1992.

이규홍, 『세심헌 일기』(원고본)

이기백 편저, 『근대한국사론선』, 삼성문화문고, 1973.

이기백 편, 『역대한국사론선』, 새문사, 1993.

이만열 편, 『박은식』, 한길사, 1980.

이범석, 『우둥불』, 사상사, 1971.

이상재, 「전무후무한 백세청풍의 절의」, 『우당 이회영 약전』, 을유문화사, 1985.

＿＿＿, 「청년이여」, 『월남 이상재 일대기』, 정음사, 1985.

이상천, 「새 도덕론」, 『학지광』 5(1915. 5).

이상철, 「성재 이시영 편」, 홍자출판사 편집부 편, 『정계야화(政界夜話)』 전편, 홍자출판사, 1969.

이용화, 「항일투쟁의 원로 이상설 선생」, 『나라사랑 20 ─ 보재 이상설 선생 특집호』, 정음사, 1975.

이은숙, 『민족운동가 아내의 수기: 서간도 시종기(西間島始終記)』, 정음사, 1974. 【참고: 윤병석은 정음사판 해제에서 이은숙이 1966년 3월 17일에 이 책의 집필을 끝맺었다고 썼다. 이은숙의 글은 1974년 정음사에서 출판했다. 그 뒤 다른 출판사에서도 이 책을 간행하여 이본(異本)이 생기게 되었다.】

이을규, 『시야 김종진 선생전』, 한흥인쇄소, 1963.

이재선 역주, 『한말의 신문소설』, 한국일보사, 1975.

이정, 「사령부 일지」, 『조선독립운동』 2, 日本 東京: 原書房, 1967.

이정규, 「우당 이회영 선생 약전」, 『우관문존』, 삼화인쇄(주)출판부, 1974.

이정규·이관직, 『우당 이회영 약전』, 을유문화사, 1985.

이정식 대담, 김학준 편, 『혁명가들의 항일회상』, 민음사, 1988.

이정희, 『아버님 추정(秋丁) 이갑(李甲)』, 인물연구소, 1981.

이중연, 『신대한 독립군의 백만용사야 ─ 일제강점기 겨레의 노래사』, 혜안, 1998.

이증복, 「고종황제와 우당선생」(『연합신문』 1958. 12. 16~19), 『우당 이회영약전』, 을유문화사, 1985.

이태형, 「김형식 약전」(원고본, 2000).

이해동, 『만주 생활 77년』, 명지출판사, 1990.

이해조, 『자유종』, 을유문화사, 1969.

이현희, 『이동녕』, 동아일보사, 1992.

일기자(一記者), 「서간도 초기 이주와 신흥학교 시대 회고기」, 『한민(韓民)』 제3호(1936. 5. 25)(사료문제자료연구회 편, 『思想情勢視察報告書』 2, 京都: 東洋文化社, 1976 수록).

장덕수, 「학지광 제3호 발간에 제하야」, 『학지광』 3(1914. 12).

전영택, 「구습의 파괴와 신도덕의 건설」, 『학지광』 13(1917).

정광호, 「민족적 애국지사로 본 만해」, 『나라사랑 2 ─ 만해 한용운선생특집호』, 정음사, 1971.

정원택 저, 홍순옥 편, 『지산외유일지(志山外遊日誌)』, 탐구당, 1983.

정월, 「잡감」, 『학지광』 12(1917. 4).

정정화, 『녹두꽃』, 미완, 1987.

정화암, 『이 조국 어디로 갈 것인가』, 자유문고, 1982.

주요한, 『안도산 전서』, 삼중당, 1963.

채근식, 『무장독립운동비사』, 대한민국 공보처, 1949.

촌바위, 「묵은 병을 새해에 곳치라」, 『신흥학우보』 제2권 제2호(1917. 1. 13).

최승구, 「불만과 요구—가마쿠라(鎌倉)로부터」, 『학지광』 6.

최영주, 「석주 이상룡 서간도 시말기—손부 허은 여사에게 듣는다」, 『정경문화』 1985. 8.

최형우, 『해외조선혁명운동소사』 1, 동방문화사, 1945.

허영백(허식), 『서간도실록』 제1집, 1966(원고).

허은, 「어린 시절」, 『민주일보』 1990. 2(일자 미상).

허은 증언, 송우혜 정리, 「서간도를 증언한다」, 1-11『민주일보』 1990. 3-4(일부는 일자 미상).

허은 구술, 변창애 기록, 『아직도 내 귀엔 서간도 바람소리가』, 정우사, 1995.

현채, 「유년필독」, 『일정하의 금서 33권』『신동아』 1977. 1. 별책부록.

현상윤, 「강력주의와 조선청년」, 『학지광』 6(1915?).

『나라사랑 제20호—보재 이상설 선생 특집호』, 정음사, 1975.

남파박찬익전기간행위원회 편, 『남파 박찬익 전기』, 을유문화사, 1989.

도산안창호선생전집편찬위원회 편, 『도산 안창호 전집』 제2권 서한 2, 2000.

만주 노령 유지, 「대한독립선언서」, 『한국현대명논설집』『신동아』 1972. 1. 별책부록.

무정부주의운동사편찬위원회 편, 『한국아나키즘운동사』, 형설출판사, 1978.

백범김구선생전집편찬위원회 편, 『백범 김구 전집』 1~2, 대한매일신보사, 1999.

「부인계에 맛당히 배홀 것」, 『신흥학우보』 제2권 제2호(1917. 1. 13).

신흥무관학교기념사업회 편, 조세열 교주, 이용창 해제, 『원병상회고록』, 2023.

애국동지원호회 편, 『한국독립운동사』, 1956.

「우당 이회영 약전」(필자 미상)(이은숙, 『민족운동가 아내의 수기』, 정음사, 1974, 수록).

「전쟁은 생물생활의 현상」(속2), 『신흥학우보』 제2권 제2호(1917. 1. 13).

『제9항 백서농장사』(필자 미상, 필사본을 다시 베낀 것임)

중앙일보특별취재반, 『비록(秘錄) 조선민주주의인민공화국』 하, 중앙일보사, 1993

한국학문헌연구소 편, 『국역 허위 전집』, 아세아문화사, 1985.

『한국현대명논설집』『신동아』 1972. 1. 별책부록, 동아일보사).

「혁명성지순례: 간도 신흥학교 회억(回憶)」 1~2; 「앞길(조선민족혁명당 선전 주간지)」,
       1937(민족문제연구소, 『민족사랑』 2024. 5~6)

연구 논문·저서

姜德相, 「海外における朝鮮獨立運動の發展」, 朝鮮民族運動史研究會 編, 『朝鮮民族運動史研究』 2, 東京: 靑丘文庫, 1985.

_____, 「1923년 관동대진재 대학살의 진상」, 『역사비평』 45, 1998 겨울.

강이수, 「식민지하 여성문제와 강경애의 『인간문제』」, 『역사비평』 22, 1993 가을.

姜在彦, 「朝鮮獨立運動の根據地問題」, 『朝鮮民族運動史研究』 1, 東京; 靑丘文庫, 1984.

_____, 「李相龍」, 『朝鮮民族運動史研究』 3, 靑丘文庫, 1986.

고정휴, 「독립운동기 이승만의 외교노선과 제국주의」, 『역사비평』 31, 1995 겨울.

김병곤, 「사회진화론의 발생과 전개」, 『역사비평』 32, 1996 봄.

김상기·채영국, 「남만주에서의 한국독립운동」, 한국독립유공자협회 엮음, 『중국동북지역한국독립운동사』, 집문당, 1997.

김정기, 「청의 원세개 파견과 조선군사정책」, 『역사비평』 54, 2001 봄.

김준엽·김창순, 『한국공산주의운동사』 4, 고려대학교출판부, 1974.

김철, 「식민지기의 인구와 경제」, 최원규 엮음, 『일제말기 파시즘과 한국사회』, 청아출판사, 1988.

김철준, 「단재사학의 위치」, 『나라사랑 3―단재 신채호선생특집호』, 정음사, 1971.

김춘선, 「북간도지역 한인사회의 형성 연구」, 국민대 국사학과 박사학위논문, 1999.

_____, 「경신참변 연구―한인사회와 관련지어」, 『한국사연구』 111, 2000.

_____, 「발로 쓴 청산리전쟁의 역사적 진실」, 『역사비평』 52, 2000 가을.

김태국, 「청산리전쟁 전후 북간도지역 일본영사관의 동향과 그 성격」, 『한국사연구』 111, 2000.

김형종, 「신해혁명의 전개」, 『강좌 중국사 6―개혁과 혁명』, 지식산업사, 1989.

김희곤, 『안동의 독립운동사』, 안동시, 1999.

박걸순, 「대한통의부연구」, 『한국독립운동사연구』 4, 한국독립운동사연구소, 1990.

박금해, 「1910년대 왕청현의 조선족교육과 라자구사관학교」, 『중국조선민족발자취총서 1―개척』, 중국 북경 민족출판사, 1999.

박영석, 「일제하 재만 한인사회의 형성」, 『한민족독립운동사연구』, 일조각, 1982.

「일제하 재만 한인의 독립운동과 민족의식」, 『한민족독립운동사연구』, 일조각, 1982.

_____, 「석주 이상룡의 화이관」, 『일제하 독립운동사연구』, 일조각, 1984.

「일제하 만주·노령지역에서의 복벽적 민족주의계의 항일독립운동」, 『일제하 독립운동사연구』, 일조각, 1984.

「일제하 서간도지역 공화적 민주주의계의 민족독립운동」, 『일제하 독립운동사연구』, 일조각, 1984.

_____, 「한인 소년병학교 연구」, 『한국독립운동사연구』 1, 한국독립운동사연구소, 1987.

박진태, 「개신유학계열의 외세 대응 양식」, 『국사관논총』 15, 1990.

박찬승, 「한말·일제시기 사회진화론의 성격과 영향」, 『역사비평』 32, 1996 봄.

박창욱, 「김좌진 장군의 신화를 깬다」, 『역사비평』 24, 1994 봄.

_____, 「1920~30년대 재만 민족주의계열의 반일민족운동」, 『역사비평』 27, 1994 겨울.

_____, 「훈춘사건과 '장강호' 마적단」, 『역사비평』 51, 2000 여름.

_____, 「봉오동전투와 청산리전투 연구―경신년 반토벌전(反討伐戰)을 재론함」, 『한국사
연구』 111, 2000.

박환, 『만주한인민족운동사』, 일조각, 1991.

반병률, 『성재 이동휘일대기』, 범우사, 1998.

서중석, 「한말·일제침략하의 자본주의 근대화론의 성격」, 『한국근현대의 민족문제연구』,
지식산업사, 1989.

_____, 「청산리전쟁 독립군의 배경―신흥무관학교와 백서농장에서의 독립군 양성」, 『한
국사연구』 111, 2000.

_____, 「후기 신흥무관학교」, 『역사학보』 169, 2001.

송우혜, 「청산리전투와 홍범도장군」, 『신동아』 1984. 8.

신용하, 『박은식의 사회사상연구』, 서울대학교출판부, 1982.

_____, 『신채호의 사회사상연구』, 한길사, 1984.

_____, 「신민회의 창건과 그 국권회복운동」, 『한국민족독립운동사연구』, 을유문화사,
1985.

_____, 「신민회의 독립군기지창건운동」, 『한국근대민족운동사연구』, 일조각, 1988.

「독립군의 봉오동전투와 청산리독립전쟁」, 『한국근대민족운동사연구』, 일조각, 1988.

「홍범도의 대한독립군의 항일무장투쟁」, 『한국근대민족운동사연구』, 일조각, 1988.

_____, 「대한(북로)군정서 독립군의 연구」, 『한국독립운동사연구』 2, 한국독립운동사연구
소, 1988.

신일철, 『신채호의 역사사상 연구』, 고려대학교출판부, 1981.

신주백, 「만주지역 한인의 민족운동 연구(1925~1940)」, 성균관대 사학과 박사학위논문,
1996.

_____, 『만주지역 한인의 민족운동사(1920~45)』, 아세아문화사, 1999.

_____, 「1920년 전후 재만 한인 민족주의자의 민족 현실에 대한 인식의 변화―독립전쟁
론과 관련하여」, 『한국사연구』 111, 2000.

안건호, 「1910년 전후 이상룡의 활동과 사회진화론」, 『역사와 현실』 29, 1998.

안천, 『신흥무관학교』, 교육과학사, 1996.

염인호, 『김원봉 연구』, 창작과비평사, 1993.

원시희, 「교하의 검성중학」, 『중국조선민족발자취총서 2 — 불씨』, 중국 북경 민족출판사, 1995.

유준기, 「한계(韓溪) 이승희의 민족의식과 독립운동」, 『윤병석교수 화갑기념 한국근대사논총』, 지식산업사, 1990.

유한철, 「1910년대 유인석의 사상 변화의 성격」, 『한국독립운동사연구』 9, 한국독립운동사연구소, 1995.

_____, 「13도 의군의 설립과정과 조직상의 성격」, 『한국독립운동사연구』 10, 한국독립운동사연구소, 1996.

_____, 「연해주 13도 의군의 이념과 활동」, 『한국독립운동사연구』 11, 한국독립운동사연구소, 1997.

윤건차, 「일본의 사회진화론과 그 영향」, 『역사비평』 32, 1996 봄.

윤경로, 『105인 사건과 신민회 연구』, 일지사, 1990.

윤남한, 「박은식 선생의 유교사상」, 『나라사랑』 8(백암 박은식선생 특집호), 1972.

윤병석, 「이상설 선생의 생애와 독립운동」, 『나라사랑 20 — 보재 이상설 선생 특집호』, 정음사, 1975.

_____, 「서로군정서와 대한독립단」, 『한국독립운동사』 1, 한국일보사, 1987.

「부민단과 신흥학교」, 『한국독립운동사』 1, 한국일보사, 1987.

「군단 정비와 통의부」, 『한국독립운동사』 1, 한국일보사, 1987.

_____, 「1910년대 미주 지역에서의 한국독립운동」, 『국외 한인사회와 민족운동』, 일조각, 1990.

「1910년대 서북간도 한인단체의 민족운동」, 『국외 한인사회와 민족운동』, 일조각, 1990.

「1910년대 연해주 지방에서의 한국독립운동」, 『국외 한인사회와 민족운동』, 일조각, 1990.

_____, 『독립군사』, 지식산업사, 1990.

_____, 『근대 한국민족운동의 사조』, 집문당, 1996.

_____, 「이동휘의 망명활동과 대한광복군정부」, 『한국독립운동사연구』 11, 한국독립운동사연구소, 1997.

_____, 「이동휘의 생애와 전기 및 전서」, 『성재 이동휘 전집』 상, 한국독립운동사연구소, 1998.

_____, 『이상설전』, 일조각, 1998.

이덕일, 『아나키스트 이회영과 젊은 그들』, 웅진닷컴, 2001.

이동언, 「일송 김동삼 연구」, 『한국독립운동사연구』 7, 한국독립운동사연구소, 1993.

이명영, 「국운과 인간 운명에 관한 사례 연구」, 성균관대학교 사회과학연구소, 『사회과학』 26, 1986.

이상경, 「나혜석: 가부장제에 맞선 외로운 투쟁」, 『역사비평』 31, 1995 겨울.

이상찬, 「을사조약과 병합조약은 성립되지 않았다」, 『역사비평』 31, 1995 겨울.

이정은, 「3·1운동 학살만행 사례」, 『역사비평』 45, 1998 겨울.

이태진, 『고종시대의 재조명』, 태학사, 2000.

이태진 편저, 『일본의 대한제국 강점』, 까치, 1995.

이현희, 『대한민국임시정부주석 이동녕연구』, 동문도서주식회사, 1995.

_____, 「신흥무관학교연구」, 『동방학』 19, 1989.

일목, 「동변도 반일기지의 창시자 리회영」, 『중국조선민족발자취총서 1—개척』, 중국 북경 민족출판사, 1999.

일초, 「남만반일민족운동의 거두 리상룡」, 『중국조선민족발자취총서 1—개척』, 중국 북경 민족출판사, 1999.

임종국, 『한국문학의 사회사』, 정음사, 1974.

장세윤, 『홍범도』, 한국독립운동사연구소, 1994.

_____, 「허형식 연구」, 『한국독립운동사연구』 7, 한국독립운동사연구소, 1993.

정제우, 「연해주 이범윤 의병」, 『한국독립운동사연구』 11, 한국독립운동사연구소, 1997.

조경란, 「진화론의 중국적 수용과 역사 인식의 전환」, 성균관대 동양철학과 박사학위논문, 1995.

_____, 「중국에서의 사회진화론 수용과 극복」, 『역사비평』 32, 1996 봄.

조규태, 「북경 '군사통일회의'의 조직과 활동」, 『한국독립운동사연구』 15, 한국독립운동사 연구소, 2000.

조동걸, 「해제」, 『국역 허위전집』, 아세아문화사, 1985.

_____, 「안동유림의 도만(渡滿) 경위와 독립운동의 성향」, 『한국민족주의의 성립과 독립 운동사연구』, 지식산업사, 1989.

「대한광복회 연구」, 『한국민족주의의 성립과 독립운동사연구』, 지식산업사, 1989.

「대한광복회의 결성과 그 선행조직」, 『한국민족주의의 성립과 독립운동사연구』, 지식산업사, 1989.

「임시정부 수립을 위한 1917년의 대동단결선언」, 『한국민족주의의 성립과 독립운 동사연구』, 지식산업사, 1989.

_____, 『한국근대사의 시련과 반성』, 지식산업사, 1989.

_____, 『한국민족주의의 발전과 독립운동사연구』, 지식산업사, 1993.

_____, 「1920년 간도참변의 실상」, 『역사비평』 45, 1998 겨울.

_____, 「만주에서 전개된 한국독립운동의 역사적 의의—1920년 청산리전쟁 80주년의 회

      고와 반성」, 『한국사연구』 111, 2000.

_____, 「백하 김대락의 망명일기(1911~1913)」 부록; 「백하일기 발췌」, 「권유문」, 「공리회
      (公理會) 취지서」, 『안동사학』 5, 2000.

_____, 「전통명가의 근대적 변용과 독립운동 사례」, 『대동문화연구』 36, 2000.

_____, 『한국근현대사의 이상과 형상』, 푸른역사, 2001.

曹文奇, 『同讐敵愾』, 中國 撫順市 社會科學院 新賓滿族硏究所, 1998.

주섭일, 「프랑스의 나치협력자 대숙청」, 『역사비평』 28, 1995 봄.

지복영, 『역사의 수레를 끌고 밀며』, 문학과지성사, 1995.

채영국, 「정의부의 성립과 중앙조직」, 『한국독립운동사연구』, 한국독립운동사연구소, 1996.

_____, 「1920년대 중후기 중일 합동의 재만 한인 탄압과 대응」, 『한국독립운동사연구』
      11, 한국독립운동사연구소, 1997.

최덕수, 「석주 이상룡 연구」, 『사총』 19, 1975.

최홍규, 『신채호의 민족주의사상』, 형설출판사, 1983.

최홍빈, 「북간도독립운동기지연구―한인사회와의 상관성을 중심으로」, 『한국사연구』 111,
      2000.

한영우, 『조선후기 사학사 연구』, 일지사, 1989.

_____, 「제2장. 한말 신채호의 민족주의사론」, 『한국민족주의역사학』, 일조각, 1994.

    「제3장. 1910년대 이상룡·김교헌의 민족주의 역사 서술」, 『한국민족주의역사학』, 일조
      각, 1994.

    「제4장. 1910년대 박은식의 민족주의사학」, 『한국민족주의역사학』, 일조각, 1994.

    「제5장. 1910년대 신채호의 민족주의사학」, 『한국민족주의역사학』, 일조각, 1994.

현천추, 「남만의 근대민족주의 반일단체들」, 『중국조선민족발자취총서 1―개척』, 중국 북
      경 민족출판사, 1999.

홍순권, 「의병학살의 참상과 '남한대토벌'」, 『역사비평』 45, 1998 겨울.

여성사연구모임 길밖세상, 『20세기 여성 사건사―근대 여성 교육의 시작에서 사이버 페
      미니즘까지』, 여성신문사, 2001.

반노 순지, 「다이쇼 데모크라시기의 정치」, 차태석·김이진 옮김, 『일본근대사론』, 지식산업
      사, 1981.

J. チエン(陳志讓) 著, 守川正道 譯, 『袁世凱と近代中國』, 東京, 岩波書店, 1980.

프란츠 파농 지음, 박종렬 옮김, 『대지의 저주받은 자들』, 광민사, 1979.

프리드리히 마이네케, 「랑케와 부르크하르트」(강연록, 1947) (야콥 부르크하르트 지음, 안
      인희 옮김, 『이탈리아 르네상스의 문화』, 푸른숲, 1999에 수록).

한국독립유공자협회 편, 『중국동북지역 한국독립운동사』, 집문당, 1997.

한국일보사 편, 『한국독립운동사』 1, 한국일보사, 1987.

이회영 일가 가계도

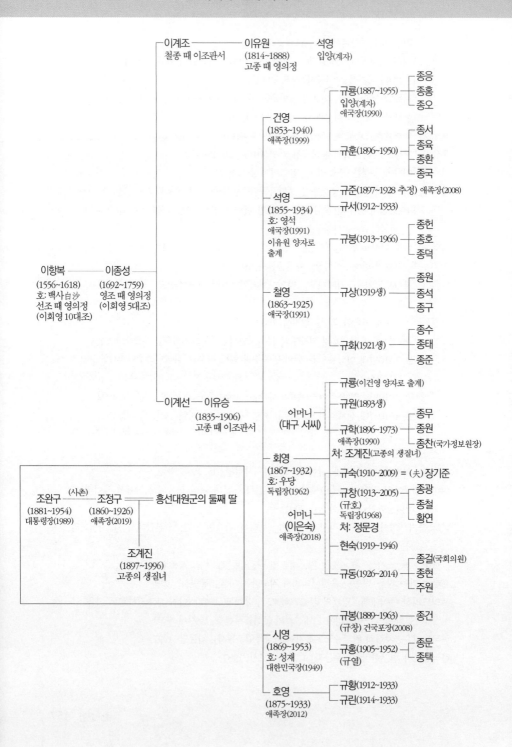

이계조 ─── 이유원 ─── 석영
철종 때 이조판서   (1814~1888)   입양(계자)
            고종 때 영의정

건영
(1853~1940)
애족장(1999)

규룡(1887~1955) ─── 종응
입양(계자)   종흥
애국장(1990)   종오

규훈(1896~1950) ─── 종서
                         종육
                         종환
                         종국

석영
(1855~1934)
호: 영석
애국장(1991)
이유원 양자로
출계

규준(1897~1928 추정) 애족장(2008)
규서(1912~1933)

규봉(1913~1966) ─── 종헌
                         종호
                         종덕

철영
(1863~1925)
애국장(1991)

규상(1919생) ─── 종원
                     종석
                     종구

규화(1921생) ─── 종수
                     종태
                     종준

이항복 ─── 이종성
(1556~1618)   (1692~1759)
호: 백사白沙   영조 때 영의정
선조 때 영의정 (이회영 5대조)
(이회영 10대조)

이계선 ─── 이유승
            (1835~1906)
            고종 때 이조판서

어머니
(대구 서씨)

규룡(이건영 양자로 출계)

규원(1893생)

규학(1896~1973) ─── 종무
애족장(1990)   종원
처: 조계진(고종의 생질녀)   종찬(국가정보원장)

회영
(1867~1932)
호: 우당
독립장(1962)

규숙(1910~2009) = (夫) 장기준

규창(1913~2005) ─── 종광
(규호)   종철
독립장(1968)   황연
처: 정문경

어머니
(이은숙)
애족장(2018)

현숙(1919~1946)

규동(1926~2014) ─── 종걸(국회의원)
                         종현
                         주원

조완구 (사촌) 조정구 ═══ 흥선대원군의 둘째 딸
(1881~1954)   (1860~1926)
대통령장(1989) 애족장(2019)

조계진
(1897~1996)
고종의 생질녀

시영
(1869~1953)
호: 성재
대한민국장(1949)

규봉(1889~1963) ─── 종건
(규창) 건국포장(2008)

규홍(1905~1952) ─── 종문
(규열)   종택

호영
(1875~1933)
애족장(2012)

규황(1912~1933)
규린(1914~1933)

이상룡 일가 가계도

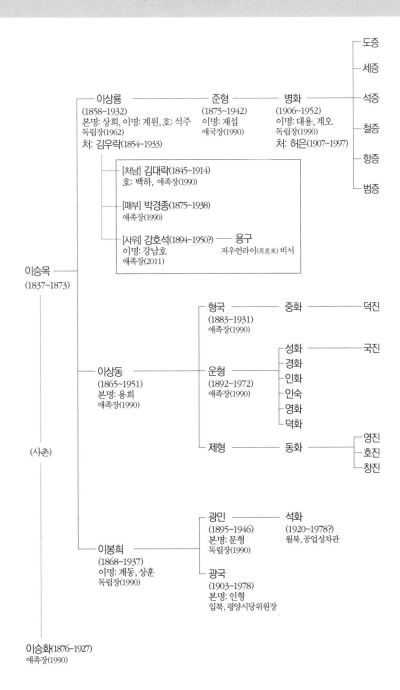

이승목
(1837~1873)

이상룡
(1858~1932)
본명: 상희, 이명: 계원, 호: 석주
독립장(1962)
처: 김우락(1854~1933)

준형
(1875~1942)
이명: 재섭
애국장(1990)

병화
(1906~1952)
이명: 대용, 계오
독립장(1990)
처: 허은(1907~1997)

도증
세증
석증
철증
항증
범증

[처남] 김대락(1845~1914)
호: 백하, 애족장(1990)

[매부] 박경종(1875~1938)
애족장(1990)

[사위] 강호석(1894~1950?) ── 용구
이명: 강남호   저우언라이(周恩來) 비서
애족장(2011)

이상동
(1865~1951)
본명: 용희
애족장(1990)

형국
(1883~1931)
애족장(1990)

중화 ──── 덕진

운형
(1892~1972)
애족장(1990)

성화 ──── 국진
경화
인화
인숙
영화
덕화

제형 ──── 동화

영진
호진
창진

(사촌)

이봉희
(1868~1937)
이명: 계동, 상훈
독립장(1990)

광민
(1895~1946)
본명: 문형
독립장(1990)

석화
(1920~1978?)
월북, 공업성차관

광국
(1903~1978)
본명: 인형
입북, 평양시당위원장

이승화(1876~1927)
애족장(1990)

김대락, 김동삼 등 의성 김씨 가계도

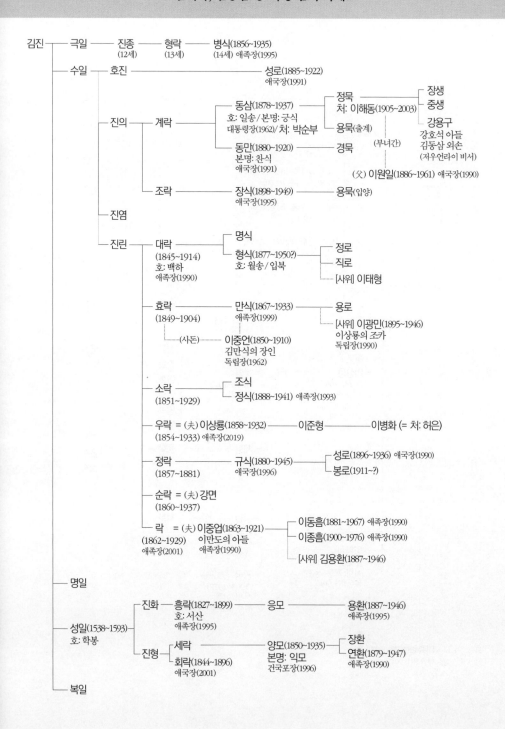

김진 ─┬─ 극일 ── 진종 ── 형락 ── 병식(1856~1935)
      │   (12세)   (13세)   (14세) 애족장(1995)
      │
      ├─ 수일 ── 호진 ─────────────────── 성로(1885~1922)
      │   애국장(1991)
      │
      │   ┌─ 진의 ── 계락 ─┬─ 동삼(1878~1937) ─┬─ 정묵 ──┬─ 장생
      │   │   │   호: 일송 / 본명: 긍식 │ 처: 이해동(1905~2003) ├─ 중생
      │   │   │   대통령장(1962)/ 처: 박순부 │   │
      │   │   │   │ 용묵(출계)   └─ 강용구
      │   │   │   │   강호석 아들
      │   │   ├─ 동만(1880~1920) ── 경묵   (부녀간)   김동삼 외손
      │   │   │   본명: 찬식   (저우언라이 비서)
      │   │   │   애국장(1991)
      │   │   │   (父) 이원일(1886~1961) 애국장(1990)
      │   │   └─ 조락 ── 장식(1898~1949) ── 용묵(입양)
      │   │   애국장(1995)
      │   │
      │   ├─ 진염
      │   │
      │   └─ 진린 ─┬─ 대락 ─┬─ 명식
      │   │   (1845~1914) │
      │   │   호: 백하   ├─ 형식(1877~1950?) ─┬─ 정로
      │   │   애족장(1990) │   호: 월송 / 입북   ├─ 직로
      │   │   └─ [사위] 이태형
      │   │
      │   ├─ 효락 ─┬─ 만식(1867~1933) ─┬─ 용로
      │   │   (1849~1904) │   애족장(1999) │
      │   │   │   └─ [사위] 이광민(1895~1946)
      │   │   └─(사돈)── 이중언(1850~1910)   이상룡의 조카
      │   │   김만식의 장인   독립장(1990)
      │   │   독립장(1962)
      │   │
      │   ├─ 소락 ─┬─ 조식
      │   │   (1851~1929) └─ 정식(1888~1941) 애족장(1993)
      │   │
      │   ├─ 우락 = (夫) 이상룡(1858~1932) ── 이준형 ── 이병화 (= 처: 허은)
      │   │   (1854~1933) 애족장(2019)
      │   │
      │   ├─ 정락 ── 규식(1880~1945) ─┬─ 성로(1896~1936) 애국장(1990)
      │   │   (1857~1881) 애국장(1996) └─ 봉로(1911~?)
      │   │
      │   ├─ 순락 = (夫) 강면
      │   │   (1860~1937)
      │   │
      │   └─ 락   = (夫) 이중업(1863~1921) ─┬─ 이동흠(1881~1967) 애족장(1990)
      │   (1862~1929) 이만도의 아들   ├─ 이종흠(1900~1976) 애족장(1990)
      │   애족장(2001) 애족장(1990)   └─ [사위] 김용환(1887~1946)
      │
      ├─ 명일
      │
      ├─ 성일(1538~1593) ─┬─ 진화 ── 흥락(1827~1899) ── 응모 ── 용환(1887~1946)
      │   호: 학봉   │   호: 서산   애족장(1995)
      │   │   애족장(1995)
      │   │
      │   └─ 진형 ─┬─ 세락 ── 양모(1850~1935) ─┬─ 장환
      │   │   본명: 익모   ├─ 연환(1879~1947)
      │   │   건국포장(1996)   │   애족장(1990)
      │   └─ 회락(1844~1896)
      │   애국장(2001)
      │
      └─ 복일

허위 등 김해 허씨 가계도

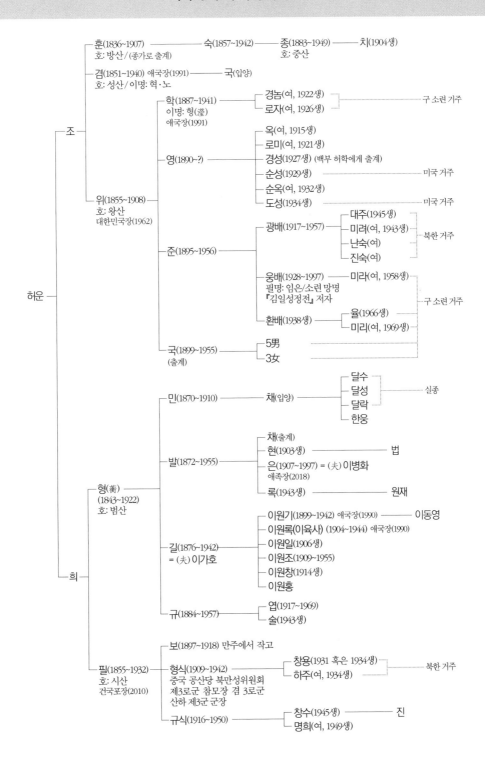

허운
- 조
  - 훈(1836~1907)
    호: 방산 / (종가로 출계)
    - 숙(1857~1942) ── 종(1883~1949) ── 치(1904생)
      호: 중산
  - 겸(1851~1940) 애국장(1991) ── 국(입양)
    호: 성산 / 이명: 혁·노
  - 위(1855~1908)
    호: 왕산
    대한민국장(1962)
    - 학(1887~1941)
      이명: 형(瑩)
      애국장(1991)
      - 경놈(여, 1922생) ┐
      - 로자(여, 1926생) ┘ ┈┈ 구 소련 거주
    - 영(1890~?)
      - 옥(여, 1915생)
      - 로미(여, 1921생)
      - 경성(1927생) (백부 허학에게 출계)
      - 순성(1929생) ───── 미국 거주
      - 순옥(여, 1932생)
      - 도성(1934생) ───── 미국 거주
    - 준(1895~1956)
      - 광배(1917~1957)
        - 대주(1945생) ┐
        - 미려(여, 1943생) ├ 북한 거주
        - 난숙(여) │
        - 진숙(여) ┘
      - 웅배(1928~1997) ── 미라(여, 1958생) ┐
        필명: 임은/소련 망명
        『김일성정전』 저자   ├ 구 소련 거주
      - 환배(1938생)
        - 율(1966생) │
        - 미리(여, 1969생) ┘
    - 국(1899~1955)
      (출계)
      - 5男 ┐
      - 3女 ┘ ┈┈┈┈┈
  - 형(蘅)
    (1843~1922)
    호: 범산
    - 민(1870~1910) ── 채(입양)
      - 달수 ┐
      - 달성 ├ 실종
      - 달락 │
      - 한웅 ┘
    - 발(1872~1955)
      - 채(출계)
      - 현(1903생) ───── 법
      - 은(1907~1997) = (夫) 이병화
        애족장(2018)
      - 록(1943생) ───── 원재
    - 길(1876~1942)
      = (夫) 이가호
      - 이원기(1899~1942) 애국장(1990) ── 이동영
      - 이원록(이육사) (1904~1944) 애국장(1990)
      - 이원일(1906생)
      - 이원조(1909~1955)
      - 이원창(1914생)
      - 이원홍
    - 규(1884~1957)
      - 엽(1917~1969)
      - 술(1943생)
  - 희
    - 필(1855~1932)
      호: 시산
      건국포장(2010)
      - 보(1897~1918) 만주에서 작고
      - 형식(1909~1942)
        중국 공산당 북만성위원회
        제3로군 참모장 겸 3로군
        산하 제3군 군장
        - 창용(1931 혹은 1934생) ┐
        - 하주(여, 1934생) ┘ ┈┈ 북한 거주
      - 규식(1916~1950)
        - 창수(1945생) ───── 진
        - 명희(여, 1949생)

찾아보기

민족혁명당 41

ㅂ

바이충시白崇禧 407
박경종朴慶鍾 109
박기성朴基成 408
박상진朴尙鎭 42, 117, 216, 231, 294
박순부朴順夫 27, 385, 386, 388
박승봉朴勝鳳 49
박원희朴元熙 351, 352
박은식朴殷植(백암白巖) 35, 42, 54, 77, 78,
　245, 255, 256, 282, 299, 315
박장섭朴章燮 192, 201
박장호朴長浩 184, 185
박제순朴齊純 45, 279, 436
박주대朴周大 68
박헌영朴憲永 351
반석盤石(반석현) 273, 297
방기전方基甸(典) 118, 150, 175, 208, 210
배동선裵東宣 200
백광운 → 채찬
백삼규白三圭 183, 184, 185
백서농장白西農場 33, 40, 105, 151, 152,
　156, 159, 160, 161, 163, 164, 165, 168,
　169, 170, 213, 240, 281, 426
백순白純 402, 442
105인 사건(신민회 사건) 58, 62, 112, 116,
　247
백운평白雲坪전투 219
백정기白貞基 371, 390, 404, 405, 406, 407,
　408, 410, 415
백종렬白鍾烈 216, 217
『백하일기白下日記』 31, 35, 36, 115, 122,
　123, 132, 273, 294
변영태卞榮泰 123, 150, 414
변장운동 32, 88, 92, 93, 95, 96, 104, 138,
　427, 429
변창근邊昌根 185
보민회保民會 209, 230, 248, 441
보약사保約社 183, 184
보황파保皇派 326, 327
복벽론復辟論 314, 324, 325
봉밀산蜂密山 39, 52, 103, 319
봉오동전투 207, 214, 221, 227, 241
부민단扶民團 31, 40, 41, 103, 107, 112,
　114, 115, 116, 117, 118, 119, 120, 130,
　148, 149, 150, 152, 156, 157, 163, 165,
　168, 169, 171, 172, 173, 174, 175, 179,
　181, 192, 208, 211, 216, 237, 241, 271,
　355, 356, 358, 439, 440
북로군정서北路軍政署 42, 103, 178, 210,
　215, 216, 217, 218, 243, 372
북일학교 47
불령선인不逞鮮人 91, 207, 214, 221, 223,
　224, 226, 296, 373
블라디보스토크 40, 47, 49, 52, 53, 60, 83,
　103, 105, 113, 239, 315

ㅅ

사관연성소士官練成所 215, 217
사카모토坂本(사카모토대坂本隊) 207, 209,
　220
사회주의 239, 241, 268, 273, 276, 297,
　298, 389
사회주의자 34, 274, 353, 381
사회진화론 33, 67, 236, 250, 251, 252,
　253, 254, 255, 256, 257, 258, 442
삼광중학교 150, 228, 363
삼성여학교 150
삼원포三源浦 53, 62, 78, 79, 80, 81, 82, 84,
　93, 100, 103, 115, 121, 123, 150, 157,
　168, 169, 171, 173, 174, 175, 179, 181,

340, 360, 387, 390

신흥무관학교와 망명자들

초판 1쇄 인쇄 2025년 5월 23일
초판 1쇄 발행 2025년 5월 30일

지은이 서중석
펴낸이 정순구
책임편집 조수정
기획편집 조원식 정윤경
마케팅 황주영

출력 블루엔
용지 한서지업사
인쇄 한영문화사
제본 한영제책사

펴낸곳 (주) 역사비평사
등록 제300-2007-139호 (2007.9.20)
주소 10497 : 경기도 고양시 덕양구 화중로 100(비전타워21) 506호
전화 02-741-6123~5
팩스 02-741-6126
홈페이지 www.yukbi.com
이메일 yukbi88@naver.com

ISBN 978-89-7696-600-1   03910

책값은 표지 뒷면에 표시되어 있습니다.
잘못 만들어진 책은 구입하신 서점에서 바꾸어 드립니다.